U0903237

杭州宗教历史文化研究丛书

明代杭州佛教

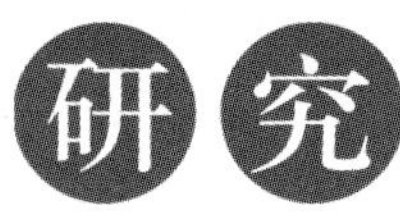

何孝荣　陈文博◎著

宗教文化出版社

图书在版编目（CIP）数据

明代杭州佛教研究 / 何孝荣，陈文博著．-- 北京：宗教文化出版社，2024.12

ISBN 978-7-5188-1584-5

Ⅰ．①明… Ⅱ．①何… ②陈… Ⅲ．①佛教史－杭州－明代 Ⅳ．①B949.2

中国国家版本馆 CIP 数据核字（2024）第 028240 号

明代杭州佛教研究

何孝荣　陈文博 著

出版发行： 宗教文化出版社

地　　址： 北京市西城区后海北沿 44 号（100009）

电　　话： 64095215（发行部）13301206838（编辑部）

责任编辑： 张越宏（280043175@qq.com）

版式设计： 贺　兵

印　　刷： 河北信瑞彩印刷有限公司

版本记录： 787 毫米 ×1092 毫米　16 开　22.5 印张　390 千字

2024 年 12 月第 1 版　2024 年 12 月第 1 次印刷

书　　号： ISBN 978-7-5188-1584-5

定　　价： 98.00 元

国家社会科学基金项目结项成果

目　录

绪 论

我们研究明代杭州佛教，先阐述其选题意义、学术史回顾、相关概念界定、研究思路和主要内容等。

一、选题意义

佛教创立于古印度，公元前后传入汉地。魏晋南北朝时期，佛教传播得到统治者的广泛支持，译经繁荣，义学昌盛，僧团、寺院制度初具规范，佛教在中国迅速传播。及至隋唐，因最高统治者护持，官民崇奉，寺院大量修建，大乘八宗先后创立，佛教臻于极盛，形成为中国佛教。“会昌灭佛”以后，中国佛教原有诸宗衰微，兴起于南方的禅宗渐成主流。两宋三百年间，王权对于教权控制不断强化，佛教主要是禅宗仍能稍有发展，丛林制度日益完备。元代统治者奉藏传佛教为国教，对于其他各宗教也能持宽容态度，汉传佛教中除禅宗外的其他各宗多传承艰难。

明代建立后，明太祖扶持汉传佛教，随着社会秩序的稳定和社会经济的发展，禅、律、净、天台、贤首诸宗也随之恢复。但是，明朝的佛教政策，尤其是明太祖“诏天下沙门讲《心经》《金刚》《楞伽》三经，命宗泐、如玘等注释颁行”[①]，借以统一佛教思想，并将寺院、僧人分为禅、讲、教三类，要求“各承宗派，集众为寺”，“清其事而成其宗”[②]，使明代中期以后佛教各宗传承无人，佛教沦为“经忏佛教”“死人佛教”，衰微至极。至明代后期，出现了“晚明佛教复兴”运动，各宗派重又兴起，世俗化日甚，呈现出融合型佛教、“庶民佛教”等样貌。明代佛教奠定了后世佛教的基本格局和形态[③]。显然，深入研究明代佛教的基本情形与发展变化，具有重要的学术意义。

---

① （明）葛寅亮《金陵梵刹志》卷2《钦录集》，洪武十年丁巳，何孝荣点校，南京出版社2017年版。

② （明）释幻轮《释氏稽古略续集》卷2，广陵古籍刻印社1992年版。

③ 参阅何孝荣《明代佛教政策述论》，《文史》2004年第3辑；何孝荣《论明朝宗教的特点》，《福建论坛》2014年第1期。

杭州作为中国历史上的七大古都之一，是首批国家历史文化名城。杭州的历史文化中，佛教文化是重要组成部分，“东南佛国”成为杭州的文化名片。杭州佛教，始于东晋，天竺僧慧理“连建五刹”①，龙象初萌。后历南朝，佛教进一步传播。及至隋唐，杭州佛教有了长足发展，兰若大兴。但是，这一时期无论是从佛教发展规模还是影响力来说，杭州与长安、洛阳、金陵等传统的佛教中心相比仍有很大的差距。五代十国时期，吴越国都于此，历代国主都崇信佛教，大肆礼僧建寺，杭州佛教迎来大发展时期，成为“东南佛国”。两宋三百年，尤其是南宋定都杭州，是杭州佛教发展的顶峰，龙象云集，各宗皆兴盛，“五山十刹”威名、影响巨大。南宋灭亡后，杭州佛教虽然走向衰微，但仍能维持一定规模，杭州保持了东南佛教中心的地位。

明代杭州佛教，从僧人数量、寺院修建、民众信佛等角度来说，繁盛超过此前各个朝代，但是从佛学上来说则更为衰微；在明代佛教版图中，杭州在明代前期、中期为全国重要佛教中心，明末云栖佛教盛行，成为全国佛教中心。明代杭州佛教，无论在杭州城市史上，还是在中国佛教史上，都是极为重要的组成部分，具有重要影响。

从事明代杭州佛教研究，不仅具有学术价值，而且富于现实借鉴意义。首先，它可以填补杭州史、杭州佛教史研究的空白。佛教文化是杭州历史文化的重要组成部分，缺少了佛教文化，杭州历史文化名城将会黯然失色。杭州佛教史是一个完整的整体，五代、南宋、明清缺一不可。因此，本研究可以填补杭州城市史、杭州佛教史研究的空白。其次，它可以填补明史、中国佛教史研究的空白。明代杭州佛教研究不仅是杭州地方史研究，而且其作为明代的重要佛教中心，也对全国产生影响，如明初太祖、成祖征召杭州高僧赴京，杭州高僧道衍侍燕王朱棣而鼓动“靖难之役”，云栖袾宏提倡念佛，戒杀放生，成为“晚明四大师”之一等，都对明史、中国佛教史有一定影响。全面而深入地研究明代杭州佛教，可以更好地揭示明史、中国佛教史。第三，全面而深入地研究明代杭州佛教，总结其中经验教训，对于今天杭州进一步打造文化名城、杭州佛教界道风建设具有现实借鉴意义。

二、 学术史回顾

20 世纪二三十年代开始，中国佛教史研究逐渐兴起，梁启超、胡适、汤用彤、

① 《灵隐寺志》卷 1《开山始迹》，第 1 页。

陈垣、吕澂等民国学术泰斗都给予佛教史以关注，中国佛教史学的架构初显，各领域研究全面展开。就断代来看，1949 年之前的佛教研究热点集中于宋以前，对于已进入所谓衰微期的明代佛教则关注较少。吕澂《南藏初刻考》[①]，对《洪武南藏》的版本、源流进行了考证、解读。1940 年，陈垣撰成《明季滇黔佛教考》对明末滇黔地区佛教之盛、遗民逃禅之众，及僧徒拓殖本领等均加以论述，以表彰明遗民的民族气节。

1949 年之后，佛教史学在学科划分时被纳入哲学系，在研究方法上开始偏向于哲学分析，将阶级斗争纳入佛教史研究，在资料上局限于汉文佛教史料，“除了思想还有仪式、教团、戒律的佛教，在研究中被片面地哲学化了，佛教史外部的‘历史语境’被剔除后，佛教史似乎变成单线条而‘自给自足’了”[②]。

20 世纪 80 年代，明代佛教史重新得到学界的关注，并取得一些成绩。李孝友《浅谈明代刊刻的〈径山藏〉》[③]对云南省图书馆藏《径山藏》作了系统介绍。郭朋《明太祖与佛教》[④]探讨了明初太祖对于佛教的整顿与限制。金申《〈嘉兴藏〉在五台山的雕版印刷情况》[⑤]对《嘉兴藏》在五台山刊刻过程、刻经卷数以及刊本特征进行了考察。牟小东《中日佛教关系史上又一因缘——明代日僧无初禅师住持潭柘寺史料》[⑥]介绍了日本内阁文库所藏明人王诃玉《西山品》中关于无初德始禅师的记载，还原了明初来华禅僧德始的事迹。温金玉《德清及其佛学》[⑦]以明末四大高僧之一的憨山德清为研究对象，考述德清生平、著述，并对其佛学思想进行剖析。肖雨《明代五台山佛教史》[⑧]撷采各种史料，考察了明代诸帝与五台山的互动关系，指出帝王崇奉是明代五台山佛教兴盛的重要原因，其《明代五台山佛教史（续）》[⑨]系统梳理了明代五台山禅宗、律宗、华严宗、净土宗四宗竞立的情形。这一个时期的明代佛教研究成果，大多侧重于个案研究。

20 世纪 90 年代以后，明代佛教的研究进入活跃期，各个领域全面开花，取得了很大的学术成绩，总体上可以分为以下几类。

第一类，明代宗教综合性研究中关于佛教的部分。南炳文《佛道秘密宗教与明代社会》[⑩]对明代宗教政策的演变、教派的兴衰以及对社会各方面的影响等方面做了系

① 吕澂《南藏初刻考》，《内院杂刊》入蜀之作二期，四川江津，1938 年。
② 葛兆光《中国佛教史的现代研究》，《复旦》第 853 期，2010 年。
③ 李孝友《浅谈明代刊刻的〈径山藏〉》，《文献》1980 年第 2 期。
④ 郭朋《明太祖与佛教》，《世界宗教研究》1982 年第 1 期。
⑤ 金申《〈嘉兴藏〉在五台山的雕版印刷情况》，《五台山研究》1987 年第 2 期。
⑥ 牟小东《中日佛教关系史上又一因缘——明代日僧无初禅师住持潭柘寺史料》，《法音》1988 年第 11 期。
⑦ 温金玉《德清及其佛学》，《五台山研究》1988 年第 4 期。
⑧ 肖雨《明代五台山佛教史》，《五台山研究》1989 年第 4 期。
⑨ 肖雨《明代五台山佛教史（续）》，《五台山研究》1990 年第 1 期。
⑩ 南炳文《佛道秘密宗教与明代社会》，天津古籍出版社 2002 年版。

统的研究，将这一领域研究往更深层次推进。何其敏《中国明代宗教史》[①]是一部概述性的著述，将明代佛教划分为明王朝与佛教关系、汉地佛教、藏传佛教来讨论，旨在呈现明代佛教发展的大体脉络。何孝荣等《明朝宗教》[②]中佛教部分，分别介绍了明代佛教政策、各宗派状况、晚明四大师、明代三大名山以及藏传佛教、印度密教在汉地的传播等，提出明代佛教进一步世俗化，成为"庶民佛教"，价值和地位值得肯定。

第二类，关于明代佛教的综合性专著。何孝荣《明代南京寺院研究》[③]对明代南京寺院的背景、兴废和分布、僧人来源与等级结构、佛学水平与儒学修养、寺院经济与制度、寺院建筑以及寺院对明代政治、经济、文化、民众生活等的作用和影响进行了考察。何孝荣《明代北京佛教寺院修建研究》[④]论述了明代帝王后妃、宦官、官民对佛教的政策和态度，透过寺院的修建呈现了各个阶层崇佛建寺的众生相，对明代北京佛寺的地理分布，以及对各朝、不同建寺主体所建寺院进行归类并统计，展现了明代北京佛教的发展状况。任宜敏《中国佛教史：明代》[⑤]对明代佛教政策、各宗派嗣承法脉、藏传佛教、辅教居士以及明代佛教与周边国家的交流往来等作了论述，有助于了解明代佛教的基本情形。中国台湾学者陈玉女《明代的佛教与社会》[⑥]从社会史的角度出发，对明代佛教与皇权之间的互动关系，佛教与社会经济的相互影响，明代女性佛教信仰状况，以及佛教医疗的发展等多个论题进行了考察，绘制了一幅明代佛教世俗化信仰影响下的众生相。陈玉女《明代佛门内外僧俗交涉的场域》[⑦]从明代佛教内部义学的流变及实践趋势入手，选取《嘉兴藏》刊刻、丛林生活的调适、寺产的经营、僧医僧药、经忏社会功能等方面为研究对象，来考察丛林与社会之间的互动关系，揭示明代佛教世俗化的特点。

第三类，关于明代佛教与政治关系的论著。近年来明代佛教政策以及统治阶层与佛教的关系成为研究热点，其中对佛教兴衰有重要影响的帝王成为研究的重中之重。陈高华《朱元璋的佛教政策》[⑧]强调了朱元璋与佛教的特殊关系，指出了朱元璋对于佛教既限制和掌控，又支持和保护的态度。周齐《试论明太祖的佛教政策》[⑨]将明太祖的佛教政策的特点归纳为官僚化僧伽管理、功能化僧伽结构、道德化僧伽形象三点。

① 何其敏《中国明代宗教史》，人民出版社 1994 年版。
② 何孝荣等《明朝宗教》，南京出版社 2013 年版。
③ 何孝荣《明代南京寺院研究》，中国社会科学出版社 2000 年版；故宫出版社 2013 年版。
④ 何孝荣《明代北京佛教寺院修建研究》，南开大学出版社 2007 年版。
⑤ 任宜敏《中国佛教史：明代》，人民出版社 2009 年版。
⑥ 陈玉女《明代的佛教与社会》，北京大学出版社 2011 年版。
⑦ 陈玉女《明代佛门内外僧俗交涉的场域》，台湾稻乡出版社 2010 年版。
⑧ 陈高华《朱元璋的佛教政策》，《明史研究》第 1 辑，黄山书社 1991 年版。
⑨ 周齐《试论明太祖的佛教政策》，《世界宗教研究》1998 年第 3 期。

何孝荣《论明太祖的宗教思想及其影响》[①]《试论明太祖的佛教政策》[②]《明成祖与佛教》[③]《论明宣宗崇奉密教》[④]《论明宪宗崇奉藏传佛教》[⑤]《论明武宗崇奉藏传佛教》[⑥]《论明世宗禁佛》[⑦]《明代皇帝崇奉藏传佛教浅析》[⑧] 等文，通过一个个个案研究，清晰地展现了明代佛教政策的形成与演变以及佛教兴衰的历史脉络。此外，何孝荣《明代宦官与佛教》[⑨] 则聚焦宦官这一群体的佛教信仰，考察了宦官与佛教二者之间的关系，揭示了宦官阶层对佛教发展的重大影响。杜常顺《明太祖与江南佛教上层的关系》[⑩] 通过对明太祖对江南佛教上层僧侣由结纳、笼络、征召到"党祸"株连的转变，提出了经历洪武一朝江南佛教迅速凋零、僧团萎靡的观点。其博士学位论文《明朝宫廷与佛教关系研究》[⑪]，详细考察了以皇室为主体的明朝宫廷与佛教之间的关系，以及佛教影响在明朝宫廷消长变化的历史过程，对宫中宦官的佛教信仰、宦官与佛教寺院僧人的结纳关系也进行了分析，书中还就明朝宫廷与藏传佛教，特别是以往人们较少了解的印传密教即"西天教"间的关系进行了梳理。

直接以佛教制度为切入点，对于考察明代佛教与政治关系具有重要意义。周齐《明代佛教与政治文化》[⑫] 以政治文化为视角来探讨明代佛教，不仅对明代诸帝与佛教的关系以及佛教发展的政治文化背景进行了系统的梳理，还对明代佛教政策、僧官体系等诸多方面进行分析。何孝荣《论明代的度僧》[⑬]《论明代中后期的鬻牒度僧》[⑭] 等对于明代度僧制度的演变作了深入的讨论，《明初善世院考》[⑮] 则对善世院这一明初僧司衙门进行考察，考辨补正了《明史》中对于这一机构记载的疏误。赵轶峰《明代僧道度牒制度的变迁》[⑯] 聚焦于度牒制度的演进，指出这一原本用于控制僧道人口的社会控制手段，随着时代变迁蜕变为财政手段，是明王朝社会控制力削弱的体现，也是包括社会救助需求在内的财政压力造成的。

第四类，关于明代佛教宗派研究。任宜敏《元、明临济宗"之善系"法脉传承述

---

① 何孝荣《论明太祖的宗教思想及其影响》，《历史教学》2008 年第 6 期。
② 何孝荣《试论明太祖的佛教政策》，《世界宗教研究》2007 年第 4 期。
③ 何孝荣《明成祖与佛教》，《佛学研究》2002 年总 11 期。
④ 何孝荣《论明宣宗崇奉密教》，《社会科学战线》2012 年第 7 期。
⑤ 何孝荣《论明宪宗崇奉藏传佛教》，中国台湾成功大学《成大历史学报》第三十号，台南，2006 年。
⑥ 何孝荣《论明武宗崇奉藏传佛教》，《世界宗教研究》2010 年第 2 期。
⑦ 何孝荣《论明世宗禁佛》，《明史研究》第七辑，黄山书社 2001 年版。
⑧ 何孝荣《明代皇帝崇奉藏传佛教浅析》，《中国史研究》2005 年第 4 期。
⑨ 何孝荣《明代宦官与佛教》，《南开学报》2000 年第 1 期。
⑩ 杜常顺《明太祖与江南佛教上层的关系》，《青海师范大学学报》2011 年第 2 期。
⑪ 杜常顺《明朝宫廷与佛教关系研究》，暨南大学专门史博士论文，2005 年。
⑫ 周齐《明代佛教与政治文化》，人民出版社 2005 年版。
⑬ 何孝荣《论明代的度僧》，《世界宗教研究》2004 年第 1 期。
⑭ 何孝荣《论明代中后期的鬻牒度僧》，《南开学报》2005 年第 5 期。
⑮ 何孝荣《明初善世院考》，《西南大学学报》2009 年第 2 期。
⑯ 赵轶峰《明代僧道度牒制度的变迁》，《古代文明》2008 年第 2 期。

略》[①]认为，元代临济耆德几乎全从“之善”“居简”“松源”“祖先”四系法嗣中传出，而递至明代，临济法脉因明太祖对名僧大德的戕害、摧残，使得“之善”“居简”及“松源”三系叶裔相继断绝，临济宗风陷入沉寂。其《元、明临济宗松源系法脉传承考》[②]对元明两代临济宗松源系的法嗣传承加以考证。诞自明末的黄檗派是禅宗中衍生出的最后一个宗派，其主要影响局限于福州沿海地区，但是黄檗派漂洋过海成为日本江户时期的一大丛林宗派，在中日文化交流史上具有重要意义，林观潮《明末临济宗黄檗派的传播》[③]对这一鲜有人关注的宗派作了考察。

第五类，有关明代僧人的研究。任晓兰《论明代的僧人群体及其法律规制》[④]对于明代僧人群体的法律规范加以考察，指出明代僧人法律规范呈现泛理论化的特征，揭示了随着明代社会的演进，僧人群体构成日益社会化、僧人自身行为低俗化趋势。李孔楠《明代僧人群体研究》[⑤]对明代僧人群体的来源及构成、僧人群体与社会上层以及僧人与民间等方面作了考察。何孝荣《元末明初名僧来复事迹考》[⑥]对明初临济宗名僧来复生平详加考证，纠正了史籍中关于来复记载的多处讹误附会，尤其是以往认为来复死于赋诗讥讽太祖而入文字狱被杀之论，实为以讹传讹。何孝荣《元末明初名僧宗泐事迹考》[⑦]对明初丛林领袖宗泐生平加以考察，考证、归纳其主要事迹，对宗泐在明代佛教史和明史上的重要地位给予了评价。明代前期对于政治影响最大的僧侣无疑是道衍，相关著述颇多，但多系戏说，具有学术价值的专门人物研究则比较少。商传《明初著名政治家姚广孝》[⑧]是较早对释道衍（即姚广孝）生平、业绩加以较为客观全面评价之作，论文并对明清以来有关道衍的各种故事传说加以辨析，肯定了他的政治地位和贡献。郑永华《〈姚广孝神道碑〉考实》[⑨]通过辨读原碑，并佐之以相关文献，纠正了此碑辗转传抄的讹误。郑永华《姚广孝史实研究》[⑩]通过发掘与利用姚广孝的诗文、著述，以及碑刻、实录、文集等各种原始史料，对姚广孝的生平与交往进行了全面研究，就相关史事进行了详细考辨，更正了长期以来的讹误，具有重要的学术价值。叶语《试论姚广孝在“靖难之役”中的作用》[⑪]指出道衍在“靖

① 任宜敏《元、明临济宗“之善系”法脉传承述略》，《浙江学刊》2009年第2期。
② 任宜敏《元、明临济宗松源系法脉传承考》，《浙江学刊》2010年第2期。
③ 林观潮《明末临济宗黄檗派的传播》，《厦门大学学报》2011年第3期。
④ 任晓兰《论明代的僧人群体及其法律规制》，《西南大学学报》2008年第6期。
⑤ 李孔楠《明代僧人群体研究》，青海师范大学中国古代史硕士论文，2009年。
⑥ 何孝荣《元末明初名僧来复事迹考》，《历史教学》2012年第24期；修订见杭州文史研究会《15世纪以来长三角地区社会变迁与转型》，杭州出版社2022年版，第493-515页。
⑦ 何孝荣《元末明初名僧宗泐事迹考》，《江西社会科学》2012年第12期。
⑧ 商传《明初著名政治家姚广孝》，《中国史研究》1984年第3期。
⑨ 郑永华《〈姚广孝神道碑〉考实》，《世界宗教研究》2009年第3期。
⑩ 郑永华《姚广孝史实研究》，人民出版社2011年版。
⑪ 叶语《试论姚广孝在“靖难之役”中的作用》，《北京历史文化研究》2007年第1期。

难之役”中发挥辅佐决策、鼓舞士气、稳定后方等作用，有重要影响。覃汉吨《试论明初政治家姚广孝的历史地位》[①] 对于释道衍给予正面评价。侯佳君《儒佛之辨：朱子辟佛与道衍护教》[②] 以道衍的《道余录》为中心考察了宋明的儒释互动，具有新意。何孝荣《论姚广孝和“新明朝”的建立》[③] 通过对道衍即姚广孝的佛教传承、“靖难之役”贡献、永乐朝建立后的政治作为等的论述，指出“靖难之役”推翻建文朝而建立了“新明朝”，姚广孝是“新明朝”的重要缔造者，也对北京佛教的恢复和发展、中国佛教传承作出了贡献。

楚山绍琦是明代中叶沉寂佛教中比较有影响力的僧人。杨耀坤《楚山绍琦禅师事迹考辨》[④] 对有关绍琦的记载加以考证，明晰了绍琦的人生轨迹与求法历程。张慧敏《从“禅净合一”看楚山绍琦的念佛禅》[⑤] 以楚山绍琦禅师的念佛禅为中心，指出他对于念佛禅的提倡不仅对佛教自身的教理和宗风产生了重要的影响，也对社会生活各个方面产生了重要影响，并为后来人间佛教的产生奠定了理论基础。竹音《楚山绍琦禅师“禅净合一”思想研究》[⑥] 指出，楚山绍琦的禅法特色是把净土宗的持名念佛融入了看话禅，促进了禅净合一的发展。

晚明佛教复兴，名匠辈出，其中翘楚则首推“四大高僧”，这一方面著述甚丰，研究相对深入。关于四大高僧的个案研究的学位论文有刘红梅《莲池大师思想研究》[⑦]、高峰《紫柏大师与万历社会研究》[⑧]、胡漫漫《紫柏大师的佛学思想研究》[⑨]、崔森《憨山思想研究》[⑩]、葛静萍《憨山大师与晚明社会》[⑪]、刘莹《憨山德清三教会通思想研究》[⑫]、黄陆希《德清与岭南禅学》[⑬]、龚晓康《澫益智旭净土思想研究》[⑭] 等。专著有夏清瑕《憨山大师佛学思想研究》[⑮]、王红蕾《憨山德清与晚明士林》[⑯] 等。期刊论文则主要有潘桂明《晚明“四大高僧”的佛学思想》[⑰]、陈荣富《莲池袾宏大师的净土思想》[⑱]、刘红梅《莲

① 覃汉吨《试论明初政治家姚广孝的历史地位》，《广西师范大学学报》1996 年第 2 期。
② 侯佳君《儒佛之辨：朱子辟佛与道衍护教》，厦门大学中国哲学硕士论文，2013 年。
③ 何孝荣《论姚广孝和“新明朝”的建立》，《史学集刊》2018 年第 3 期。
④ 杨耀坤《楚山绍琦禅师事迹考辨》，《宗教学研究》2008 年第 1 期。
⑤ 张慧敏《从“禅净合一”看楚山绍琦的念佛禅》，《宗教学研究》2006 年第 2 期。
⑥ 竹音《楚山绍琦禅师“禅净合一”思想研究》，《五台山研究》2006 年第 4 期。
⑦ 刘红梅《莲池大师思想研究》，四川大学宗教学博士论文，2004 年。
⑧ 高峰《紫柏大师与万历社会研究》，吉林大学中国古代史博士论文，2006 年。
⑨ 胡漫漫《紫柏大师的佛学思想研究》，四川大学宗教学硕士论文，2004 年。
⑩ 崔森《憨山思想研究》，四川大学宗教学硕士论文，1997 年。
⑪ 葛静萍《憨山大师与晚明社会》，贵州大学中国古代史硕士论文，2007 年。
⑫ 刘莹《憨山德清三教会通思想研究》，陕西师范大学中国哲学博士论文，2013 年。
⑬ 黄陆希《德清与岭南禅学》，广州大学专门史硕士论文，2013 年。
⑭ 龚晓康《澫益智旭净土思想研究》，四川大学宗教学博士论文，2005 年。
⑮ 夏清瑕《憨山大师佛学思想研究》，学林出版社 2007 年版。
⑯ 王红蕾《憨山德清与晚明士林》，中国社会科学出版社 2010 年版。
⑰ 潘桂明《晚明“四大高僧”的佛学思想》，《五台山研究》1994 年第 4 期。
⑱ 陈荣富《莲池袾宏大师的净土思想》，《南昌大学学报》2003 年第 1 期。

池大师的三教融通思想》[①]、陈兵《莲池大师对“三教一家”说及儒、道的批判》[②]、王公伟《丛林仪规与袾宏的丛林改革》[③]、戴继诚《紫柏大师的“文字禅”理论及其实践》[④]以及《紫柏大师与冯梦祯》[⑤]、王剑《从吴宝秀案看紫柏大师的经世原因》[⑥]、何孝荣《从高僧到大师：憨山德清的崂山生涯》[⑦]、王焰安《憨山居曹溪与羁雷州时间考》[⑧]和《憨山交游考之一：僧人法师》[⑨]、陈洪、王红蕾《钱谦益与憨山德清的一段思想因缘》[⑩]、王红蕾《憨山德清注〈庄〉动机与年代考》[⑪]、谢金良《明末高僧蕅益智旭生平事实考辨》[⑫]等。此外，罗谊文《明末禅僧密云圆悟研究》[⑬]以明末临济宗天童派僧密云圆悟为研究对象，考其生平，并深入探讨了圆悟的农禅结合的思想。

第六类，关于晚明佛教复兴的研究。晚明佛教的复兴是一个囊括佛教宗派发展、儒释交涉关系、庶民佛教等多层面、交叉维度的庞杂课题，这一领域一直以来都是明代佛教史研究的热点。相关专著有中国台湾圣严法师在日本攻读博士学位毕业论文《明末中国佛教の研究》[⑭]，后来在台湾翻译为《明末中国佛教之研究》[⑮]，以蕅益智旭为研究对象，考察了明代佛教政策、智旭生平、宗教行践、著作及其思想形成与发展等，揭示了智旭及晚明佛教复兴的诸多面相。圣严法师《明末佛教研究》[⑯]，分明末禅宗人物及其特色、明末的净土教人物及其思想、明末的唯识学者及其思想、明末的居士佛教四章，对明末佛教复兴的宗派表现及佛学思想作了全面深入的考察，指出明末佛教在中国近代的佛教思想史上承宋元、下启清民的重要的地位，以及诸宗各派到了明末又复汇流于一的时代潮流。江灿腾《晚明佛教丛林改革与佛学诤辩之研究》以憨山德清在曹溪改革为切入点，论述了晚明丛林问题、憨山德清的改革措施及受挫，[⑰]展示了憨山德清的生平和抱负，以及晚明佛教复兴的途径乃至困境。大陆有陈永革《晚明佛教思想研究》[⑱]，探讨晚明丛林的禅学中兴现象、对净土信仰的全面皈依及

① 刘红梅《莲池大师的三教融通思想》，《宗教学研究》2003 年第 4 期。
② 陈兵《莲池大师对“三教一家”说及儒、道的批判》，《西南民族大学学报》2005 年第 6 期。
③ 王公伟《丛林仪规与袾宏的丛林改革》，《宗教学研究》2002 年第 2 期。
④ 戴继诚《紫柏大师的“文字禅”理论及其实践》，《船山学刊》2005 年第 2 期。
⑤ 戴继诚《紫柏大师与冯梦祯》，《唐都学刊》2006 年第 4 期。
⑥ 王剑《从吴宝秀案看紫柏大师的经世原因》，《求是学刊》2001 年第 3 期。
⑦ 何孝荣《从高僧到大师：憨山德清的崂山生涯》，《江西社会科学》2014 年第 10 期。
⑧ 王焰安《憨山居曹溪与羁雷州时间考》，《韶关学院学报》2013 年第 9 期。
⑨ 王焰安《憨山交游考之一：僧人法师》，《韶关学院学报》2013 年第 11 期。
⑩ 陈洪、王红蕾《钱谦益与憨山德清的一段思想因缘》，《郑州大学学报》2007 年第 6 期。
⑪ 王红蕾《憨山德清注〈庄〉动机与年代考》，《北方论丛》2007 年第 2 期。
⑫ 谢金良《明末高僧蕅益智旭生平事实考辨》，《宗教学研究》2006 年第 1 期。
⑬ 罗谊文《明末禅僧密云圆悟研究》，厦门大学宗教学硕士论文，2009 年。
⑭ 释圣严《明末中国佛教の研究》，日本山喜房佛书林 1975 年版。
⑮ 释圣严《明末中国佛教之研究》，关世谦译，台湾学生书局 1988 年版。
⑯ 释圣严《明末佛教研究》，法鼓文化事业股份有限公司 2000 年版。
⑰ 江灿腾《晚明佛教丛林改革与佛学诤辩之研究》，台湾新文丰出版股份有限公司 1990 年版。
⑱ 陈永革《晚明佛教思想研究》，宗教文化出版社 2007 年版。

其普世取向、佛教戒律复兴及其伦理诠释、晚明居士佛教的思想特质及其社会效应、晚明佛学与明代儒学的相互交涉及其对佛教经世这一思潮转向的影响、晚明佛学与阳明心学及其流变之间的思想异同、晚明佛教与道教及天主教之关涉等，阐释晚明佛教复兴思潮的困境所在。陈永革《阳明学派与晚明佛教》① 考察并辨析阳明士子所展开的丛林交游，探讨阳明学派及其思想与晚明佛教之间的互动关系，以及晚明儒佛交涉的内容及其广泛的思想效应。

相关论文，有陈永革《禅教归净与晚明佛教的普世性》② 和《从智慧到信仰：论晚明净土佛教的思想转向》③，都旨在讨论明末禅、教、净合流问题，认为明末存在从参究念佛到摄禅归净的思想转向，与此同时还存在着从摄教归净到消禅归净的思想转向，使得晚明佛教迈入对净土信仰的全面皈依。夏邦《明代佛教信仰的变迁述略》④ 认为明末佛教的勃兴得益于儒家信仰衰退和原有的宗教控制形式失效，因此佛教内部被压抑的活力被极大释放，才有了晚明佛教的复兴局面。戴继诚、赫丽莎《晚明佛教：短暂的辉煌与深远的影响》⑤ 从寺院复建、宗派复兴、名僧辈出等方面考察明末复兴的情景。夏志前《〈楞严〉之诤与晚明佛教》⑥ 以对《楞严经》的诠释为中心，通过对晚明“《楞严》之诤”这一佛教思想史事件的梳理，从一个独特的视角展示《楞严经》的历史“境遇”，并以此关照晚明时期佛教的基本状况。何孝荣《论孝定李太后崇佛与晚明佛教复兴以福建宁德支提寺为例的考察》⑦，指出晚明佛教复兴的动因是当时佛教内部的振兴自救，但是万历年间孝定李太后狂热地崇奉佛教也提供了强劲动力。

第七类，有关明代的刻经研究。明代刻经业非常发达，单就《大藏经》的刊刻来说，汉文大藏经共有 16 部，明代则有 6 部之多，为历代之冠。饶宗颐《洪武南藏本释迦方志跋》⑧ 为洪武南藏本的《释迦方志》作跋，就此本源流、概况撷要以述。徐时仪《金藏、丽藏、碛砂藏与永乐南藏渊源考——以〈玄应音义〉为例》⑨ 以金藏、丽藏、碛砂藏和永乐南藏等所录《玄应音义》为实例佐证揭示各版本源流异同。段新龙《宁武〈万历藏〉略述》⑩ 对明代宁武私刻的大藏经作了简要的介绍，指出《嘉兴藏》完

---

① 陈永革《阳明学派与晚明佛教》，中国人民大学出版社 2009 年版。
② 陈永革《禅教归净与晚明佛教的普世性》，《宗教学研究》1999 年第 2 期。
③ 陈永革《从智慧到信仰：论晚明净土佛教的思想转向》，《浙江学刊》1998 年第 2 期。
④ 夏邦《明代佛教信仰的变迁述略》，《史林》2007 年第 2 期。
⑤ 戴继诚、赫丽莎《晚明佛教：短暂的辉煌与深远的影响》，《宗教学研究》2006 年第 3 期。
⑥ 夏志前《〈楞严〉之诤与晚明佛教》，《中国哲学史》2007 年第 3 期。
⑦ 何孝荣《论孝定李太后崇佛与晚明佛教复兴——以福建宁德支提寺为例的考察》，《安徽师范大学学报》2021 年第 3 期。
⑧ 饶宗颐《洪武南藏本释迦方志跋》，《文献》1992 年第 1 期。
⑨ 徐时仪《金藏、丽藏、碛砂藏与永乐南藏渊源考——以〈玄应音义〉为例》，《世界宗教研究》2006 年第 2 期。
⑩ 段新龙《宁武〈万历藏〉略述》，《山西档案》2013 年第 1 期。

全按《永乐北藏》的编次复刻，宁武《万历藏》则是按照《永乐南藏》复刻。王彦明《钱谦益与〈嘉兴藏〉考论》[①]考察了钱谦益与后期主持刻藏的白法性琮、按指契颖之间的密切关系，指出他在经阁建设、刻藏赀费筹措以及经版运输诸多方面着力颇多。李学勤《〈嘉兴藏〉与明清之际历史研究》[②]指出《嘉兴藏》的续藏、又续藏部分中的佛书是研究明清之际江南士人活动与思想的重要史料。业露华《密藏道开与〈嘉兴藏〉》[③]以密藏道开为研究对象，指出他曾协助其师紫柏真可等人发起刊刻方册大藏，并在这一工作中担任实际的筹备、监造等负责工作。毛文鳌《毛晋与僧侣之交游及刻经考》[④]考察了毛晋与僧人的交游状况以及襄助梓行《嘉兴藏》的活动。此外，他的《汲古阁刻经考略》[⑤]以《径山藏》为中心考察毛晋或以捐资，或任校雠，或独力诸方式所刻之佛经，重新判定了汲古阁之出版史地位。彭漾硕士论文《明清以降浙江经坊研究》[⑥]就明清江浙地区经坊与寺院的关系、宝卷的刊刻、经坊经营等内容进行了全面的考察，并从文献学、宗教学、文化史的角度探讨经坊的意义与贡献。此外，明代刻书业研究作为近年来的书籍史热点问题，散见于其中的刻经研究也颇多，此处不再赘述。

第八类，关于明代杭州佛教的专项研究。目前成果尚少。陈荣富《浙江佛教史》[⑦]，其明代部分涉及一些杭州佛教，包括各宗派的传承和有名僧人。冷晓《杭州佛教史》[⑧]、《杭州佛教通史》[⑨]，为杭州城市佛教通史，后者是前者的改写本，其中专门设明代一章，对明代杭州城市佛教的发展、名僧事迹都有论述。

一些论文也涉及明代杭州佛教。如孙良《明代杭州佛教文化概述》[⑩]就明代杭州佛教发展的背景、发展过程以及影响三方面，勾勒了明代杭州佛教的基本情况。郑翰献、沈旭炜《杭州香积寺的历史变迁》[⑪]以位于杭州湖墅地区的香积寺为研究对象，考其变迁，其中多涉明代佛教事。劳伯敏《飞来峰杨琏真伽造像明代遭"斩"说探疑》[⑫]对明季飞来峰杨琏真伽像被破坏一事进行考证，以正讹误。杭州不但是明末佛教复兴的重镇，而且还是明末天主教在华传播的中心，杭州成为二者论战的重要战场。吴莉

① 王彦明《钱谦益与〈嘉兴藏〉考论》，《新世纪图书馆》2013年第1期。
② 李学勤《〈嘉兴藏〉与明清之际历史研究》，《故宫博物院院刊》2003年第1期。
③ 业露华《密藏道开与〈嘉兴藏〉》，《五台山研究》1991年第2期。
④ 毛文鳌《毛晋与僧侣之交游及刻经考》，《宗教学研究》2011年第4期。
⑤ 毛文鳌《汲古阁刻经考略》，《图书馆杂志》2010年第1期。
⑥ 彭漾《明清以降浙江经坊研究》，杭州师范大学文献学硕士论文，2013年。
⑦ 陈荣富《浙江佛教史》，华夏出版社2001年版。
⑧ 冷晓《杭州佛教史》，杭州市佛教协会1993年版。
⑨ 冷晓《杭州佛教通史》，杭州市佛教协会2002年版。
⑩ 孙良《明代杭州佛教文化概述》，《杭州文博》第八辑，2009年。
⑪ 郑翰献、沈旭炜《杭州香积寺的历史变迁》，《浙江师范大学学报》2009年第5期。
⑫ 劳伯敏《飞来峰杨琏真伽造像明代遭"斩"说探疑》，《东南文化》1995年第1期。

苇《晚明杭州佛教界与天主教的互动》[①]通过追溯杭州云栖寺群体与利玛窦及杭州天主堂在二十年间的数次往复争辩，考察杭州佛教界应对天主教挑战时态度的变化趋势。张世琼《爱物与仁民之间——从放生会与武林仁会看晚明杭州的民间慈善组织》[②]则比较了佛教界袾宏等人组织的放生会与天主教徒杨廷筠等人组织的仁会在晚明杭州的不同活动，勾勒了二者的异同和影响。明代杭州社会浓厚的佛教信仰与发达的商品经济相结合，促成了杭州西湖香市的繁荣，吴振华《明清时期杭州西湖香市贸易》[③]对香市交易的场所（寺院）、商品种类等基本情况加以考察，讨论了香市的繁荣对杭州社会各方面的重要影响。繁荣的香市使得杭州成为浙西地区乃至整个江南地区进香朝拜的中心，王健《明清以来杭州进香史初探——以上天竺为中心》[④]探讨了民间自发组织的这一规模宏大且持续数百年的民俗信仰活动，对参与进香活动的各个社会群体、进香路线进行考察。对明代杭州僧人的研究，主要集中在个别名僧，有王公伟《丛林仪轨与袾宏的丛林改革》[⑤]、刘红梅《云栖袾宏的儒佛观》[⑥]、曹磊《性水澄清心珠自现——论云栖袾宏的文学思想与创作》[⑦]。

海外对明代佛教关注较多者首推日本学术界，起步较早，涉及广泛，研究也较深入。1929年清水泰次发表《明代にわける仏道の取缔》[⑧]，提出明代出售度牒的制度滥觞于明初太祖"祐于例外"的政策漏洞的观点。1936年铃木正发表《明代帝室财政と佛教》[⑨]，认为明代中叶帝室对于佛教尤其是藏传佛教的崇奉，是导致内帑枯耗、财政匮乏的状况的原因，由此而采取了增掘金银矿、增设皇庄、增征织造以及对白粮征税的政策。1939年龙池清发表《明の太祖の仏教政策》[⑩]，探讨明太祖的佛教政策。次年发表《明代にわける卖牒》[⑪]，认为明代鬻牒始于景泰二年（1451）救济四川饥荒而实施的临时政策。1940年发表《明代の瑜伽教僧》[⑫]，认为明太祖将瑜伽教僧提升至禅、讲僧相同的地位，是中国佛教教团史上具有划时代意义的改变。

20世纪六七十年代，日本的明代佛教史研究有了新的进展。牧田谛亮提出"庶

① 吴莉苇《晚明杭州佛教界与天主教的互动》，《中华文史论丛》2014年第1期。
② 张世琼《爱物与仁民之间——从放生会与武林仁会看晚明杭州的民间慈善组织》，《学理论》2013年第30期。
③ 吴振华《明清时期杭州西湖香市贸易》，《杭州商学院学报》1984年第2期。
④ 王健《明清以来杭州进香史初探——以上天竺为中心》，《史林》2012年第4期。
⑤ 王公伟《丛林仪轨与袾宏的丛林改革》，《宗教学研究》2002年第2期。
⑥ 刘红梅《云栖袾宏的儒佛观》，《安徽大学学报》2008年第6期。
⑦ 曹磊《性水澄清心珠自现——论云栖袾宏的文学思想与创作》，《贵州社会科学》2015年第12期。
⑧ ［日］清水泰次《明代にわける仏道の取缔》，《史学杂志》第40卷02号，东京：东大史学会，1929年。
⑨ ［日］铃木正《明代帝室财政と佛教》，《历史学研究》第8卷第11、12号，东京：历史学研究学会，1936年10月。
⑩ ［日］龙池清《明の太祖の仏教政策》，日本《仏教思想讲座》1939年第8辑。
⑪ ［日］龙池清《明代にわける卖牒》，日本东京《东方学报》第11册第2期，1940年。
⑫ ［日］龙池清《明代の瑜伽教僧》，日本东京《东方学报》第11册第1期，1940年。

民佛教”概念，将其定义为与“义理佛教”相对，流传于社会底层，为广大民间信众所信仰的世俗化、迷信化了的佛教。[①] 滋贺高义《明初の法会と仏教政策》[②] 以及间野潜龙《明代文化史》中的《明代の仏教と明朝》[③] 都对明初朱元璋与佛教之间的互动作了细致的考察，对于明太祖分禅、讲、教的政策的原因作了剖析。佐藤錬太郎《李卓吾と紫柏达观の死をめぐって》[④] 认为李贽和紫柏真可的死并非他们的思想被官方视为异端所致，而是为明末政争风潮所致。荒木见悟《明代思想研究》[⑤]、《明末宗教思想研究》[⑥] 以管志道、林兆恩、屠隆三人为个案，考察明末儒、佛、道三教的调和思想，尤其对阳明学与佛教之间的关系作了深刻的探讨。野沢佳美《明代大藏经史の研究——南藏の历史学的基础研究》[⑦] 探讨了明初两部南藏的篇章结构、刊刻经过及相互关系。

此外，加拿大汉学家卜正民《为权力祈祷——佛教与晚明中国士绅社会的形成》[⑧] 利用地方志和山寺志，描绘了晚明时代佛教和士绅社会形成的关系，认为晚明地方士绅通过向寺院捐赠财物，显示其地方精英地位，在地方事务中发挥作用，形成为士绅社会这种与国家权威相对立的自治状态，成为类似于西方的公共领域。

综上所述，过去近百年间，学术界在明代佛教史研究领域中取得了瞩目的成果，但仍有许多问题亟待学人继续探索。在明代地域佛教领域，除南北两京以及佛教四大名山的研究比较充分外，其他地区还处于研究的初始阶段，鲜有专著问世，尤其是杭州作为东南重要的佛教中心，高僧辈出，寺院众多，各个宗派都能在杭州找到代表性的寺院，却尚无专门系统的研究，因而很有全面考察的必要。

三、概念界定

从事明代杭州佛教研究工作，有几个概念需要作出界定。

---

① [日]牧田谛亮《明代の庶民仏教》，日本《历史教育》第17卷第3号，1969年；[日]中村元《中国佛教发展史》，余万居译，台湾天华出版事业股份有限公司1984年版，第476页。
② [日]滋贺高义《明初の法会と仏教政策》，《大谷大学研究年报》第21卷，日本京都大谷学会，1969年。
③ [日]间野潜龙《明代文化史》，日本吉川弘文馆1979年版。
④ [日]佐藤錬太郎《李卓吾と紫柏达观の死をめぐって》，明代史研究会《山根幸夫教授退休记念明代史论丛》（下），日本汲古书院1990年版。
⑤ [日]荒木见悟《明代思想研究》，日本创文社1972年版。
⑥ [日]荒木见悟《明末宗教思想研究》，日本创文社1978年版。
⑦ [日]野沢佳美《明代大藏经史の研究——南藏の历史学的基础研究》，日本汲古书院1998年版。
⑧ [加]卜正民《为权力祈祷——佛教与晚明中国士绅社会的形成》，张华译，江苏人民出版社2005年版。

（一）明史分期

明代自洪武元年（1368）明太祖即位，至崇祯十七年（1644）明思宗自杀，共在历史上存在了276年。从事明史研究，明史分期是绕不开的问题。长期以来，学界对明史分期讨论热烈，见仁见智，观点各不相同。有主张两分法者，即以弘治或正德年间为界，将明朝分为前、后两个时期。有提倡三分法者，其中有以正统十四年（1449）“土木之变”、万历十年（1582）张居正去世分别为中期、后期开始者，也有以明英宗即位、明世宗去世分别为明代中期、后期开始者。还有倡导四分法者，即开创期——洪武元年（1368）至正统六年（1441）、腐化期——正统七年（1442）至正德十六年（1521）、整顿期——正德十六年（1521）至万历十年（1582）、衰敝期——万历十年（1582）至崇祯十七年（1644）。分期之见，各有其理。

我们对明史、明代佛教史的研究，采取三分法，起先是洪武至宣德时期为前期、正统至正德时期为中期、嘉靖以后为后期[①]。这是考虑到各个朝代的完整性、政局国力发展以及皇帝对宗教的态度，而作出的分期。其后，通过进一步研究，我们认识到，嘉靖年间明世宗仍昏聩佞道，南倭北虏猖獗，国势不彰，遂将嘉靖年间调整到明代中期。新的明史和明代佛教史三分期为：

（1）明代前期，“即从洪武元年（1368）至宣德十年（1435），这是明朝建立、发展时期。其间诸帝大多勤勉有为，虽崇信佛教、道教，但着意整顿和限制，制定和完善了既提倡和保护，又整顿和限制的政策，诸帝基本上在整顿和限制政策框架内对佛教、道教加以保护和提倡”。

（2）明代中期，“即从正统元年（1436）至嘉靖四十五年（1566），是明朝衰弱、祸乱时期，其间最高统治者多平庸怠惰，他们崇奉佛教、道教，尤其是宪宗佛、道兼崇，武宗迷恋藏传佛教，世宗极度崇奉道教，明朝初期制定的对佛教、道教整顿和限制的政策，在明朝中期常常得不到很好的执行，对佛教、道教起到很大的保护和提倡作用”。

（3）明代后期，“即从隆庆元年（1567）至崇祯十七年（1644），是明朝改革、衰亡时期，其间最高统治者怠政昏庸，崇信佛教、道教，但除神宗、李太后外，多无过度之举，而思宗甚至排斥佛教、道教”[②]。

从事明代杭州佛教研究，我们遵循这一明史分期。

---

① 参阅何孝荣《明代南京寺院研究》，中国社会科学出版社2000年版，第26-53页。
② 何孝荣等《明朝宗教》，南京出版社2013年版，第3-4页。

（二）杭州范围

杭州是中国历史上的七大古都之一、首批国家历史文化名城、浙江省省会城市。杭州有八千年的文明史，五千年的建城史，隋代开皇年间第一次设置“杭州”，历经唐、五代、宋、元、明各朝，从东南名郡到吴越国都城，再到南宋首都，以至元、明重要政治、经济、文化中心，一直在历史中发挥着重要作用，闪烁着熠熠光辉。关于明代以前杭州城市发展史，后文有述。这里主要界定我们这一研究的“明代杭州”范围。

杭州在元代为杭州路，为江浙等处行中书省首府。元末，朱元璋江南政权攻克浙江后，至正二十六年（1366）设置浙江等处行中书省，改杭州路为杭州府，为治所。洪武九年（1376）六月，明太祖改浙江等处行中书省为浙江承宣布政使司。作为首府的杭州府，领有钱塘、仁和、海宁、富阳、余杭、临安、于潜、新城、昌化九县，其中钱塘、仁和为附郭二县[①]。

本书研究的是明代杭州城市佛教史，也就是包括杭州府城及其附郭钱塘、仁和二县地区的佛教史。我们对明代以前杭州历史的追叙，也基本限于这一地区。因此如历史上著名的径山寺和径山佛教，虽然也在杭州府范围，但因属于明代杭州府余杭县，故而不在我们的论述范围。今日杭州城市辖境也早已经过多次调整、变化，属县、区境也屡次分合，情况复杂，无法与明代辖境对应，也不易搜集史料。因此，我们的“明代杭州佛教研究”的“杭州”，也不是当代杭州城市管辖范围，而是指明代杭州府城及其附郭钱塘、仁和二县地区。

（三）高僧、名僧

高僧、名僧之名，自佛教传入汉地之始就是个热议的话题。时人称呼杰出僧人，或曰“高逸沙门”，如竺法济有《高逸沙门传》，或名“名僧”，如梁释宝唱有《名僧传》，或曰“高僧”，如梁释慧皎有《高僧传》，不一而足。但这些僧传后世多数散佚不存，所存者主要就是梁释慧皎《高僧传》。“高僧”也被历代用来称呼那些自身修习、弘传佛教都很杰出的僧人，并相沿编撰多部“高僧传”。

释慧皎解释取“高僧传”名时说：“自前代所撰多曰‘名僧’。然‘名’者，本实之宾也。若实行潜光，则‘高’而不‘名’；寡德适时，则‘名’而不‘高’。‘名’

① 《明史》卷44《地理五・浙江》。

而不‘高’，本非所纪；‘高’而不‘名’，则备今录。故省‘名’音，代以‘高’字。”① 可见，慧皎选择的标准是道德、修为，而不是当时在社会上的声名。汤用彤先生则将“名僧”“高僧”作了明确区分：“名僧者和风同气，依傍时代以步趋，往往只使佛法灿烂于当时。高僧者特立独行，释迦精神之所寄，每每能使教泽继被于来世。至若高僧之特出者，则其德行其学识独步一世，而又能为释教开辟一新世纪。然佛教全史上不数见也。”②

不过，揆诸中国佛教史，若以汤用彤先生的严厉标准，则各部《高僧传》中的“高僧”多名不相符。历朝僧人，若能“使佛法灿烂于当时”，定被尊为“高僧”，收入各代《高僧传》，而不仅仅是“名僧”了。明清之际钱谦益编集《列朝诗集》，收录明代人诗歌，其中“闰集”僧人部分包括“高僧”37 人、“名僧”74 人，也绝非汤用彤先生开列的标准。万历《杭州府志》卷 90《人物二十四 · 仙释》则将杰出僧人入传者分为“高僧”（慧炬、慧日）、“名僧”（来复、一如、慧林）、“诗僧”（德祥）三类，甚至与历代《高僧传》的选人标准都有落差。

总之，我们基本遵循后世历部《高僧传》的一般标准，将那些具有较高佛学水平，或住持说法，或修建寺院，或著述阐发佛教义理，具有较高名望而德行高尚的杰出僧人称为高僧，而只是略有弘佛业绩和名望者称为名僧。当然，“高僧”“名僧”主要还是来自古代史籍的记述和分类，有时并不能清晰区分。高僧也是名僧，包括在名僧之中。

四、研究方法和主要内容

进行“明代杭州佛教研究”工作，我们遵循以下研究方法，研究内容有以下各方面。

（一）研究方法

本书以唯物史观为基础，综合运用历史学、宗教学等学科理论及研究方法，在尽可能多地占有史料的基础上，微观入手，宏观把握，通过分析、探究，力图厘清明代杭州佛教的相关问题，总结明代杭州佛教的特点和地位。

---

① （梁）释慧皎《高僧传序录》卷 14，汤用彤校注，中华书局 1992 年版，第 525 页。

② 汤用彤《汉魏两晋南北朝佛教史》，北京大学出版社 1997 年版，第 132 页。

（二）主要内容

本书正文部分共分为七章，另有绪论和结语。

第一章“明代杭州佛教发展的背景”，分为明代杭州的区位和环境、明代杭州的社会发展状况、明代以前的杭州佛教三节，探讨明代杭州佛教发展的自然、社会和历史背景。

第二章“明代杭州佛教发展状况”，考察明代杭州僧司衙门——僧纲司的设置和衙门地点变化，搜寻到几位都纲和副纲僧官事迹，讨论了明代中、后期杭州寺院和僧人分为禅、讲、律三类，僧衣颜色亦有变化，而与明初国家规定明显不同；按时间顺序，分别叙述明代杭州佛教发展状况，指出明代前期杭州佛教兴盛，是元末佛教的余绪，明代中期杭州佛教衰微，明代后期杭州佛教复兴，主体是云栖佛教；从禅宗、天台宗、华严宗、慈恩宗、律宗、净土宗等宗派的角度，论述各宗派在明代杭州的传承兴废，进一步考察明代杭州佛教发展状况。

第三章“明代杭州僧人的来源及才艺”，从籍贯、家庭出身、出家原因几个方面考察明代杭州僧人的来源，指出他们来自以杭州为中心的附近地区，浙江、南直隶为最多，大多数出于贫苦穷困之家；探究明代杭州僧人的儒学水平、文学艺术才能、史学才能、医学才能和其他才能，指出许多人多才多艺；杭州名僧小传则罗列搜集到的近 250 位高僧、名僧小传，展示他们住持说法、修建寺院、劝化民众等弘传佛教事迹和才艺，进一步揭示明代杭州僧人、佛教状况。

第四章“明代杭州寺院的兴废、分布和总数统计”，缕述明代杭州寺院修建情况，即前期佛教迅速恢复和发展，寺院重建、重修者多，达到 136 所，新建 1 所，中期佛教仍在发展，重建、重修寺院 63 所，新建 10 所，后期值晚明佛教复兴，重建、重修寺院 130 所，新建 65 所；分析明代杭州寺院的毁废，认为人为原因、自然灾害等共同导致了毁废，尤其是明代初期杭州归并寺院 67 所，反映出当时寺院归并运动确实推及到了杭州，也说明明初杭州寺院之多，佛教兴盛；考察明代杭州寺院的分布，指出城内、环西湖诸山是传统的佛寺集中区域，西溪地区在明代中后期新建了四五十所以上寺庵，塘栖等新兴市镇也聚集了大量寺院；总计明代杭州有名可数的寺院 490 所，明代后期总数当在 500 所以上，加上大量私创寺庵，明代杭州寺院总数可能达到 1000 所。庞大的寺院数量，也说明明代杭州佛教兴盛。

第五章“明代杭州寺院建筑”，分析明代杭州寺院建筑配置与布局，基本遵循“伽蓝七堂”制，而有损益；考察寺院建筑布局的影响因素，包括风水观念、佛教世俗化、士绅审美意趣等；结合杭州寺院各建筑，阐述其功能；探究明代杭州寺院中供奉的道教、民间俗信神祇，展示杭州佛教世俗化的另一面相。

第六章“明代杭州佛教管理制度与佛事活动制度”，指出明代杭州寺院奉行《敕修百丈清规》，明代后期袾宏所订《云栖共住规约》得到了推广；住持选任制度揭示了明代杭州寺院由十方选贤制向子孙丛林制、分房制的转变；结合《南屏净慈寺志》《大昭庆律寺志》《云栖共住规约》等记载，探析了明代杭州佛教管理制度；佛事活动制度则分别介绍了明代杭州佛教的节腊佛事、忏法、法会等制度。

第七章“明代杭州佛教与社会”，指出明代前期杭州佛教参与皇权统治，其中最有名者为道衍（姚广孝）助燕王朱棣推翻建文帝统治，建立“新明朝”，对明代政局发挥了重要影响；杭州佛教传播，劝化僧俗，一直发挥着维护和稳定明朝统治的作用。从士人“仕隐”文化心理结构、笃崇净业、实现自我价值等角度，考察明代杭州佛教对士人的影响；通过参与经济活动、“庶民佛教”的重要场域、提供公共服务、更化民俗几个方面，展示明代杭州佛教对民众生活的影响。在士绅通过捐助寺院实现自我价值部分，指出晚明士绅通过捐助佛教，歌颂皇权，安辑人心和地方社会，为国家统治民众服务，来实现他们的普遍价值取向和追求，而不是加拿大学者卜正民所说的士绅藉以突出精英地位，对公共权威加以评论，争取自身利益，以反对和危害皇权，晚明寺院成为“公共领域”的说法。卜正民的“公共领域”“士绅社会”，是对晚明士绅的价值取向和追求以及寺院的角色和作用的误读。

“结语”总结明代杭州佛教的特点和地位。明代杭州佛教的特点包括五个方面：明代杭州高僧、名僧汇集，佛学水平高；明代前期的杭州佛教是元末杭州佛教的余绪，明代后期杭州佛教的主体是云栖佛教；明代杭州寺院大量修建，名蓝望刹林立，是五代以来寺院最多的时期；明代杭州佛教进一步世俗化，成为“庶民佛教”；明代杭州佛教义理缺乏创新，宗派没有发展，佛学更为衰微。强调世俗化的佛教、信仰的佛教、庶民的佛教与神圣性的佛教、教理的佛教、僧侣的佛教一起构成为中国佛教史的整体，其地位、价值不应被忽视和否定。关于明代杭州佛教的地位，指出与前代杭州佛教相比，明代杭州佛教表面上发展、繁盛超过前代，而实质上佛学进一步衰微，杭州佛教进一步世俗化，日益成为“庶民佛教”，其地位和价值仍值得肯定；与同时代的南京、北京相比，明代杭州佛教繁盛，明代前期、中期是重要的佛教中心，明末则是佛教中心。

第一章　明代杭州佛教发展的背景

明代杭州佛教的发展，离不开杭州的区位地理环境、社会发展状况和历代的佛教积淀，它们构成了明代杭州佛教发展的自然、社会和历史背景。

第一节　明代杭州的区位和环境

明代杭州的区位地理环境，可以用东南形胜、水乡泽国和冶游胜地来概括。

一、东南形胜

“东南形胜，三吴都会，钱塘自古繁华。”[①]唐宋以后杭州的崛起，与其优越的地理位置及地势、地形、环境有莫大的关系。杭州地处钱塘江下游北岸，杭嘉湖平原南缘，是明代浙江的政治、经济、文化中心，也是东南地区一大都会。杭州濒临东南沿海，为吴越故地。东吴建国于江左之后，得到初步的开发。南北朝时期，衣冠南渡，这一地区进入了大发展时期，但是发展程度仍然与传统的关中、河洛等核心区域有所差距。唐中期至南宋，中国经济重心逐渐转移到南方的江浙地区，杭州“水陆之会”的区位优势才得以显现。钱塘江南北分属吴越这两个传统的地理单元，杭州扼南北交通要冲，同时又“西界浙河，东奄左海”[②]，为江流海潮的交汇之地，既是海上贸易的重要港口，又是沟通钱塘江上下游的重要节点。京杭运河开通之后，杭州成为南北水路大动脉的起讫点，其地理位置益见重要。“东眄巨浸，辏闽粤之舟泊”[③]；北入运河，出镇江以通淮泗；西接湘赣，可溯巴蜀，区位优势得天独厚。

就杭州的地形而言，具有“湖山映带”的格局。“龙山据其首，西湖蟠其腹，天

① （宋）柳永《望海潮》，（清）沈辰垣《历代诗余》卷85，《文渊阁四库全书》本。
② （宋）王象之《舆地纪胜》卷2，清影宋钞本。
③ （五代）钱镠《罗城记》，（清）吴任臣《十国春秋》卷77《吴越一》，《文渊阁四库全书》本。

竺耸其膺，东山卧其背”[①]。隋唐以后的杭州，“外带涛江涨海之险，内抱湖山竹林之胜”，城外临江干，内倚西湖，西南为群山，东北为杭嘉湖平原，故地势呈东北低，西南高之势，而西湖则是“三面云山一面城”[②]。明人谓：“西湖诸山之脉，皆宗天目”。杭州群山多为天目余脉，“蜿蟺东来，凌深拔峭，舒冈布麓，若翔若舞，萃于钱塘，而嶠萃于天竺”，由此环西湖而分为南北两脉，从此而南、而东，为龙井、大慈山、玉岑山、慈云岭、南屏山、龙山、凤凰山、吴山，以上皆谓之南山。南山之脉，分为数道，万松岭、七宝山、吴山一道，贯于城中，而城南凤凰山为宋皇城所在；外道则自龙山，沿江而东，余绪为茅山、艮山，皆其护沙。北山一脉，依次为灵隐山（云林山）、履泰山、葛岭、宝云山、巨石山，以上皆谓之北山。此脉亦分为数道，贯于城中，“则臬台、分司诸署，观桥、纯礼诸市，在宋则为开元、景灵、太乙、龙翔诸宫……而其外逻则自霍山绕湖市、半道红，冲武林门，露骨于武林山”。南北诸山峥嵘回绕，汇诸川泉为西湖水，“若双龙交度，而颔下夜明之珠抱悬不释；若莲萼层敷，柎瓣庄严，而馥郁花心，含酿甘露”[③]。明代的杭州湖山映带，钩绵秀绝，形势浩伟，生聚繁茂，为东南雄藩。

杭州城市的发展，自始即受这一地区的地理环境变迁的影响。而这一变迁的动因主要有两个方面，一是海潮侵袭所造成的海岸线的盈缩，二是人力对环境的改造。先秦时期，西湖尚为三面环山的浅海湾，宝石山、吴山为其南北两岬角，湖东一带尚在江海之中，故秦时设钱唐县于灵隐山下。后随着钱塘江携带的大量泥沙，受海潮顶托，便在海湾口沉淀堆积而渐渐成陆，新形成的江干隔断了海潮，西湖也逐渐形成[④]。南朝时期，县治迁往柳浦一带。隋开皇十一年（591），筑城于凤凰山麓。随着江干面积的不断扩张，此后城址的变迁开始由东移变为北扩，杭州也由蜗居山中的蕞尔小县渐变为一通都大邑，经济日渐繁荣。唐代生息日繁，但因新城为“江之故地，其水苦恶”，饮用水源成为制约杭州城市发展的瓶颈。建中年间，刺史李泌“始作六井，引西湖水以足民用”[⑤]。唐代杭州面临的另一个问题是潮涌之患，虽后来白居易等治杭期间都曾筑堤以防，但仍“海水翻潮，飘荡州郭”[⑥]。后梁开平四年（910），吴越王钱镠始以竹笼盛巨石，植大木以捍之，南迄六和塔，北抵艮山门，曰捍海石塘。时因列国林立，陆路、运河阻隔，遂凿疏河道入钱塘江，并在交汇处“置龙山、浙江两

① （明）李贤《明一统志》卷38《浙江布政司·杭州府》，《文渊阁四库全书》本。
② （清）查慎行《敬业堂诗集》卷34《和渊若学士西湖杂咏四首》，《四部丛刊初编》本。
③ （明）田汝成《西湖游览志》卷1《西湖总叙》，陈志明编校，东方出版社2012年版，第1页。
④ 林华东《钱唐故址考辨》，《浙江学刊》1987年第3期。
⑤ （宋）苏轼《苏文忠公全集》卷31《钱塘六井记》，明成化刻本。
⑥ 《旧唐书》卷37《五行志》，中华书局1997年版。

闸"[①]，自此群帆竞至，海路得以通畅。经过吴越钱氏九十余年经营，至北宋杭州持续繁荣，"邑屋华丽，盖十余万家。环以湖山，左右映带，闽商海贾，风帆浪舶，出入于江涛浩渺、烟云杳霭之间，可谓盛矣"[②]，杭州崛起为"东南第一州"[③]。宋室南渡之后，改杭州为临安府，为行在，在吴越国都城基础上加以修筑，营大内于凤凰山麓。南宋临安城垣，北至武林门，南跨慈云岭，东至艮山门，西滨西湖，"为'南北展，东西缩'，形如腰鼓，故有腰鼓城之称"[④]，设旱门十三，水门五。南宋杭州作为政治、经济、文化中心，成为全国首屈一指的都会。宋室驻跸杭州百余年间，人口急剧膨胀，"城内外不下数十万户，百十万口"[⑤]，城内人满为患。此外，附郭甚大，人烟稠密，"城南、西、东、北各数十里，人烟生聚，民物阜蕃，市井坊陌，铺席骈盛，数日经行不尽，各可比外路一州郡"[⑥]。

入元后，杭州基本维持了宋代的格局，只是城垣遭毁，且拆除宋皇城。元末张士诚据杭州，至正十九年（1159），张士信筑城杭州，比之宋城，南界缩至凤山门，东扩至庆春门，但整体上南北仍较东西为长。明代杭州城沿袭了元末的城垣，门省为十，东城五门，自南而北分别为候潮门、永昌门、清泰门、庆春门、艮山门；西侧有三门，为清波门、涌金门、钱塘门；南侧一门为凤山门，北侧一门为武林门，另有四水门分别在凤山、艮山、候潮、武林诸门之旁。[⑦]

二、 水乡泽国

杭州在地域上与嘉兴、湖州连为一体，为"浙西"范围。因地势较其他两府高，故杭州处于杭嘉湖平原的上游，这一地区北与苏、松相接，水系发达，河网密布。明代，杭州府境的河湖水系，"以杭州城为中心，包括了钱塘江及其上游富春江与桐江、松溪、葛溪、桐溪、韵溪、胥溪、武强溪、寿昌溪，与金华等府沟通的东阳江，通往皖南徽州府的新安江，湖州府的水源主干道之一东苕溪，以及南方大运河的最后一段，内部各类小河溪港，更是难以计数。"[⑧] 一方面，充足的水源使得这一地区有鱼盐、粳稻之饶，农业、渔业发达，为天下粮仓；另一方面，密布的河网、湖泊也

① （清）顾炎武《肇域志》卷 13，清钞本。
② （宋）欧阳修《欧阳文忠公集·居士集》卷 44《有美堂记》，《四部丛刊初编》本。
③ （宋）赵祯《赐梅挚》，（清）张豫章《四朝诗·宋诗》卷 1，《文渊阁四库全书》本。
④ 林正秋《南宋都城临安》，西泠印社 1986 年版，第 81 页。
⑤ （宋）吴自牧《梦粱录》，浙江人民出版社 1980 年版，第 148 页。
⑥ （宋）吴自牧《梦粱录》，第 180 页。
⑦ 雍正《浙江通志》卷 23《城池上·杭州府》，《文渊阁四库全书》本。
⑧ 冯贤亮《明代杭州的社会与人生》，杭州文史研究会《明代杭州研究（上册）》，杭州出版社 2009 年版，第 6 页。

为水上交通提供便利，“东南泽广，舟行而鲜车马”[①]，不但满足了肥料、农具等生产资料的运输，而且还是物流、客流的便利通道，明代中期以后，市镇多形成于水网交织之地，得自交通之便。天启间刊刻的《天下路程图引》中，即介绍了杭州府经长安镇至上海县、杭州府至南海以及杭州经苏州至扬州府等水路，在一定程度上反映了杭州商旅水运网的基本构成。除了水路交通主干道之外，城市、市镇、村落也被水路而连成整体，成为水路网络上的节点。

杭州境内的水源大致有三：一为钱塘西溪，二为西湖，三为临安县境内的苕溪，皆为东北流向。其中尤以西湖最为重要，西湖为杭州城中居民赖以生活的水源取汲地。有元一代，西湖亦“废而不治，兼政无纲纪，任民规窃，尽为桑田”，至明初，“豪右缙绅之家，各私湖利为传家之产”[②]，以至于“苏堤迤西，直抵西山之麓，尽化桑田……里湖亦皆桑田弥布，惟留二三丈如带，酒船往来而已。外湖则自苏堤北第一桥迤东，沿西林桥、孤山路过断桥，沿城而南至雷峰塔，为池荡，桑梗弥望。由是外湖浸以窄小，昔所十里，今无五里焉”。[③]阡陌纵横，萦流若带，里湖皆辟为私产，外湖则也为田庐所环绕，湖水面积大为缩小，昔日外湖南北号称十里，至明代则止存一半。湖水面积的缩小，调蓄水流的功能减弱，遇自然灾害，西湖常常被灾。正统五年（1440）、景泰七年（1456）、嘉靖十八年（1539）杭州三次大旱，数月不雨，水竭成陆，干涸见底。弘治四年（1491）、五年皆发生湖溢，坏民庐舍，浸毁城墙。宣德、正统间，有倡浚湖之议，遭既得利益者阻挠而未能付诸实施。成化十年（1474），杭州知府胡濬稍辟外湖。“十七年，御史谢秉中、布政使刘璋、按察使杨继宗等清理续占。弘治十二年（1499），御史吴一贯修筑石闸，渐有端绪矣”。正德三年（1508），知府杨孟瑛锐情恢拓，力排群议，疏请浚湖，并提出五条理由：

> 杭州地脉，发自天目群山，飞翥驻于钱唐。江湖夹抱之间，山停水聚，元气融结，故堪舆之书有云“势来形止”，是为全气形止，气蓄化生万物；又云“外气横形，内气止生”，故杭州为人物之都会，财赋之奥区，而前贤建立城郭，南跨吴山，北兜武林，左带长江，右临湖曲，所以全形势而周脉络，钟灵毓秀于其中。若西湖占塞，则形胜破损，生殖不繁。杭城东北二隅，皆凿濠堑，南倚山岭，独城西一隅濒湖为势，殆天堑也。是以涌金门不设月城，实倚外险。若西湖占塞，则塍径绵连，容奸资寇，折冲御侮之便何藉焉！唐宋已来，城中之井皆藉湖水充

① （明）王士性《广志绎》卷1《方舆崖略》，中华书局1981年版，第3页。
② 民国《杭州府志》卷53《水利一》，民国十一年刊本。
③ （明）汪珂玉《西子湖拾翠余谈》，（明）高濂《四时幽赏录》（外十种），上海古籍出版社1999年版，第150-151页。

之。今甘井甚多，固不全仰六井、南井也，然实湖水为之本源，阴相输灌。若西湖占塞，水脉不通，则一城将复卤饮矣。况前贤兴利以便民，而臣等不能纂已成之业，非为政之体也。五代已前，江潮直入运河，无复遮捍，钱氏有国，乃置龙山、浙江两闸，启闭以时，故泥水不入。宋初崩废，遂至淤壅。频年挑浚，苏轼重修堰闸，阻截江潮，不放入城，而城中诸河，专用湖水，为一郡官民之利。若西湖占塞，则运河枯涩，所谓南柴北米，官商往来，上下阻滞，而闾阎贸易，苦于担负之劳，生计亦窘矣。杭城西南，山多田少，谷米蔬蔌之需，全赖东北。其上塘濒河田地，自仁和至海宁，何止千顷，皆藉湖水以救天旱。若西湖占塞，则上塘之民，缓急无所仰赖矣。此五者，西湖有无利害明甚。第坏旧有之业以伤民心，怨讟将起，而臣等不敢顾忌者，以所利于民者甚大也。

部议报可。乃以是年兴工，用时一百五十余日，费银二万三千六百余两，斥毁田荡三千四百八十余亩，除豁额粮九百三十余石，以废寺及新垦田粮补之。

自此，"西湖始复唐、宋之旧"[①]。其后，浙江巡按御史傅凤翔、庞尚鹏先后于嘉靖十八年（1539）、嘉靖四十五年（1566）申禁占湖。除西湖之外，杭州还面临着河道填塞所带来的种种问题。宋亡以至明，城内外河道亦年久失浚，或填为沟渠，或塞为田宅。随着杭州经济的恢复和发展，杭城内外人口日益稠密，寸土无闲，城市用地紧张，房屋拥挤。自嘉靖以后，火灾频仍[②]，再加上民居多为竹木所构，一旦火灾发生，即出现"猛火一燎原，悲焰百室迷"[③]的惨状，而河道的减少，既不利于泄洪，又会因蓄水量的减少给救火造成不便。

三、 冶游胜地

西湖作为杭州的一部分，二者的变迁即相为始终，相得益彰。杭州湖山俊秀，又历千年沧桑，名胜燕集，成为历代文人墨客向往之地。至北宋，西湖已是"烟柳画桥，风帘翠幕，参差十万人家。云树绕堤沙，怒涛卷霜雪，天堑无涯。市列珠玑，户盈罗绮，竞豪奢。……有三秋桂子，十里荷花"[④]，湖山的秀美与杭城的繁华相映生辉。又因杭州便利的交通与发达的商业，西湖已经成为上至达官贵族、下至平民百姓旅游

① （明）田汝成《西湖游览志》卷1《西湖总叙》，第6页。
② 林正秋《明代时期杭州的火灾》，《浙江消防》1994年第5期。
③ （清）朱彝尊《曝书亭集》卷14《杭州水利不治者累百年矣，巡抚赵公考城河故道，悉浚治之。乡人来述，喜而作诗，凡二十四韵》，《四部丛刊初编》本。
④ （宋）柳永《望海潮》，（清）沈辰垣《历代诗余》卷85。

的重要目的地，是谓“西湖天下景，游者无愚贤”[①]，后逐渐形成最有代表性的“西湖十景”：苏堤春晓、断桥残雪、雷峰夕照、曲院风荷、平湖秋月、柳浪闻莺、花港观鱼、南屏晚钟、三潭印月、双峰插云。[②]嘉靖以后，江南一带冶游之风兴盛起来，成为士民中普遍流行的风气，而西湖则成为时人旅游的必趋之地。每至时节，由慧日峰顶望去，“湖舟如凫，锦塘苏堤，游人如蚁，箫鼓隐隐，声如蜩螗，而瓦如鳞，山如髻……凤山虎洞，杳霭无际”[③]，足可见湖山之胜，游人之众。而张瀚在其《松窗梦语》中对明人游湖的盛况作了细致的描绘：“然暮春桃柳芳菲，苏堤六桥之间，一望如锦。深秋芙蓉夹岸，湖光掩映，秀丽争妍。且二时，和煦清肃，犹可人意。阖城士女，尽出西郊，逐队寻芳，纵苇荡桨，歌声满道，箫鼓声闻。游人笑傲于春风秋月中，乐而忘返，四顾青山，徘徊烟水，真如移入画图，信极乐世界也！”[④]清明、霜降二候，出城扫墓，由单纯的祭奠活动演变成为杭人游湖聚乐的狂欢。

明代，随着经济恢复和发展，除了对西湖进行大规模疏浚外，当地官民还有意识地对景观进行维护、建设。一是西湖周边祠庙的修建，最为典型的当属岳王庙与于谦祠。明初重建岳庙，景泰、天顺间，杭州府同知马伟修举废坠，大加扩建，庙宇规制数倍于前。其后，正德四年（1509）、正德十二年（1517）、天启四年（1624），又三修岳王庙。天顺元年（1457）于谦被杀后，归葬于湖侧三台山麓，弘治二年（1489）平反后，于墓旁建“旌忠祠”。明代，西湖周边的宋元废寺也大量重建。第二类是对湖中景观的改造，注重功能性与艺术性的结合，主要集中于嘉、万时期。至明，“三潭印月”中的三石塔已经倾圮，嘉靖三十一年（1552），郡守孙孟建振鹭亭于北塔旧址。后司礼监太监孙隆扩建为湖心亭，于湖心亭之中极目四望，水光潋滟，倒映叠翠，西湖又添一佳景，后“湖心平眺”成为西湖十八景之一。万历三十五年（1607），钱塘令聂心汤于三塔旁掘泥作埂，构放生池，成为湖中之湖。万历三十九年（1611），又经钱塘县令杨万里扩建，形成“湖中有岛，岛中有湖”的景观。此外，白堤、苏堤也得以修缮，孙隆又筑堤断桥下，“堤阔两丈，遍植桃柳”，繁花似锦，号“十锦塘”。[⑤]经过数百年的修缮、经营，明中后期的西湖，栽花弥野，锦绣被蹬，种荷满湖，烟柳成幕，而湖畔及山中荒祠废刹，焕然重新。而新建者如楼外楼、小瀛洲、藕花居、南屏别墅、玉岑诗社、龙泓山居、岣嵝山房、万松书院等，成为西湖周边的

① （宋）苏轼《怀西湖寄晁美叔》，《淳祐临安志》卷10《山川》，清嘉庆宛委别藏本。
② 万历《杭州府志》卷18《形胜》，中华书局2005年版。
③ （明）虞淳熙《虞德园先生集文集》卷7《慧日峰记》，明末刻本。
④ （明）张瀚《松窗梦语》卷7，中华书局1985年版，第137页。
⑤ （明）张岱《西湖梦寻》卷3《十锦塘》，中华书局2007年版，第161页。

新景观。[①]明代的西湖在近千年发展的基础上，不断增丽，其名号甚至盖过杭州，明人赞其为“天然妙境”，“觌之者心旷神怡，游之者毕景留恋”[②]，足见对于西湖的喜爱。

总之，杭州作为东南形胜、水乡泽国、冶游胜地的区位和自然条件，一定程度上决定了其佛教形态和样貌，杭州佛教与山野佛教、内陆佛教等明显不同。

第二节 明代杭州的社会发展状况

明代杭州作为吴越和南宋旧都，明代浙江首府和行政中心，经济发达，人文荟萃，这为佛教成长发展提供了富足的现实土壤。

一、旧都余韵

杭州古名钱塘，为古扬州之地。春秋战国时期先后隶越、楚，秦时置钱唐县，属会稽郡。汉代设会稽郡西部都尉治于此，东汉时分属吴郡。南朝陈祯明元年（587）置钱唐郡，隶吴州。隋废郡置杭州，仁寿中置总管府，大业初府罢，改曰余杭郡。唐武德四年（621），复置杭州。天宝初，称余杭郡。乾元初，复曰杭州，属江南东道。景福二年（893），移镇海节度来治。唐代中后期，杭州已崛起为“水牵卉服，陆控山夷，骈樯二十里，开肆三万室”的“东南名郡”[③]。五代时，钱镠以杭州为国都，使之成为拥十三州之地的吴越国都城。入宋后，称杭州余杭郡。淳化五年（994），改宁海军节度，为两浙路治所，统辖十四州。在论及杭州在北宋各大都会中的地位时，欧阳修认为“若乃四方之所聚，百货之所交，物盛人众，为一都会，而又能兼有山水之美，以资富贵之娱者，惟金陵、钱塘，然二邦皆僭窃于乱世。及圣宋受命，海内为之一，金陵以后服见诛，今其江山虽在，而颓垣废址，荒烟野草，过而览者，莫不为之踌躇而凄怆。独钱塘自五代时知尊中国，效臣顺。及其亡也，顿首请命，不烦干戈，今其民幸富完安乐”[④]，故而入宋之后得以继续保持其繁盛。北宋时，杭州超越东南传统核心城市金陵，成为东南首屈一指的大都会。建炎三年（1129），以为行在所，升临安府，遂都于此，南宋时杭州成为全国的政治、经济、文化中心。同时，城

---

① 孙跃《明代杭州西湖的治理》，杭州文史研究会《明代杭州研究（下册）》，第69页。
② （明）田汝成《西湖游览志》卷1《西湖总叙》，第2页。
③ （唐）李华《李遐叔文集》卷4《杭州刺史厅壁记》，《文渊阁四库全书》本。
④ （宋）欧阳修《欧阳文忠公集·居士集》卷44《有美堂记》。

市规模也急剧扩大，“南、西、北 三处，各数十里，人烟生聚，市井坊陌，数日经行不尽，各可比外路一小小州郡”[①]，其城市规模已经成为全国乃至当时世界上最大的城市。元至元十三年（1276），立两浙都督府，十五年改杭州路为行中书省治，杭州由国都成为省治，政治地位大大下降，但经济仍然维持繁荣局面。

元代河道失浚，杭州不复有两宋河运之利。元末兵火交织，加剧了杭州的衰败。至正末，张士诚占据浙西五郡，十九年（1359）冬，杭州城被“金陵游军”包围，城门闭三月余，“各路粮道不通，城中米价涌贵，一斗直二十五缗。越数日，米既尽，乃以油车家糠饼捣屑啖之。老幼妇女，三五为群，行乞于市，虽姿色艳丽而衣裳济楚，不暇自惭也。至有阖家父子、夫妇、兄弟结袂把臂，共沉于水，亦可怜已。一城之人，饿死者十六七”[②]，杭州作为繁华百年的南宋都城，未毁于元军之手，至此而市民亡去大半。频发的火灾也是杭州衰败的原因之一，至正元年（1341），杭州被火，“毁官民房屋公廨寺观一万五千七百五十五间”。次年四月，再遭火灾，更甚于前，“被灾者二万三千余户，烧官廨民庐几尽”，以至于数百年浩繁之地日就凋敝[③]。经过元末战乱，杭州的人口也大幅减少。元至元二十七年（1290），杭州还保持了宋末人口水平，有户 360850，口 1834710。至洪武元年（1368），则有户 193485，口 720567，亡佚过半[④]。杭州在失去政治中心的地位后，亦不复有宋元时的浩繁。

至正二十六年（1366），朱元璋遣李文忠取杭州，杭州守将潘元明降。同年，罢杭州路，置杭州府，下辖钱塘、仁和、昌化、富阳、余杭、临安、于潜、新城、海宁九县，并设浙江行中书省，杭州为省治。二十七年，“置两浙都转运司于杭州”。[⑤]明朝建立后，定都南京，南京为全国的政治中心。永乐北迁，南京为留都，仍为仅次于北京的政治中心，是东南首屈一指的中心城市。欧阳修所谓东南两个形胜繁华之地的政治地位，在明代因政治形势的变化而发生异位，杭州成为统领十一府的浙江行省首府，比之元代江浙行省所领有的两浙、苏南、闽以及徽、赣一部的辖区范围大为缩减，更遑论不复有南宋帝都的荣光。但旧京余晖照耀下的明代杭州，仍然凭着优越的地理位置、深厚的历史文化积蕴，而保有其大都会的地位，其重要性无论从政治上、经济上还是文化上都非一般省治可比。经过一百余年的发展，明中期以后，杭州得以从衰败中恢复过来，至万历朝杭州城中已是民居栉比，日渐繁庶，单是城外

---

① （宋）耐得翁《都城纪胜·坊院》，《武林掌故丛编》本。
② （明）陶宗仪《南村辍耕录》卷 11《杭人遭难》，上海古籍出版社 2012 年版，第 132 页。
③ （清）邵远平《元史类编》卷 10，清康熙三十八年原刻本。
④ 雍正《浙江通志》卷 71《户口一》，《文渊阁四库全书》本；乾隆《杭州府志》卷 44《户口》，乾隆刻本。
⑤ （清）夏燮《明通鉴》前编卷 4，中华书局 1959 年版，第 141 页。

北部的湖州市墟以及南部的浙江驿等环城垣的附郭商业区域已到达“延袤十里，烟火数十万家”的繁荣程度。因明后期吏治弛怠，有大量的逃户、隐户存在，对于明代杭州人口的准确估计有较大的难度，李伯重据“城中百万蒸黎，皆仰给于北市河之米……必储米六十万石以为二月之粮”，推测明代杭州府城居民一年所需米粮总量达360万石[①]，以男女老幼平均每人岁食米3石计，据此推算万历时杭州人口当在百万以上。另据明人李长卿所记“武林生聚繁茂，盖以列郡之期会至者，殊方志僉迁至者，奚啻二三百万。即以百万计，日食米万石，岁可三四百万”[②]，杭州居民每年所需米粮石高与李伯重推测相近，因而杭州城有百万人的估计比较接近事实，其中既包括已有的杭州户籍人口，又有着数量庞大的流入人口，使得杭州在明中后期又大致恢复到其宋元时鼎盛时期的人口规模。

南宋杭州作为都城，为首善之区一个半世纪，元代又执领江南风骚百年，所形成的文化习俗、人文氛围，无不彰显这座城市的特质。南宋定都杭州的一百余年间，先后面临着金、蒙古进犯的威胁，对于外部的威胁是妥协以割让利益来换取苟安，还是坚决抵抗，始终是南宋这一民族矛盾尖锐的朝代所面临的最重要的命题，而对于这一命题的争论、抉择则成为引导南宋朝局、国运走向的重要原因之一。对天子脚下的杭州人来说，个人命运与政治联系更为密切，而其中尤以主战派对杭州人影响为大，杭州人对主战派的命运也更为同情，因为抵抗的主张无论从情感上还是结果上都符合大多数人的利益。虽然经过抵抗，但最终杭州沦陷，南宋也倒在蒙古铁蹄之下。故国沦丧的事实不可避免地激起杭州人强烈的悲愤情绪，亡国之痛也强化了其灵魂深处反抗异族侵略与民族压迫的思想意识，形成一种牢固的心结。这种心结在遇到相同的境遇时，则会强烈地表现出来。“明代杭州人反对异族侵扰压迫的爱国情绪之持续高昂，应当正是对杭州人在南宋时期作为国都居民于特殊历史条件下形成的上述观念、心结的继承和发扬，可称之为故都之遗韵”[③]。正统十四年（1449）“土木之变”后，杭州人于谦临危受命，领导了北京保卫战，挽大厦于将倾，扭转危局，创立不世功勋。嘉靖三十四年（1556），倭寇风汛入侵，杭州军民严阵以待，在提学副使阮鹗指挥下英勇退敌，杭州得以保全。次年，胡宗宪、阮鹗带领军民在杭州外围重创倭寇，使之不敢再犯杭城。明清鼎革之后，在抗击清军的大潮中，涌现了张煌言这一民族英雄，最终就义于杭州，葬于西湖。杭州人不甘忍受再次的亡国之痛与民族压迫，

---

① 李伯重《江南的早期工业化（1550—1850）》，社会科学文献出版社2000年版，第415-416页。

② （明）李长卿《李长卿集》卷19《借署编·早计第一》，转引自韩大成《明代城市研究》，中华书局2009年版，第589页。

③ 杭州文史研究会《明代杭州研究》南炳文序，第18页。

而选择成为不与新朝合作的遗民，南炳文据《明移民传记索引》统计遗民籍贯，其中钱塘、仁和二县共计有五十人之多，而杭州在入清之后仍然作为故明遗民的活动中心而存在。

二、财富奥区

明代杭州的农业、手工业已经逐渐摆脱了自给自足的生产模式，无不具有鲜明的市场导向，更加深入地参与到商品经济之中来。杭州的农业、手工业、商业三个行业之间联系紧密，而各自又与东南发达区域市场相连接，成为其重要的组成部分。从整个市场内部来看，农业所占比重大为降低，大量人口涌入更有利于财富增值的工商行业中，是谓“南人太众，耕垦无田，仕进无路，则去而为末富、奸富者多矣”[①]。

1. 市场导向的商品化农业

杭州位于河道纵横的江南地区，属于传统的稻作农业耕作区。明代杭州种植水稻，生产工具基本沿用了宋元时期的制式，农具改进不大。但是，通过选择优良稻种，合理密植，并使用饼肥、草灰、河泥、蚕沙以及人、畜粪等多种肥料，实现了“勤种多壅，少种多收”的精耕细作，大大提高了稻米产量，亩产量常年维持在二石至二石五斗之间，较之宋代亩产增长了40%以上[②]。粮食生产效率的提高，使得更多人口从土地的束缚中解放出来，促进了杭州地区的社会分工，使明代杭州的经济日益多元化。

明代杭州的农业具有多样化经营和商品属性强的特点。多样化农业的情形，万历时人谓：“江南寸土无闲，一羊一牧，一豕一圈，喂牛马之家，鬻刍豆而饲焉。……江南园地最贵。民间莳葱薤于盆盎之中，植竹木于宅舍之侧，在郊桑麻，在水菱藕，而利薮共争，谁能余隙地。”[③]杭州作为江南的精华区域之一，人口稠密，境内多山，可利用的土地有限，因而这样集约化经营在杭州很是普遍。其对于土地的高效利用，不单单局限于耕地，而宅隙、河湖也被充分使用。经营范围除生产稻米之外，还囊括畜牧、果蔬、林业等副业。而且无论是畜牧还是果蔬的生产都具有集约化特点，摆脱了粗放型经营，追求高投入以求效益最大化。这一方面是因为人稠地狭，更为主要在于商品经济发展刺激了农业向市场化的转型，杭州城外的农业经营更多是为杭州这

① （明）徐光启《农政全书》卷8《农事·垦田疏》，《文渊阁四库全书》本。
② 蒋兆成《明清杭嘉湖社会经济研究》，浙江大学出版社2002年版，第45页。
③ （明）徐光启《农政全书》卷8《农事·（诸葛升）葛田十议》。

一消费城市服务的，城市居民需求的多样性决定了周边农业形态。

杭城周边的经济作物种植因地形、地质等诸多因素形成集中种植区。环湖诸山是茶以及林木产区。茶是杭州最有代表性的经济作物，早在宋代，杭州茶就蜚声宇内，并随着禅宗东传而至日本等国。杭州的茶种类繁多，钱塘县龙井所产的龙井茶，上天竺的白云茶，下天竺的香林茶，宝云庵的宝云茶，皆为茶中上品，而其中尤以清明节前所产龙井为绝品。杭城山地之中除茶外，林业也非常发达，杭人培植竹、杉、松、柏、桕、漆、桐等各种木材，经过数年长成，采伐出售，获利甚丰。此外富阳所产之柴，运于江干，聚于城南门外，南宋时杭州即有“东菜西水，南柴北米”之谚。而城东地区“绝少民居，弥望皆菜圃也，城东横塘一带，产菜最美”。因庞大的市场需求，杭城东园人家四时种菜，出现大量的以种植蔬菜为生的专业种植户，他们“除治一亩为庐，用其余析而为畦，纵横数十塍，茹菜若干品，天稍不雨，辄置桔槔井上，俯前仰后，声轧轧如龙鸣，出井水以灌，已则摄弊衣屦，循行畦间，顾见菜色青青若绿云覆地，喜曰：‘生意若此，足矣！’掇其脆美，为其父母妻子供具，而析其余卖诸市中，日以为常不辍”[①]。而城西西湖之滨多种莲藕、菱、芰、茭、芡等，其中“菱田之直，可十余金，利倍禾稼”[②]。随着杭州及周边市镇经济的繁荣，居民对于肉类食品的需求日益增加，禽畜饲养业日渐发达。明代杭州人嗜食鹅，“嘉靖中，侍御张景按浙，令巡官日报屠鹅之数，约日屠一千三百有奇，较之宋又加多十倍矣”。鱼类也是杭人重要的食品来源，西湖及各塘之中皆“蓄鱼鲜，日供城市”[③]。随着经济作物以及养殖业的发展，杭州由宋元时期的粮食丰产区，变为粮食输入区[④]。

2. 发达的手工业

明代的手工业分为官营和私营两种性质。明初，明太祖承元制，实行匠籍制度，建立了从中央到地方的官营手工业系统。随着商品经济的发展，官营手工业的弊端日益显现，明中期以后匠籍制、班匠制度开始日趋瓦解。成化二十一年（1485），“杭州等府人匠，欲得仍旧解银”[⑤]，以代服役，出银代匠之例最先在杭州出现。而工役则改“官为代雇”，班匠渐转型成为独立经营的手工业者。随着匠籍制的瓦解，万历时，将班银“均摊于民”[⑥]的措施在钱塘县得以率先推行。

---

① （明）徐一夔《始丰稿》卷3《序灌园生》，浙江古籍出版社2008年版，第52页。
② （明）田汝成《西湖游览志馀》卷24《委巷丛谈》，陈志明编校，东方出版社2012年版，第437页。
③ （明）郭子章《六语·谚语》卷6《西湖志》，明万历刻本。
④ 蒋兆成《明清杭嘉湖社会经济研究》，第58页。
⑤ 《明世宗实录》卷303，嘉靖二十四年九月壬申。
⑥ 万历《钱塘县志》卷6《户口》，清光绪十九年刊本。

杭州府民“皆养蚕缫丝”，官、私丝织业都很发达。明代杭州是除两京以外，重要的官营织造中心之一，设有东府局、西府局二织造府，俱在普济桥东，以提督织造太监执掌。洪武二年（1369），建杭州府织染局于凤山门内斯如坊，是为南局，永乐间建织造局于涌金门内，为北局。后南局废，工料归于北。虽为地方织造局，却拥有“房屋百二十余间，分为织、罗二作”①，“织造御用袍服，规制宏敞，堂宇共百余楹，尽丹漆绘，大都同内制，历年增建更多”②，足见杭州织染局的重要性。万历朝，单是织造袍服一项，浙江每年需织一万两千匹，主要为杭州织造局所承担。隆庆中，设新局于积善桥，“府州县召募之民机”③，生产岁改匹缎。此外，“各省如金、衢、温、台、常、镇诸郡不习挑织者，皆佣他处工匠，宜令诸郡征价，赴苏、杭等处机匠领织，官为督发”④，故而杭州还是其他省、府岁改领织的重要场所。杭州官营织造虽然规模宏大，但是由于明中期以后织造加派使得织造局任务日益繁重，难以为继，且内部管理混乱，腐败不堪，因而走向衰弱。至天启年间，杭州织造局已“机房颓坏无存，匠役逃亡甚多”⑤，明政府不得已废止苏杭织作。

与官营织造业相比，民间丝织业则一直保持繁荣状态，在民间经济中也占有较大的比重，杭民“以机杼致富者尤众”⑥。杭州所产的纺绸、绫绵、皓纱、绢、杭罗等涵盖各种丝织品类型，且为个中翘楚。随着农业商品化的加深以及丝织手工业的发展，除杭州城为重要的丝织业中心之外，其周边兴起了临平、塘栖、硖石等一批新兴市镇，成为新的丝绸生产、交易中心。除了丝织业之外，杭州的棉纺织业和麻纺织业也颇具规模。

由于杭郡多山，林木繁茂，故而造纸业也成为明代杭州手工业的代表性领域之一。明代用于制造金箔的乌金纸，“惟杭州有之”⑦。据《重修杭州观成堂记》：“武林之工艺，莫大于绸与箔，业绸者居城东北隅，业箔者居城之西北隅，十万烟火，工业实居其半。”⑧这一行业在杭州手工业中的重要地位，足以比肩最为兴盛的丝织业。杭州草纸，因用料考究，绵软细厚。明末宦官刘若愚《酌中志》载：“神庙至先帝，惟市买杭州好草纸为之”⑨，成为供皇室用的贡品。与此同时，杭州的刻书业也非常发

①（清）丁丙《武林坊巷志》第一册，浙江人民出版社1987年版，第170页。
②（清）丁丙《武林坊巷志》第一册，第162页。
③《明熹宗实录》卷30，天启三年正月辛丑。
④《明世宗实录》卷173，嘉靖十四年二月乙巳。
⑤（民国）“中央研究院”历史语言研究所《明清史料》丙编第三册《顺治四年正月工部左侍郎佟国胤等揭帖》，北京图书馆出版社2008年版，第286页。
⑥（明）张瀚《松窗梦语》卷4《商贾纪》，第85页。
⑦ 民国《杭州府志》卷81《物产四》。
⑧《杭州机神庙碑文资料》，转引自蒋兆成《明清杭嘉湖社会经济研究》，第315页。
⑨（明）刘若愚《酌中志》卷16《内府衙门职掌》，北京古籍出版社1994年版，第110页。

达，为明代四大书市之一。“凡武林书肆，多在镇海楼之外，及涌金门之内，及弼教坊、清河坊，皆四达衢也。省试则间徙于贡院前，花朝后数日则徙于天竺，大士诞辰也。上巳后月余，则徙于岳坟，游人渐众也。梵书多鬻于大昭庆寺，书皆贾僧也。自余委巷中，奇书秘简，往往遇之，然不常有也”①。明代杭州的刻书坊不但规模宏大，数量众多，至今能考知书坊店名的尚有近30家②，而且经营具有相当的灵活性。私刻书坊多设于通达之处，“楚蜀交广，便道所携，间得新异，关洛燕秦，仕宦橐装，所挟往往寄鬻市中，省试之岁，甚为可观”③。杭地无论是商品经济还是文教科举事业都非常发达，市民生活对于戏曲、文学、艺术类书籍也有着庞大的需求。而刊刻发行书籍包括宋元话本、文集、科举用书、旅游指南、佛经等，具有鲜明的需求导向性。发达的刻书业为明中后期杭州的刻经提供了物质基础与技术支持。

另外，杭州的酿酒业、制陶业等行业也颇为兴盛。

早在元末，杭州丝织业中即出现了雇佣制生产关系。徐一夔在《织工对》中记有钱塘织丝工场，有杼机四五具，工人十数人，“日佣为钱二百，吾衣食于主人，而以日之所入”④，养父母妻子。明中叶以后，随着市场的扩大和经济的繁荣，雇佣制工场在杭州城及附近市镇之中已不鲜见。张瀚在《松窗梦语》中自述其家族发迹史时谈到，其祖上居于杭州，成化末年尚为只有一张织机的小机户，因经营有方，至嘉靖时，增加至二十多张织机，并雇佣大批工人进行生产，“自是家业大饶”⑤。杭州的丝织业经过百余年发展，到明中期以后手工业者分化为拥有生产资料的大机户，而无产的机工则“计日受值”。这些织工、小户与机户、大户之间是互相依存的雇佣和被雇佣关系，但并不存在人身依附关系，前者显然是早期的无产者，后者则是早期的资产者。这种新型的生产关系，前些年被盛称为“资本主义萌芽”，近来有人称为“江南早期工业化”。它的出现，既是杭州手工业繁荣发展的必然结果，也是推动这一行业发展的动因。

3. 繁盛的商业经济

明代杭州商业繁荣，有两方面原因：首先，杭州优越的地理位置以及杭州省会城市地位，使其成为商旅辐辏、百货所集的商业、交通枢纽，“湖之丝，嘉之绢，绍之

---

① （明）胡应麟《少室山房笔丛》卷4《经籍会通四》，《文渊阁四库全书》本。
② 参阅顾志兴《略论明代杭州书坊刻书》，杭州文史研究会《明代杭州研究（上册）》，第186页。
③ （明）胡应麟《少室山房笔丛》卷4《经籍会通四》。
④ （明）徐一夔《始丰稿》卷1《织工对》，第3页。
⑤ （明）张瀚《松窗梦语》卷6《异闻记》，第119页。

茶之酒，宁之海错，处之磁，严之漆，衢之橘，温之漆器，金之酒”[①]，麇集于此，杭州本身发达的农业、手工业也为商业交易提供了丰富的产品。其次，杭州作为大都会有着庞大的消费人群，“即舆夫仆隶奔劳终日，夜则归市肴酒，夫妇团醉而后已”[②]，从权贵到底层人民都具有相当的消费欲望及能力。明中期以后杭州茶肆的兴盛，即是这一情形的典型写照。如嘉靖二十六年（1547）三月，“有李氏者忽开茶坊，饮客云集，获利甚厚，远近仿之，旬日之间，开茶坊者五十余所”[③]。足见需求之大。

杭州城内是商业活动最为密集的地区。嘉靖时来华日使策彦周良描绘杭州商铺酒肆鳞次栉比的情形时称：“嘉靖十八年十一月初一日‘巳刻，上岸，自西北门’入杭府。……又帘铭有‘河清老酒’‘金华老酒’‘短水白酒’‘罗浮春’‘洞庭春色’‘上色清香高酒’‘瑶池玉液’‘紫府琼浆’等之类，不可悉记焉。……又有铺，或刻牌以‘郑氏凉伞铺’，或以‘清油细伞铺’。帽铺、红铺、银铺之类不知数。又有卖饼店，以木造饼形，书中以‘大白雪饼’。又有卖饭家，有木牌，书以‘家常大饭’。又有一门，揭‘国医坊’三大字，盖医家欤？”[④]杭州旅游业的兴盛也是推动杭州商业繁荣的重要方面，环西湖形成旅游商业圈。明代中期以后，旅游成风尚，而杭州诸多商业常常是围绕西湖旅游而开展。除了闻名遐迩的西湖香市，“临湖一带，则酒楼茶馆”[⑤]，多为冶游赏湖的旅人服务。明代“西湖业已为游地，则细民所藉为利，日不止千金”[⑥]。依托西湖而开展的商贸活动，成为很多杭州升斗小民的重要生计来源。

宋室南渡后，杭州经历了剧烈的人口膨胀，“在13世纪的杭州，有相当数量的过剩人口居住在城外”[⑦]。而在城北河道纵横交错的平原上的交通便利之地，如驿站、津渡等处，形成了永久性的草市，商业中心不再局限于城内，而是在距城有一段距离的河岸上建立起来。这些墟市随着规模的扩大、人口的增多，逐渐形成规模更大的市镇，有的以手工业专业经营为主，如以丝织业为主的临平镇；有的则以商贸活动为主，如北新关镇、塘栖镇等。北新关镇扼守运河与杭州市河的交汇口，为重要的中转贸易站。宣德四年（1429），明政府即设钞关于此，每年征收“船料商税正余银三万六千八百余两”[⑧]。位于仁和县北五十里处的塘栖镇，是运河入杭的另一重要关

① （明）王士性《广志绎》卷4《江南诸省》，第67页。
② （明）王士性《广志绎》卷4《江南诸省》，第69页。
③ （明）田汝成《西湖游览志馀》卷20《熙朝乐事》，第382页。
④ ［日］策彦周良《策彦和尚初渡集》下之上，［日］牧田谛亮《策彦入明记の研究（上）》附录，日本京都法藏馆1959年版，第102页。
⑤ （明）张岱《西湖梦寻》卷3《片石居》，第161页。
⑥ （明）王士性《广志绎》卷4《江南诸省》，第69页。
⑦ ［法］谢和耐《蒙元入侵前夜的中国日常生活》，刘东译，北京大学出版社2008年版，第19页。
⑧ 万历《明会典》卷35《户部二十二·钞关》，中华书局1989年版。

口，漕运、商贸、驿路往来于此，水陆便利，船舶云集，“官舫运艘，商旅之舶，昼夜上下有千百”，“居民临河列肆，丝缕粟米，交易繁盛”，每年囤积于此以供杭城的米有数十万石之多①。

明代后期，海外贸易成为杭州商业的重要组成部分。“隆庆开关”后，私人海上贸易日益活跃，中国的对外贸易开始由沿海延伸至内地。杭州作为百货所集的大都会，在置办货物上要优于沿海各中小城市，故而在海外贸易中的地位日渐重要。浙江为传统上的中日朝贡贸易的交易地点之一，因此明代杭州的对日贸易最为发达。杭地所产货品在日本最受欢迎，“如室必席布，杭之长安织也；妇女须脂粉，扇漆诸工须金银箔，悉武林造也”。日本所需之“饶之瓷器、湖之丝绵、漳之纱绢、松之棉布”，亦多采买于杭②。此外，西班牙人、葡萄牙人等东来“诸夷”亦皆好中国绫缎杂缯，故而丝及丝织品成为杭商出海贸易的大宗商品，杭州遂形成一批实力雄厚的走私海商。如万历四十一年（1520），“杭州萧府杨志学等百余人，潜通日本，贸易射利”③。贸易的范围远及东南亚诸国。万历时，杭人赵子明“向织造蛤蜊班缎等货，有周学诗者贩往海澄贸易，遂搭船开洋，往暹罗、吕宋等处发卖，获利颇厚”④。杭州成为明代“海上丝绸之路”的重要起始点。

明代杭州商业的发展促进了社会分工，提高了资源配置效率，使得杭民“有不耕寸土而口食膏粱，不操机杼而身衣文绣者，不知其几何也，盖俗奢而逐末者众也”⑤，这也为杭州佛教的发展提供了雄厚的物质基础。

三、 人文渊薮

明代杭州教育发达，人文荟萃，文化繁荣，时人谓“东南之秀萃于武林”。无论是从科举及第数量、仕宦人数，还是从文学、史学、艺术等领域指标来看，杭州在全国范围内都名列前茅。

明代杭州教育事业极为发达，具有完备的官私教育体系。洪武二年（1369），明太祖命各府、州、县皆立学校。次年，置杭州府学。明初徐一夔、莫景行、凌云翰等文坛宿儒教授于此，“所教者咸一乡之俊士”⑥，培养了大批的人才。府学之外，杭城

① （明）丁养浩《明故存济沈公夫妇墓志铭》，光绪《唐栖志》卷17《畛墓》，《武林掌故丛编》本。
② 姚士麟《见只编》卷上，转引自蒋兆成《明清杭嘉湖社会经济研究》，第370页。
③ 《明神宗实录》卷513，万历四十一年十月乙酉。
④ （明）王在晋《越镌》卷21《通番》，万历三十九年刻本。
⑤ （明）陆楫《蒹葭堂稿》卷6，嘉靖四十五年刻本。
⑥ （明）凌云翰《柘轩集》卷4，《武林往哲遗著》本。

之内还有仁和、钱塘二县学。明中期以后，学人“联讲会，立书院，相望于远近”[①]。在此背景下，杭州书院教育逐渐兴盛。这一时期的书院，大多为官员所倡办，其中较著者为万松书院、正学书院、虎林书院、近山书院、天真书院、吴山书院、两峰书院、崇文书院，尤以万松书院最具代表性。弘治十一年（1498），浙江布政司右参政周木创办万松书院于城南万松岭，书院“规制略如学宫”，袭用官学“左庙右学”的格局，学规采用朱熹《白鹿洞书院揭示》，招纳童生、监生、举人为生徒，以博学鸿儒为山长、教授。且官府划拨山田170亩以备祭仪，并“延孔氏之裔以奉祀事”。明中期以后，万松书院成为杭州汇祀孔子的主要场所。万松书院建立后，多次重建、扩建，至明末已成为杭州最为重要的官学。另一方面，杭州诸书院也成为阳明学人讲传心学的重要场所。右都御史潘仿、浙江提学副使万潮曾讲阳明学于万松书院，并延王守仁为书院作记；而天真书院则原为天真、天龙、净明三寺地，由王守仁弟子王臣、薛侃、王畿、钱德洪等人改“建书院，以祀先师新建伯［王守仁］”[②]，书院中有供奉王守仁的仰止祠。嘉靖三十六年（1557），胡宗宪又命“杭贰守唐尧臣重刻先师《文录》《传习录》于书院”[③]，足见其与阳明一派渊源之深。

浙江在宋代以后渐成举业昌隆之地。据统计，明代浙江进士及第者按户籍计共有3454名，按乡贯计则共有3704名，排在南直隶之后，位居第二[④]。其中，明代杭州一府有进士461人。有明一代共有状元90人，单是浙江即有20人之多，杭州府有商辂、李昱、茅瓒3人，少于宁波的6人和绍兴的4人，屈居第三。明代杭州民间素重读书之业，具有浓厚的科举氛围，城内“及第门多多，有‘双凤坊’‘海蛟竞起’‘奎壁联辉’‘世进士坊’‘父子翰林’‘振纲肃纪’等之类，不遑枚举”[⑤]。杭州科举昌盛，故而仕宦者众。据统计，《明实录》中所录杭人有传者，除却孝子及笼统所讲杭州人之外，仅仁和、钱塘二县即分别有15、14人，此29人皆为部省副职以上者，“且有官至大学士者，政绩、人品、学问皆有可称之处”[⑥]。

明中期以后，以科举为业的文人群体仕途艰难，一些人开始转向戏曲、小说创作，促进了通俗文学的繁荣。据统计，明代有籍可考的1340余名文学家之中，杭州一府即有72人之多，占总人数比例为5.37%，为浙地第一[⑦]。其中，钱塘陆云龙、陆

① 《明史》卷232《叶茂才传》，中华书局1997年版。
② （明）王守仁《王阳明全集》卷33《年谱附录一》。
③ （明）邹守益《邹守益集》卷7《天真书院改建仰止祠记》，凤凰出版社2007年版，第383页。
④ 吴宣德《明代进士的地理分布》，香港中文大学出版社2009年版。
⑤ ［日］策彦周良《策彦和尚初渡集》下之上，［日］牧田谛亮《策彦入明记の研究（上）》附录，日本京都法藏馆1959年版，第102页。
⑥ 杭州文史研究会《明代杭州研究》南炳文序，第19页。
⑦ 曾大兴《中国历代文学家之地理分布》，湖北教育出版社1995年版，第341-342页。

人龙兄弟编有拟话本集《型世言》，周清原以西湖为中心创作了地域小说集《西湖二集》，这些小说注重故事性，贴近市民生活，成为市场上的畅销作品，促进了杭州市民文学的繁荣。明代杭州学人在史学领域也取得了丰硕的成果。周礼著《续资治通鉴纲目发明》，安都著《十九史节略》470卷，邵经邦撰《学史会同》300卷和《弘简录》254卷，吴琉有《史类》600卷。明后期对于当代史的修纂成为风潮。童时明著《昭代明良录》20卷，朱怀吴撰《昭代纪略》5卷，林之盛有《皇明应谥名臣备考录》12卷，吴弘基辑录《史拾》35册，高汝栻著《皇明法传录》50卷[①]。明代杭州文人对于桑梓之地也颇为重视，积极参与到修志活动中，如胡宗宪修嘉靖《浙江通志》，洪武初、永乐间、正统间、成化十一年（1475）、万历七年（1579）五修《杭州府志》。县志则有沈朝宣纂修的嘉靖《仁和县志》以及虞淳熙纂万历《钱塘县志》，西湖志则有田汝成辑《西湖游览志》《西湖游览志馀》两部，此外还有李翥辑《玉岑山慧因高丽华严教寺志》一部。在艺术领域，钱塘戴进取法南宋画院体，开创"浙派"，从学者甚众，此门在宣德至正德间与明代宫廷绘画的"院体派"并雄于画坛。明后期，杭州为画坛贡献了蓝瑛，其名与文徵明、沈周并重，为"浙派"后期的代表人物，因其所创画风独树一帜，故又被后人称之为"武林派"。

明代杭州不但培养出了大批杰出的人才，而且以其丰厚的人文积淀与湖山魅力吸引天下文人云集于西湖之畔。明代后期，士人互通声气，结社成风，"以南直隶、浙江为最盛……浙江则以杭州为首"[②]，其中以小筑社、读书社、登楼社影响最大。万历二十六年（1598），严调御、严武顺、严敕（余杭三严）兄弟三人于西子湖畔创办小筑社，四方文人裹粮而至者甚多；小筑社之后，读书社继之而起，以严调御、闻启祥为首，会众有钱塘陆圻、塘栖卓人月、嘉兴朱一是、宁波陆文虎等名士，黄宗羲等文坛领袖也曾赴杭参加读书社集会，其声势之大足以与应社相抗衡，崇祯二年（1629）并入复社；崇祯间，钱塘陆圻与陈子龙创办登楼社，他们宗经复古，切磋学问，专于时文，致力举业，是晚明重要文人社团之一。明代杭州文人群体还热衷佛教，多与西湖名僧结交，如冯梦祯、黄汝亨等缙绅皆与晚明杭州丛林领袖云栖祩宏交游，并参加其组织的放生会。一时出入梵刹、坐禅品茗成为士林时尚，禅门宗风深深影响了士人心态，而杭城缙绅也积极为寺院出资、出力，作大檀越，儒林、禅门合流共同促进了明代杭州文化的繁荣。

明代杭州作为吴越、南宋旧都，农业发达，手工业兴盛，商业繁荣，人文荟萃，

① 钱茂伟《明代杭州史学成就述略》，《明代杭州研究（下册）》，第20-45页。
② 朱倓《明季社党研究》，商务印书馆1945年版，第208页。

为明代杭州佛教存续和发展提供了坚实的经济基础和文化土壤。

第三节　明代以前的杭州佛教

杭州佛教发轫于晋，兴于吴越，至南宋而臻于极盛，迨元相继，历经千载形成的丛林传统与深厚历史积淀，为明代杭州佛教的发展奠定了坚实的历史基础。

一、东晋至唐代的杭州佛教

东晋至唐为杭州佛教初传、奠基时期，这一过程与杭州城市的兴起与发展以及其区域地位不断提升是同步的。

佛教自两汉之际传入中国，最初主要传播于北方。东汉末年，中原沸乱，僧人纷纷南下，江南佛教始兴，故而有“僧到赤乌年”之说。大概也在这一时期，佛教传入杭州地区。两晋之交，杭州即有兴建佛寺的记载[①]，但一般以东晋慧理建寺于灵隐、天竺为杭州佛教的起点。慧理为西印度僧人，东晋咸和初东渡来华，驻锡于杭，“连建五刹”：咸和元年（326），至武林山，建灵鹫寺；三年，于北高峰下建灵隐寺；五年，于涧右建翻经院，即下天竺寺前身；与呼猿洞相对的永福禅院，“晋有上、下永福寺，轫自慧理法师”[②]。慧理开山之后，天竺、灵隐“永为禅窟”，成为杭州佛教的源头。

东晋南北朝时期，江南门阀士族极力提倡佛教，加之南渡僧人的传布，使得南朝都城建业（今江苏南京）佛教得以快速发展，一时名僧云集，梵刹林立，出现“南朝四百八十寺”的盛况。杭州虽然只是蕞尔小县，却临近庐山、建业这两个南方的佛教中心，故而也兴建有一批佛寺。除慧理所建五刹外，主要的寺院还有：华严院（明代为广严寺），东晋义熙十二年（416）法师通所建，以奉华严；净空院（明代为玉泉寺），齐高帝建元中僧人昙超所建[③]；下天真寺，齐高宗建武年间僧普正建[④]；东林寺，齐梁间僧宝掌禅师“插竹为精蓝之始”[⑤]；众安寺（明代为化度寺），梁天监间朱异舍

① 《咸淳临安志》卷 77《寺观三》（《文渊阁四库全书》本）载：“太康间，葛稚川［洪］舍宅为寺”，谓湖西杨村之慈严院为葛洪所舍建，但葛洪生于公元 284 年，太康末年葛洪尚在幼年，故而不可信；另据《武林梵志》卷 4 载慈严寺（院）“晋太平年建”，但晋无太平年号，若以葛洪修道杭州论，其与鲍姑结婚之后始至杭，年在二十以后，故若有舍宅为寺事当在两晋之交。
② 《武林梵志》卷 4《北山分脉》，第 121 页。
③ 《武林梵志》卷 5《北山分脉》，第 111 页。
④ 《武林梵志》卷 2《城外南山分脉》，第 34 页。
⑤ 《武林梵志》卷 4《北山分脉》，第 72 页。

宅为寺[①]；发心寺，梁大同二年（536）邑人鲍侃舍宅为寺[②]；建国寺，“北齐天保六年”实为梁绍泰元年（555）建于淳祐桥东北[③]；净住院，梁宣帝时建；广化院，陈天嘉元年（560）天竺僧持辟支佛骨舍利至杭，遂于孤山建塔、寺[④]。受梁武帝崇佛的影响，梁代是南朝杭州兴建佛寺最多的时期，此外，梁武帝还赐田扩建灵隐等寺，使其规模稍为可观。

及至隋代，南北一统，隋文帝一改北周武帝的灭佛政策，转而支持、保护佛教，首先下令修复废寺，在度僧方面也甚为宽松，又令每户出钱营造经像，广建寺、塔，并组织官方缮写经书，一时天下风从，民间所藏佛经数倍于儒典。隋炀帝也笃信佛教，其即位之前曾从智顗受菩萨戒，隋代天台宗的兴起颇受其益。隋王朝通过兴佛来佐益王化，为隋唐佛教繁荣发展奠定了良好的基础。唐承隋制，社会经济迅速发展，文化昌盛，尤其是以武则天等为代表的最高统治者对佛教大力提倡，中国佛教的发展进入鼎盛时期。隋唐时期，杭州由地方郡县发展成为通都大邑，区域地位不断上升，杭州佛教也步入快速发展的轨道，无论是在义学、宗派还是寺院修建方面都取得了很大的成就。

隋唐时期，中国佛教义学隆盛，宗派迭立。流行于杭州地区的宗派，主要有天台宗、华严宗以及禅宗古流“牛头禅”、南宗南岳法系。隋代智顗以《法华经》为中心，发展出“一念三千”“四谛圆融”的新义，建立天台宗，得到朝野支持和信奉，一时间从学如流。钱塘僧真观法师“寻谒天台智者”[⑤]，后至南（下）天竺寺，为开山始祖，传天台教观于杭州。他常讲《法华经》，又敢于谏诤，时称“钱唐有真观，当天下一半”[⑥]。隋文帝命在南天竺寺建塔，藏其颁赐舍利[⑦]。唐代湖西诸刹中华严学也非常流行，法藏再传弟子法铣兼通华严、天台二宗，大历间卓锡中天竺，在研习天台教法的同时，还常常开讲《华严经》，法席甚盛，如太初、正觉、神秀、澄观等缁史留名的大德高僧皆曾从之学法。灵隐寺是杭州华严宗传播的中心，时灵隐寺住持道峰在龙兴寺讲《大方广佛华严经·华藏世界品》，龙兴寺僧南操因此结“华严经社”持诵，影响很大[⑧]。

---

① 《武林梵志》卷4《北山分脉》，第70页。
② 《武林梵志》卷1《城内梵刹》，第3页。
③ 《武林梵志》卷1《城内梵刹》，第11页。
④ 《咸淳临安志》卷79《寺观五》。
⑤ 《武林西湖高僧事略·隋下竺观法师》，第8页。
⑥ （宋）释志磐《佛祖统纪》卷九《智者旁出世家·天竺真观禅师》，《大正藏》第四十九册第2035号，第196页。
⑦ 参阅何孝荣《隋文帝建舍利塔与灵隐寺智仙舍利塔考》，香港中文大学人间佛教研究中心《人间佛教研究》2014年第6期。
⑧ （唐）白居易《白氏长庆集》文集卷59《华严经社石记》，《四部丛刊初编》本。

但就整体来看，唐代杭州佛教以禅宗为主导，《武林西湖高僧事略》所载唐代高僧也多以禅僧为主。唐初，僧法融居牛头山，吸收南朝所遗玄学之风，而又别出三论宗，创“牛头禅”，此后一直流传于江南一带。至径山法钦时，宗风大振，比及荷泽神会、洪州道一，并为活跃于唐中期的禅门巨擘。大历三年（768），代宗诏至京师，礼遇有加，并赐号“国一”。次年，“辞归杭，即其庵所建寺”[①]，使杭州成为牛头禅弘传的重要中心。唐中期以后，南宗禅系兴起，尤其是“会昌法难”之后，其他宗派相继衰微，而以南禅独盛。晚唐杭州丛林状况亦是如此。曾经嗣法于百丈怀海的寰中禅师，于元和四年（819）结庵于杭州大慈山下，宪宗赐额“广福院”（俗呼虎跑寺），大中八年（854）改额“大慈禅寺”，从学者甚众，为最早在杭州弘传南宗南岳禅系者。

隋唐时期，杭州城内外兴建了一批新的寺院。据《咸淳临安志》载，有灵隐院（明庆寺）、上生院、延长院、龙居院、象光院、定业院、报恩院、资庆院、胜相院、明庆寺、法昌院、慈孝院、大中院共13所。而据《武林梵志》载，唐代杭州城及西湖两山还有实际院、胜果寺、天龙寺、广福院、光明禅寺、演福寺、东林寺、大觉禅寺、龙龛寺、永兴寺、大云寺、长庆寺、正等寺、觉仁院、凤林寺、修正了义塔院等16所。二者合计，共29所。隋唐时期新建寺院数量大大超过东晋南北朝时期，并且这些新寺大都建于唐中期以后。张弓依据方志对东汉至唐代寺院存量进行统计，搜罗全国共得5335所，杭州所在的江南东道与京畿道并为佛寺分布最为密集的地区，下属州县共有佛寺212所，而同一时期建康故地所置升州有寺78所，苏州有寺187所，杭州均较二者为多，数量为江南之最。[②]虽然统计来源与口径尚待商榷，但这一数据在一定程度上反映了唐代杭州佛教发展后来居上的态势。曾任杭州刺史的白居易对杭州“地是佛国土，人非俗交亲”的评价，也正好契合了杭州佛教在唐代中期后的发展状况。

至唐代后期，“会昌灭佛”也给杭州佛教造成很大破坏。如灵隐寺、广严寺等巨刹寺毁僧散，碑迹湮没[③]，寰中等禅僧亦被迫暂时易服还俗。但是，杭州佛教积蕴业已形成，使得其在唐末、五代迅速复兴，并迎来发展的黄金时代。

① 《武林西湖高僧事略·唐径山国一钦禅师》，第9页。
② 张弓《汉唐佛寺文化史》，中国社会科学出版社1997年版，第142页。
③ 《武林梵志》卷4《北山分脉》，第99页。

二、吴越国时期的杭州佛教

吴越国是杭州佛教全面展开的时期。唐代后期至五代，天下大乱，各地方军将、势豪割据，攻伐不已，中原王朝更迭频繁，“五十三年之间，易五姓十三君”[①]，社会动荡，民生荼毒。而在江南，钱镠建吴越国，割据东南十三州之地，历三代五王，治杭九十余载。吴越国对内保境安民、“休兵息民”，对外采取“事大”策略[②]，臣服于中原政权，为辖境社会稳定与经济发展创造了良好外部环境，杭州在这一时期得以崛起为吴越区域中心。吴越国最高统治者大力提倡佛教，崇僧建寺，杭州佛刹林立，宝塔鳞布，梵音不绝，一派“东南佛国”的景象。

首先是广建寺塔、造像等佛教设施。吴越国是杭州佛教寺院数量迅速增长的时期，孙旭据《咸淳临安志》“寺观”部分进行统计，“南宋末杭州城内外寺院总计有494所，能够确定创建时期的有396所，其中钱镠统治之前20所，钱氏统治期间230所，北宋9所，南宋137所”[③]，吴越王及钱氏家族所建者达173所。另《武林梵志》所录明代杭城内外293所佛寺，有明确记录为吴越国时期所创者仍有114所，创寺日期失考以及六百余年间湮没于荒草而寺销失额者，应亦不在少数，故而明人谓杭州佛刹“创于钱氏者十之五六”[④]。后世的名蓝望刹，不少建于这一时期。如后晋天福元年（936），吴越王钱元瓘于钱塘门外建菩提院，此即昭庆寺前身。后周显德元年（954），吴越忠懿王钱弘俶于南屏山下建慧日永明院，即后之净慈寺。七年，他还请高僧延寿主持灵隐寺，并新增僧舍五百余间，建石幢二，东建百尺弥勒阁，西有祇园，共有殿宇房舍一千三百余间。改建后的灵隐寺容僧三千人，规模壮丽。此外，理安寺、六通寺、荣国寺、开化寺、玛瑙寺、海会寺、云栖寺等皆创建于吴越国时期。为迎合民间社会自南朝以降形成的浓厚佛教信仰，吴越诸王非常重视舍利塔的修建，以此作为维护其统治合法性的重要手段。如贞明二年（916），钱镠令人往明州阿育王寺“迎释迦舍利塔归于府城，仍建浮图于城南以致之”[⑤]。半个世纪后，乾德四年（966），钱弘俶“迎阿育王舍利归南塔寺奉之”[⑥]。明代杭州所存名塔如雷峰塔、保俶塔、六和塔皆建于吴越国时期，其他规模较小的塔则为数更多。除了兴建寺塔外，钱氏还于山林中镌刻造像，如钱弘佐为吴越国主时，于慈云岭、石屋洞等处刻摩崖造像若干，钱

---

① （宋）欧阳修《欧阳文忠公集·外集》卷9《本论》，《四部丛刊初编》本。
② 《旧五代史》卷133《世袭列传第二》，中华书局1997年，第1776页。
③ 孙旭《吴越国杭州佛教发展的特点及原因》，《浙江社会科学》2010年第3期。
④ 成化《杭州府志》卷47《寺观一》，明成化刻本。
⑤ （宋）钱俨《吴越备史》卷2《武肃王下》，《四部丛刊续编》本。
⑥ （清）吴任臣《十国春秋》卷81《吴越五》，《文渊阁四库全书》本。

弘俶则于青林洞造摩崖石刻。钱氏还兴建了大量的经幢，向寺院施舍了大量财物。在王室影响下，勋臣贵戚，缙绅市民，“发心无难舍之财，集事有易成之力”[①]，大量的社会资源被投入寺院的建设中去。

其次，历代吴越王礼遇僧人，襄赞义学。唐末时，钱镠即与径山寺住持洪諲有所来往，并对其礼敬有加。因钱镠之请，唐王朝赐予洪諲“法济大师”之号，且“见必跪拜，檀施丰厚”[②]，礼数之重，异于常数。得钱镠之助，洪諲“于两浙大行道化”[③]。乾化三年（913），钱镠命其子钱元瓘率军攻取广德，得曹洞宗僧自新，慕其高行，遂“造应瑞院居之”[④]。其时，雪峰义存嗣法弟子镜清道怤弘法杭州，钱镠钦慕之，命居天龙寺，并上“顺德大师”号。后钱元瓘创建龙册寺，“请怤居之，吴越禅学自此而兴”[⑤]。同一时期，活跃于杭州的义存门人还有灵照、悟真，钱氏令其各主龙华寺、化度院。末代吴越国主钱弘俶当国三十年间，清凉文益所创法眼宗于江南流传最盛，法眼二祖德韶受钱弘俶之邀至杭州，被尊为吴越国师。“会昌法难”后，天台教籍散佚殆尽，时天台僧螺溪义寂闻高丽存有天台宗经典，谋于德韶，后由其乞请吴越王遣使高丽取回，成为五代、北宋天台宗复兴的凭藉。清凉文益弟子传法杭州的还有道潜、慧明，慧日永明院建成之后，钱弘俶即邀道潜居之，又请慧明住持大报恩寺。德韶的法脉亦非常兴旺，有永明延寿、长寿朋彦、大宁可弘等百余人。其中尤以延寿最为著名，钱弘俶命其主持重建灵隐寺及修建六和塔，后又邀其继掌慧日永明法席。得益于钱氏的支持，法眼宗风靡于吴越地区，入宋后臻于极盛。除禅宗、天台宗之外，律宗也在杭州立足。如灵隐寺僧赞宁，精通南山律，吴越王以其为“两浙僧统”[⑥]。延寿、赞宁皆为五代、北宋之交杭州乃至江南地区的丛林领袖，是开启宋代禅、律宗风的代表人物。

因吴越王室的外护，杭州逐渐成为南方佛教中心。唐末五代禅宗“一花五叶”，分为沩仰、临济、曹洞、云门、法眼五宗，而杭州以法眼最盛，名僧辈出（详见上文）。此外，吴越国时期弘传于杭州的其他派别禅师亦不在少数，临济宗有楚南，沩仰宗有文喜、洪諲，曹洞宗有自新，可以说这一时期的杭州汇集了正在成长裂变的禅宗各个派系。禅宗之外，亦有天台宗交相辉映。五代时期于杭州传天台教观的僧人有皓端、义通、宗季、如寂等。律宗方面，唐末时元表律师自长安来浙宣讲南山律

---

① 《咸淳临安志》卷78《寺观四》。
② （宋）释赞宁《宋高僧传》卷12《唐长沙石霜山庆诸传》，范祥雍点校，中华书局1987年版，第284页。
③ （宋）释普济《五灯会元》卷9《径山洪諲禅师》，中华书局1984年版，第538页。
④ （宋）释赞宁《宋高僧传》卷30《宣州自新传》，第754页。
⑤ （宋）释赞宁《宋高僧传》卷13《后唐杭州龙册寺道怤传》，第310页。
⑥ （宋）王禹偁《小畜集》卷20《右街僧录通惠大师文集序》，《文渊阁四库全书》本。

学，杭州僧众往听者甚众。后有律僧慧则亦来杭传授律钞，赞宁从其学，深得精要，每与人论，辞辩纵横，有“律虎”之称。各宗派汇集于杭，互动交流频繁，促进了杭州佛教的繁荣，所以入宋后“佛僧之盛，盖甲天下”[①]。

三、宋代的杭州佛教

宋代的杭州佛教无论从宗派、义学以及寺院修建方面都达到了极盛，是杭州佛教发展的最高峰。

（一）北宋时期

宋代统治者支持、保护同时又规范佛教的发展。宋太祖代周之后，下令改变后周世宗毁废寺院政策，“诏勿复毁，仍令所在崇奉”[②]。其后，除宋徽宗崇信道教外，其他皇帝皆对佛教持有信奉与支持的态度：延高僧入宫，赐以紫衣、师号，撰写颂佛文，如太宗《妙觉集》、真宗《崇释论》等。宋廷还设译场，任命高官主持译经，招印度僧人翻译佛经。此外，还据唐《开元释教录》等经录刊印大藏经，从开宝四年（971）至太平兴国八年（983）历时十三年刊刻而成[③]。另一方面，北宋政府又力图将佛教置于国家行政权力控制之下，使其适度发展。朝廷拣选名僧大德任僧官，统辖全国僧尼。东京设有左右街僧正、僧录、副僧录、讲经论首座、鉴义等僧职；地方州府设置僧正、都僧正等职。由朝廷颁发度牒，设立“试经”考试遴选僧才，严格度僧制度，限制僧尼冗滥。

就杭州佛教来看，受永明延寿遗嘱劝谕，钱弘俶纳土归宋[④]，故而杭州丛林亦因之得到宋室青睐。北宋时期，虽然杭州远离政治中心，北宋皇室仍然成为杭州佛教的重要檀越，赐赉甚多。以灵隐寺为例，天禧五年（1021），宋真宗敕赐额曰“景德灵隐寺”，并金牌一面、御书牌一轴；仁宗天圣二年（1024），皇太后赐脂粉钱九千五十四贯；天圣八年（1030），宋仁宗赐灵隐寺放免田粮一万三千亩；嘉祐三年（1058），赐明教大师契嵩所著《传法正宗记》及《辅教编》入藏[⑤]。

北宋时期，杭州新建寺院数量虽然少于吴越国时期及此后的南宋时期，但仍然维

① （宋）释志磐《佛祖统纪》卷11《诸师列传第六之一·明智韶法师法嗣》，《大正大藏经》第四十九册第2035号，第210页。
② （宋）李焘《续资治通鉴长编》卷8，乾德五年，《文渊阁四库全书》本。
③ 杨曾文《宋元禅宗史》，中国社会科学出版社2006年版，第3页。
④ 《南屏净慈寺志》卷6《檀护》，第146页。
⑤ 《灵隐寺志》卷5上《累朝檀越》，第73-74页。

持了相当数量。在官方支持下，灵隐寺、慧日永明院、众善寺等名蓝望刹都得以扩建，规制更为宏丽。

北宋时杭州佛教的亮点并不在于寺院的修建，而是在于义学与宗派的发展以及儒佛交涉下佛教的世俗化转型。宋初，法眼宗兴盛，在各宗中颇为夺目。永明延寿住持慧日永明院，作《宗镜录》，“为衲子指南”[①]。他指心为宗，透过法眼宗门融摄教、律，主张“祖佛同诠”“禅教一体”。延寿融通各宗的思想充分体现了宋代禅、净、教合流的时代特色，具有典型性，被后世称为“宗门之标准，净业之白眉”[②]。云门宗亦是北宋时期杭州较为兴盛的禅系，比较著名的僧人有灵隐寺契嵩以及净慈寺圆照宗本。契嵩得法于筠州洞山晓聪禅师，庆历中至钱塘，居于灵隐寺，皇祐间入京师，两上万言书，仁宗赐号“明教大师”。契嵩博通儒典，善为文，尝作《辅教编》以与当时辟佛者相抗，其中尤以《原教》《孝论》最为有力。此外，契嵩还依据《宝林传》，定禅宗印度世系为二十八祖，其说后成为禅宗祖系传承定论，影响深远。圆照宗本为天衣义怀之法嗣，治平间杭守陈襄邀其住持净慈，元丰五年（1082）奉宋神宗诏请住持汴京相国寺，为慧林第一祖，并多次“诏对殿中，名动海内”[③]。

北宋前期，于杭城弘传天台教观最著者为慈云遵式，其所居下天竺寺为当时杭州天台宗的中心。遵式发扬天台忏法，所撰忏仪甚多，如大弥陀忏仪、小弥陀忏仪、往生净土忏愿仪、金光明三昧仪等，世称“百本忏主”。其住下天竺时，忏讲不绝，从学者恒逾千人，法席甚盛。嗣法弟子有昙远慧才、钱塘悟恩、明智祖韶、天竺本融、保庆法润、妙果文昌、法喜清鉴等，多执掌名刹，对于宋元时期天台宗的兴盛具有重要的意义。

北宋时期，华严学因杭州净源弘传而复兴。神宗时，净源住持慧因寺，“力振宏纲，始立教藏，于苏于秀”[④]。元丰八年（1085），高丽国王之子僧义天入宋求法于净源，从其精研华严学。归国后，向慧因寺赠送三部金书汉译本《华严》共一百八十卷，托商船带回。净源在此弘传华严，被丛林宿学尊为“义龙”，一时往学者不绝如缕，宗风大振，贤首一门得以中兴。元祐三年（1088），敕额为慧因教院，以专弘贤首，慧因寺成为南方华严学中心，净源开创的慧因寺系成为宋代华严学中最重要的一支。

律宗方面，宋初赞宁于祥符寺讲习律学，祥符寺亦因之而声名鹊起。宋太宗时期，令天下诸路皆立戒坛，凡七十二所。太平兴国三年（978），永智律师建万寿戒坛于

① （宋）曹勋《松隐集》卷30《净慈创塑五百罗汉记》，《文渊阁四库全书》本。
② （元）释普度《庐山莲宗宝鉴》卷4《永明寿禅师》，《大正大藏经》第四十七册第1973号，第325页。
③ 《南屏净慈寺志》卷2《建置》，第49页。
④ 《慧因寺志》卷6《敕赐杭州慧因教院记》，第23页。

寺内。允堪是北宋中期著名的律师，初习各宗，后专律部，撰有《行事钞会正记》《戒疏发挥记》等，对宋代律宗有着很大影响。他本为菩提律寺住持，庆历二年（1042）居昭庆寺，“创立地涌戒坛，广阐毗尼”。皇祐元年（1049）春，又奉旨说戒，是谓“昭庆戒坛始于永智而大成于允堪者也”[①]。故而杭州律宗在北宋中期以后全面展开，昭庆寺、祥符寺、菩提律寺并为杭州最为重要的律宗寺院，奠定了后世杭州律学弘传的基本格局。

北宋时期，僧人们于本宗所学之外，兼修净土成为潮流，净土信仰得到广泛传播。如延寿即倡导“禅净双修”法门，劝人念佛，被奉为净土宗六祖。天台宗与净土宗则是以忏仪为互通桥梁。如遵式非常重视净土念佛法门，其参忏仪时，常集众修“净业会”。淳化中，昭庆寺僧省常结“白莲社”，志弘净土，后易名“净行社”，以宰辅向敏中、王旦为社首，士大夫与其会者前后123人，其中有“四宰相，二参政，五尚书”[②]，影响之巨，声动朝野，推动了江南净土信仰的发展，被尊奉为净土宗第七代祖师。

北宋士人崇佛亦盛，除了受历代皇帝垂范影响之外，还因由同宋代兴起的新儒学潮流暗合，北宋知识人折服于佛学精致的思辨和系统的义理，援佛入儒，儒学之内出现濂学、洛学、关学诸派纷呈的兴盛局面。“儒门淡薄，收拾不住”，宋代日益庞大的士大夫群体面对激烈的科举竞争，大量士人转而求解于佛门，竞习禅教，居士佛教也因之兴起。另一个原因，佛教本身也修正了全然出世的态度，积极同士大夫阶层接触，向世俗社会靠拢，“先祝当今皇上万寿无疆，次祝百官大臣福禄长久，几乎成为宋代禅师语录中的模板套语，且各宗各派的言辞大体相同。从某种意义上说，宋代佛教特别是禅宗已经彻底脱离了此前那种遗世独立的姿态”[③]，这有助于消弭儒家本位主义士大夫的敌意。受禅僧影响，士人多喜好诵读《金刚经》《法华经》《华严经》《圆觉经》等佛经，参悟禅机，从佛教中汲取营养，苏轼甚至从佛经中悟得作文之法。同时，部分僧人也接受士大夫诗歌唱酬的交往方式，出现了一批有名的诗僧，杭州即为诗僧荟萃之地。仁宗时有僧惠勤，居于孤山，善诗文，“庆历间，游京师二十年，请造公卿，声华歘起”，与欧阳修等文坛领袖素有来往。苏轼任职杭州期间，“与僧惠勤、惠思、清顺、可久、惟肃、义诠，为方外之交”，常同泛游湖山，诗歌唱和。其中惠勤、惠思为欧阳修所荐，苏轼与之相识。圣水寺僧佛印、天竺僧辩才、智果寺

① 《大昭庆律寺志》卷6《戒律·戒坛》，第80页。
② 《大昭庆律寺志》卷5《净社》，第67页。
③ 张培峰《宋代士大夫佛学与文学》，宗教文化出版社2007年版，第40页。

僧参寥子，皆为苏轼挚友。参寥子还因与苏轼的特殊关系，而被牵连入乌台诗案，被勒令还俗。受儒佛交涉的影响，禅风也为之一变，禅僧们开始试图通过文字来悟入禅理、诠释禅意、营造禅境，这一风气催生了“文字禅”的形成。

（二）南宋时期

宋室南渡，杭州成为偏安一隅的南宋王朝首都，是南宋政治、经济、文化中心。宋朝皇室给予佛教以大力支持，中原地区的名僧大德也多有随高宗南渡者，他们兴建佛寺，传扬禅法，给本已积蕴深厚的杭州佛教注入新的活力，杭州佛教迎来了辉煌鼎盛的时代。

北宋末年开始，杭州即屡遭兵燹。宣和二年（1120），方腊起义军占领杭州，纵兵四处烧毁寺庙，毁坏佛像，僧人逃散。两宋之交，金兵数次南下，建炎四年（1130）金兵焚杭州城，对杭州佛教也造成极大破坏，“惟东南角数佛寺与僻巷居民偶有存者”[①]。高宗驻跸杭州，大批宗室、臣属、军将随驾涌进杭州城，为尽快使行在行政中心功能及时运转，以建立战时统治秩序，恢复朝廷权威，大批寺院被占作各衙署的办公场所。如以妙慧院为御园，分广严寺地基为御厨营，以净住院为礼部贡院，以光相寿昌寺、大觉院地为秘书省，绍兴间斥慧明院、水心保宁寺为聚景园。军队也需要划分驻地来安置，如斥大中祥符寺基一部分为军器所，以吉祥院为文思院军头司，以圣果寺为殿前司，以大昭庆寺为策选锋军校场。此外，南来权贵们也需要安置之所，“高宗悯之，昉有西北士夫许占寺宇之命”[②]，允许士大夫占寺为宅。因此，南宋初年，“兵革之余，又为军营、禁苑、势人园圃所包占，今存者不满百”[③]，寺院数量锐减，杭州佛教一度陷入衰颓。

鉴于建炎初战火频仍、社会经济残破的状况，为防止僧侣泛滥，减少劳动力人口，高宗采取了限制鬻卖度牒的政策。随着战乱消弭，“商旅复业，通衢屋舍，渐就伦序”[④]，局势日益稳定，佛教政策也发生变化。绍兴末，“复鬻僧道度牒”[⑤]。诏令下达后，甚至出现“度牒卖八百贯，人竞买之”的情形[⑥]。国家通过出售度牒筹措用度，客观上促进了僧团的扩张。高宗后的历代帝王皆对佛教持保护的态度，皇帝及皇室成员时常给予佛寺不同形式的赐赉，参加佛事活动，以示对佛教的信仰与支持。

---

① （宋）李心传《建炎以来系年要录》卷31，建炎四年二月丙子，中华书局1988年版，第608页。
② （宋）周密《癸辛杂识》后集《许占寺院》，《文渊阁四库全书》本。
③ 《咸淳临安志》卷93《纪遗五》。
④ （宋）曹勋《松隐集》卷31《仙林寺记》。
⑤ 《宋史》卷32《高宗本纪》，中华书局1997年版。
⑥ （宋）赵彦卫《云麓漫抄》卷4，《文渊阁四库全书》本。

首先，南宋诸帝时加临幸杭州寺院，并出资建寺。帝王临幸寺院会大大提升其影响力，使寺院香火更盛。如淳熙二年（1175）三月，孝宗"驾幸上竺，炷香礼敬大士"[①]，并诏上天竺寺为护国金光明道场，使其成为为国祈禳的政治意义上的国家寺院。南宋诸帝还是杭州建寺的重要力量。南渡初，虽然皇室曾占两寺为园囿，但是此后皇家拨款兴建、修复的寺院数目则远超此数。皇室资助修建的寺庙大体分为三类：一类是为国家祈福的御前道场，钱塘上天竺寺就属此列。淳熙元年（1174）二月，孝宗又赐内帑于上天竺建藏殿；第二类为皇室提供宗教服务的皇家道场，如崇先显孝寺，绍兴十九年（1149）建，旨充显仁皇太后功德寺，专为高宗生母韦氏诵经祈寿之用[②]；第三种为一般寺庙，数量最多。例如慧日永明院，绍兴间毁堕，"孝宗皇帝赐金讫成之"。嘉泰四年（1204）"又毁，朝廷仍给钱重建"。又如南高峰荣国寺，宝祐五年（1257）"福王捐施重修"，这类寺院多为早前已有，后遭毁坏，而需重建或部分重建的名刹。它们通常戴有"灵验"光环或有较大社会影响力，如中竺天宁万寿永祚禅寺，"南渡初，有摩利支菩萨感应，因命增广殿宇，以禁中所奉佛像赐焉"[③]。摩利支菩萨为佛教护法神，宋廷藉由重修此寺来祈求庇佑、振兴武运，因而这一举动具有迫切的现实意义。

其次，皇室对于杭州寺院赐赉甚厚，免除其科役。皇室对于寺院的赏赐形式是多样的，其中既有经济性的赏赐，也有匾额之类荣誉性的赏赐。如景德灵隐寺，孝宗不但于乾道三年（1167）规定"每岁佛诞日，例赐帛五十匹"[④]，而且还将御制诗赐住持德光。理宗时，御书"觉皇宝殿"及"妙庄严域"大字，"又御制《千佛赞》以赐"。仙林慈恩普济教寺，淳祐六年（1246）赐御制钟铭，宝祐元年（1253）赐内帑造大佛宝殿。金额大者如上天竺灵感观音寺，由于孝宗祈愿"灵验"，故赐赉甚丰，即位之初为修观音像，"赐缗两万"，后又屡赐内帑金银、珍奇珠宝，"价值数十万缗"。所赐田土多者，如护国仁王寺，"宝祐六年拨赐平江官田三千亩"[⑤]。又如崇恩演福禅寺，咸淳五年（1269），"圣上御书六大字为匾，且益赐平江田为亩五千"[⑥]。皇室经济上的馈赠，使僧侣无衣食之忧，可以专心于钻研、传扬佛法。除了经济上的资助，皇帝也常免其科徭。咸淳年间，除崇恩演福禅寺科役。上天竺灵感观音寺，"庆元、嘉定间，

① （宋）释志磐《佛祖统纪》卷 47，第 429 页。
② 《宋史》卷 243《韦贵妃传》。
③ 《咸淳临安志》卷 78《寺观四》。
④ 《灵隐寺志》卷 5 上《累朝檀越》，第 74 页。
⑤ 《咸淳临安志》卷 80《寺观六》。
⑥ 《咸淳临安志》卷 78《寺观四》。

永充教寺，有旨蠲免租役"[①]。徭役的免除，减轻了寺庙的经济负担。

第三，南宋诸帝对于名僧大德甚为礼遇。宝觉"宗《唯识》《百法》二论"，随高宗南渡，"诏加圆通法济大师"，并常询佛理[②]。德明法师，号为竹筒和尚，绍兴二十三年（1153）有旨住崇先显孝寺，二十五年两入慈宁殿升座，"举说般若"[③]。孝宗与僧侣也有着频繁的互动。孝宗为吴安郡王时，遣内都监某入山谒大慧宗杲，"述偈以献，及在建邸，复遣内知客供五百应真，请宗杲说法，亲书'妙喜庵'三字，并制赞以宠之。二十一年，求解院事，得旨退居明月堂。隆兴改元八月，示寂。孝宗闻而叹息，诏以明月堂为妙喜庵"，谥曰"普觉"，塔曰"宝光"。宗杲虽林下人，而义笃君亲，谈及时事，尤形于色，或至垂涕，名公巨卿，如李邴、汪藻、吕本中、曾开、李光、汪应辰、赵令衿、张孝祥、陈之茂，"皆委己咨叩"，而张浚"雅相推重宗杲"[④]。显然是皇帝礼遇在先，才有上行而下效，群臣崇慕。绍熙元年（1190）四月，孝宗幸灵芝崇福寺，"明年上元，召［首座法］光入重华宫，亲问戒律大义及施食因缘，大契旨"[⑤]，足见孝宗对于佛法的兴趣。理宗也是一位有很深佛学造诣的皇帝，"天基节，上御延和殿，命佛光法师讲《华严经》。皇情大悦曰：'自是不同。'上问无诤三昧。师曰：'天亲论解云：无诤者无欲也，有欲则有诤。须菩提不但得无诤三昧而已，又于无诤三昧之人中，最为第一。'上首肯之，为亲制《观音殿记》"[⑥]。

杭州寺院承担了部分国家礼仪功能，并为皇室祈禳求福，颂祝功德。南宋的部分国家祭祀礼仪活动，是在佛寺中进行的。如郊祭之礼，寻常春首、夏雩、冬报仍行礼于郊坛，惟有秋飨，"不坛而屋，设会于净明斋宫"，其他三季若逢雨，亦望祭于净明院。此外，惠昭、昭庆斋宫在净慈寺之中[⑦]。绍兴二十年（1150），建祚德庙于净戒院，"乃以春、秋二仲祠祭属焉"。开宝仁王寺，则"主大内祈禳事"。与皇室成员有关联的佛寺还承担具有针对性的职责。皇帝、太上皇、太后诞辰日为圣节，如每逢皇帝诞辰，朝臣则要"诣明庆寺满散祝圣道场"[⑧]。千顷广化院，为临安府祝圣道场；宝德寺，"充三衙建散圣节道场"。这些祝圣寿道场，级别显然比明庆寺要低。帝王驾崩之后，则设有神御殿供奉。永宁崇福院，淳祐元年（1241）"旨专一崇奉孝宗皇帝

① 《咸淳临安志》卷 42《御制》。
② （明）释明河《补续高僧传》卷 18《宝觉道法师传》，上海古籍出版社 1991 年版。
③ 《咸淳临安志》卷 70《人物十一》。
④ 《咸淳临安志》卷 70《人物十一》。
⑤ 《咸淳临安志》卷 79《寺观五》。
⑥ （宋）释志磐《佛祖统纪》卷 48，第 433 页。
⑦ （宋）吴自牧《梦粱录》卷 14《祠祭》，浙江人民出版社 1980 年版，第 123 页。
⑧ （宋）吴自牧《梦粱录》卷 3《皇太后圣节》，第 16 页。

神御”[①]。供奉其他皇室成员香火之处为功德院。恭圣仁烈皇太后建旌德显庆寺，充功德院；崇先显孝华严寺，“绍兴十九年建，旨充显仁皇太后功德寺”[②]；法安院，乾道九年（1173），充咸安郡王士铢功德院；西峰净严院，为“皇叔祖感义郡王功德院”。为故去皇室成员祈冥福之处则为攒所、坟寺。皇子、宗王者，如崇报显庆院，绍兴二年（1132），改充皇子永王、祁王攒所；六通慈德院，嘉泰四年（1204），充皇子保宁军节度使攒所。供奉后宫、公主者，则有资德院。绍兴二十三年（1153），慕容贵妃葬建为坟寺；时思荐福寺，宪圣慈烈太皇太后家坟寺；惠因院，充皇姑成国公主攒所；报恩院，嘉熙四年（1240），安攒德国公主。为了祈求福缘或行香方便，安攒寺庙有很多为皇室所建。然而一般寺庙也有常常被敕为皇室成员的安灵超度之所，其中如净教院系“乾道中僧如净修建，赐今额，充贵妃蔡氏攒所”[③]，修吉寺和法因院亦有同样的境遇。在这一过程中，杭州的部分寺院被皇室家庙化，虽然可以给寺院带来很多经济利益，但是寺院自主性势必受到侵蚀。庆元三年（1197），太皇太后有旨下天竺名刹，不欲永占，可复额为天竺灵山之寺，杭州寺院家庙化之风才得以扭转。

在南宋皇室的示范作用下，官民纷纷礼佛崇僧建寺，名刹益壮，新寺继立，佛教大盛。至于南宋末年，杭州城内寺院，“如自七宝山开宝仁王寺以下，大小寺院五十有七。倚郭尼寺，自妙净、福全、慈光、地藏寺以下，三十有一。又两赤县大小梵宫，自景德灵隐禅寺、三天竺、演福、上下圆觉、净慈、光孝、报恩禅寺以下，寺院凡三百八十有五”[④]。而据《咸淳临安志》记载统计，临安府辖内共有寺院 773 所，杭州城内外则有 490 所，又较北宋时为多。从咸淳年间杭州寺庙数量看，至南宋中后期佛教已经得以恢复，并出现超出以往、前所未有的兴盛局面。

从质上看，南宋时期的杭州佛教亦堪称极盛。嘉定年间，宁宗从史弥远之请，仿印度五精舍十塔之制，品定江南禅寺等级，设禅林“五山十刹”，五山地位最尊，位列所有禅院之上，而十刹则寺格稍次之。五山十刹皆为官寺，其住持必先由小寺小院做起，“候其声华彰著，然后使之拾级而升”，选为十刹住持，再升为五山住持。“其得至于五名山，殆犹仕宦而至将相”，“缁素之人，往往歆艳之”[⑤]。后亦于教寺中设教院五山十刹，与禅院互争长短。其中禅院五山中杭州有钱塘灵隐寺、净慈寺，五而居其二，禅林十刹之中则有中天竺寺。教院五山之中，杭州有上天竺寺、下天竺寺、仙

① 《咸淳临安志》卷 79《寺观五》。
② 《咸淳临安志》卷 81《寺观七》。
③ 《咸淳临安志》卷 77《寺观三》、卷 78《寺观四》。
④ （宋）吴自牧《梦粱录》卷 15《城内外寺院》，第 137 页。
⑤ （明）宋濂《宋学士文集》卷 40《翰苑别集卷十·住持净慈禅寺孤峰德公塔铭》，《四部丛刊》本。

林寺三所，十刹亦有三处，分别为集庆寺、演福寺、普福寺[①]。由此观之，南宋时杭州作为全国佛教中心的地位是毋庸置疑的。

南宋时期杭州佛教宗派，较北宋时有所变化。禅宗派系中，五代、北宋时较为兴盛的法眼宗、沩仰宗至北宋末已趋于衰微，临济宗则代之而兴。南宋杭州禅林基本上是临济宗杨岐派一家独大，法席最盛。圆悟克勤为五祖法演嗣法弟子，住持灵隐寺多年，曾先后九次被孝宗诏入宫奏对，望重禅林。同一时期，径山则有大慧宗杲，绍兴中居径山能仁寺，孝宗即位后召对入宫，赐号“大慧禅师”，后于云居山唱“看话禅”，开禅宗参话头之先，风靡禅林，成为宋以后禅宗的主流。其门下弟子分住江南名山，临济宗风大盛。克勤法嗣又分为宗杲的径山派和绍隆的虎丘派，径山派分裂出灵隐、北涧二派。杨岐一派，法席隆盛，传承不绝，在杭州佛教长期占有优势地位。南宋中期，临济僧无准师范曾求法于灵隐寺临济高僧松原崇岳，绍定五年（1232）奉敕住径山，次年入宫为理宗说法，赐号“佛鉴禅师”。淳祐元年（1241），其弟子日僧圆尔辩圆将《禅院清规》带回日本，后日本禅林清规多以此为蓝本。虚堂智愚是南宋末比较有名的临济僧，曾先后住持过五山中的育王、净慈、径山三寺，道倾东南，僧徒弥野，后受高丽国王延请东渡，在高丽传法八年。曹洞宗，前期有真歇清了，曾于绍兴间住持径山，绍兴二十一年（1151）奉慈宁太后之命建崇先禅院，为开山住持。他在弘扬曹洞宗风的同时，还善于融会诸宗，兼涉华严、净土。南宋中期的曹洞宗僧人多出自真歇一系。传至其法孙长翁如净，曹洞宗传法中心开始转向四明，如净嗣法弟子日僧道元回到日本后，开创了日本曹洞宗。

两宋之交，较有影响的慧因系华严学僧则有兼习天台、华严的戒环，他于宣和年间著《妙法莲华经解》二十卷，阐扬天台教义。南宋初，继承晋水衣钵的则有其三传弟子师会，绍兴间住持慧因寺。师会对《五教章》的研究用力颇深，著有《华严一乘教义分齐章复古记》六卷、《华严一乘教义章焚薪》二卷、《同教策》一卷，以论贤首宗与诸宗异同，其门下较著者有善熹、观复、希迪，其中后两者与师会、道亭并称“宋代华严四大家”，足见师会一门之盛。其传教基地慧因寺，“也始终是南宋研究和弘传华严的中心，师会系所注重的典籍和所讨论的问题，也是当时大多数华严学僧所专习的经典和所关注的问题”[②]。乾道中，较有影响的慧因寺僧有义和，倡“华严圆融念佛法门”，以回应当时僧俗中普遍流行净土信仰的状况。此外，他在搜集、整理贤首经典方面也不遗余力，“向高丽搜罗到智俨、法藏著述的佚本，重新雕版流

① 参阅何孝荣《南宋五山十刹制补考》，《吴越佛教》第七卷，九州出版社 2012 年版，第 334-338 页。
② 魏道儒《中国华严宗通史》，江苏古籍出版社 2001 年版，第 240 页。

通”[①]，又请准华严著疏编入大藏，极力扩大华严学在丛林的影响。

四、元代的杭州佛教

元代，杭州不再是国家首都，但仍然维持了经济繁荣，杭州佛教失去了帝王和举朝官员外护，逐渐进入衰弱的状态。元军攻灭南宋后，为消除前宋残余势力对于江南丛林的影响，至元十四年（1277）“诏以僧亢吉祥、怜真加、加瓦并为江南总摄，掌释教”，管理江南佛教事务。其中怜真加即为杨琏真伽，党项族藏传佛教僧人，为元帝师八思巴弟子，见宠于元世祖。元初，杭州佛教一直置于杨琏真伽统理之下。他在江浙发掘宋室皇陵及大臣墓冢，掠取财物，并“将诸帝骨杂以牛马犬羊之骨，并而葬塔于江干，号为镇南塔”[②]，以镇王气；改道观为佛寺，如改宋时四圣延祥观为万寿寺，并于寺中开雕西夏文大藏经；支持僧人夺占书院、学舍为寺产，以收买汉僧；扶植白云宗及元世祖所重视的教门，压制江南禅系[③]。在杨琏真伽统驭江南佛教时期，藏传佛教开始传入杭州，宝成寺麻曷葛剌像、飞来峰元代造像等处的开凿即为例证。

宋亡以后，因亡国之痛以及元廷对江南禅宗的压制政策，云峰妙高、高峰原妙等大批杭州僧人对元朝采取不合作态度，纷纷离开杭城，避居于东、西天目，使得天目山区成为缁流云集的禅学要地。元代杭州禅宗，仍以临济宗独盛，尤其是净慈寺名僧辈出。高峰原妙曾于净慈寺求法于断桥妙伦，宋亡后迁往天目山，营小室以居，苦志修行，“立死关于狮子岩”[④]，后于西峰大觉禅寺传临济禅，前来参学僧众多至万人，声誉日隆，被尊为“高峰古佛”。其弟子中峰明本，曾燃臂礼佛，精持戒律，居净慈东寮，自号“幻住”，法席颇盛，“龙谟、六诏、身毒、扶桑，奔走皈依”[⑤]。仁宗、英宗、文宗皆赐号，给紫衣。高丽王子王璋、赵文敏、冯海粟皆函香问道。元代后期，杭州的临济杨岐派宗匠辈出，元叟行端历主上竺、灵隐，而笑隐大䜣则以净慈寺为传法基地，二者皆培养了一批杰出的僧人，明初太祖所征召江南名僧多出此二人门下。

天台宗、华严宗、律宗亦余绪不绝。元代杭州传天台教观者，如演福寺湛堂性澄，曾于至治元年（1321）应诏入京，校正《大藏经》。湛堂门下玉岗蒙润，于杭州开坛

① 中国佛教协会《中国佛教》第二辑，知识出版社 1980 年版，第 84 页。
② 《武林梵志》卷 4《北山分脉》，第 102 页。
③ 邓锐龄《元代杭州行宣政院》，《中国史研究》1995 年第 2 期。
④ 《南屏净慈寺志》卷 5《法胤》，第 106 页。
⑤ 《南屏净慈寺志》卷 5《法胤》，第 107 页。

讲《法华》，听者云集，晚年隐居白莲庵，修法华三昧。湛堂另一弟子浮休允若，主南天竺，风度峻然，有“僧中御史”之称。蒙润之后，大用必才嗣其法，至正年间盛弘天台教观于杭州，为元末天台宗僧中执牛耳者。元代天台学者，同临济禅僧一样，往往兼倡净土，形成“教演天台，行归净土”的风气。入元后，“贤首一宗，日远而日微”[①]，但慧因寺仍然作为江南华严学中心而存在。皇庆年间，高丽王子王璋邀高僧慧福住持慧因寺。延祐二年（1315），王璋疏请贤首大德无言教讲主持慧因华严教寺，开堂说法，领众焚修。他还邀请华严硕学丽水盘谷往高丽寺讲《华严》大意，僧俗信服。

元代杭州的建寺数量远不及宋时，加之疏于管理、寺风颓堕，寺废者多，兴造者少。至元二十一年（1284），从杨琏真伽之请，于宋故内建五寺：报国寺，“即垂拱殿故基”；兴教寺，“即宋芙蓉殿基为之”；般若寺，在宋宫和宁门之侧；小仙林寺，“即宋后殿基为之”[②]。杨琏真伽及其他藏僧的到来，将藏传佛教引入杭州，使元代杭州寺院呈现多元化的特色。尊胜寺内镇南塔，塔形如瓶，垩饰如雪，故又称白塔，为典型的藏塔样式。该寺“正殿佛皆西番形象，赤体侍立，虽用金装，无自然意”[③]，迥异于汉传佛教造像。在摩崖造像方面，自至元十九年（1282）起，杨琏真伽主持营造一批飞来峰石刻造像，其中有欢喜佛、多臂菩萨、救度母等形象。此外，宝成寺内有麻曷葛剌像，为至治二年（1322）左卫亲军指挥使伯嘉努所凿，为典型的密宗造像。

元末至正间，杭州佛寺毁坏严重，主要由以下两方面原因：首先，火灾频发。单是至正间，杭州就两遭大火。至正元年（1341）四月，灾起杭城，自东南延及西北，“近二十里，官民闾舍，焚荡迨半，遂使繁华之地，鞠为蓁芜之墟”，总计焚毁官民房屋、公廨、寺观15755间，其中寺观有1130间，绝大部分为佛寺[④]。次年，杭城又遭大火，共烧毁民舍40000余间，城中及附郭寺院焚毁严重。其次，鼎革之际，屡遭兵燹。至正十二年（1352），红巾军徐寿辉命将项普略进攻杭州，此役西天寺、凤凰山尊胜寺、涌金门外柳洲寺等寺被毁。至正十九年（1359），张士诚据杭，废宋、元九曲城，发浙西郡民重筑杭州城垣，并沿城开河，城内及附郭寺院被拆毁大半。如城内仙林寺、圣安寺即被据为军器局；圣寿、青莲二寺被占为府；定水寺、妙心寺、菩提律寺、报恩寺等则因筑城而迁建于他处；惠林寺、水陆寺、宝成寺、般若寺、

---

① （明）释明河《补续高僧传》卷4《解义篇》，上海古籍出版社1991年版。
② 成化《杭州府志》卷49《寺观·城外仁和县境内》。
③ （元）郭畀《客杭日记》，清厉鹗抄本。
④ （元）杨瑀《山居新话》，《知不足斋丛书》本。

尊胜塔等因展城而毁；城外铁佛普明寺被“据为敌垒，毁佛为军器”[①]。至正二十一年（1361），朱元璋遣常遇春攻杭州，围城三月余，各路粮道不通，城中居民饿死者十之六七，城中僧侣亦难逃此劫。伴随僧众散亡，寺院也多被损毁。时人谈及当时凄惨之状曰：“王师略浙之岁，城中外诸刹或夺于敌，则为栖兵之地。洪武初元，予至其处，则向之所经，尽为瓦砾，山昏林翳，尘埃昧目，昔人之风，致不可见矣。”[②]至正二十余年间，兵火交加，杭州这一数百年浩繁之地，日渐凋敝，杭州寺院大多废弃，“南北两山诸刹，或毁或颓”[③]，一时象教萧然。

总体来看，元代杭州佛教在全国有着极其重要的地位，实际上当时汉地佛教都已告衰微，反而杭州得以相对兴盛，禅宗、天台宗等主要在江浙流传，杭州是缁流云集之地，因此可以说杭州是元代全国的最为重要的汉传佛教中心，明初的汇集南京的各宗高僧名僧，主要来自浙江，而其中很多出自杭州。

综上所述，自东晋时期佛教传入杭州，吴越国时期杭州佛教走向繁盛，南宋时杭州佛教发展到顶峰。历代以来，杭州高僧汇聚，名蓝森列，佛教发达，被称为“东南佛国”。杭州的浓厚佛教传统，对明代杭州佛教仍有影响。前代所建立的数百所寺院，至明代存者自不用说，废圮者有不少得到重建修复，传承不绝。因此，东晋至元代的杭州佛教，是明代杭州佛教存续发展的重要基础。

① 《武林梵志》卷4《北山分脉》，第79页。
② （明）徐一夔《始丰稿》卷7《重建智果院记》，第182页。
③ 《武林梵志》卷2《城外南山分脉》，第37页。

第二章 明代杭州佛教发展状况

明代杭州佛教的发展状况，与全国的社会大环境有密切关系。明代统治者对佛教采取以整顿和限制为主，又加保护和提倡的政策，使佛教得到支持和恢复发展，保持了表面的繁盛局面；促进了佛教诸宗的融合会通；促成了赴应僧的专业化及其队伍的壮大，导致明代佛教进一步世俗化，呈现出“庶民佛教”样态；当然，明代佛教教义、宗派都不再有创新，佛教在本质上则进一步衰微①。

明代杭州佛教受到国家佛教政策、全国佛教发展大势的影响，也有本地因素的作用，因而在整体佛教衰微的大背景下有所发展。明代杭州设有僧纲司，管理杭州地方佛教，杭州寺、僧分类与明代官方不完全相同。明代前期，杭州佛教承元末遗绪，佛教兴盛，杭州是全国重要佛教中心；明代中期，杭州佛教衰微，但仍是全国主要佛教中心；明代后期，杭州佛教复兴，其主体是云栖佛教，影响巨大而深远，杭州是全国的主要佛教中心。杭州佛教各宗派的发展状况，则是佛教发展状况的另一组成部分。

第一节 明代杭州僧纲司和寺僧分类

明代在全国设置各级僧司衙门，管理佛教；分寺、僧为禅、讲、教三类，要求分别专业修习。本节围绕这两方面，来探讨杭州佛教状况。

一、杭州僧纲司

洪武十五年（1382）四月，明朝政府宣布，在全国设置各级僧司衙门，管理佛教事务。在中央，设僧录司。在地方，府设僧纲司，“掌本府僧教事”，设都纲一人

① 参阅何孝荣《明代佛教政策述论》，《文史》2004年第3辑；何孝荣等《明朝宗教》，南京出版社2013年版，第3-10页。

（从九品）、副纲一人（未入流）；县设僧会司，“掌本县僧教事”，设僧会一人（未入流）；僧官皆由僧人担任，隶皂由僧人、佃户等“为之”①。至六月，明太祖传旨礼部：“各处府分止设僧纲司、道纪司，就管附郭县僧、道，附郭县不必再设僧会司、道会司。”②

根据明朝制度，作为府级单位的杭州设有僧纲司，管理本府佛教事务。而杭州府附郭钱塘、仁和二县，则不设僧会司。杭州僧纲司设立于洪武十五年（1382），最初在广慧寺。但至洪武二十四年（1391），广慧寺归并入仙林慈恩普济教寺（仙林寺），因此僧纲司衙门地址也就改为该寺。成化《杭州府志》卷13《公署》记载：“僧纲司，洪武十五年开设衙门，在观桥西广慧寺。洪武二十四年，归并羲同安谷坊仙林寺”③。“安谷坊”为“安国坊”之误。因此，成化《杭州府志》、万历《杭州府志》在记载安国坊仙林慈恩普济教寺时，皆提及僧纲司设于寺：“僧纲司于此”④；“置僧纲司署于寺之西偏”⑤。

《武林梵志》《西湖游览志》则记载，仙林慈恩普济教寺（仙林寺）“置僧纲司”，又城内淳祐桥东北相国寺“置僧纲司于内”⑥。则仙林慈恩普济教寺、相国寺都出现了僧纲司衙门。成化《杭州府志》修成于成化年间，万历《杭州府志》修成于万历七年（1579），而《武林梵志》《西湖游览志》则成书于万历后期。再查相国寺，毁于元末，明代“正德八年僧东明重建”⑦，因此明代中期以前不可能设僧纲司于寺。我们估计，万历年间杭州僧纲司从仙林寺迁设于相国寺。

总之，杭州僧纲司设立于洪武十五年（1382），最初在广慧寺，后为仙林慈恩普济教寺，万历年间迁设于相国寺。僧纲司承担着管理杭州地方佛教事务的职责，与明朝相始终。

二、杭州僧纲司官拾零

明代杭州僧纲司“职制：都纲一员，副都纲一员，司吏一名，以僧为之”⑧。但明

① 《明太祖实录》卷144，洪武十五年四月；（明）葛寅亮《金陵梵刹志》卷2《钦录集》，洪武十四年辛酉，何孝荣点校，南京出版社2017年版。
② （明）葛寅亮《金陵梵刹志》卷2《钦录集》，洪武十五年。
③ 成化《杭州府志》卷13《公署》，明成化刻本。
④ 成化《杭州府志》卷47《寺观一》。
⑤ 万历《杭州府志》卷97《寺观一》，中华书局2005年版。
⑥ 《武林梵志》卷1《城内梵刹》，第1、11页；（明）田汝成《西湖游览志》卷18《南山分脉城内胜迹》，陈志明编校，东方出版社2012年版，第223-224页。
⑦ 万历《杭州府志》卷97《寺观一》。
⑧ 成化《杭州府志》卷13《公署》。

代二百多年间的杭州僧纲司僧官，史籍中基本缺载，我们仅发现零星几位。

（一）杭州都纲

（1）竺隐弘道，洪武年间都纲。弘道，元末明初先后师从天台宗高僧我庵本无、绝宗善继。洪武三年（1370），明太祖诏问鬼神事，赴京。九年，住杭州上天竺寺。十年，与宗泐等同注《金刚》《楞伽》《心经》三经，颁行天下，太祖御制《竺隐说》赐之。十五年，任上天竺寺住持。十六年七月，领杭州僧纲司都纲。九月，升僧录司左善世[①]。弘道可能是明代杭州首任都纲。

（2）止堂大山，洪武年间都纲。大山为元末天台宗高僧大用必才弟子，行宣政院选为杭州栖真寺住持。洪武六年（1373），升住大普福寺。越三载，迁演福寺。洪武十六年（1383），"僧录司选住持，阉师住上竺"，被选为上天竺寺住持，"兼领本郡僧纲司都纲职"。他掌教十五年，"道俗向信，宗门赖之"[②]。大山当是继弘道任上天竺寺住持、杭州僧纲司第二任都纲，直至洪武末期。

（3）可纯，洪武末期杭州都纲。可纯于元末参临济宗僧古鼎祖铭，为入室弟子。洪武末，"授杭州掌教，住灵隐"[③]，为第六十七代住持。

（4）性庵永顾，明代中期杭州都纲。永顾为天台宗僧，先后担任杭州梵天寺住持、南京大报恩寺都讲，"阐扬《法华》奥旨，听者川涌"。官绅荐主上天竺寺，"启滞觉迷，举废兴坠，为之一新"。约当天顺、成化年间，为都纲，"复表率九邑"。又居官十稔，"无少瑕颣"[④]。成化四年（1468）秋，司经局洗马杨守陈"复过杭，杭僧司都纲顾本源遣徒广无外请游"上天竺寺，"留咏山中"[⑤]。所谓的"顾本源"，即为永顾，字本源，号性庵（详见后文）。

（5）良缙，嘉靖中后期杭州都纲。《杭州上天竺讲寺志》记载，嘉靖二十四年（1545），杭州大旱，地方官素服徒步入上天竺寺，"具仪仗，迎观音大士于海会禅寺"，"谕都纲良缙、上竺住持惠琳、道显，董诸比丘昕晡斋沐讽经"，祈求雨泽。则此时良缙已为都纲。嘉靖三十九年（1560），有官员欲毁杭州云居圣水寺，寺僧精斋寂心反抗被官府杖毙，寺僧崇祀之。"后数十年，明给事戴凤翔纪其事，都纲良缙、

① 《杭州上天竺讲寺志》卷11《帝王檀越品·敕命》，第179-180页；卷4《列传》，第70-71页。
② （明）佚名《续佛祖统纪》卷2《大用才法师法嗣·法师大山》，《卍新纂续藏经》第七十五册第1515号，第752页。
③ 《灵隐寺志》卷3下《住持禅祖》，第56页。按，"洪武末"原文为"洪武三十八年"，按虽然明成祖将建文四年改为"洪武三十五年"，然并无"洪武三十八年"，故姑作"洪武末"。
④ 《杭州上天竺讲寺志》卷4《列传》，第73页；卷1《普门示现品·喜雨咏》，第37页．
⑤ （明）杨守陈《游天竺记》，万历《钱塘县志·纪文》，清光绪十九年刊本。

里人诸应麟、住持性哲为之立石，县令胡作柄复为之传云”[①]。则此时良缙仍为都纲。

（6）沾五峰，万历前期杭州都纲。《杭州上天竺讲寺志》记载，见心房，“在寺外妙香庵”，“万历十年，越僧真海承嗣都纲沾五峰，始序同心”。即真海于万历十年（1582）继承都纲沾五峰，担任见心房房头，“始序同心”[②]。

（7）心谷圆澄，约当万历中期为杭州都纲。《净慈寺志》记载，圆澄“古貌而谦谨，一再为都纲”，凡杭城大小寺庵，皆赖其荫庇。万历中期，继芜洲圆嵩为净慈寺第一百十三代住持[③]。

（8）遂清如汀，万历三十一年（1603）前后任杭州都纲。《杭州上天竺讲寺志》记载，时钱塘诸生邵重生等与上竺云隐房释遂清等结蔬笋社，“初集四众”包括：“邵古庵，名重生，钱塘诸生，隐居呼猿洞；释觉海，名性慧，剃染上虞，住天竺；释静庵，名真让，度上竺天岩房；释遂清，名如汀，隶上竺云隐房，后举都纲”[④]。

可见，明代杭州僧纲司都纲似多由出于天台宗的上天竺寺和禅宗的净慈寺住持高僧名僧等担任。

（二）杭州副都纲

（1）觉庵宗妙，约在明代中期任杭州副都纲。宗妙为明初灵隐寺空叟忻悟禅师法嗣，先后住持嘉兴广法寺、杭州万寿寺、报国寺，凡三坐道场，“所至颓废，一力新之，众随推掌僧之都纲，惟振宗风为己任”[⑤]。《新续高僧传四集》则称宗妙被“荐为副都纲，精修力践，以振起宗风为己任”[⑥]。正统八年（1443），示寂。

（2）景惠，嘉靖二十七年（1548）任杭州副都纲。景惠为杭州宝界寺僧。先是，明初洪武二十四年（1391），宝界寺被归并入崇善寺，“僧无衣钵相传，从来分守”。正德年间，寺僧景惠“勤干经营，居积颇裕”，“嘉靖二十七年，诸山以其行荐本府，起送赴部，授职副纲”[⑦]。

---

① （民国）喻谦《新续高僧传四集》卷34《明杭州云居圣水寺沙门释寂心传》，上海古籍出版社1991年版。
② 《杭州上天竺讲寺志》卷8《道场规制品・建置・见心房》，第133页。
③ 《净慈寺志》卷9《住持二》，第212页。
④ 《杭州上天竺讲寺志》卷6《清规・蔬笋社仪节》，第106页。
⑤ 《净慈寺志》卷9《住持二》，第208-209页。
⑥ （民国）喻谦《新续高僧传四集》卷52《明杭州净慈寺沙门释宗妙传》。
⑦ 嘉靖《仁和县志》卷12《寺观・城外寺院》，《武林掌故丛编》本。

三、明代杭州的寺僧分类

唐武宗灭佛，对中国佛教影响极大。至元代，遂分天下寺院为三类，“领于内外宣政院，曰禅，曰教，曰律，则各守其业”①。其中，“禅”即禅宗，“教”包括天台、贤首、唯识三宗，“律”指律宗。元代将寺院三分，实际上也是三分僧人，就是针对律宗以外的各宗衰微而将其归并为“教”一类，但纯粹的“律”寺、僧在全国其实更少。

洪武十五年（1382）五月，明太祖鉴于佛教现状和宋元以来民间显密法事盛行的现实，又下令分天下寺院为禅、讲、教三类，“其禅，不立文字，必见性者方是本宗；讲者，务明诸经旨义；教者，演佛利济之法，消一切现造之业，涤死者宿作之愆，以训世人”②。所谓“禅”即禅宗，“讲”即宣讲佛教经典的僧人，指禅宗以外的其他宗派，包括了元朝的“教”“律”二类，明朝的“教”则指从事祈福弥灾、追荐亡灵等各种法事活动的僧人（名瑜伽僧或赴应僧）。明太祖严令，禅、讲、教僧分别专业修习，考试发放度牒，“清其事而成其宗”。为了易于分别和管理，禅、讲、教僧须各衣其服：明太祖“定天下僧、道服色：凡僧有三，曰禅，曰讲，曰教，禅僧茶褐常服，青条玉色袈裟；讲僧玉色常服，深红条浅红袈裟；教僧皂常服，黑条浅红袈裟。僧官皆如之，惟僧录司官袈裟缘纹及环皆饰以金。”③明太祖的三分寺、僧之制，在明代前期皇权专制严苛的背景下，肯定得到了执行。杭州当不例外。

但是，明代中期以后，杭州佛寺、僧人则分为禅、讲、律三类。万历年间，云栖袾宏记载的此前杭州寺、僧三分为：

> 禅、讲、律，古号三宗。学者所居之寺，所服之衣，亦各区别。如吾郡，则净慈、虎跑、铁佛等，禅寺也；三天竺、灵隐、普福等，讲寺也；昭庆、灵芝、菩提、六通等，律寺也。衣则禅者褐色，讲者蓝色，律者黑色。予初出家，犹见三色衣④。

即袾宏“初出家”的嘉靖末年以前，杭州寺院分为禅、讲、律三类，僧人衣服也是“禅者褐色，讲者蓝色，律者黑色”。这里，他没提到有“教”寺和“教”僧。所谓“律者黑色”，正与明太祖规定的“教”僧“皂常服”一致，因为皂色就是黑色。显然，明代中期杭州寺、僧是以元代规定的三类取代了明初规定的三类。我们估计，其原因在于杭州作为东南佛国，各寺自古以来本各有所宗，杭州律寺又较他郡尤多，

① 《元史》卷202《释老志》，中华书局1997年版。
② （明）释幻轮《释氏稽古略续集》卷2，广陵古籍刻印社1992年版。
③ 《明太祖实录》卷150，洪武十五年十二月乙酉。
④ （明）释袾宏《竹窗二笔·禅讲律》，（明）释袾宏《莲池大师全集》，台湾佛陀教育基金会2009年版。

名扬天下。特别是明代中期以后，“教”寺、僧因孜孜于做法事，不作佛学探究，普遍为僧俗人等所轻视、鄙视，名声不好。因此，即使杭州各寺，包括明初专门规定的各“教”寺，其僧多以为民间做法事而营生，但是除少数寺名缀以“教寺”字样者以外[①]，大多数寺、僧不愿意以“教”寺、僧自我标识，而仍以讲求佛学的禅、讲、律标榜。

明代后期，杭州寺院虽然仍分为禅、讲、律三类[②]，但是各类寺院均重视讲习经典，禅、律类寺、僧都越发像讲类寺、僧，而僧人们衣服则皆变成原来律僧所服的黑色了。对此，袾宏说：“[僧服]今则均成黑色矣，诸禅、律寺均作讲所矣。嗟乎！吾不知其所终矣。”[③]

袾宏的抱怨和困惑，恰恰反映了明代佛教的融合化特点。因明太祖将寺、僧分为三类，但也重视讲习佛教经典。他“诏天下沙门讲《心经》《金刚》《楞伽》三经，命宗泐、如玘等注释颁行”[④]。这一政策有力地促进着诸宗进一步融合会通，因为“钦定经典并非各宗派根本经典，使讲僧振兴唐代旧宗派的意识淡薄了。他们多以融合诸宗学说为特色，专弘某一派或某一经的人极少”[⑤]，“禅僧也多兼习讲门”，“诸宗融合会通，成为明代佛学的一个鲜明特色”[⑥]。重视经典讲论，提倡禅、教一致，是包括袾宏在内的晚明佛教诸大师、高僧为对治明代中期僧人素质低下、佛教衰微，而共同开出的复兴佛教的良方。也许袾宏忧虑的是禅僧过于依赖讲论，而失去禅宗本色罢了。

综上所述，明代杭州寺院和僧人，在明代中期以后主要分为禅、讲、律三类，而不是明初国家规定的禅、讲、教三类，律僧僧服同于教僧。这种情况，与同时期附近的湖州府、苏州府寺院寺名各缀以“禅寺”“讲寺”“教寺”字样[⑦]，可统计二府“教寺”在寺院总数中占比达到40%~60%，推定明代中期“教僧占到整个僧侣总数的将近半数”[⑧]，有明显的不同。到了明代后期，杭州禅、律类寺僧趋向于讲寺类僧，僧服则皆

① 成化《杭州府志》卷47~卷51《寺观》记载，其时杭州各寺院名缀以“禅寺”“讲寺”“教寺”者极少。以“教寺”而言，去除显教寺、兴教寺等明显非其类者，只有仙林慈恩普济教寺、潮鸣教寺、兴元教寺、延圣教寺、广福教寺、罗汉教寺、嘉德永寿教寺、大普福教寺、惠因教寺、崇恩演福教寺十所，另有大圆觉天台教寺、崇寿天台教寺、水月天台教寺则是讲求天台宗的“讲寺”。

② 《武林梵志》各卷记载，明代后期杭州佛寺寺名缀以“禅寺”“讲寺”“教寺”字样仍极少，缀以“教寺”者只有仙林慈恩普济教寺、金刚广福教寺、崇宁万寿教寺、褒亲崇寿教寺几所，另有崇先显孝华严教寺、圆觉天台教寺当为“讲寺”。

③ （明）释袾宏《竹窗二笔·禅讲律》。

④ （明）葛寅亮《金陵梵刹志》卷2《钦录集》，洪武十年丁巳。

⑤ 魏道儒《中国华严宗通史》，江苏古籍出版社2001年版，第277页。

⑥ 何孝荣《明代佛教政策述论》，《文史》2004年第3辑。

⑦ 成化《湖州府志》卷12《寺观》，书目文献出版社1991年版；正德《姑苏志》卷29《寺观上》，书目文献出版社2000年版。

⑧ 参阅［日］龙池清《明初の寺院》，日本《支那佛教史学》1938年第2卷第4号；何孝荣、李明阳《论明初的佛教寺院归并运动》，《南开学报》2018年第5期。

改为此前律僧的黑色。

第二节　明代前期杭州佛教的兴盛

明代杭州佛教在教义、宗派等方面亦无创新，佛教本质上衰微。但是，僧人众多，寺院繁兴，杭州佛教也保持了表面的兴盛和发展。明代杭州佛教的发展体现出阶段性。其中，明代前期（洪武至宣德年间），由于最高统治者的提倡和保护，作为宋元以来佛教重要中心的杭州佛教得到恢复和发展，众多元末以来的高僧继续在杭州各寺传教说法，不少人被朝廷征召赴京，还有一些高僧则被任命为杭州各寺住持，杭州高僧活跃、荣宠，禅宗、天台宗、华严宗等各宗传承不绝，佛教兴盛。总体上说，明代前期的杭州佛教是元末佛教的余绪，杭州是当时全国重要的佛教中心。

一、洪武年间的杭州佛教

洪武年间，杭州高僧多自元朝而来，他们担任杭州各寺住持，佛学造诣高，而且儒释兼通，在佛教界影响巨大。

许多杭州高僧被召至首都南京，或作佛事、备顾问，或住持各所京寺，名扬全国。这类高僧包括楚石梵琦、东溟慧日、见心来复、愚庵智及、方舟友奎、用章廷俊、清远怀渭、原璞士璋、季潭宗泐、白云智度、日章祖偁、逆川智顺、竺隐弘道、朴隐原瀞、幻隐慧朗、同庵夷简、一初守仁、止庵德祥、斯道道衍、太璞如玘、相庵子实、南洲溥洽、古春如兰等。其中，楚石梵琦被称为明初“第一等宗师”，斯道道衍（姚广孝）则改变了明朝的发展进程。

如楚石梵琦，临济高僧元叟行端法嗣，“学行高一世，宗说兼通，禅寂之外，专志净业”。至元元年（1335），迁杭州报国寺住持。洪武元年（1368）、二年、三年，三次应召赴南京说法，被称为明初“第一等宗师”[①]。

东溟慧日，天台宗高僧，元末先后住持下天竺寺、上天竺寺。明初，太祖召赴蒋山法会，奉旨说毗尼戒，太祖呼“白眉”而不名。其后，仍归主上天竺寺，“日修弥陀忏，以臻净业”[②]。

见心来复，临济宗高僧。至正七年（1347），担任灵隐寺住持。明太祖“有诏征

① （清）钱谦益《列朝诗集小传》闰集《西斋和尚琦公》，上海古籍出版社 1983 年版。
② （明）释如惺《大明高僧传》卷 3《杭州上天竺寺沙门释慧日传四》，上海古籍出版社 1991 年版。

高行僧”，来复“两至南京，赐食内廷，慰劳优渥”①。洪武十五年（1382）四月，担任僧录司左觉义，住南京天界寺。

愚庵智及，先后从学临济宗高僧笑隐大䜣、元叟行端，元末担任净慈寺、径山寺住持。洪武六年（1373），明太祖“诏有道硕僧十余人集天界寺”，他“居首”②。其弟子最著名者为释道衍，即姚广孝。

方舟友奎，“于内外典籍罔不谙究，而尤精于地理之学”。元末为灵隐寺、南山旌德寺住持。洪武初，受命住持天竺大集庆寺，“四历寒暑，三觐京都”③。

用章廷俊，大䜣弟子。至正末，先后住杭州中天竺寺、净慈寺。学识广博，能诗善文。朱元璋攻克浙江后，召赴南京。

清远怀渭，大䜣俗家之甥，从而习禅。元末，住持杭州报国寺、湖州道场寺、杭州净慈寺。明初，太祖举办钟山法会，应召至京，参与其事。

原璞士璋，元末从我庵本无习天台宗，受命住持杭州栖真寺、旌德教寺。洪武元年（1368），参与设立善世院。后住持杭州集庆教寺。

季潭宗泐，元末先后参扣大䜣、行端。洪武元年（1368），升杭州中天竺寺住持。五年正月，参与太祖于蒋山举办广荐法会，撰制《赞佛乐章》，不久诏主天界寺。后官至僧录司右善世。

白云智度，元末明初禅宗高僧。洪武二年（1369），太祖诏天下名僧入京师，智度预焉。三年，还居虎跑寺。

日章祖偁，元末天台宗高僧，历主各寺。洪武二年（1369），善世院令住杭州上天竺寺。寻以高僧选留南京瓦官寺，“有旨就天界禅寺升座，闻者悦服”。多次被召入禁中，太祖“问佛法大意”，“奏对详允”，“敕止宿翰林院，以备顾问”④。

逆川智顺，元末禅宗高僧。明太祖召江南高行僧十余人于钟山建无遮法会，智顺“与其列，升座说法，听者数千人”，明太祖驾幸慰问。竣事，还杭州，住持净慈寺，为第七十二代住持。

竺隐弘道，元末明初先后从学于天台宗高僧我庵本无、绝宗善继。洪武三年（1370），明太祖诏问鬼神事，赴京。九年，住杭州上天竺寺。十年，与宗泐等同注《金

① （明）宋濂《宋学士文集》卷27《蒲庵禅师画像赞》，《四部丛刊初编》本。

② （民国）喻谦《新续高僧传四集》卷18《明杭州净慈寺沙门释智及传》。

③ （明）佚名《续佛祖统纪》卷2《耶溪若法师法嗣·法师友奎》，《卍新纂续藏经》七十五册第1515号，第751页。

④ （明）佚名《续佛祖统纪》卷2《天泉泽法师法嗣·法师祖祢》，第749页。按，该僧名祖偁，字日章，《续佛祖统纪》作“祖祢”“曰章”，据《大明高僧传》卷3《苏州嘉定净信寺沙门释祖偁传》《杭州上天竺讲寺志》卷4《日彰偁法师》等改。

刚》《楞伽》《心经》三经，颁行天下。太祖御制《竺隐说》赐之。十五年，任上天竺寺住持。十六年七月，领杭州僧纲司都纲。九月，升僧录司左善世[①]。

朴隐原瀞，元末先从天台宗高僧天岸弘济学止观，后参元叟行端习禅。洪武五年（1372），召与南京广荐法会，赐食内庭，从容问道。已而辞归。九年，应请为灵隐寺住持。

幻隐慧朗，行端法嗣。洪武五年（1372），朝廷选为高僧。九年（1376），奉旨参与注解《金刚》《楞伽》《心经》三经。十一年，三请而来为杭州灵隐寺住持。他登堂说法，学徒坌集，宗风大振。

同庵夷简，与止庵祥同嗣法于平山林和尚。洪武五年（1372），参加钟山法会，以应制篇章，宣说第一义谛。十一年，住持杭州净慈寺，修寺一新。二十五年，升主南京天界寺，除僧录司左善世。教授徐一夔谓其“誉彻九重，望膺圣眷，掌僧司于朝，海内方袍之士倚以为重”[②]。

一初守仁，元末出家为僧。明初，住持灵隐寺。洪武十五年（1382），征授僧录司右讲经，甚为太祖尊礼，官至右善世。二十四年，主南京天禧寺。

止庵德祥，洪武初住持净慈寺，悟宗阐教。未几，被旨征为僧录司右善世。后迁径山，主席二十五年。

斯道道衍，元末临济宗高僧愚庵智及法嗣。元末明初，先后住持临安普庆寺、杭州天龙寺、嘉定留光寺，“发挥激昂，广博敷畅。波澜老成，大振宗风”[③]。洪武初，以高僧被征入京。洪武十五年（1382）八月，被朝廷挑选随燕王朱棣赴封地北平，任庆寿寺住持。后与燕王朱棣谋划发动并指挥“靖难之役”，推翻建文帝统治。任僧录司左善世。永乐二年（1404），拜资善大夫、太子少师，并复姓为姚，赐名广孝，是“新明朝”的重要缔造者，对明朝历史产生重大影响[④]。

太璞如玘，元末先后从学天台宗高僧我庵本无、绝宗善继，“悉通其旨”。洪武初，召对称旨，诏住南京天界寺，“日与诸耆德阐扬教乘，以备召问”[⑤]。洪武十年（1377），与宗泐等订释《金刚》《楞伽》《心经》，颁行天下。后迁主杭州演福寺。

相庵子实，元末从学天台宗高僧蒙润、大用必才。洪武三年（1370），应诏入京，颇称上旨。十五年，应请为上天竺寺都讲。次年，至下天竺，讲说经论，前后七年，

① 《杭州上天竺讲寺志》卷 11《帝王檀越品 · 敕命》，第 179-180 页；卷 4《列传》，第 70-71 页。
② （明）徐一夔《始丰稿》卷 14《平山禅师塔铭》，浙江古籍出版社 2008 年版。
③ 明成祖《御制赠推忠辅国协谋宣力文臣特进荣禄大夫上柱国荣国公谥恭靖姚广孝神道碑铭》，北京图书馆金石组《北京图书馆藏中国历代石刻拓本汇编》第 51 册，中州古籍出版社 1989 年版，第 45 页。
④ 参阅何孝荣《论姚广孝与“新明朝”的建立》，《史学集刊》2019 年第 3 期。
⑤ （明）释如惺《大明高僧传》卷 3《杭州演福寺沙门释如玘传六》。

对天台山家论著“精研力索，不极其妙不止”[①]，为一时所宗。

南洲溥洽，元末明初从学于天台高僧慧日、如玘。洪武四年（1371），出主孤山玛瑙寺。后移住苏州北禅寺，宗门耆硕“咸共嗟赏，谓吴中法席第一”。又六年，至杭州下天竺寺，“为众讲贯无虚日”。建金光明忏、护国期忏七昼夜，为众讲解不倦。明太祖称其“东鲁之书颇通，西来之意博备”[②]，召为僧录司右讲经，命主天禧寺（后称大报恩寺）。后升左善世。

古春如兰，元末出家，戒行高洁，净业精专。洪武二十九年（1396），应高僧召。建文元年（1399），住持杭州上天竺寺，“道益超迈”。明成祖召僧众校刻《大藏经》（《永乐南藏》），如兰“与首列，锡赉优渥”[③]。

在洪武年间征召至南京的高僧中，杭州高僧占据较大比例，这从一个侧面反映当时杭州佛教的发达和重要佛教中心的地位。

还有一些高僧未被召至南京，而在杭州各寺住持讲说，也扬名于时，如止堂大山、静庵元镇、用贞辅良、无旨可授、德隐普仁、定岩净戒、空叟忻悟、荆山良玉、大慧等。

止堂大山，元末天台宗高僧必才弟子，“大小诸部及外教典籍，靡不通究”。元末担任杭州栖真寺住持。洪武年间，历迁大普福寺住持、上天竺寺住持，兼领本郡僧纲司都纲职，“道俗向信，宗门赖之”[④]。建文四年（1402）七月，示寂。

静庵元镇，元末天台宗僧，住持杭州西天竺兴福寺。洪武元年（1368），复选为天竺大普福寺住持。四月，示寂。上首弟子天禧守仁为左讲经，慈感绍宗为右善世[⑤]。

用贞辅良（原良），大䜣弟子。元末住持灵隐寺，大肆重建，以栖四方学者，开示徒众，语尤激切，不务缘饰。以净土法门为苦海舟航，时兼修之[⑥]。洪武四年（1371），示寂。

无旨可授，元末禅宗高僧。洪武六年（1373），为净慈寺第七十六代住持。居二载，念佛而寂。凡“四坐道场，皆以净土法门为佛事”[⑦]，主张禅、净合一。

德隐普仁，元末历参禅、讲诸大德，为各寺住持。洪武七年（1374），住持净慈寺。开法之日，“黑白环听者千人，莫不叹服”[⑧]。

---

① （明）佚名《续佛祖统纪》卷2《玉冈润法师法嗣·法师子实》，第748页。
② （明）释幻轮《释鉴稽古略续集》卷2，广陵古籍刻印社1992年版。
③ （清）钱谦益《列朝诗集小传》闰集《古春兰公》。
④ （明）佚名《续佛祖统纪》卷2《大用才法师法嗣·法师大山》，第752页。
⑤ （明）佚名《续佛祖统纪》卷2《大用才法师法嗣·法师元镇》，第753页。
⑥ 《灵隐寺志》卷3下《住持禅祖》，第55页。
⑦ 《净慈寺志》卷9《住持二》，第206页。
⑧ （明）宋濂《净慈德隐仁公塔铭》，《南屏净慈寺志》卷7《著述》，第215页。

定岩净戒，禀法于天界寺净觉禅师，“有古德之风”。洪武十年（1377），应请住持杭州大慈定慧禅寺，重建寺院。

空叟忻悟，元末临济宗高僧智及嗣法弟子。洪武三年（1370），住持浙江崇宁寺。阅八年，迁中天竺[①]。二十一年，住持灵隐寺，为第六十五代住持。居四年，丛林改观。洪武二十四年（1391）四月，示寂。

荆山良玉，元末从学天台宗高僧必才，“一家教观，靡不谙究”。明初，住持西湖永寿寺。又八年，升主大普福寺。洪武十九年（1386），京师天禧讲寺成，应请为维那，“表率万众”。洪武二十四年（1391），僧录司举住下天竺寺。二十七年十二月，念佛而逝。

明太祖命重建大昭庆寺戒坛，寺僧大慧“精阐毗尼，大弘戒范”[②]。

此外，一些明初培养出的高僧也住于杭州各寺院，如祖芳道联、一庵一如等。

祖芳道联，明初习禅，“兼穷止观”。洪武九年（1376），随侍仲羲禅师住持京师灵谷寺，“名震京刹”，“激扬宗旨”。后“六徙名刹，而至净慈”[③]，为杭州净慈寺第八十一代住持。二十五年，净慈寺再遭火毁，“力任恢复，不数年间，为之一新”[④]。

一庵一如，明初从学于天台宗高僧如玘，“遂深造阃奥”。洪武二十七年（1394），溥洽掌僧录司兼主天禧寺，延为都讲。次年，住杭州下天竺灵山寺，“善讲《法华经》”。洪武三十一年（1398），住上天竺寺，“益以振宗启后为己任”，“而从学者益众”[⑤]。

二、永乐年间的杭州佛教

经过洪武至建文三十余年，杭州元末以来的高僧或被征赴京，或在杭去世。永乐年间，杭州所存高僧不多。这些高僧也多被征召赴京，或与修《永乐大典》，或编刻《永乐北藏》，一些人也留京任僧官，住持京寺。这些高僧主要有前述祖芳道联、一庵一如、古春如兰，及简庵师颐、思扩性空、月江宗净等。

前述净慈寺住持祖芳道联，永乐年间，朝廷两次征修《永乐大典》。归杭后，筑

① （明）释通问《续灯存稿》卷6《临济宗·大鉴下第二十二世·径山及禅师法嗣·杭州灵隐空叟忻悟禅师》，《卍新纂续藏经》第八十四册第1585号，第720页。
② 《大昭庆律寺志》卷8《僧伽上》，第102页。
③ （民国）喻谦《新续高僧传四集》卷6《明杭州净慈寺沙门释道联传》。
④ 《净慈寺志》卷9《住持二》，第207页。
⑤ （明）释明河《补续高僧传》卷4《一如传》，上海古籍出版社1991年版。

室湖滨，曰“藕华居”[①]。永乐七年（1409）七月圆寂。

前述上天竺寺住持一庵一如，建文四年（1402），出使日本。永乐初，退处南京天禧寺，注《法华经》。永乐十二年（1414），被召赴京校《大藏经》，“总其事”。不久授右觉义，升右阐教。洪熙元年（1425）三月，示寂于北京海印寺。

古春如兰，建文元年（1399），住持杭州上天竺寺，“道益超迈”。明成祖召僧众校刻《大藏经》，如兰“与首列，锡赉优渥”[②]。

简庵师颐，参谒灵隐寺时庵敷禅师得悟。建文二年（1400），住持杭州崇福寺。后继时庵敷住持灵隐寺。永乐中，应诏修《永乐大典》。事竣，奉敕主净慈寺，为第八十四代住持。开堂阐法，佛徒甚多，时称“灵山再会”[③]。

思扩性空，参临济宗高僧无文本裻。永乐十九年（1421），迁住灵隐寺，为第六十九代住持。后被征入京，编刻《永乐北藏》，授僧录司左觉义。洪熙元年（1425），寂于京[④]。

月江宗净，“得传临济正派，乃大慧七世孙也”。灵隐寺住山昙缵重其学行，“延居第一座”。应朝廷之召，赴北京校刻《大藏经》，居海印寺，“数蒙恩赐甚渥”[⑤]。洪熙元年（1425），应请为径山寺第六十五代住持。

可见，到永乐年间，元末以来的高僧陆续凋零，而明初佛教政策已经很难再培养出高僧。因此，与全国一样，永乐年间的杭州高僧很少，杭州佛教已呈衰微之势。

三、洪熙、宣德年间的杭州佛教

洪熙、宣德年间，杭州高僧更为凋零。仅存者有前述净慈寺住持简庵师颐，宣德七年（1432）十月示寂。勉强可称述的名僧有伐石良玠、觉庵宗妙、大章如圭。

伐石良玠，止庵德祥为“其师也”。永乐后期，住持苏州虎丘云岩禅寺，重建殿宇。宣德九年（1434），为灵隐寺第七十四代住持，“建竖”殿宇“有功焉”[⑥]。

觉庵宗妙，为灵隐寺空叟忻悟法嗣。先后住持嘉兴广法寺、杭州万寿寺、报国寺，凡三坐道场，“所至颓废，一力新之，众随推掌僧之都纲，惟振宗风为己任”。宣德初，为净慈寺第八十七代住持，重建山门、大殿，“每升座说法，音吐如洪钟，入寺

① 《净慈寺志》卷9《住持二》，第207页。
② （清）钱谦益《列朝诗集小传》闰集《古春兰公》。
③ 《净慈寺志》卷9《住持二》，第207-208页。
④ 《灵隐寺志》卷3下《住持禅祖》，第56页。
⑤ （明）胡濙《月江净师圆照塔铭》，（明）宋奎光《径山志》卷6《塔铭》，《中华大藏经（汉文部分）续编》本。
⑥ 《灵隐寺志》卷3下《住持禅祖》，第56页。

聚听者莫不欢喜，敬信崇奉焉”[①]。

大章如圭，疑为天台宗高僧竺隐弘道法嗣。宣德间，住持中天竺寺。“以念佛三昧为提倡，学者宗之”[②]。

这些名僧多以建寺修殿扬名，佛学上没有多大建树，可见杭州佛教越发衰微了。

总体上说，明代前期杭州佛教兴盛，高僧汇聚，实际上是元末佛教余绪。其实这也是当时全国佛教的缩影，而杭州作为宋元时期的东南佛国，这一特点体现得更为明显。明代前期，杭州高僧不少被征赴京城（南京、北京），或参与国家法会说法，或留为京城寺院住持，或为僧录司官，或参与编刻《永乐大典》《永乐北藏》等。虽然因为记载不全，我们无法统计出明代前期杭州高僧被征赴京城的总数及其所占京城高僧的比例，但从上面的列举可见，杭州高僧占据京城高僧相当大比例和僧录司官重要职位。因此，南京、北京先后成为明初全国佛教中心，而杭州则是全国的重要佛教中心。

第三节 明代中期杭州佛教的衰微

明代中期（正统至嘉靖年间），由于统治者的提倡和民间风俗，瑜伽教盛行，佛教沦为“经忏佛教”“死人佛教”，佛教各宗传承艰难，佛教进一步衰微。

明代中期，杭州瑜伽教盛行，僧人们日常大多以为人做法事荐亡为务，很少关注自身解脱、宗派传承、佛学发展等事。史载，万松慧林于弘治、正德年间出家于杭州法轮寺，“寺在省城中，诸僧所习瑜伽荐亡之教，罔知出世大法”[③]，即反映了这种状况。

当然，明代中期一百三十余年间，杭州也有为数不多的关注解脱和佛教、修行并重的高僧，如智淳朴原、觉庵宗妙、空谷景隆、无相智住、古渊智源、照庵宗静、南宗广衍、毒峰季善、性庵永顾、朽庵宗林、万松慧林等，其中以空谷景隆、毒峰季善影响为大。

智淳朴原，永乐间杭州菩提律寺节庵能守法嗣，被征纂修《大藏经》。正统年间，主大昭庆律寺。后主灵芝寺。正统七年（1442），“召传戒法”[④]，在京“奉旨开坛说戒，

---

① 《净慈寺志》卷9《住持二》，第208-209页。
② 《天竺山志》卷9《列传》，第328页。
③ （明）方九叙《双径林禅师塔铭》，（明）宋奎光《径山志》卷6《塔铭》。
④ 嘉靖《仁和县志》卷10《人物·释道》。

为天下传戒宗师”。景泰六年（1455），辞朝，“沐浴坐化”[①]。

前述杭州僧纲司都纲、净慈寺住持觉庵宗妙，“每升座说法，音吐如洪钟，入寺聚听者莫不欢喜，敬信崇奉焉”[②]。正统八年（1443）七月，示寂。

空谷景隆，永乐年间从弁山懒云智安和尚受学参禅，“有省”，为临济宗第二十世。正统年间，在西湖修吉山卜地为生圹，建正传塔院。他反对参话头公案，强调念佛是修行的捷径，倡导三教一致，“心宗洞达，机辨峻拔，儒释通贯，事理交融”[③]，是明代中期最为知名的禅僧之一。

无相智住，明代前期临济宗僧道衍（姚广孝）法孙。“深通藏海，兼涉儒道”。尝对明宣宗说法，“大称厥旨”。他“掩关谢世，萧然自得”。偕法孙瑾无暇“赓唱禅余，以娱岁月”，人称“缁流之绣虎”[④]。正统四年（1439），主上天竺寺，为第六十一代住持。

古渊智源，参临济宗高僧雨庵祖渊于北京大功德寺，有契。正统至成化年间，先后住持杭州真珠寺、万寿寺、千佛寺、中天竺寺等，“凡四住名山，所至颓废具兴，云水毕集”。成化十年（1474），升为净慈寺第一百代住持。“自是宗风益盛”。他开堂说法，“集名衲百余人，愤激力参，学者多从脱粘，大有悟入”[⑤]。

照庵宗静，明代前期临济宗高僧祖芳道联法嗣。正统十年（1445）十二月，僧录司任为净慈寺住持。他“阐扬宗旨，缁白推从”。朝廷颁赐《大藏经》，以示宠异。十二年，赴京谢恩，馆于弥陀寺。翌年十月，示寂[⑥]。

南宗广衍，宣德九年（1434）至京师，从僧空寂“参问道要”，“深有悟入”。正统改元，建京城弥陀禅寺，为住持，英宗赐额。他“精勤佛乘，而又能崇立教基”，“朝夕率其徒敷扬教典，祝圣寿于亿万年”[⑦]。景泰三年（1452），迁主杭州净慈寺。天顺元年（1457），除僧录司右觉义[⑧]。

毒峰季善（或作本善），明代中期禅宗高僧月溪觉澄法嗣。天顺四年（1460），应请为西湖三塔寺开山。继兴天目山昭明寺、吴山宝莲寺、南山甘露寺、慈云岭天真寺等。他“重兴了杭州多所寺庙，功不可没”，“一生苦修炼行，倡导念佛禅”[⑨]。

① 《大昭庆律寺志》卷8《僧伽上》，第102页；《武林梵志》卷1《城内梵刹》，第16页。
② 《净慈寺志》卷9《住持二》，第208-209页。
③ 《武林梵志》卷11《古德机缘·天目山》，第310页。
④ 《杭州上天竺讲寺志》卷4《列传》，第72页。
⑤ 《净慈寺志》卷9《住持二》，第210-211页。
⑥ （清）释超永《五灯全书》卷57《南岳下二十三世·祖芳联禅师法嗣·杭州净慈照庵宗静禅师》，《卍新纂续藏经》第八十二册第1571号，第220页。
⑦ （明）王直《抑庵文后集》卷5《弥陀寺记》，《文渊阁四库全书》本。
⑧ 《净慈寺志》卷9《住持二》，第209页。
⑨ 陈荣富《浙江佛教史》，华夏出版社2001年版，第510页。

性庵永顾，明代中期谒南京僧录司官唯庵实，深得器重。住持杭州梵天寺七载，刺血书《妙法莲华经》《阿弥陀经》，“报父母恩”。为南京大报恩寺都讲，“阐扬《法华》奥旨，听者川涌”。成化年间，官绅荐主杭州上天竺寺，“启滞觉迷，举废兴坠，为之一新”。十年后，约当天顺、成化年间，擢为都纲，“复表率九邑”①。

朽庵宗林，“精戒行”，能诗文。弘治八年（1495），被征到京，“命为登坛大戒主，为学佛者师”。后提督五台山，“校正《清凉通传》入藏”。正德间，武宗钦赐“大宗师”称号。后南还②。他“栖隐于杭之安隐、净慈间”。嘉靖初，“游都下，屏迹香山，开万寿戒坛，诏选宗师，为十座首，说演毗尼”。世宗奉道教，宗林上书规劝，请弘护佛法，世宗“不以为忤”③。

万松慧林，“闻天目平舒老人道行超卓”，即往投礼，“获闻心要”。入京师，“徘徊诸讲肆中，研究玄奥”。又往参伏牛山禅僧空幻大觉，得法为临济第二十六世。已而入川峡，登峨峰，复归于杭州。嘉靖二十九年（1550），迁径山寺，“绝迹于府城”④。时慧因寺寺废僧散，慧林应请来寺，“计以动众设坛，讲《华严》秘义”，“听者云集，日以千记”⑤。

明代中期杭州还有一些名僧，他们佛学上很少建树，无有盛名，但在杭州本地、本寺仍有一定影响，如立中成、昙素、慎庵祥、道泽、祇园圆果、圆朗、吉庵迪、香林圆果、日庵广需、精斋寂心、守泉照兼等。

立中成，初谒净慈寺祖芳道联请益，豁然省悟。于杭城北郭建普明禅寺。退席后，继主慈光寺，“重整本山，宏开法席，海众常臻”⑥。正统八年（1443），坐化。

昙素，正统初年杭州妙行寺元明文皞禅师“高弟”，“机语警敏”，“于禅理外，颇事笔墨”，为学士大夫称道。天顺五年（1461），为妙行寺住持。成化初年，官绅荐为灵隐住持。成化二十二年（1486），示寂⑦。

慎庵祥，灵隐寺住持璧庵璘嗣法。景泰间，主仁和显宁寺，缁素向慕。天顺间，任灵隐寺住持，“废坠毕举，禅规严饬，大开炉鞴，钳锤后学”，学者景从。又修盖大

① 《杭州上天竺讲寺志》卷4《列传》，第73页；卷1《普门示现品·喜雨咏》，第37页.

② （明）释明河《补续高僧传》卷25《宗林传》。

③ （清）钱谦益《列朝诗集小传》闰集《朽庵林公》。按《列朝诗集小传》所载宗林于“嘉靖初，游都下，屏迹香山，开万寿戒坛，诏选宗师，为十座首，说演毗尼”云云，疑为上引《补续高僧传》《武林梵志》所载正德年间事迹之误，因一来其事近似，二来明世宗崇道禁佛，三次下令禁止戒坛和传戒（参阅何孝荣《论明世宗禁佛》，《明史研究》第7辑，黄山书社2001年版），而无开戒坛选宗师事。

④ 万历《杭州府志》卷90《人物二十四·仙释》。

⑤ 《慧因寺志》卷3《祖德》，第12页。

⑥ 《武林梵志》卷10《古德机缘·慈光寺》，第287页。

⑦ 《圣因接待寺志》卷2《法统》，第38页。

殿，有“中兴之功”[①]。

道泽，月江和尚法嗣。成化年间，住持苏州承天寺，重建大雄宝殿，被举为僧纲司都纲。后居杭州吴山宝奎寺，“日持《金刚经》为课”。因奏请复建，遭逮系，“仍日持《金刚经》不彻”。获释后，成化二十三年（1487）重建宝奎寺[②]。

祇园圆果，参五台山、伏牛山诸耆宿，“为秀法师上足”[③]。正德年间，住持杭州碧峰山麓佛慧寺，“阐扬宗教，皈依云集，请《龙藏》永镇梵刹，建阁修葺，焕然一新”[④]。

圆朗，祇园圆果之弟，与其兄俱少年出家，相与参访，“为秀法师上足”。佐圆果住持佛慧寺，“埙篪倡和，不为异宗”。嘉靖间，继为住持，“每升座说法，巍巍金山海潮之音，听者惊悚”，“法席愈盛，诸衬施云集”，建白业堂为别院[⑤]。

吉庵迪，正德间，居于昭庆寺。精戒律，擅医术[⑥]。

香林圆果，为“高行沙门”。嘉靖三年（1524），游历至杭州，“长行分卫”，夜宿于仙林律寺山门，厌拒檀信斋供。遁至北高峰绝顶，“假一席之地，缚草为团瓢，止观其中”。敛足六载，冬雪无伤，颇多神异。后至智果山无门洞，掘得旧佛像，募构小殿。杭州守备太监郭某“设食济饥”，请主护国仁王讲寺。“是后两山凡遇禅讲，咸以师笃实，充为司库，四众举称库头云”。所度弟子，“若缁若素，不下千计”[⑦]。

日庵广霈，昭庆寺僧。嘉靖三十四年（1555），兴复本寺。“奉礼部札，开坛说戒，僧众如归，不减庆历之盛”[⑧]。

精斋寂心，杭州云居圣水寺僧。“师事少峰，为中峰法派也”。他性格果敢负气，不屈必直之而后已。嘉靖三十九年（1560），有高官欲毁寺逐僧，为父葬地。僧众畏惧，独寂心抗争，被地方长官杖毙，暴尸数日，“颜色不变”。高官惭阻，“寺赖以全”，“远近壮其义烈，祭吊者以万数”，寺僧崇祀之，“与中峰埒”[⑨]。

守泉照兼，住云居圣水寺。禅习之余，更习医方，“详绎《内经》《灵》《素》，洞晓脉理，活人不可胜计”。嘉靖年间，严嵩擅权，民生苦难，照兼“慨然欲如京师面短之”，为同侣劝止，“然每中夜趺坐，北向长吁不置云”。辟外麓山房，“延接名流”，

---

① （明）释广原《本寺住山慎庵祥禅师行业记》，《灵隐寺志》卷6下《艺文》，第109页；《灵隐寺志》卷3下《住持禅祖》，第56-57页。
② 《武林梵志》卷1《城内梵刹》，第22页。
③ （明）王世贞《佛慧寺白业堂记》，《西溪梵隐志》卷4《纪文》，第102页。
④ 《西溪梵隐志》卷2《纪刹》，第28页。
⑤ （明）王世贞《佛慧寺白业堂记》。
⑥ 《大昭庆律寺志》卷9《僧伽下》，第129页。
⑦ 《武林梵志》卷5《北山分脉》，第108-109页。
⑧ 《大昭庆律寺志》卷8《僧伽上》，第102页。
⑨ （民国）喻谦《新续高僧传四集》卷34《明杭州云居圣水寺沙门释寂心传》。

“更设药局”，以诊疗救人。荼毗，后瘗安乐山塔[①]。

可见，明代中期杭州高僧凋零，佛教各宗派传承乏人，佛教衰微至极。对此，明代后期董其昌为袾宏云栖寺崛起所作记文中仍批判说：“赤县神州，列刹相望，圆顶方袍聚庐而处者，百十为辈。既而求之，所谓禅、讲、律师如古尊宿者有几！”[②]当然，佛教衰微至极，是当时全国的普遍状况，陈垣即谓“自宣德以后，隆庆以前，百余年间，教律净禅，皆声闻阒寂”[③]。但明代中期的杭州仍有空谷景隆、毒峰季善等高僧和一大批名僧，在全国佛教中有重要影响，为重要的佛教中心。

第四节　明代后期杭州佛教的复兴

明代后期（隆庆至崇祯年间）在中国佛教史上是辉煌的“晚明佛教复兴”时期。佛教在经过宋、元及明代前、中期的相对沉寂后，明代后期“出现了一种较为盛行的复兴气象，主要表现为高僧的辈出、寺院的繁兴、义学的兴起以及僧侣融入主流文化之中，佛法充当社会精神支柱等”[④]，“晚明四大师与禅宗诸大德是晚明佛教复兴的核心与纽带”[⑤]。明代后期杭州是晚明佛教复兴的最重要基地之一，作为“晚明四大师”之首的云栖袾宏传承复兴佛教正是在杭州，云栖佛教影响巨大，众多高僧也在杭州住持讲说，杭州成为全国主要佛教中心。

一、袾宏与云栖佛教

袾宏创建云栖寺，在此说法授徒，并应邀到杭州各寺院乃至其他地区寺院传播佛教，他的弟子徒孙们也嗣法传承，形成了云栖佛教，影响巨大而深远。

（一）袾宏生平及佛学思想

云栖袾宏（1535—1615），俗姓沈，字佛慧，号莲池，浙江仁和（今杭州）人。出身望族，少习儒学，十七岁补诸生，以学行著称于乡里。但他志在出世，书“生死事大”四字于案头。父母去世后，袾宏悲痛不已，决志出家修行，作《七笔勾词》与

① （民国）喻谦《新续高僧传四集》卷62《明杭州云居圣水寺沙门释照兼传》。
② 《武林梵志》卷2《城外南山分脉》，第46页。
③ 陈垣《明季滇黔佛教考》，中华书局1962年版，第13页。
④ 夏清瑕《晚明佛教复兴的特点及倾向》，《五台山研究》2002年第1期。
⑤ 戴继诚、赫丽莎《晚明佛教：短暂的辉煌与深远的影响》，《宗教学研究》2006年第3期。

妻诀别。嘉靖四十五年（1566），投西山性天和尚落发。后遍游诸方，参访名宿。期间，曾北游五台，“炼魔”伏牛山，参遍融真圆、笑岩德宝于京师，过东昌有悟而作偈。隆庆五年（1571），游方至杭州梵村，于云栖古寺旧址结茅以居，取名“云栖”。据说，他在此曾讽经施食平息虎患，击木鱼念佛祈得大雨，村民感激而鼎新其庵，“不日成兰若”。自此，“法道大振，海内衲子归心”，云栖“遂成丛林”①。尔后，应地方官员之请，造桥、禳疫；极意戒杀生、崇放生，著《戒杀放生文》，传诵海内。万历四十三年（1615）圆寂。其著述颇丰，主要包括“释经”“稽古”“手著”三类，共29种，连同“附录”共41种，后人辑为《莲池大师全集》。

袾宏的佛学思想，包括禅教合一，同归净土，三教合一，佛教高于儒、道等。袾宏主张禅教合一。他早年曾参访禅宗名宿笑岩德宝等人，经历过一段禅僧生活，于禅学有深厚造诣。他认为禅教一致，参禅不能离教，若离教而参，“是邪因也”；禅悟也不能离教，若离教而悟，“是邪解也”；禅悟还需经教来印证，若“不与教合，悉邪也”②。所以，参禅者“先宜看教”，否则“通宗不通教，开口便乱道”③。袾宏是四大高僧中“提倡和实践禅净合一最为积极的人物”④。他认为禅净虽属不同宗派，但二者皆为方便法门，可以同时修习，“禅宗、净土，殊途同归”，读经、参禅的最终目的是往生净土，净土念佛可以总括禅、教，是求得解脱的最好方式。因而，念佛法门成为他一生所崇尚和宣扬的法门。袾宏宣扬的念佛法门，主要是指持名念佛，“阐扬持名念佛之功，最为往生净土之要”⑤。袾宏主张佛、儒、道三教一致论，强调三教“同归一理”⑥。他认为，三教也有深浅之分，佛教高于儒、道，“佛明空劫以前，最长也，而儒、道言其近；佛者天中天、圣中圣，最尊，而儒、道在凡；佛证一切众生本来自己，最亲也，而儒、道事乎外”⑦。

袾宏对华严和禅都有很深造诣，而以西方净土为归宿，其佛学思想具有调和性和兼容性，因而受到佛教内外普遍的推崇，净土宗推他为“莲宗八祖”，华严宗则以他为圭峰宗密下第二十二世。

---

① （明）释德清《憨山老人梦游集》卷27《云栖莲池宏禅师塔铭》，台湾高雄净宗学会1998年版。
② （明）释袾宏《竹窗随笔·经教》，（明）释袾宏《莲池大师全集》。
③ （明）释袾宏《云栖大师遗稿》卷3《答问》，（明）释袾宏《莲池大师全集》。
④ 潘桂明《中国佛教思想史稿》第三卷，江苏人民出版社2009年版，第624页。
⑤ （明）释袾宏《云栖大师遗稿》卷3《开示》。
⑥ （明）释袾宏《正讹集·三教一家》，（明）释袾宏《莲池大师全集》。
⑦ （明）释袾宏《正讹集·三教一家》。

（二）袾宏大力振救佛教

明代中期，佛教衰微不振，而罗教等民间秘密宗教则蓬勃兴起，天主教开始在中国传播，影响日大。对此，袾宏痛心疾首，著述践行，或提倡，或批判，大力振救佛教，是晚明佛教复兴的重要旗手。

针对当时佛门堕落的现状，袾宏表现出极大的不满。如有些僧人不学无术，只靠模仿高僧语录只言片语，在人前卖弄，有些僧人甚至模仿前人“棒喝”“狂禅”之法，乱棒胡喝，袾宏指斥他们“妄谈般若，罪在不原，可畏哉！”[①]有些僧人“盗用古语”，“秘付邪功”，袾宏批评“其所付，非逼气，即落空，自误误他，害也久矣，悲夫！”[②]鉴于佛门“教网灭裂，禅道不明”，他著《阿弥陀经疏钞》，“总持圆顿诸经，融会理事，指归一心”，效果明显，“一时缁素归心净土，若水赴壑”；令僧众读诵《梵网戒经》及比丘诸戒品，著《沙弥要略》《具戒便蒙》《梵网经疏发隐》，“发明”戒律，以立“基本”；编《禅关策进》，与《高峰语录》等并刊，“以示参究之诀”[③]。另外，袾宏还著书规范水陆仪轨、戒杀放生仪轨等佛教仪礼，成为“历来佛教仪礼的集大成者，同时也给现代的中国佛教仪礼奠定了基础”[④]。

袾宏发扬宋代永明延寿倡导念佛、放生结合为一体的净慈信行，一生积极提倡老实念佛，大力弘扬戒杀和放生思想。他著并注《戒杀放生文》，宣扬放生戒杀，其功德可令人速生净土，“净业三福，慈心不杀，实居其一。今能不杀，又放其生，既能放生，又以法济，令生净土。如是用心，报满之时，九品莲台高步无疑矣”[⑤]。他讲经于净慈寺，赎寺前万工池为放生池。迨其八十诞辰，“又增拓之”。他重修上方寺，凿放生池；他也赎北门长寿庵池作放生池，“岁费计百余金”。云栖山中设放生所，“救赎飞走诸生物，充牣于中”，“众僧减口以养之，岁约费粟二百石”。据说，“亦有警策守者，依期往宣白”，有僧人看守这些动物，并为他们宣讲，“即羽族善鸣噪者，闻木鱼声，悉寂然而听。宣罢。乃鼓翅暄鸣”。李太后读袾宏《戒杀放生文》，“甚嘉叹，遣内侍赍紫袈裟、斋资往供，问法要”[⑥]。僧俗人等纷纷加入其中，“晚明士大夫和普通百姓都普遍接受戒杀放生”，形成中国近世佛教的“净慈文化现象”[⑦]。

天主教于明末第三次传入我国，传教士在“合儒”的同时，极力批判佛、道特别

① （明）释袾宏《竹窗二笔·宗门语不可乱拟》。
② （明）释袾宏《正讹集·公案》。
③ （民国）喻谦《新续高僧传四集》卷43《明梵村云栖寺沙门释袾宏传》。
④ ［日］镰田茂雄《中国佛教史》，关世谦译，台湾新文丰出版社1982年版，第243页。
⑤ （明）释袾宏《戒杀放生文》，（明）释袾宏《莲池大师全集》。
⑥ （明）释德清《憨山老人梦游集》卷27《云栖莲池宏大师塔铭》。
⑦ 赖永海《中国佛教通史》第十二卷，江苏人民出版社2010年版，第203-204页。

是佛教，对明末佛教形成了一定的冲击。基于此，一些佛教人士起而辩之，袾宏就是其中的一位。万历四十三年（1615），袾宏作《天说》四篇，针对利玛窦等对佛教的指责进行辩驳。他认为，天主教所讲的“天主”并非最高，只是“忉利天王”而已，若以“梵天视之，略似周天子视千八百诸侯也”[①]，渺小而微不足道。针对天主教对佛教因果报应及杀生戒的指责，袾宏批驳道，六道众生“生生受生，生生必有父母，安知彼非宿世父母乎？”所以佛经宣扬戒杀，“恐其或已父母，非决其必已父母也”[②]。天主教宣扬灵魂不灭，极力批驳佛教的六道轮回说。袾宏列举历史事例来反问天主教灵魂不灭之说，“如谓人死其魂常在无轮回者，既魂常在，禹、汤、文、武何不一诫训于桀、纣、幽、厉乎？先秦、两汉、唐、宋诸君何不一致罚于斯、高、莽、操、李、杨、秦、蔡之流乎？”[③] 以此证明灵魂不灭之谬和因果轮回之真。

罗教以“五部六册”为教典，杂糅佛教禅净思想和道教清净无为思想，认为世界万物都是由“空”派生出来的，人们只要修行无为大道，便能回归西方净土。罗教的这种似佛非佛性特点，不仅对下层民众产生很大影响，而且对佛教丛林也形成了一定的冲击，一些僧人甚至转修罗教。袾宏对罗教持坚决批判的态度，认为其具有非佛性，“彼所云无为者，不过将万行门悉皆废置”，而不知“万行即空，终日为而未尝为者”，才是真无为；“彼口谈清虚，而心图利养，名无为而实有为耳”。他并指出，今人见其杂引佛经，便认为是正道，“不知假正助邪，诳吓聋瞽”。袾宏呼吁，“凡我释子，宜力攘之”[④]。针对罗教等民间秘密教派借助佛、道之名结社反乱的行为，袾宏指出，此种结社与净土莲社是截然不同的，“彼假名弥勒者，正以金银、爵禄、女色、衣食、田宅诱诸愚民，俾悦而从己”“非庐山远师莲社也”“二者冰炭相反”[⑤]。

袾宏提倡禅教合一、三教合一，尤其是他在云栖鼓唱念佛法门，注释戒律，规范水陆、放生仪轨等佛教仪礼，在当时有很大影响，从者甚众，对明末佛教改革和复兴做出了重要贡献，名僧憨山德清将他誉为“法门之周孔”[⑥]。

（三）云栖佛教的传播

袾宏一生以云栖寺为中心道场，以杭州及吴越地区为主要活动范围，传教授徒。

---

① （明）释袾宏《竹窗随笔·天说一》，（明）释袾宏《莲池大师全集》。
② （明）释袾宏《竹窗随笔·天说二》。
③ （明）释袾宏《竹窗随笔·天说二》。
④ （明）释袾宏《正讹集·无为卷》。
⑤ （明）释袾宏《竹窗二笔·莲社》。
⑥ （明）释德清《憨山老人梦游集》卷19《云栖老人全集序》。

如他“曾讲《圆觉经》于净慈［寺］，听者日数万指，如屏四匝”[①]，又曾在上方寺、长寿庵说法放生，还曾“应期吴越间”[②]，“宗风大振东南”[③]。袾宏在云栖寺等地培育了大批弟子，“得度弟子广孝等为最初上首，其及门受戒得度者不下数千计，在家无与焉”[④]。与一生流动漂泊的达观真可、憨山德清相比，袾宏传教基地稳定，弟子法孙众多，声势和影响也更大，形成颇具特色的佛教风格和僧团群体，可称为云栖佛教。时人吴用先指出：“武林故称佛国，古刹精蓝，贲相望于山林城郭间。然天下莫不重趼而走云栖者，非独其刹胜也，禅、教、律争取宗焉。四十年来，法嗣棋布区中”，即天下人莫不前来皈依云栖袾宏，其法嗣遍布全国；“其间绍明教、律，以一精蓝走天下者，则无逾莲居云。莲居为绍觉承上人庵院，上人即云栖首座”[⑤]，袾宏弟子绍觉广承在杭州莲居庵弘传其教，又传向全国。吴用先描述了云栖佛教在明代后期的巨大影响，当然袾宏法嗣龙象云集，影响大者绝不止绍觉广承一人。下面，我们以云栖法嗣在杭州弘传者，来反映明代后期杭州的云栖佛教。可以说，明代后期杭州佛教的主体即是云栖佛教。

明代后期杭州的袾宏法嗣法孙众多，著名者如仁安广莫、绍觉广承、慧文、寓安广寄、广随、法振大铎、心宗大善、古德大贤、灵源大惠、新伊大真、净光等。他们或住于杭州，或其后又传于外地，本节重点介绍他们在杭州的传教，推动了杭州佛教的复兴。

仁安广莫，嘉靖初住杭州秦亭山普慈院，多著述。晚年参云栖袾宏，皈心净土。曾刺指血书《华严经》一部、《法华经》二十部[⑥]。

绍觉广承，弱冠从学大觉圆珑，“深究天台、贤首诸宗，机辨风生，闻者心折”。出家后，投师云栖寺袾宏，为首座。年未三十，从袾宏“应期吴越间，所至辄命代讲，俨然堪作人天范矣”。后住持土桥莲居庵，“建忏室，礼法华，足不窥户外者六易寒暑。严净毗尼，研讨三藏，于台宗尤宿契焉”。他讲说二十年，“四方弟子日益进”。衲子参云栖而下，“即参莲居”，“城东咫尺地，卓然为海内一时法窟”[⑦]。著有《心经二解》《唯识因明观所缘缘论记》若干卷[⑧]。

慧文，师云栖袾宏，与广承并为袾宏座下两大“义虎”。晚年居桐坞，讲经说法

① （明）释德清《憨山老人梦游集》卷27《云栖莲池宏大师塔铭》。
② 《武林梵志》卷1《城内梵刹》，第9-11页。
③ 《西溪梵隐志》卷2《纪刹》，第24页。
④ （明）释德清《憨山老人梦游集》卷27《云栖莲池宏大师塔铭》。
⑤ 《武林梵志》卷1《城内梵刹》，第10页。
⑥ 《武林梵志》卷5《北山分脉》，第111页。
⑦ 《武林梵志》卷1《城内梵刹》，第9-11页。
⑧ 《武林梵志》卷1《城内梵刹》，第9-11页。

之暇，时以山水为适。著有《因明论观所缘缘论解》《净土杂咏》《云栖大回向文广解》等[①]。

寓安广寄，出家后，“参访知识”。访云栖，袾宏为授具足戒，“开示念佛法门”，充维那。他“刻意精修，单持一念，谨束三业，严整威仪，调和内外，悦可众心”，“一众咸推重之”，“一坐八年”。后归家乡衢州张山，闭关三年。万历三十八年（1610），入黄山丞相原，“诛茅藏修”，人为结掷钵庵，“一坐十二年”[②]。

广随，为云栖袾宏弟子，“宗教无不圆畅，远近称仰”。住持万松山广化寺，徒众丛集。得宋应昌、冯梦祯及袾宏等助赎山田，重建寺院，“巍焕聿新”[③]。

法振大铎，出家后，先后在云栖寺得沙弥戒、具足戒，袾宏“示以念佛法门，以一心不乱为的旨”，并付《禅关策进》一书，“为参究之诀”。归住宣城石泷岩，“闭关三年，单提一念，久之有省”。复往云栖求印可，“遂依众淘汰数年”。后辞归宣城华阳山，结庵以居[④]。

心宗大善，少为儒生，壮年出家，“修净业，兼通玄理”[⑤]，为袾宏高足。“阅藏琴川，说经吴郡，熏忏天台”。万历中。先住杭州南高峰绿萝庵，后徙西溪安乐山右冈之麓，结茅三楹，颜曰“溪巢”（后改额“古福胜院”）。十年影不出山，“日惟课梅课竹，闭户著书以自娱”。著有《拟寒山怀净土洎山居诗》《唯识窃议》《第一义空论》《长夜论》等[⑥]。

古德大贤，投袾宏出家，“日听讲演经疏，析微辩奥，众目为义虎焉”。不久，“静虑于桐水，熏修于富春，解行飙驰，缁白膻慕”。应请到各地开席，“分身说法，风望称雄”。崇祯元年（1628），创曲水庵于杭州西溪正等院左。所著有《维摩折衷疏》《金刚如说》《发菩提心论解》《五戒略解》数种行世[⑦]。

灵源大惠，以白衣参叩莲居庵僧广承，广承为首举台、相二宗，“锐心研习，多所诠解”。越十载，游京都，慈慧寺住持愚庵真贵“请登讲座”。他以优婆塞身说法，“一音演畅，皆莲居唯识宗旨”。万历四十八年（1620），至悯忠寺剃发受具，时年已五十七。寻即“登座谈宗，辩如瓶泻”。继历牛宫、石灯诸席，“道风弥煽”。因有人注疏唯识与广承之义有异，遂南还，栖杭州黄鹤山，汇集广承之说成《唯识自考录》

① （明）萧士玮《春浮园集》卷下《云栖慧文师傅》，《四库禁毁书丛刊》集部第108册，200页。
② （明）释德清《憨山老人梦游集》卷28《新安黄山掷钵庵寓安寄公塔铭》。
③ 《武林梵志》卷4《北山分脉》，第83页。
④ （明）释德清《憨山老人梦游集》卷28《宣城华阳山道者法振铎公塔铭》。
⑤ 《西溪梵隐志》卷2《纪刹》，第50页。
⑥ （明）释大善《溪巢自述》，《西溪梵隐志》卷4《纪文》，第119-120页。
⑦ 《西溪梵隐志》卷2《纪刹》，第38页。

而行。后驻锡大昭庆寺，“诸山瞻风礼足者日益众”。其后，又在吴、越等地“大演法化”。崇祯八年（1635），还昭庆寺。他“传觉苑心印，持台教刚宗，扫波旬障于唯识真诠，获旋陀罗于《法华》元义”，融摄诸宗。所著《自考录》而外，有《元签妙乐仪注》三种，《备简山宗笔要》《毗檀意旨》《楞伽日记》《唯识证义》，重订《因明论解》若干卷[①]。

新伊大真，九岁依莲居庵广承，默识经义，“颇有神解”。十五受沙弥戒，二十入云栖寺受具戒。“自是博窥三藏，参证诸宗”。住莲居庵，构直指大悲堂，“踞师座说法，担荷道风，人天瞻仰矣”。尤精戒律，“每登坛秉戒，千人骈集”。“居恒礼忏，或修观，历寒暑昼夜以为常”。著《唯识论合响》若干卷，凡三易稿[②]。

净光，崇祯九年（1636）礼西溪曲水庵僧古德，入门即称上座，获传“云栖心印”，“昼阅教乘，夜课净业，摄心已专凝矣”。后住曲水庵。十年（1637），鸠工印造《方册藏》经，“永供德云楼上”。崇祯十七年（1644），募缘修寺妆像，“安集十方禅侣，修持净业，绍慧远而继永明，接待往来云水，俨然东南一大丛林矣”[③]。

另外，受袾宏影响，他在家时的续弦妻子汤氏也出家为尼，法名袾锦，字太素，万历三十四年（1606），杭州宰官、居士、比丘等为构“孝义无碍庵”，作焚修之所[④]。袾锦“持冰霜之律仪，荐苹藻之明信者，几三十年”[⑤]。自孝义无碍庵创立，“后清信女，展转相续，焚修于此庵”[⑥]，遂成杭州知名尼庵。崇明县龚氏二女，“相与习经咒，朝夕礼佛唯谨，自誓贞不字”。后一起出家，分别取法名广觉、广曜，相偕来孝义庵，事庵主袾锦如父母，“精持梵行，纯一不杂，远迩瞻慕”[⑦]。这也是杭州云栖佛教的一部分。

二、其他高僧在杭州的说法传教

明代后期杭州佛教复兴，不仅体现在云栖佛教的兴起和兴盛，还体现在其他高僧到杭州说法，或在杭州各寺住坐，可以说这一时期的杭州再次高僧云集，龙象汇聚。

其时，到杭州说法的高僧有憨山德清、无尽传灯、雪浪洪恩、古心如馨、汉月法

---

① （明）吴本泰《昭庆灵源法师塔铭》，《大昭庆律寺志》卷8《僧伽上》，第113-114页。
② （清）徐继恩《新伊法师圹志》，《西溪梵隐志》卷4《纪文》，第121-122页。
③ （清）顾豹文《净光禅师行录》，《西溪梵隐志》卷4《纪文》，第126-127页。
④ （明）宋应昌《菜市桥重建孝义无碍庵记》，《孝义无碍庵录》，第252页。
⑤ （明）吴应宾《武林孝义无碍庵主大尼太素师塔铭》，《孝义无碍庵录》，258-260页。
⑥ （明）宋应昌《菜市桥重建孝义无碍庵记》，《孝义无碍庵录》，第252页。
⑦ 《孝义无碍庵录·纪贤》，第256-257页。

藏等，均为当时佛教界的顶级人物，而其中影响最大者莫如憨山德清的杭州之行。

德清，十二岁入南京大报恩寺，先从住持西林永宁习大乘诸经，并从儒师习儒学。十九岁依栖霞寺禅僧云谷法会剃度出家，专究禅学。后从华严名僧无极守愚习华严，并受具戒。听讲《华严玄谈》，“悟法界圆融无尽之旨”。从法会结禅于天界寺，发奋参究。嘉靖四十五年（1566），大报恩寺毁于火，与同学雪浪洪恩立志兴复。隆庆五年（1571），行脚远游。先至北京，听讲法华和唯识，参礼名僧遍融真圆、笑岩德宝。万历元年（1573），往游五台山，见北台憨山景色奇秀，遂“默取为号”。后历游北京、嵩山、洛阳，至山西蒲州会见禅僧妙峰福登，同上五台，居住多年，几番证悟。万历九年（1581），遵神宗生母李太后命在五台山建无遮法会，为神宗祈储，深得李太后宠信，却结怨于神宗。次年八月，皇长子生，德清声名大振。十一年，德清“远遁东海之牢山”（今山东青岛崂山）。神宗敕颁《大藏经》，李太后率阖宫布金造寺，赐额“海印”。因诣京谢恩，为大报恩寺请藏，奉命斋送。又请李太后减膳资助，期以十年修复大报恩寺。他住牢山十三年，“方便说法，东海弥离车地咸向三宝”。万历二十三年（1595），遭诬陷私造寺院（海印寺），神宗令发配广东雷州。恢复禅宗曹溪祖庭，“归侵田，斥僦舍，屠门酒肆，蔚为宝坊，缁白坌集，摄折互用，大鉴之道，勃焉中兴”。四十二年，因李太后去世，遇赦“还僧服”。应请于南岳衡山“休老”。后结庵庐山五乳峰下，专修净业。天启三年（1623）十月，示寂[①]。

后人常称道云栖袾宏、达观真可、憨山德清、蕅益智旭为“晚明四大师”。其实，蕅益智旭活动于明末清初，云栖袾宏、达观真可、憨山德清则主要活动于万历年间，为同时代人，因此当时人将三位合称为“万历三大师”“天下三大老”，是当时最有盛名的三位佛教大师。所谓“大明一代法门大和尚，在万历同时应现、声名洋溢者，无如云栖莲池、紫柏达观、曹溪憨山，为一时天下三大老”[②]。德清与真可私交深厚，成为知己。德清谪戍广东，真可在南京下关送别，嘱咐德清说：“吾他日即先公死，后事属公”，托以后事。真可也宣布，把救免德清，与促使明神宗撤回矿监税使、续修明朝《传灯录》作为自己“三大负”，即立志完成的三项任务，表示“若释此三负，当不复走王舍城矣”，即不再往返京城，交结官员。至万历三十一年（1603），真可终因来往京城而被牵连进“妖书案”，遭逮捕入狱，不久坐化。先是，真可发起校刻《方册藏》于五台山，后因冰雪苦寒迁往杭州余杭县径山寂照庵（故后又称《径山藏》）。

① （清）钱谦益《大明海印憨山大师庐山五乳峰塔铭》，（明）释德清《憨山老人梦游集》卷55《附录》；（民国）喻谦《新续高僧传四集》卷8《明庐山法云寺沙门释德清传》。
② （明）释福徵《憨山大师年谱疏》卷下，万历四十五年，河北省虚云印经功德藏1993年版。

真可去世后，弟子奉真可全身南还，万历四十三年（1615）葬于径山后，不久因塔下有水，复启塔拟改葬于径山文殊台，“卜于丙辰十一月十九日荼毗，廿三日归灵骨，塔于此”[①]，即于万历四十四年（1616）十一月举行真可再葬礼仪。德清与袾宏，则是其万历四年（1576）三月住五台山时，袾宏游而过访，“留数日夜对谈，心甚契”[②]，也结下友谊。万历四十二年（1614），德清由谪戍之身而获释，恢复僧人法定身份。次年，袾宏圆寂。于是，德清成为万历三大师中仅存者。

万历四十四年（1616），七十一岁的德清“难忘法门之义”，不惧千里之遥，决定自所居南岳衡山东游吴越，赴真可之葬，吊云栖袾宏。一路上，他受到僧俗人士的热情迎候和崇拜敬重。十月，德清到达径山寂照庵，为真可“作荼毗佛事”，“为塔上之铭”，“留山中度岁”，“诸请益者，各为说法”。次年正月，德清离开径山，来到位于钱塘县梵村五云山之西的云栖寺，“时缁白弟子千余人，久候于山中”。德清“留二旬，每夜小参问法，各各欢喜”。他“发挥莲池大师生平密行”，袾宏弟子们闻之，“至有涕泣”，谓其“发人所不知者”，德清并应请为袾宏作塔铭。净慈寺住持玄津大壑法师及通郡宰官居士请德清留净慈寺宗镜堂，“日绕数千指，为说大戒，作《宗镜堂记》”。诸山各路名德法师“俱集于湖上问法，各申诘难”，“时谓东南法会之最胜，昔所未见也”。其后，德清又“游灵隐、三竺、西山诸名胜，赞扬放生三池，乃行”。城中宰官居士“具舟放生，饯别于湖上，且具状请留云栖，乃有三年之约，遂行”[③]。德清弟子福徵对此解释说：“吊云栖日，缁白千众，款留山中。［德清］不允所请，写像留供，以期后来。”[④]虽然因事务繁忙，年岁太大，德清以后未能再来云栖，兑现三年之约，但这次杭州之行（包括在径山主持真可之葬）则在杭州僧俗两界都引起了很大轰动，成为一场声势浩大、影响广泛的讲经说法活动，在杭州佛教史上留下感人和绚丽的一笔，推动了晚明杭州佛教复兴。

无尽传灯，从百松真觉法师习天台宗，后入天台山高明寺，生平修《法华》《大悲》《光明》《弥陀》《楞严》等忏，“无虚日”，“前后应讲席七十余期”[⑤]。著有《净土生无生论》《净土法语》《性善恶论》《天台山方外志》等，融会天台三观之旨，阐扬净土法门，被称为明代天台宗中兴之祖。万历十四年（1586），应虞淳熙、冯梦祯等邀请，传灯与闻谷广印等“十人行之胜果”，即在杭州胜果寺修古仪法华忏，据说“乌

① （明）释德清《憨山老人梦游集》卷27《径山达观可禅师塔铭》。
② （明）释德清《憨山老人梦游集》卷53《憨山老人自序年谱实录上》。
③ （明）释德清《憨山老人梦游集》卷54《憨山老人自序年谱实录下》。
④ （明）释福徵《憨山大师年谱疏》卷下，万历四十四、四十五年，河北省虚云印经功德藏1993年版。
⑤ （民国）喻谦《新续高僧传四集》卷44《明幽溪高明寺沙门释传灯传》。

龙君凭语护法，冥获感应”[①]。

雪浪洪恩，出家于南京大报恩寺，博通内典，“日据华座，讲演诸经，尽扫训故，单提本文，拈示言外之旨，恒教学人以理观为入法之门”。其于贤首一宗，“为得法弟”，“继席者以百计，秉法而转教者以千计”[②]。东南法席之盛，“无出其右”[③]，是当时最知名和最有影响的华严宗高僧之一。万历二十六年（1598），住持大报恩寺，重修寺琉璃塔。他曾“入武林四会，撤床席地，若塾师教授然”。屠隆“以所著《昙花传奇》证云栖，而更迎师净慈，证非戏论也者。先于大殿，特奉师高座，列名士左右，听说《心经》”，冯梦祯、虞淳熙为“首座”，性莲、大壑二僧“修供”[④]。

古心如馨，南京古林寺住持，兴复律宗，人称“中兴律祖”。万历后期，又开戒于灵谷寺、栖霞寺、甘露寺、灵隐寺、天宁寺等刹，“廷臣野叟无不知有戒也”。万历四十二年（1614），神宗赐号“慧云律师”。时“缁素归依，禀戒跻坛者不可胜计”[⑤]。

汉月法藏，自称从高峰原妙《语录》“得心”、寂音慧洪“印法”，“真师”临济义玄，“道价日高”，先后应请住持苏州北禅寺等。但因无临济宗现实师承，天启四年（1624），往金粟山广慧禅寺投临济宗师密云圆悟。不久，圆悟“手书从上承嗣源流，并信拂付嘱”。其后，法藏在各地开法，“凡八坐道场，常熟三峰、长洲大慈、圣恩、吴江圣寿、杭州安隐、净慈、无锡锦树、嘉兴真如”，是晚明江南最有影响的临济宗高僧之一。其在净慈寺说法，僧俗名士“逐队见之”[⑥]。

在杭州各寺住坐的高僧有易庵如通、筠泉性莲、玄津大壑、心谷圆澄、蓝田成玉、耶溪志若、佛石如嵩、照空如觉、介山传如、承芳、闻谷广印、玉庵真金、雪关智訚、石雨明方、永觉元贤、观如方志、箬庵通问等，也多是晚明佛教复兴的代表性僧人。

易庵如通，参双径万松慧林，得其旨要，“乃继临济正宗二十七世”[⑦]。复游京师，抵少林，“参核宗乘，绰有见解”，所至“学徒云集，檀越骈阗”。隆庆间，因乡绅之请，住杭州南山慧因寺讲法。万历十年（1582），应请住持灵隐寺，重建大觉殿。十六年、十七年大饥，杭州尤甚。如通“设糜以振，存活者甚众”。[⑧]

筠泉性莲，尝住金山寺，听雪浪洪恩讲《楞严经》，“于经藏多洞达”。后为净慈

---

① （明）虞淳熙《虞德园先生集文集》卷6《法华忏仪安乐行义感应记序》，明末刻本。
② （清）钱谦益《列朝诗集小传》闰集《雪浪法师恩公》。
③ （民国）喻谦《新续高僧传四集》卷7《明金陵宝华山释洪恩传》。
④ 《南屏净慈寺志》卷5《法嗣》，第118页。
⑤ （民国）喻谦《新续高僧传四集》卷28《明金陵天隆寺沙门释如馨传》。
⑥ （清）黄宗羲《南雷文案》卷6《苏州三峰汉月藏禅师塔铭》，《四部丛刊初编》本。
⑦ 《灵隐寺志》卷3下《住持禅祖》，第57页。
⑧ （明）陆光祖《易庵通法师塔铭》，《慧因寺志》卷8《传志》，第55-57页。

寺住持，请祩宏至寺讲《圆觉经》及《永明心赋》，僧俗士女听者数万人。又修法华忏于胜果寺，禁捕万工池，重建永明塔，胜莲社放生，浚复三潭寺。司礼太监孙隆礼敬之，为请赏赐修寺。寺成，赴京谢恩，赐紫衣。万历三十一年（1603），“妖书案”发，紫柏真可被捕，京师排禅，性莲“潜行返寺，衲衣修忏而已”[①]。

玄津大壑，赴南京谒雪浪洪恩，“究贤首教义”，豁然领悟。“诸经了义，多所参证，四方名刹，争以香币延登讲台”，“竖义无上，点石雨花，洵人天导师”。主净慈寺，“闲与达人名宿，阐扬正法，旁及诗咏”。编《净慈寺志》十卷，“事核词典，他山罕匹”[②]。善诗文，开明清净慈之诗风。憨山德清赞其“才堪经世，慈足利生”[③]。

心谷圆澄，“古貌而谦谨，一再为都纲”。凡杭城大小寺庵，皆赖其荫庇。“诸雩祷棘试之役，惟护法所护，不扰也”。“子孙行有能说法者，侍听挥麈，送登猊床”。继芜洲圆嵩，为净慈寺住持。年且八十，持斋念诵，“胜少壮时”[④]。

蓝田成玉，大昭庆寺僧，“坐关数年”，众称“关主”。万历十四年（1586）、十五年间，皇太后迭赐画像于昭庆寺，且赐经建阁，“因得放戒”。十六年，成玉登坛，“开阐云栖，净妙真修”，云栖祩宏亦从其“得戒”[⑤]。

耶溪志若，至天台从荆山法师听《法华经》，即隐山中，“愤力向上事”。单栖六载，有省。后依雪浪洪恩座下，“执业十有二载，研穷诸经论，深造玄奥”。万历十七年（1589），居嘉兴慧华庵。十八年，讲《楞严经》于苏州。二十年，讲《法华经》于杭州灵隐寺。次年，讲《楞伽经》于净慈寺。三十年，庵居于飞来峰北永福寺故址。他“开演诸经论者三十余处，会五十余期，称一代师匠云”[⑥]。

佛石如嵩，历游讲肆，习天台教观。闻雪浪洪恩弘扬贤首宗，“相依最久”。至万历二十二年（1594），谒紫柏真可于南京静海寺，经点拨而悟，“始知宗门下事，非学解所到”。后携钵入理安寺，为禅宗“重开山祖”。晚年厌客，“避居峰顶，构一庵，开一圹”，虽弟子亦罕接见[⑦]。

照空如觉，礼正等寺僧奎剃染。“初事参访，如清凉、峨眉、洛伽、鸡足、三湘、百粤、庐霍、台衡，遍叩名宿，有省而归”[⑧]。万历初年，迁龙驹坞正等院于西溪，董

① 《净慈寺志》卷9《住持二》，第212-213页。
② （民国）喻谦《新续高僧传四集》卷6《明杭州净慈寺沙门释大壑传》
③ （明）释德清《憨山老人梦游集》卷7《示玄津壑公》。
④ 《净慈寺志》卷9《住持二》，第212页。
⑤ 《大昭庆律寺志》卷8《僧伽上》，第103页。
⑥ （明）释德清《憨山老人梦游集》卷28《耶溪若法师塔铭》。
⑦ 《理安寺志》卷5《禅宗》，第83页。
⑧ 《西溪梵隐志》卷2《纪刹》，第38-39页。

其昌题额“茭芦庵”[①]。居此十六年，“诵《法华经》五千余部”。又历五年，专修忏法[②]。

介山传如，出家后，得天台宗高僧真寂寺百松真觉器重和嘱托，受冯梦祯西溪安乐之请，“修法华忏法六载”。万历二十八年（1600），入京，欲奏开昭庆寺戒坛，并请《大藏经》，与紫柏真可“甚契”。及“妖书案”发，并被逮，后获释。三十四年，因经厂王太监奏请，得赐《大藏经》，“赐金建阁”。归大昭庆寺，“构斋堂、寮舍，登戒坛讲演经论，二愿毕遂”。天启三年（1623），驻锡塘栖大善寺。四年，还真寂寺，说经而逝。著《法华忏海》《楞严歇》《楞严截流》《老子笑》《庄子参》若干卷[③]。

承芳，“与古心［如馨］比肩沙门”。先为杭州大昭庆寺僧。万历年间，如馨在灵隐寺授戒，承芳临时因病不能往受，据说如馨得神人指示，“特到昭庆，为承芳师一人说戒”[④]。李太后诏承芳“主五台传戒”，承芳辞荐如馨，遂开戒于清凉寺，“期以三年”。其间如馨奏辞。寺任付嘱于承芳，“使继法席”[⑤]。

闻谷广印，先后师云栖袾宏，参龙池幻有正传，机缘相契，正传首肯。北游五台，还杭州真寂寺。万历四十二年（1614），将真寂寺由八都下九图移建瓶窑，“洞辟祖关，终不以悟自居。教、律皆晰精微，时或为众演说，闻者莫不心服”[⑥]。崇祯九年（1636），杭州龙兴寺发现《陀罗尼经》，广印致书嘱护持。十月，告寂。吴之鲸称其“参悟坚猛，真禅那也”[⑦]。钱谦益赞其“禅净双提，规重矩迭，为东南法席之最”，晚明三大师真可、袾宏、德清去世后，“真修退藏、密传三老之一灯者，印公一人而已”[⑧]。著有《宗门警语》二卷、《闻谷广印禅师语录》四卷。

玉庵真金，“遍参知识”，朝四大名山，游历九省，叩三吴巨刹，“皆顶笠荷瓢，不惮寒暑跋涉也”。天启四年（1624）春，自苏州来杭州，访友西溪，于正花坞涧西建法楞庵而驻锡，“影不出山者三十许年”。他常行施食，“津济冥滞，月以三六九施之，几千余坛”，坚持礼诵，“礼《千佛名经》满千部，诵《法华》《楞严》各三千部”，“七十如童”，“道俗皆尊称耆宿云”[⑨]。

雪关智訚，嗣法于明代后期曹洞宗高僧博山无异元来禅师。曾扫袾宏塔，说法虎

---

① 民国《杭州府志》卷35《寺观二》，民国十一年本。
② 《西溪梵隐志》卷2《纪刹》，第38-39页。
③ 《大昭庆律寺志》卷8《僧伽上》，第111-112页。
④ 《大昭庆律寺志》卷8《僧伽上》，第103页。
⑤ （民国）喻谦《新续高僧传四集》卷28《明五台山清凉寺沙门释承芳传》。
⑥ 《龙兴祥符戒坛寺志》卷9《僧伽列传》，第146页。
⑦ 《武林梵志》卷4《北山分脉》，第83页。
⑧ （清）钱谦益《列朝诗集小传》闰集《闻谷禅师印公》。
⑨ 《西溪梵隐志》卷2《纪刹》，第41-42页。

跑寺。崇祯九年（1636），杭州官绅请主圣因接待寺。重建寺院，“功竣即曳杖归瀛山”。有语录及《禅镜集》《雪关问答》《炊香堂诗稿》行世[①]。

石雨明方，出家后，先参谒云门显圣寺曹洞宗高僧湛然圆澄。抵姑苏，阅《楞严经》有省，“走谒博山［元来］、憨山［德清］”[②]。归显圣寺，获圆澄印可，“以断拂手付”，遂自称“断拂子”。初住天台香柏峰，“历主丛席”。崇祯九年（1636），应请住持杭州西溪上埠山古宝寿寺，“重开古塔，中兴兹寺，主张宗门”。后“又开堂佛日”[③]。

永觉元贤，归依建昌寿昌寺曹洞宗高僧无明慧经，从其参禅，“承心印”。万历四十六年（1618），慧经示寂，元贤“往依博山三载”，师事慧经弟子博山元来，受具足戒。天启三年（1623）秋，舟过剑津，闻僧唱《法华经》，廓然大悟。先隐遁瓯宁金仙庵三载，复移居建安东溪荷山几八载，火种刀耕。年五十六，谒闻谷广印于建宁宝善庵，一见契投，力劝出世，乃以所传《云栖戒本》授之。次年，应请主福建鼓山。又二年，开法泉州开元寺。崇祯十年（1637）春，浙中诸缙绅请居杭州真寂寺，门人益增。继主宝善庵。后复归鼓山，整建寺院殿堂，大振曹洞宗风，时人皆称“古佛”再世，是明末清初最有影响的曹洞宗高僧之一。

观如方志，出家于杭州上天竺寺，游南京、五台山，“遍悉禅讲”。请五台山僧澄方“自《华严》而下，所流通法宝，于竺遍演”。万历四十二年（1614）冬，应请讲《金刚》《法华》四期于慧照寺、泰州梁垛诸处。四十五年，辅澄方皇坛说戒，为阿阇黎，神宗、光宗赐紫。崇祯十三年（1640），回上天竺寺，注《法华正旨》[④]。

箬庵通问，投理安寺出家，往金粟寺参临济宗高僧密云圆悟，被棒喝“淬砺”。上磬山，参临济宗高僧天隐圆修，夜闻风声，“豁然有省”，“洞明宗要”。圆修常激其荷负大担，三次以所主报恩院事相委，通问皆力辞。崇祯八年（1635）九月，圆修示寂，通问治后事。走杭州东明寺，缚茅山后，期毕心丧。九年秋，应请主理安寺，“一住十年，家风严冷，条令森然，同居衲子，戒抑狂见，唯尚实行真参”。十七年，至余杭，入龙须寺，登天目两峰，礼诸祖塔，穷历奇胜。寻还杭州。清初，先后移主镇江夹山、金山龙游二刹，“宗风渐被大江南北，参徒鳞集，数逾万指”[⑤]。

---

① 《圣因接待寺志》卷 2《法统》，第 39-40 页。

② （清）释通容《五灯严统》卷 25《曹洞宗·青原下三十六世·云门澄禅师法嗣·杭州佛日石雨明方禅师》，《卍新纂续藏经》第八十一册第 1568 号，第 313-314 页。

③ 《西溪梵隐志》卷 2《纪刹》，第 54-55 页。

④ 《杭州上天竺讲寺志》卷 4《列传》，第 74-75 页。

⑤ 《理安寺志》卷 5《禅宗》，第 85-89 页；卷 7《著述》，第 146、148 页。

三、明代后期杭州的居士佛教

明代前期、中期，杭州就有一些士绅居士，践行、弘扬、研究佛教，但无论是人数还是活动乃至影响都不大。明代后期，杭州佛教复兴，高僧云集，士绅官员皈依为居士弟子者众多。尤其是袾宏门下，在俗弟子不下数千人，而士绅居士弟子又占相当大比例，形成为庞大的云栖居士弟子群体，是当时杭州居士佛教的主体，影响广泛而深远。

袾宏的佛教，“无意于理论的展开，而致力于具体的实践”[①]。他宣扬念佛法门，提倡戒杀放生，并制定各种规仪制度，“着重实际生活中的威仪细节，细如牛毛，也着重对于忠君报国、待人接物、济物利生、因果报应、修持感应等信念的阐扬，可谓不遗余力”，贴近生活和社会，简单易行，对于士绅民众来说具有极大的吸引力，“唯有这样的一位大师，始能受到当时众多居士的崇敬和亲近，若仅以学问、艺术及事业为专长的僧侣，不会得到居士群的拥戴，最多将之视为方外的朋友而不会为之心折。仅重于禅修或持戒念佛的僧侣，虽受尊敬却不会被居士们奉为指迷的良师”[②]。

德清所作袾宏塔铭，称他“道风日播，海内贤豪，无论朝野，靡不归心感化。若大司马宋公应昌、大宰陆公光祖、宫谕张公元忭、司成冯公梦祯、陶公望龄，次第及门问道者以百计，皆扣关击节，征究大事，靡不心折，尽入陶铸。监司守相，下车伏谒，及贤豪候参者，无加礼，不设馔，皆甘粝饭，卧败席，任蜥缘蚊嘬，无改容，皆忘形屈势，至则空其所有。非精诚感物。何能至是哉！”[③]其中列举的宋应昌、陆光祖、张元忭、冯梦祯、陶望龄等人，官位高，影响大。

宋应昌，字桐冈，浙江仁和（今杭州）人。嘉靖进士，万历年间官至兵部侍郎，率明军入朝抵抗日军侵略，有军功，万历二十二年（1594）乞归[④]。宋应昌皈依、“及门问道”于袾宏，当在其乞归家乡后。

陆光祖，字与绳，号五台，浙江平湖人，嘉靖进士，官至吏部尚书。他早年问道袾宏，悉心参学，晚年又从达观真可游，是编刻《嘉兴藏》发起人之一。

张元忭，字子荩，浙江山阴（今绍兴）人。隆庆进士，万历年间官至左谕德。他与王守仁弟子王畿游，“传良知之学”，“无流入禅寂之弊”[⑤]，亦为袾宏门下居士弟子。

---

① 潘桂明《中国居士佛教史》，中国社会科学出版社 2000 年版，第 776 页。
② 释圣严《明末佛教研究》，法鼓文化事业股份有限公司 2000 年版，第 280 页。
③ （明）释德清《憨山老人梦游集》卷 27《云栖莲池宏大师塔铭》。
④ 雍正《浙江通志》卷 171《人物四・武功一・杭州府》，《文渊阁四库全书》本。
⑤ 《明史》卷 283《张元忭传》，中华书局 1997 年版。

冯梦祯，字开之，浙江秀水人。万历进士，官至国子监祭酒。冯梦祯先师事祩宏，又师事真可，“发宏护之愿，刺血写经、律、论各一卷”[①]。

陶望龄，字周望，号石篑，浙江会稽（今绍兴）人。万历探花，官至国子监祭酒，尊奉王学，近于禅学。他问道于祩宏，曾引禅宗高僧湛然圆澄、密云圆悟于浙东，“张皇其教，遂使宗风盛于东浙”[②]。

再如严讷，字敏卿，南直隶常熟（今属江苏）人。嘉靖进士，万历年间官至吏部尚书、大学士。他信奉佛法，祩宏倡净土法门于云栖，严讷“实为外护”[③]。著有《乐邦文类序》，发挥唯心净土思想，提倡自力佛教，“在念佛净土已逐渐成为佛教信仰主流的晚明时代”，意图“重新唤起人们的自信，具有显而易见的进步意义”[④]。

再如虞淳熙，字长孺，浙江钱塘（今杭州）人。万历进士，官至兵部郎中。他幼年信佛，“唱佛号不绝口”，后与弟“共习天台止观”。丁父忧，“归而庐墓三年”，受戒于祩宏，“每晨起拜墓毕，即往云栖问法”，“作《净土四十八问》，语在《云栖法汇》中”。祩宏在杭州传教放生，虞淳熙实“倡率之”[⑤]，为重要的护持力量。

圣严法师统计《居士传》收录的明代后期至清代前期祩宏、真可、法会、德清、圆信、元来、智旭、法藏等28位高僧门下居士，其中有24位居士受过祩宏的“指导教化”，数量远超其他各位高僧，基本上是进士高官，可见祩宏“影响力最大”[⑥]。现存《云栖法汇》中，尚有株宏与其俗弟子的信函200余通，其中四分之一官阶在正二品至从七品间，60%左右都有法号，表明他们接受过三皈依戒或菩萨戒。因此，祩宏门下拥有晚明最为庞大的居士弟子群，他们“除了个别的尚有一定禅学修养外，绝大部分已把学佛重心放在净土信仰，尤其是持名念佛方面。这既表明株宏净土念佛影响之深刻，也显示了晚明居士佛教兴趣之所在”[⑦]。圣严法师也称，“祩宏的佛教思想及其修持观念，便成了明末居士群的主要标榜，此一趋向直到清末民初，历久不衰”[⑧]，对近现代佛教的影响也不可低估。

综上所述，祩宏门下居士佛教以云栖寺、杭州为中心和基地，因此也是明代后期云栖佛教、杭州佛教的一部分。以云栖佛教为主体的明代后期杭州佛教，是当时中国佛教的主要中心，或者说明代后期杭州是中国主要的佛教中心。

---

① （清）彭绍升《居士传》40《冯开之传》，江苏广陵古籍刻印社1991年版。
② （清）黄宗羲《明儒学案》卷36《泰州学案五·文简陶石篑先生望龄》，沈芝盈点校，中华书局1986年版。
③ （清）彭绍升《居士传》40《严敏卿传》。
④ 潘桂明《中国居士佛教史》，第780页。
⑤ （清）彭绍升《居士传》42《虞长孺传》。
⑥ 释圣严《明末佛教研究》，第279-280页。
⑦ 潘桂明《中国居士佛教史》，第780页。
⑧ 释圣严《明末佛教研究》，第280页。

第五节 明代杭州佛教宗派状况

佛教的发展也体现在宗派的传承。明代前期，杭州佛教禅宗、天台宗传承有人；明代中期，杭州佛教各宗衰微；明代后期，杭州禅宗、天台宗、华严宗、净土宗均呈复兴之势。

一、禅宗

唐宋以降，禅宗一枝独秀，而其中又以临济宗为最盛。元末明初，以杭州为中心的浙江地区即为临济宗的大本营。其时，临济宗主要有大慧宗杲派下元叟行端、笑隐大䜣两大系统。元叟行端曾历主中天竺、灵隐、径山等名刹，法脉于诸宗派中为最盛，《续灯正统》中所录行端法嗣有二十三人，其中有传者十五人，几乎占元末明初江南名僧半壁，知名者包括无梦昙噩、性原慧明、用堂子梗、古鼎祖铭、楚石梵琦、天镜原瀞、行中守仁、竹泉法林、愚庵智及等。再传则守仁传法付衣于南石文琇；智及门下有独庵道衍与空叟忻悟；祖铭法嗣有天渊清浚、西白力金、竺昙敷；慧明传法双林闇。笑隐大䜣门下有约之崇裕、清远怀渭、用贞辅良、觉原慧昙、季潭宗泐、仲铭克新等弟子，亦皆为一时僧杰。另外，虎丘绍隆派下白云智度、见心来复、无旨可授、恕中无愠、用明冏等也是明初著名禅僧。

明初的江南临济名僧大部分都有参学于杭州寺院的经历，住持、讲说于杭州名刹者亦不在少数，如住持净慈寺者有愚庵智及、孤峰明德、清远怀渭、逆川智顺、无旨可授、同庵夷简、止庵德祥、祖芳道联、希古师颐、觉庵宗妙；灵隐寺则有见心来复、慧明性原、空叟忻悟、用贞辅良、行中守仁；中天竺有季潭宗泐、行中守仁。因此，人称明初杭州临济宗兴盛，“这些名僧除道衍（即姚广孝）当时住持杭州天龙寺外，大多出自灵隐、天竺和净慈”，他们“都曾被封为僧官”[①]。明太祖、明成祖征召到南京、北京的高僧，也是当时一时之选，其中很大一部分出于杭州各寺（详见前文）。因此说，杭州是明代初期重要的佛学中心。

明代中期，佛教各宗逐渐衰微，元末明初以来的高僧也相继去世，各宗法脉传承出现青黄不接的局面。黄宗羲就曾评价明代中期禅宗道：“万历以前，宗风衰息，云门、沩仰、法眼皆绝，曹洞之存，密室传帕，临济亦若存若没，什百为偶，甲乙

① 冷晓《杭州佛教史》，杭州市佛教协会1993年版，第28页。

相授，类多堕窳之徒”。[①] 杭州禅宗，虽然元叟行端系、笑隐大䜣二支仍能有所传授。如元叟行端一脉忻悟门下有觉庵宗妙，曾任杭州都纲，住持净慈寺；双林闾继传于月江宗净，参法灵隐，永乐至宣德间住持径山，宗净再传道泽，成化间居于吴山宝奎寺。道联门下则有立中成与照庵宗静，立中成曾于杭城北郭建普明禅寺，继主慈光寺，宏开法席，海众常臻[②]。而宗静于永乐四年（1406）随道联应召纂修《永乐大典》，正统间住持净慈寺，阐扬宗旨，缁白推从，朝廷颁赐大藏，以示宠异。宗静再传南宗广衍，往来京杭，景泰三年（1452）迁主净慈寺，天顺元年（1457）任僧录司右觉义[③]。《灵隐寺志》在介绍明代中期该寺高僧大德时，也只简单地说，在嘉靖间住持前溪德明以前，“有幻庵修、慎庵祥、敬堂愍、大慈颐、南京识、天镜净、远庵恭、东山晓、独芳莲、大川淮、北峰赞、可泉玺、博庵广、爱山迁、恕堂忠、竹泉林、西隐方、无言讽、冷泉声、听泉禧”[④]。其传承、行迹一概阙如，仅录其名号，可见他们在佛学与事功上皆无甚建树，乏善可陈。

明代中期杭州禅僧稍可称述者，为空谷景隆、毒峰季善。景隆为“临济下二十四世”，正统至成化年间，即其晚年在西湖修吉山卜地为生圹，筑室而居，名“正传塔院”[⑤]。他反对参话头公案，强调念佛是修行的捷径，倡导三教一致。季善，于天顺至成化年间先后兴复杭州三塔寺、吴山宝莲寺、南山甘露寺、慈云岭天真寺等[⑥]。他一生苦修炼行，倡导念佛禅[⑦]。总体上说，明代中期杭州临济宗难觅高僧，更没有什么新的禅学思想兴起，佛教衰微。因此，有学者评价：“南方是临济宗的活动区域，尽管寺院星罗棋布，却没有什么值得一提的影响。”[⑧]

明代后期，中国佛教掀起“晚明佛教复兴”，各宗高僧辈出，尤其是禅宗，“海内开堂说法者至百有余人，付拂传衣者至千有余人”[⑨]。杭州是这场晚明佛教复兴运动的重要阵地。寺院大量修建，高僧辈出，或住持各寺，或来寺讲说。如易庵如通禅师，出家后参径山万松慧林，“抉择心要”，为首肯，“乃继临济正宗二十七世”。嘉靖年间，住持南山慧因寺，“前后改观”。万历年间，住持灵隐寺，大力重建修复，“数十

① （清）黄宗羲《南雷文案》卷6《苏州三峰汉月藏禅师塔铭》。
② 《武林梵志》卷10《古德机缘·慈光寺》。
③ 《净慈寺志》卷9《住持二》，第209页。
④ 《灵隐寺志》卷3下《住持禅祖》，第57页。
⑤ 《续武林西湖高僧事略·大明空谷隆禅师》，第34页。
⑥ 《续武林西湖高僧事略·大明毒峰善禅师》，第35页。
⑦ 参阅陈荣富《浙江佛教史》，第509-510页。
⑧ 魏道儒《中华佛教史·宋元明清佛教史卷》，山西教育出版社2014年版，第258页。
⑨ （清）释元贤《永觉元贤禅师广录》卷18《博山古航舟禅师塔铭（有序）》，《卍新纂续藏经》第七十二册第1437号，第491页。

年瓦砾，一旦更新”[①]。再如汉月法藏，出家后从云栖祩宏受沙弥戒，“得云栖新刻《高峰语录》，读之，如逢故物”。年三十七，于南京灵谷寺受具足戒。他自称从已故临济宗高僧高峰原妙《语录》“得心”、寂音慧洪“印法”，“真师”则是临济义玄，名高丛林。天启四年（1624）往金粟山广慧禅寺，谒密云圆悟，为弟子。圆悟“手书从上承嗣源流，并信拂付嘱和尚”[②]。后开法于苏州虞山三峰清凉禅寺，继主净慈寺等道场。法藏认为，禅宗五家各有宗旨，都应该继承和弘扬，而不是像圆悟仅以“直指人心，见性成佛”为唯一法门，主张振兴五宗。为此，他著《五宗原》，对禅宗五家宗旨进行系统整理和阐述，重视参话头，发挥“三玄三要”之说，力图融五家宗旨为一家，从而与圆悟之说产生矛盾和纷争。

明代后期对杭州乃至全国佛教、禅宗有重要影响的杭州高僧是云栖祩宏。祩宏早年曾参访禅宗名宿笑岩德宝等人，经历过一段禅僧生活，于禅学有深厚造诣。他提出禅教合一，参禅不能离教，否则“通宗不通教，开口便乱道”[③]。他认为禅、净虽属不同宗派，但二者皆为方便法门，可以同时修习，“禅宗、净土，殊途同归”，鼓唱念佛法门。祩宏的佛学思想具有调和性和兼容性，受到佛教内外普遍的推崇，影响很大，从者甚众，对明末佛教改革和复兴做出了重要贡献，憨山德清将他誉为“法门之周孔”[④]。

明代杭州曹洞宗僧人多见于后期。如雪关智訚，嗣法于曹洞宗高僧博山无异元来，曾扫祩宏塔，说法虎跑寺，崇祯九年（1636）住持杭州圣因接待寺，重建寺院。石雨明方，曹洞宗高僧湛然圆澄法嗣，崇祯九年（1636）应请住持杭州西溪上埠山古宝寿寺，“重开古塔，中兴兹寺，主张宗门”。后“又开堂佛日”[⑤]。再如永觉元贤系曹洞宗第三十二世，主要活跃于福建瓯宁、建安、泉州、鼓山等处，崇祯间应请短暂住持杭州真寂寺。

可见，作为宋元以来临济宗的主要基地，明代杭州禅宗中仍是临济派占主流，曹洞宗只是明末有传承者。

---

① 《灵隐寺志》卷 3 下《住持禅祖》，第 57 页。
② （清）释弘储《三峰和尚年谱》，（明）法藏《三峰藏和尚语录》卷 16 附，《嘉兴大藏经》第三十四册第 B299 号，第 208 页。
③ （明）释祩宏《云栖大师遗稿》卷 3《答问》。
④ （明）释德清《憨山老人梦游集》卷 19《云栖老人全集序》。
⑤ 《西溪梵隐志》卷 2《纪刹》，第 54-55 页。

二、天台宗

宋代以后，天台宗日益衰微。国清寺在南宋建炎年间、明洪武二年（1369）两度“易教为禅”，为南宋禅院十刹之末，而杭州上天竺寺、下天竺寺等列于教院五山十刹前茅，因此无论从寺格还是数量，宋代以后的杭州都成了天台宗绝对的中心。其中，上天竺寺成为天台宗系统的至高寺院。

明初，天台宗“处于维持状态，法脉维系有赖于元代末年的几位大师”[①]。杭州的天台宗传承，多为南宋北峰宗印法脉。至元代桐洲怀坦一系玉冈蒙润弟子有相庵子实，大用必才主演福寺时，延其居首座，洪武三年（1370）应诏入京，应对称旨。十五年，居上天竺都讲。次年，至下天竺，讲说经论前后达七年之久。蒙润法嗣大用必才，明初弟子有止堂大山，历主栖真寺、大普福寺、演福寺，后住上天竺凡十年。必才另一弟子静庵元镇，元末主杭州西天竺兴福寺，学徒四集。洪武改元，复主天竺大普福寺。元镇上首弟子天禧守仁后任为左讲经，另一弟子一元绍宗为右善世[②]。剡源觉先一系，明初有原璞士璋，住栖真寺，“凡教观之奥、偏圆本迹之微，一无不条析所以”[③]，洪武元年（1368），受诏入京。太璞如玘，先后从学我庵本无、绝宗继，洪武初召对称旨，诏住天界寺，后与宗泐等奉敕注释《心经》《楞伽》《金刚》，颁行天下。曾任僧录司左讲经，后迁主杭州演福寺。其法嗣著者有南洲溥洽、一庵一如。溥洽，主下天竺寺，“为众讲贯无虚日”。明太祖召为僧录司右讲经，命主天禧寺（后大报恩寺）。后升左善世。上竺弟子大霔，能传其教[④]。一如，洪武二十八年（1395）居下天竺，“善讲《法华经》”。三十一年，住持上天竺寺。后入京，官至僧录司左阐教。佛光法照一系，明初最著名者为东溟慧日。慧日，自幼出家，从柏子庭和尚讲台衡之学。寻至杭州上天竺寺，谒竹屋净为师。元末，先后两次住持上天竺寺。入明，诏赴蒋山法会，奉旨说毗尼戒，太祖率百僚临听。慧日门庭兴旺，所度弟子甚众，明代天台宗传承主要在其系统中。其中，景梵于建文间为上天竺住持。无碍普智，依东溟慧日，“授天台性具之学，优于讲说”。历四大道场，“门风大振”[⑤]。可见，明初杭州天台宗尚能传承，甚至一定程度繁盛，天台宗僧人是除禅僧以外得到明太祖重用的另一大僧人群体。

---

① 潘桂明、吴忠伟《中国天台宗通史》，江苏古籍出版社 2001 年版，第 714 页。
② （明）佚名《续佛祖统纪》卷 2《大用才法师法嗣·法师元镇》，第 753 页。
③ （明）释如惺《大明高僧传》卷 3《杭州集庆寺沙门释士璋传》。
④ 《天竺山志》卷 9《列传》，第 327 页。
⑤ （明）释如惺《大明高僧传》卷 3《杭州龙井寺沙门释普智传》。

明代中期，天台宗衰微至极，法脉湮没，不详于志载，只有简略记述。如性庵永顾，谒南京僧录司官唯庵实，深得器重。先住持杭州梵天寺七载，刺血书《妙法莲华经》《阿弥陀经》。成化年间，住持杭州上天竺寺。十年后，擢为都纲[①]。士瓛，曾从上天竺寺性庵永顾"究天台教观，诸山推毂"[②]。月溪智明，出家东山寿圣寺，复从南山演福寺圆照才法师受业，"深究天台性学"。后于城东结庵，"坚修净业，缁白皈依"[③]。雨庵大沾，为南洲溥洽法师得法弟子。成化十年（1474），为上天竺寺住持。官至右觉义[④]。觉征，杭州广教寺僧，"律法条章，讲论而明"，"衡台宗门之教法，得之而箕裘克承"[⑤]。魏道儒先生评论明代中期佛教义学各宗时指出，"无论是哪一派义学都陷入沉寂。华严、天台、唯识等方面都没有出现知名人物。当时，能够背诵一部经典的就可以高视阔步了，能够依据古代注疏讲解经文的就是著名宗师了"[⑥]。

明代后期，天台宗也出现了复兴局面，杭州先后涌现出一批台宗硕德。其中，最有影响者，为慧日弟子无碍普智的传人万松慧林法嗣千松明得一系。慧林为临济第二十六世，嘉靖后期住持径山寺，精于《圆觉》《金刚》《法华》《楞严》诸经，提倡台禅并修、融摄华严。不过，慧林对天台教义并无发明。明得参慧林于中天竺寺，"授以摄心念佛法"，凡十载。一日，阅《楞严经》，"豁然契入"。万历年间，明得主径山传衣庵，游天台，演法灵隐寺等，讲诸经论，"保护正法"[⑦]。明得由研读《楞严经》而悟，又精通《华严》，坚持"六即"应在观行修证上理解，"天台六即，在行人迷悟之分耳"，"圣人设教，诚为汲引迷途。若云随举一法，六即在焉，是为惟谈世谛，成于戏论，学人何有哉"[⑧]，将天台性具义与华严真如本觉思想结合运用，体现出明代义学各宗融合的特点。明得法嗣百松真觉在杭州出家，"独精天台"，与明得并称江南"二法师"[⑨]。真觉传法弟子，即是明代天台宗中兴之祖无尽传灯。传灯居天台山高明寺，生平修《法华》《大悲》《光明》《弥陀》《楞严》等忏，"无虚日"，"前后应讲席七十余期"[⑩]，使明代中期以来日渐衰微的天台宗得到中兴。他著《净土生无生论》《净土法语》《性善恶论》《天台山方外志》等，其中《净土生无生论》融会天台三观之旨，阐扬净土法门，《净土法语》"最为切要"，《性善恶论》阐发宋以来天台宗"性恶法门"，

① 《杭州上天竺讲寺志》卷4《列传》，第73页；卷1《普门示现品·喜雨咏》，第37页.
② 《杭州上天竺讲寺志》卷5《别传》，第86页。
③ 嘉靖《仁和县志》卷10《人物·释道》。
④ 《杭州上天竺讲寺志》卷4《列传》，第73页；卷3《尊宿住持品·题名》，第53页。
⑤ 《武林梵志》卷4《广教寺条》，第76页。
⑥ 魏道儒《中华佛教史·宋元明清佛教史卷》，第259页。
⑦ （明）释明河《补续高僧传》卷5《万松千松百松传》。
⑧ （明）释如惺《大明高僧传》卷4《嘉兴东禅寺沙门释明得传三》。
⑨ （明）释明河《补续高僧传》卷5《万松千松百松传》。
⑩ （民国）喻谦《新续高僧传》卷44《明幽溪高明寺沙门释传灯传》。

开八门发明“性具善恶”义。万历十四年（1586），传灯应请来到杭州，与闻谷广印等十人“行之胜果”，在胜果寺以古仪修法华忏，据说“乌龙君凭语护法，冥获感应”[①]。明得另有嗣法弟子桂峰学禅师，真觉弟子仁安广莫、戒山传如也在杭州弘传天台。桂峰学，初居天台，弘传天台宗，万历年间徙主杭州福清庵。仁安广莫，嘉靖年间先从明得游，执经问难。万历十三、十四年间，往杭州福田寺、灵峰山寺听真觉讲《法华经》《法华玄义》等，“洞契会三归一之旨”[②]。后住杭州秦亭山普慈院，曾刺指血书《华严经》一部、《法华经》二十部[③]。戒山传如，学天台教，得真觉器重和嘱托。受冯梦祯西溪安乐之请，“修法华忏法六载”[④]。万历后期，入京请得赐《大藏经》，赐金建阁。又在大昭庆寺“登戒坛，讲演经论”。天启年间，驻锡塘栖大善寺，后还真寂寺。著《法华忏海》等[⑤]。

此外，在杭州大力弘传天台教者还有恒如，习天台教，万历间居于西溪报先寺，“三十年不出山，诵《法华》六千部”[⑥]。传记，世称“法华和尚，为妙峰高弟”，“晦迹西溪，隐身龙树，三十余载，日诵《法华》为业，课及九千七百余部”。万历十四年（1586），虞淳熙“举法华三昧忏”，传记“奋志忘疲，力修长期者三，九历寒暑，每获瑞应，默而不言”。四十一年七月，念佛三千声，唱《妙法华经》题者“数四”，面西合掌而逝[⑦]。绍觉广承，弱冠从学大觉圆珑，“深究天台、贤首诸宗，机辨风生，闻者心折”。他“尝科《金刚经疏》”，百松真觉“亟称之”。出家后，投师云栖寺袾宏。后住持土桥莲居庵，“建忏室，礼法华，足不窥户外者六易寒暑。严净毗尼，研讨三藏，于台宗尤宿契焉”[⑧]。耶溪志若，曾至天台山，从荆山法师听《法华经》，即隐山中，“愤力向上事”。万历二十年（1592），讲《法华经》于杭州灵隐寺。次年，讲《楞伽经》于净慈寺。三十年，庵居于飞来峰北永福寺故址。志若“开演诸经论者三十余处，会五十余期，称一代师匠云”[⑨]。

明代后期，杭州天台宗复兴，弘传僧人不仅有慧日系后嗣，而且有不少来自于云栖僧团者；弘教的地点也不再限于三天竺大寺，而是散于灵隐寺以及西溪各寺；僧人所弘传的天台义学，也往往与禅宗、华严宗等各宗融合，而缺乏实质性的理论创新。

① （明）虞淳熙《虞德园先生集文集》卷 6《法华忏仪安乐行义感应记序》。
② （清）周克复《法华经持验记》卷 2《明云栖寺释广莫》，《卍新纂续藏经》第七十八册第 1541 号，第 88 页。
③ 《武林梵志》卷 5《北山分脉》，第 111 页。
④ 《大昭庆律寺志》卷 8《僧伽上》，第 111 页。
⑤ 《大昭庆律寺志》卷 8《僧伽上》，第 111-112 页。
⑥ 《武林梵志》卷 4《北山分脉》，第 82 页。
⑦ （清）周克复《法华经持验记》卷 2《明武林西溪释传记》，第 87-88 页。
⑧ 《武林梵志》卷 1《城内梵刹》，第 9-11 页。
⑨ （明）释德清《憨山老人梦游集》卷 28《耶溪若法师塔铭》。

三、华严宗

明初，明太祖诏令僧人讲习《心经》《金刚经》《楞伽经》，而不重视《华严经》，“使讲僧振兴唐代旧宗派的意识淡薄了”，华严宗更为衰微。因此，在明代前期、中期的二百余年间，华严宗始终“处于沉寂不振的状态”，“华严学只是作为整体佛学中影响不大的一支流传”①。

明代前期，杭州华严宗极为衰微，传承乏人。玄中猷，“依愚翁长老祝发，研精教义，更知有宗门向上事”。洪武中，主席于钱唐吴山大乘寺，“道风大振”。永乐十八年（1420），继主嘉禾东塔寺，重建讲论，“四方缁素，皆视师为景星庆云，望而归之者不可胜计”。至正统三年（1438），“冠华严之首刹”的杭州慧因寺“久虚其席”，诸山商请玄中猷来住，“兴废起弊之功，不减在东塔时”。史称东塔寺、慧因寺“俱华严讲寺”，玄中猷“两兴巨刹，一振颓宗。晋水而后，概不多见”②。由此推测，他在洪武年间住持钱唐吴山大乘寺时，亦当讲说、传承华严宗。

明代中期，杭州传承华严宗者仍在慧因寺。除上述正统年间玄中猷法师外，至嘉靖年间则有万松慧林，先住径山，时慧因寺僧星散，“仅遗一二，不克支撑废坠”。慧林应请而来，“计以动众，设坛讲《华严》秘义”，“听者云集，日以千记”③，引起很大反响。因得罪当道，慧林不久拂衣去，众人延请易庵如通为住持，“兴废举坠”，如通聘请无际明慧、妙空悟玄协助，重建寺院，维持了慧因寺的传承。

明代后期在杭州弘传华严者，起初有慧林法嗣千松明得。明得参谒慧林于径山，读《楞严经》而禅悟，又读李通玄《华严经合论》，“梦游兜罗绵世界，登座阐华严奥旨”，慧林许以“惟吾道之将行，清凉一宗亦大振矣”。后明得游天台等江浙各地，“阐《玄谈》于大中庵”，“讲《圆觉疏钞》于法海”，陆光祖“率众命讲《华严大钞》，众常千指”④。归杭州，应请“演法于灵隐”⑤，当亦讲授《华严》等经论。明得“继承了李通玄、澄观、宗密的华严学”，“在传播华严学方面有建树，但其所论并无新义”⑥。

明代后期在杭州弘扬华严最力、对杭州影响最大者，当数雪浪洪恩。洪恩师承无极守愚，博通内典，于贤首一宗“为得法弟”。后为南京大报恩寺住持，“日据华座，讲演诸经，尽扫训故，单提本文，拈示言外之旨，恒教学人以理观为入法之门”，即

① 魏道儒《中国华严宗通史》，第277、278页。
② （明）释明河《补续高僧传》卷25《明玄中猷法师传》，上海古籍出版社1991年版。
③ 《慧因寺志》卷3《祖德》，第12页。
④ （明）释如惺《大明高僧传》卷4《嘉兴东禅寺沙门释明得传三》。
⑤ 《慧因寺志》卷3《祖德》，第12页。
⑥ 魏道儒《中国华严宗通史》，第282页。

不拘执于前人经论注疏，而能结合佛经“本文”和自己的理解发挥，融通禅教，因此广受欢迎，“继席者以百计，秉法而转教者以千计”①，东南法席之盛，“无出其右”②。洪恩曾应请四次来杭州讲经，“撤床席地，若塾师教授然”③，影响很大，杭州治学华严僧人多受其熏陶。如筠泉性莲，尝住金山寺，听雪浪洪恩讲《楞严经》，“于经藏多洞达”，后为净慈寺住持。再如玄津大壑，曾侍雪浪洪恩，“究贤首教义”，豁然领悟。“诸经了义，多所参证，四方名刹，争以香币延登讲台”，“竖义无上，点石雨花，洵人天导师”。后主净慈寺，修寺讲经，“闲与达人名宿，阐扬正法，旁及诗咏”④。再如耶溪志若，幼年礼会稽华严寺贤和尚出家。年二十六，闻洪恩开法于南京，往依座下，“执业十有二载，研穷诸经论，深造玄奥”。万历二十年（1592）以后，先后在杭州灵隐寺、净慈寺讲经。三十年，庵居于飞来峰北永福寺故址。他“开演诸经论者三十余处，会五十余期，称一代师匠云”⑤。再如佛石如嵩，出家后历游讲肆，习天台教观。寻闻洪恩弘扬贤首宗，“相依最久”。万历二十二年（1594），谒紫柏真可于南京静海寺，经点拨而悟。后携钵入理安寺，为“重开山祖”⑥。

明代杭州的华严宗，与其他义学各宗一样，也多是僧人兼弘，基本没有专奉者；僧人们对华严等各宗的弘传主要是宣讲重述唐宋注疏，而没有什么教理创新。可以说，明代佛教义学僧人只是各宗“理论的可靠传播者，而不是继往开来的创造者”⑦，因此无可挽回地越发衰落。

四、慈恩宗

明代以前，慈恩宗已渐次失传，几成绝学。明代杭州唯识学兴起于明代后期，主要弘传者为云栖弟子绍觉广承及其法嗣，传法道场为杭州土桥莲居庵。崇祯年间，广承“双弘性相，启迪英贤”⑧，著《唯识因明观所缘缘论记》若干卷。广承门下有嗣法十人，灵源大惠、新伊大真为其中研修唯识义学最为精深者。大惠以白衣参叩广承，“锐心研习，多所诠解”。后游北京，应请在名刹慈慧寺以优婆塞身说法，“一音演畅，皆莲居唯识宗旨”。出家后，“登座谈宗，辩如瓶泻”。天启六年（1626）始，栖杭州

① （清）钱谦益《列朝诗集小传》闰集《雪浪法师恩公》。
② （民国）喻谦《新续高僧传四集》卷7《明金陵宝华山释洪恩传》。
③ 《南屏净慈寺志》卷5《法嗣》，第118页。
④ （民国）喻谦《新续高僧传四集》卷6《明杭州净慈寺沙门释大壑传》
⑤ （明）释德清《憨山老人梦游集》卷28《耶溪若法师塔铭》。
⑥ 《理安寺志》卷5《禅宗》，第83页。
⑦ 魏道儒《中国华严宗通史》，第10页。
⑧ （明）释幻轮《释氏稽古略续集》卷3。

黄鹤山，讲唯识论，并汇集广承之说成《唯识自考录》而行。崇祯元年（1628），继绍觉广承法席，一时土桥法声大振。他“传觉苑心印，持台教刚宗，扫波旬障于唯识真诠，获旋陀罗于《法华》元义，对机设化，身性互融，摄偏归圆，权实无碍”[①]。大真九岁依广承，默识经义，“颇有神解”。正式出家后，“博窥三藏，参证诸宗”。住莲居庵，构直指大悲堂，“踞师座说法，担荷道风，人天瞻仰矣”[②]。撰《成唯识论合响》，“力陈五观，详示三支，盖参订二十余年，稿三易”[③]，是一部唯识学集大成之作。莲居一系对于唯识学的弘传，被认为是“晚明唯识学研究的第二次高潮”[④]。

五、律宗

宋代以来，杭州一直是律宗和律学传承的重要基地，以大昭庆律寺为中心，包括灵芝崇福律寺、六通律寺、菩提律寺等，形成了律寺体系及律僧培养系统。明代统治者对佛教加以整顿和限制，确立南北戒坛之制，即以北京万寿寺戒坛、杭州大昭庆律寺万善戒坛为授戒传律基地，控制出家人数和佛教规模，杭州因此仍是全国律宗和律学传承基地。

洪武二十四年（1391），大慧律师在大昭庆寺“承高皇帝命重建戒坛，复白莲、绿野诸胜，精阐毗尼，大弘戒范”。[⑤]大慧嗣者日庵慧皎，永乐六年（1408）主席昭庆，修整山门殿宇，后入都，朝廷誉为“海内具戒沙门”[⑥]。慧皎法嗣普周，继主大昭庆律寺，“性行刚果，三业纯贞，四仪整肃”，日诵《法华经》为课，募建堂宇，立功常住[⑦]。

明代中期，杭州律宗仍主要在大昭庆寺弘传。普周后嗣有汉章云、天泽霖二支，庆云于正统元年（1436）登坛开戒。这一时期，他系律僧入主昭庆者有智淳朴原，曾住菩提律寺，“以戒行著声”[⑧]，受从颇众。正统间，朝廷征其说戒开坛，奉旨住持昭庆寺，为“天下传戒宗师”[⑨]。朴原之后，昭庆寺陷入沉寂，律学不振。越百年，有本寺僧日庵广霈，嘉靖三十四年（1555）兴复昭庆寺，“奉礼部札，开坛说戒，僧众如

① （明）吴本泰《昭庆灵源法师塔铭》，《大昭庆律寺志》卷8《僧伽上》，第113-114页。
② （清）徐继恩《新伊法师圹志》，《西溪梵隐志》卷4《纪文》，第121-122页。
③ （清）释智旭《灵峰宗论》卷6《成唯识论遗音合响序》，（清）释智旭《蕅益大师全集》第18册，新北市香光净宗学会2013年版。
④ 张志强《唯识思想与晚明唯识学》，《中国佛教学术论典》第7册，台湾佛光山文教基金会2001年版，第379页。
⑤ 《大昭庆律寺志》卷8《僧伽上》，第102页。
⑥ 《大昭庆律寺志》卷8《僧伽上》，第102页。
⑦ 《大昭庆律寺志》卷9《僧伽下》，第117页。
⑧ （明）释明河《补续高僧传》卷25《宗林传》。
⑨ 《武林梵志》卷1《城内梵刹》，另《大昭庆律寺志》卷8《僧伽上》（第102页）亦记其事。

归，不减庆历之盛"[①]。后有本寺僧玉岩智瓒，继广需"登坛说戒，道冠诸方"[②]。其法嗣万春福雷，嘉靖四十一年（1562）"登坛说戒"[③]。不过，无论是杭州还是全国，明代前期、中期的律宗主要是戒律的简单传承，而没有律学研究和弘传。因此，明代后期禅僧元贤说："戒律之学，自大智之后，鲜得其人，率皆迷谬相承，莫知其非，盖数百年如斯矣。"[④]

明代后期，律学有所复兴。在杭州，万历十四年（1586）、十五年间，皇太后迭赐画像于大昭庆寺，且赐经建阁。寺僧蓝田成玉，万历十六年（1588）登坛，又开阐云栖，"净妙真修"，袾宏亦从其得戒。其后，被称为"中兴律祖"的古心如馨应请到杭州说戒。如馨，出家后步礼五台，据说梦文殊赠伽黎，"顿悟五篇三聚心地法门，视大、小乘律，如心中自在流注"[⑤]。万历十二年（1584），归南京，在古林寺登坛说戒，据说"感坛殿放五色霞彩，直冲霄汉，众山群楼，三日不散，夜明如白昼"，缁素人等"莫不骇异赞叹"，"遂称天下第一戒坛"[⑥]。又助洪恩等修报恩寺塔，据说有神异，"咸指［如］馨为优波离再世"[⑦]。其后，他开戒于灵谷寺、栖霞寺、甘露寺、灵隐寺、天宁寺等刹，并曾到大昭庆寺传戒。万历四十一年（1613），明神宗敕更古林寺额为"振古香林禅寺"，赐"万寿戒坛"匾[⑧]。次年，被召至五台山，开皇坛说戒，赐号"慧云律师"[⑨]。如馨坐南北道场四十余会，徒众累万，弟子十二人"接席分灯，布满天下"。著有《经律戒相布萨轨仪》一卷，简述戒相、轨仪、咒语等律学诸问题。元、明以来湮没无闻的律宗得以复兴，人称如馨为"中兴律祖"[⑩]。如馨在灵隐寺授戒时，大昭庆寺僧承芳，本拟前往受戒，但临时因病不能成行。如馨据说得神人指示，"特到昭庆，为承芳师一人说戒"[⑪]。其后，李太后诏承芳"主五台传戒"，承芳继如馨法席，开戒于清凉寺[⑫]。

云栖袾宏十分重视戒律，认为"佛设三学，以化群生，戒为基本。基不立，定、慧何依"，"因令众半月半月，诵《梵网戒经》及比丘诸戒品"。他"以精严律制为第

① 《大昭庆律寺志》卷8《僧伽上》，第102页。
② 《大昭庆律寺志》卷8《僧伽上》，第102页。
③ 《大昭庆律寺志》卷8《僧伽上》，第102页。
④ （明）释元贤《律学发轫》卷3《受戒辩误》，《卍新纂续藏经》第六十册第1125号，第572页。
⑤ （民国）喻谦《新续高僧传四集》卷28《明金陵天隆寺沙门释如馨传》。
⑥ （民国）释仁友《金陵马鞍山中兴律祖事迹考》，民国刻本。
⑦ （民国）喻谦《新续高僧传四集》卷28《明金陵天隆寺沙门释如馨传》。
⑧ （民国）释仁友《金陵马鞍山中兴律祖事迹考》。
⑨ （民国）喻谦《新续高僧传四集》卷28《明金陵天隆寺沙门释如馨传》。
⑩ （民国）释仁友《金陵马鞍山古林律寺祖庭汇志》自序。
⑪ 《大昭庆律寺志》卷8《僧伽上》，第103页。
⑫ （民国）喻谦《新续高僧传四集》卷28《明五台山清凉寺沙门释承芳传》。

一行，著《沙弥要略》《具戒便蒙》《梵网经疏发隐》，以发明之”[①]。袾宏的戒学和律仪著作有十余种，立足净土，以戒定慧加以诠释，完备而细密，对后世具有很大影响。袾宏弟子法孙不少也精戒律。如其法嗣绍觉广承住持土桥莲居庵，“严净毗尼，研讨三藏”[②]。广承弟子新伊大真，尤精戒律，“每登坛秉戒，千人骈集”[③]。

另外，汉月法藏、永觉元贤也有律学的探讨。汉月法藏是明末江南最有影响的临济宗高僧之一，曾在杭州安隐寺、净慈寺说法。法藏有律学著作《弘戒法仪》二卷、《传授三坛弘戒法仪》三卷等，试图以禅宗的立场，广为吸收诸种戒律和疏记的内容和精神，为佛教各宗制定出一套弘戒法仪。如他首创“三坛大戒”仪规，并讨论了传戒时“戒体”生成问题，认为只有纳受戒法，成就戒体，才是授戒的完成，都很有特色。永觉元贤是明末清初最有影响的曹洞宗高僧之一，崇祯十年（1637）春浙中诸缙绅请居杭州真寂寺。他的律学著作有《四分戒本约义》四卷、《律学发轫》三卷，对菩萨戒体的授受、形成做了简单述说，并批斥了几种受戒之“误”，提倡遵佛合律[④]。

有学者称，明代后期律学的复兴，“弘扬戒律的有三个系统，一是云栖袾宏，二是古心如馨，三是以弘赞和汉月法藏等人为代表的他宗僧人”[⑤]。这三个系统都在杭州弘传了律学，而袾宏系统的基地就在杭州，因此杭州是明代后期律宗复兴的重要基地。不过，明代后期杭州律宗的复兴主要有赖于其他宗僧的兼弘，律学理论也没有创新。

六、净土宗

明代“已是净土宗的天下”，“净土独盛”[⑥]。

明代前期，杭州各宗僧人基本上兼修净土，暮年转向以作往生资粮者尤多。一些高僧大德还大力弘扬净土，对净土理论做一些探讨。如被誉为明初“第一等宗师”的楚石梵琦每升座说法，“举唱宗乘，所集功勋，并用超度四生六道，无辜冤枉，悉脱幽冥，往生佛土，成就菩提”，宣讲禅宗教义，强调归于净土。他专门撰著《西斋净土诗》一卷，赞颂净土。钱谦益谓其“学行高一世，宗说兼通，禅寂之外，专志净

① （明）释德清《憨山老人梦游集》卷27《栖莲池宏大师塔铭》。
② 《武林梵志》卷1《城内梵刹》，第9-11页。
③ （清）徐继恩《新伊法师圹志》，《西溪梵隐志》卷4《纪文》，第121-122页。
④ 王建光《中国律宗通史》，凤凰出版社2008年版，第446-460页。
⑤ 王建光《中国律宗通史》，第431页。
⑥ 陈扬炯《中国净土宗通史》，江苏古籍出版社2000年版，第491页。

业”[①]。斯道道衍（姚广孝）为临济宗高僧，但也归心净土。他著有《净土简要录》《诸上善人咏》，前者是净土典籍文摘，被袾宏列为十六部“诸大知识、诸大居士著述”的净土名著[②]，后者是称颂往生净土人物之作，反映了“当时佛教界大潮流的禅净混融”[③]，对于明代净土教的弘扬起了一定作用[④]。

明代中期的空谷景隆强调念佛是修行的捷径，“念佛一门，捷径修行之要也。识破此身不实，世间虚妄，是生死根，惟净土可归，念佛可恃”。但他又指出，“寂光净土不离此处，阿弥陀佛不越自心”[⑤]，则其唯心净土与西方净土构成了矛盾，“表现出勉强去适应净土信仰潮流的痕迹”[⑥]。

明代后期，以晚明四大师为代表的高僧推崇宋代以来倡导禅教净律融合的永明延寿等人，“既重禅学，也重义学，更重净土”[⑦]。尤其是袾宏大肆倡导净土法门，弘传推广之功颇大。袾宏认为，禅、净虽属不同宗派，但二者皆为方便法门，可以同时修习，“殊途同归”。参禅者与念佛者不应有门户之见，执禅谤净土者，“不曾真实参究”；执净土谤禅者，“不曾真实念佛”。若对其中一门“做功夫到彻底穷源处”，则知“两条门路原不差毫厘也”[⑧]。袾宏认为，读经、参禅的最终目的是往生净土，净土念佛可以总括禅、教，是求得解脱的最好方式，“若人看经，经是佛说，正好念佛；若人参禅，禅是佛心，正好念佛”[⑨]。因而，念佛法门成为他一生所崇尚和宣扬的法门。万历四十三年（1615）七月，袾宏临终，“复开目云：‘大众老实念佛，毋捏怪，毋坏我规矩’”，叮嘱弟子们的还是“老实念佛”。然后，他“面西念佛，端然而逝”[⑩]。袾宏撰《净土四十八问》《净土疑辨》《阿弥陀经疏钞》等，都是明朝净土宗的重要著作。尤其是《阿弥陀经疏钞》，“总持圆顿诸经，融会理事，指归一心”，效果明显，“一时缁素归心净土，若水赴壑”[⑪]。袾宏是晚明四大师中“提倡和实践禅、净合一最为积极的人物”[⑫]，因此被尊为“莲宗八祖”。在他的大力倡导下，净土成为杭州佛教僧俗人士的共同信仰，对于整个晚明社会的佛教信仰形态都产生了深远的影响[⑬]。

---

① （清）钱谦益《列朝诗集小传》闰集《西斋和尚琦公》。
② （明）释袾宏《云栖净土汇语》卷1，《卍新纂续藏经》第62册第1170号，第11页。
③ ［日］中村元《中国佛教发展史》，余万居译，台湾天华出版事业股份有限公司1984年版，第466页。
④ 参阅何孝荣《论姚广孝与“新明朝”的建立》，《史学集刊》2019年第3期。
⑤ （明）释袾宏《皇明名僧辑略·空谷隆禅师》，《卍新纂续藏经》第八十四册第1581号，第363页。
⑥ 陈扬炯《中国净土宗通史》，第497页。
⑦ 魏道儒《中华佛教史·宋元明清佛教史卷》，第271页。
⑧ （明）释袾宏《净土疑辨》，（明）释袾宏《莲池大师全集》。
⑨ （明）释袾宏《云栖大师遗稿》卷3《开示》，（明）释袾宏《莲池大师全集》。
⑩ （明）释德清《憨山老人梦游集》卷27《云栖莲池宏大师塔铭》。
⑪ （民国）喻谦《新续高僧传四集》卷43《明梵村云栖寺沙门释袾宏传》。
⑫ 潘桂明《中国佛教思想史稿》第三卷，第624页。
⑬ 参阅何孝荣等《明朝宗教》，第55-57页。

明代后期也有一些杭州高僧大德提倡唯心净土，反对禅净兼修。如前述袾宏的居士弟子严讷认为，佛陀当初悯念众生之苦，指出净土世界令人皈依，但后人往往执着净土，以为实有。为此，慧能创立禅宗，“示以惟心，俾知欲得净土，当净其心”。严讷发挥宋代部分禅僧和居士的唯心净土思想，指出佛教修行的根本特点在于唯心的自觉和自证，“尽修乎乐邦者，所以尽修乎吾心也。尽修乎吾心，所以远离颠倒，而证我所同于阿弥陀佛者也”，“故乐邦非相，即我心故”[①]。永觉元贤于崇祯年间住杭州真寂寺，认为念佛是“修持最易、入道最稳、收功最速者”[②]。但是，他认为念佛和参禅都能达到解脱，禅、净不可兼修，“参禅之功，只贵并心一路。若念分两头，百无成就”[③]，强调参禅和念佛只能单修一门。

---

① （明）严讷《乐邦文类序》，（宋）释宗晓《乐邦文类》卷首，《大正大藏经》第四十七册第1969A号，第页148。

② （清）释元贤《净慈要语》卷1《净土教源》，《卍新纂续藏经》第六十一册第1166号，第820页。

③ （清）释元贤《永觉元贤禅师广录》卷29《寱言》，第569页。

第三章　明代杭州僧人的来源及才艺

僧人作为佛教三宝之一，是佛教赖以存在和发展的主体，一切教法的传布、宗派的兴衰及寺院的运转都是围绕僧人群体展开的。在探讨了明代杭州佛教发展状况之后，我们再对构成杭州佛教的僧人个体加以剖析，考察他们的来源、儒学和文学艺术等才能，进一步揭示明代杭州佛教的样貌。

需要指出的是，杭州作为明代重要的佛教中心，历经二百七十余年，僧人如恒河沙数，群体相当庞大，而且流动性很大。因此，不论常住，还是挂单，或是因讲法、临会、访友等事宜临时赴杭僧人，皆可称为杭州僧人。

第一节　明代杭州僧人的来源

关于明代杭州僧人的来源问题，我们将从籍贯与家庭出身、出家原因等方面进行讨论。

一、籍贯

所谓籍贯，就是祖居或个人出生之地。僧人的籍贯，指其出家前的世俗籍贯，它反映了僧人来源的地域性。当然，现今已经不可能掌握明代二百七十余年间杭州所有僧人及其籍贯，只能是我们从各种史籍中录得的记名载事的明代杭州僧人共计 339 名（后文择取事迹可称述的名僧 247 人立“名僧小传”节），其中明确记载有籍贯者中国 210 名，日本 2 名。日本僧人的籍贯，不在本文讨论范围之内。

明代杭州有明确籍贯记载的 210 名僧人（基本上是高僧名僧），分别来自于南北二直隶及浙江、江西、四川等九个直省单位。按人数多少排序，浙江 157 人，占近 75%；南直隶 36 人，占 17%；江西 6 人，四川 4 人，湖广、福建各 2 人，北直隶、山西、山东各 1 人，合计占 8%。总体上说，明代杭州僧人籍贯以浙江本省为主，邻近的南直隶、江西等长江中下游各直省为重要来源。

籍贯为浙江的157名僧人中，按府计算，杭州81人，占近51.6%；嘉兴20人，占12.7%；绍兴19人，占12.1%；台州12人，占7.6%；宁波11人，占7%；湖州7人，金华3人，温州2人，处州、衢州各1人，合计占8.9%。可见，明代杭州僧人仍以杭州籍贯者为主，占到浙江籍贯者的半数多，邻近各府为重要来源。籍贯为南直隶的36名僧人中，苏州18人，应天、常州、松江各4人，镇江2人，凤阳、宁国、泰州、扬州各1人。

明代杭州僧人之浙江、南直隶各府籍贯人数统计表

序　号	浙　江	人　数	序　号	南直隶	人　数
1	杭州府	81	1	苏州府	18
2	嘉兴府	20	2	应天府	4
3	绍兴府	19	3	常州府	4
4	台州府	12	4	松江府	4
5	宁波府	11	5	镇江府	2
6	湖州府	7	6	凤阳府	1
7	金华府	3	7	宁国府	1
8	温州府	2	8	泰州府	1
9	处州府	1	9	扬州府	1
10	衢州府	1			
合　计		157	合　计		36

这样，我们可以看出，明代杭州僧人的籍贯，在地域上以近杭州为中心呈放射状，越靠近中心人数越多。从省级单位来说，以浙江、南直隶为最多，其他直省减少。从府级单位来说，以杭州和邻近的嘉兴、绍兴为多，苏州、台州、宁波、湖州、应天、常州、松江等为次。这一区域正是南朝以来东南佛教极为发达的区域，而杭州处于该区域的地理中心位置。但是，也应看到，统计中籍贯地为杭州府以外的僧人仍超过本地，考虑到古代人口流动率相对较低的情况，在杭州的外地籍贯僧人占比超过60%，无疑是明代杭州佛教发达的见证。

当然，正如我们上文所述，列入统计的都是明代杭州那些被记名载事的僧人，或者说主要是高僧名僧，因此上述占比存在一定的局限性。如果把明代杭州如恒河之沙的寂寂无名的僧人全部纳入计算，我们相信杭州籍贯者将会占到僧人的大多数。

二、家庭出身

僧人的家庭出身一定程度上等同于户籍。明代户籍主要分为士、农、工、商、军、匠、灶、站等类，户籍种类的差别很大程度上反映着个人的社会地位和贫富差别。另外，家庭出身和出家之前本人身份有时是一致的，有时则不一致，有时前者对研究僧人来源更重要，有时则是后者。史籍之中对二者的记载也不那么明确、全面，因此我们将它们放在一起考察。

明代杭州僧人有不少出身于官员士绅家庭。南宋辖境的民众，入元之后，成为最低等级的南人，政治地位低下。科举在元代也不受重视，汉人知识分子仕进之路遇阻。元朝“崇尚释氏”，使得儒户的实际处境与地位远逊于同时代的僧人①，这种儒释易位的文化现象消弭了二者之间固有隔阂。另一方面，部分南宋遗民心怀故国，拒仕元朝，对元朝采取不合作的态度，避世山林，谈禅论道，相当一部分剃度出家，以致“临济沩仰，皆以王公将相之材，为法门梁栋”②，儒释交涉日深，“衣冠之流，铅椠之流，逃于其类而为之”③，一时元朝佛教人才济济，禅门尤甚，促成了元代江南佛教的兴盛。这种情形一直持续至元末明初。因此，由元入明及生于明初的杭州僧人中，相当一部分拥有显赫家世。如东溟慧日，天台贾氏子，“即宋相贾似道之诸孙”④；原瀞，“姓倪氏，会稽人。父机，母严氏，皆为士族”⑤；普仁，兰溪赵氏，“父端，母杨淑贞，皆名宦家”⑥。这些江南的世家大族所拥有的浓厚佛教信仰氛围，也是促成其子弟出家的重要原因。如明德，明州昌国（今舟山）朱氏子，“父有成，与补陀怛洛迦山玠公交”⑦。智顺，温州瑞安望族陈氏子，七岁时“俾依仲父慧光于崇兴精舍”学佛⑧。明代中期杭州名僧较少，不多的名僧史料也鲜有记其出于世族大家、士绅富户者。见者如景隆，苏州吴县（今苏州）洞庭人，俗姓陈氏，“父月潭居士”⑨。再如永顾，宁波鄞县（今宁波）人，“系出名族”⑩。这反映了当时僧人地位低下、佛教衰微不振、为士民普遍看轻的现实。

明代后期，世家望族、士绅富户之子出家者又开始增多。如袾宏，“俗姓沈氏，古杭仁和人，世为名族，父德鉴，号明斋先生”⑪。通问，俗姓俞氏，“父安期，字羡长，博学著书，名重当代”⑫。广觉，崇明（今上海）龚氏女，“父一夔，别号梦萱，

① 陈高华等《元代文化史》，广东教育出版社 2009 年版，第 3 页。
② 《杭州上天竺讲寺志》卷 4《列传》，第 76-77 页。
③ 李修生《全元文》第 12 册，凤凰出版社 2004 年版，第 135 页。
④ （明）释如惺《大明高僧传》卷 3《杭州上天竺寺沙门释慧日传四》，上海古籍出版社 1991 年版。
⑤ （民国）喻谦《新续高僧传四集》卷 5《明钱塘灵隐寺沙门释原瀞传》，上海古籍出版社 1991 年版。
⑥ （明）宋濂《宋学士文集》卷 47《净慈山报恩光孝禅寺住持仁公塔铭》，《四部丛刊初编》本。
⑦ （民国）喻谦《新续高僧传四集》卷 5《明余杭浮慈寺沙门释明德传》。
⑧ （明）宋濂《宋学士文集》卷 19《佛性圆辩禅师净慈顺公逆川瘗塔碑铭（有序）》。
⑨ 《武林梵志》卷 11《古德机缘・天目山》，第 310 页。
⑩ 《杭州上天竺讲寺志》卷 8《塔墓》，第 143 页。
⑪ （明）释德清《憨山老人梦游集》卷 27《云栖莲池宏大师塔铭》，台湾高雄净宗学会 1998 年版。
⑫ 《理安寺志》卷 5《禅宗》，第 85 页。

乡之硕德君子也"[①]。法藏，俗姓苏，无锡人，生于儒学世家。真悟，钱塘（今杭州）卢氏子。"父西川居士，性耽净土"[②]。宇庵筠，"世为姑苏大族李氏"[③]。明源，"俗姓李，为姚江望族"[④]。德璩，"俗陈氏，嘉禾望族也"[⑤]。大惠，"仁和邵氏子，先世自句余徙家，为衣冠甲族"[⑥]。明代后期，江南地区鲜有兵燹，社会较为安定，经济发展繁荣，转而为民众信仰生活提供了经济条件，不少世家大族、富裕人家礼佛之念益坚，一些家庭成员因风气熏染而产生出家之念。如洪恩，家本富室，父母皆持斋，"年十三，从父往报恩寺听无极[守愚]讲《法华》"，"有觉，遂留不去"[⑦]。海净，宜兴人，"家业颇殷"，妻故而自省，"遂尽舍家园田产"出家[⑧]。正镐，台州临海人，俗姓王氏，为太仆寺少卿王士性长子。后求天台山高僧传灯，"祈为祝发"。传灯以"出家乃大丈夫事，非将相之所能为"等拒之。正镐遂往博山，无异元来为"剃落"[⑨]。

明代杭州僧人大部分还是出于社会底层，从事农业、手工业的穷苦人家。如道衍（姚广孝），祖父菊山"业医养亲，僦屋一廛而住，无寸田尺土，生计甚疏"。菊山生二子，长震之，次震卿。震卿娶费氏，生二子，长恒，"续祖、父箕裘之业"，家境困顿。因此，道衍"不乐于医"，又读书无门，遂决定"从佛"[⑩]。如荣，海宁人，俗姓金氏，"幼力田，壮事屠酤，忽为豕所啮，因大感悟，出家邑之北寺"[⑪]。真定，诸姓，越人，"少孤贫，无所依"，"过钱塘佣工"于戴居士家十五年，不愿婚娶，"欲出家"[⑫]。广似，山阴（今绍兴）人，俗姓王氏，"少贫，手供艺事"[⑬]。福登，山西平阳人，姓续氏。"生方七岁，父母值凶岁亡，无殓具，荐席而已"。福登"失怙恃，年十二投近寺僧出家"[⑭]。道衡，常熟李氏子，"少无赖，目不知书"，二十岁时"佣赁于僧舍"，后剃染于武林[⑮]。大冥，嘉兴人，"幼失明，从兄某绝怜之"，从其愿，"为送出家"[⑯]。

---

① 《孝义无碍庵录·纪贤》，第256页。
② 《天竺山志》卷9《列传》，第326页。
③ 《大昭庆律寺志》卷9《僧伽下》，第129页。
④ 《杭州上天竺讲寺志》卷4《列传》，第76-77页。
⑤ （明）吕章成《宝雨禅师传》，《云居圣水寺志》卷4《法谱》，第146页。
⑥ （明）吴本泰《昭庆灵源法师塔铭》，《大昭庆律寺志》卷8《僧伽上》，第113页。
⑦ （民国）喻谦《新续高僧传四集》卷7《明金陵宝华山释洪恩传》。
⑧ 《杭州上天竺讲寺志》卷5《别传》，第88页。
⑨ （明）释传灯撰、释受教增补《幽溪别志》卷8《幽溪道场人物考第八·事实·增补·壁如正镐法师》，《中华大藏经（汉文部分）续编》本。
⑩ （明）姚广孝《逃虚子集补遗·相城妙智庵姚氏祠堂记》，《四库全书存目丛书》本。
⑪ 《云栖纪事·录贤》，第205页。
⑫ 《理安寺志》卷5《禅宗》，第112页。
⑬ 《杭州上天竺讲寺志》卷5《别传》，第87页。
⑭ （明）释德清《憨山老人梦游集》卷30《敕建五台山大护国圣光寺妙峰登禅师传》。
⑮ （清）钱谦益《列朝诗集小传》闰集《西吾衡上人》，上海古籍出版社1983年版。
⑯ 《云栖纪事·录贤》，第208页。

还有的僧人出于明朝政府明令禁止出家的妇女，和军户、匠户、灶户、站户等需服役之人，以及罪犯等。

杭州僧人中妇女出家者如袾锦，为袾宏在家时的续弦汤氏，后“亦剃落为尼僧”，“化家为庵，易素为缁”[①]。至万历三十四年（1606），杭州宰官、居士、比丘等为袾锦构“孝义无碍庵”，作焚修之所[②]。又有南直隶崇明县龚氏二女，一起出家，分别取法名广觉、广曜，相偕来孝义庵，“精持梵行，纯一不杂，远迩瞻慕”[③]。其实，对于妇女出家，自洪武年间就不断予以限制，至永乐后期“命尼姑皆还俗”[④]，禁止妇女出家遂成一代制度。其后，各朝尤其是嘉靖年间反复重申、执行妇女出家之禁，毁尼庵[⑤]。但是，到了明代后期，统治者崇佛，且专制控制趋弱，因此汤氏等得以出家为尼僧，地方官绅甚至还能违制为其修建了尼庵。

明太祖还宣布，“不许军、匠、灶、站、违碍之人出家”[⑥]，禁止服役人户和罪犯等出家。但明代杭州僧人中有军人出家者，如广槐，浦江人，俗姓陈氏，“少从事戎行，已而落发清水庵”[⑦]。有罪犯出家者，如如晓，萧山（今杭州）人，年二十余，“以罪逃临安山中，独栖古庙十余年”，出家为僧[⑧]。万历《杭州府志》则记载，“南北两山间，私创庵院以千百计”，“而为奸为盗，藏身其间则什九也”[⑨]。虽然指斥过于夸张，但仍能说明一定问题。这些，大概都是出家者隐藏了身份、政府把控不严、寺院管理又很宽松之故。

三、出家原因

明代杭州僧人出家原因，主要还是贫民穷困无依、难以为生，因此遁入佛教、寺院，以求活命糊口。这在我们上文所述明代杭州僧人大部分来源于社会底层，从事农业、手工业的穷苦人家时已经有所提及。我们再举几例因家庭不幸、儿童困苦无依出家者。宗泐，“生族甚微，父母俱早卒，寄食贫里，贫里不能善之”[⑩]，后出家[⑪]。志若，

---

① 《孝义无碍庵录·纪贤》，第258页。
② （明）宋应昌《菜市桥重建孝义无碍庵记》，《孝义无碍庵录》，第252页。
③ 《孝义无碍庵录·纪贤》，第256-257页。
④ 《明宣宗实录》卷55，宣德四年六月丁亥。
⑤ 参阅何孝荣《论明代的度僧》，《世界宗教研究》2004年第1期。
⑥ 《明宣宗实录》卷114，宣德九年十一月癸卯。
⑦ 《云栖纪事·录贤》，第206页。
⑧ 民国《杭州府志》卷169《人物十三·寓贤一》，民国十一年本。
⑨ 万历《杭州府志》卷19《风俗》，中华书局2005年版。
⑩ （清）释自融《南宋元明禅林僧宝传》卷13《季潭泐禅师》，《卍新纂续藏经》第七十九册第1562号，第642页。
⑪ 参阅何孝荣《元末明初名僧宗泐事迹考》，《江西社会科学》2012年第12期。

父早丧，甫七岁。母又去世，成为孤儿，“礼会稽华严寺贤和尚出家”[①]。大贤，“幼失怙恃，晤云栖知希贯公，闻《楞严》宗旨，遂投莲大师出家”[②]。

我们知道，明代底层农民、手工业者、小商人等民众不仅收成少，而且还要面临官府沉重的赋役剥削和官吏的加派勒索，再加各种天灾人祸，因此生活艰难，家庭不幸者多，不少人被迫出家，以求存活。当然，其中也不乏因犯罪而无法在世俗社会混迹者等。虽然高僧名僧传记中谈及他们因穷苦困顿出家时只会淡化言之，但《明实录》等记述的不少当时官员的反映则揭示了这一事实。如洪武十七年（1384）闰十月，礼部尚书赵瑁指出，来京请求度牒者“益多”，“其实假此以避有司差役”[③]。宣德十年（1435）四月，行在刑科掌科事给事中年富指出，“近年军民之家逋逃规免税徭，冒为僧、道，累以万计”[④]。景泰四年（1453）四月，十三道监察御史左鼎等指出，“今天下僧数十万计”，“或因躲避粮差，或逃脱军、囚”[⑤]。甚至晚明高僧湛然圆澄也指出：天下僧人冗滥，“或为打劫事露而为僧者，或牢狱脱逃而为僧者，或悖逆父母而为僧者，或妻子斗气而为僧者，或负债无还而为僧者，或衣食所窘而为僧者”[⑥]。总之，贫民穷困无依、难以为生是明代杭州僧人出家的主要原因。

明代杭州僧人也有不少是因为对佛教的信仰，包括因父母信仰而舍令出家，或因个人信仰而自己出家者。来复，幼时“有志行清净行，欲绝尘独立，遂归释氏”[⑦]。明德，据说其母梦普陀山僧“玠公”托宿而生，“儿时每跏趺，端坐不动”，其族叔见而诃之曰：“童子不习诗书，痴坐将焉求！”明德曰：“欲学坐禅求作佛耳！”[⑧]慎庵祥，幼时“怀出世志”，礼灵隐寺僧玉衡玑为师。地方官欲使其为县学生员，他“固却之”[⑨]，剃发出家。宗林，幼孤，母忧其不能自立，舍送普宁庵，“诵经执务”[⑩]。慧林，“生禀异质”，“耽玩佛书”，父母舍为杭州法轮寺僧[⑪]。真觉，昆山人，“已蓄妻矣，偶逐方僧游杭，遂入锅子山祝发”[⑫]。袾宏，“世为名族”，“生而颖异，世味澹如”。十七岁时补县学生员，“试屡冠诸生，以学行重一时，于科第犹掇之也”。但他“志在出世，

① （明）释德清《憨山老人梦游集》卷28《耶溪若法师塔铭》。
② 《西溪梵隐志》卷2《纪刹》，第38页。
③ 《明太祖实录》卷167，洪武十七年闰十月癸亥。
④ 《明英宗实录》卷4，宣德十年四月丁卯。
⑤ 《明英宗实录》卷228，景泰四年四月庚子。
⑥ （明）释圆澄《慨古录》，《卍新纂续藏经》第六十五册第1285号，第369页。
⑦ （明）宋濂《宋学士文集》卷27《蒲庵禅师画像赞》，《四部丛刊初编》本；（明）释明河《补续高僧传》卷25《复见心传》，上海古籍出版社1991年版。
⑧ （民国）喻谦《新续高僧传四集》卷5《明余杭净慈寺沙门释明德传》。
⑨ （明）释广原《本寺住山慎庵祥禅师行业记》，《灵隐寺志》卷6下，第109页；《灵隐寺志》卷3下《住持禅祖》，第56-57页。
⑩ （明）释明河《补续高僧传》卷25《宗林传》。
⑪ 万历《杭州府志》卷90《人物二十四·仙释》。
⑫ （明）释明河《补续高僧传》卷5《万松千松百松传》。

每书‘生死事大’四字于案头。从游讲艺，必折归佛理”。先娶妇张氏，生一子殇。张氏亡，“即不欲娶”。母强之，续娶汤氏。嘉靖四十四年（1565）除夕日，袾宏“命汤点茶，捧至案，盏裂”，笑曰：“因缘无不散之理。”次年，袾宏诀别汤氏曰：“恩爱不常，生死莫代。吾往矣，汝自为计。”汤氏亦洒然曰：“君先往，吾徐行耳。”袾宏乃作《一笔勾词》，“竟投性天理和尚祝发”①。这样的例子还有很多，不再一一列举。

明代杭州僧人还有不少是因为生病而求佛教保佑，出家为僧。大明，“毁齿丧父，患痘风，因得目疾，数求出家”②。明理，“少而病，若支离疏，无能荷戈守障，其宗人舍去，依大觉禅师”③。大晟，“幼善病，故早戒举子业，素有出生死志，无意于室家，乃归依云栖，受净土法门”④。海云，幼习儒典，“向慕空宗”。年二十四，因父疾吁祷，“誓修白业”，投礼杭州龙归坞僧日初，决志出家。“往参南海大智师剃发，还云栖受沙弥戒”⑤。

还有一部分僧人受离俗亲属影响而出家。如前述袾锦。再如前述海净“挈子投海潮了义师剃染”⑥，则其子出家为海净所定。再如正镐，其父太仆寺少卿王士性为居士，因此正镐五六岁时，“好趺坐诵经”。年二十，“长斋”⑦。还有僧人则是因感情、婚姻受到挫折，灰心失意而出家。上述袾锦的出家无疑也带有这一因素。

当然，明代杭州僧人个体往往也并非因为单一的原因而出家，正如我们上文所举例证，许多僧人常常是多种原因掺杂在一起，而使他们决定摆脱红尘，遁入空门，出家为僧。

第二节　明代杭州僧人的儒学、文学艺术等才能

对于明代杭州僧人来说，佛教、佛学无疑是其主业、“内学”，他们的任务就是修持和传承佛法。但是，他们既然生活于社会中，又必须与现实达成一定程度的一致，服膺封建统治思想——儒家思想。同时，他们要更好地修持和传承佛法，也必须学习儒学，并掌握一定的文学艺术等才能，甚至史学、医学等才能。当然，有些僧人在出家前就习儒工文，有一定才艺。因此，明代杭州僧人不少也精于辅业、“外学”，有儒

①（明）释德清《憨山老人梦游集》卷27《云栖莲池宏大师塔铭》。
②《武林梵志》卷11《古德机缘·仙林寺》，第293页。
③（明）虞淳熙《虞德园先生集文集》卷1《为明理道人祝发序》，明末刻本。
④（明）释德清《憨山老人梦游集》卷30《闻仲子小传》。
⑤《西溪梵隐志》卷4《纪文》，第107-108页。
⑥《杭州上天竺讲寺志》卷5《别传》，第88-89页。
⑦（明）释传灯撰、释受教增补《幽溪别志》卷8《幽溪道场人物考第八·事实·增补·壁如正镐法师》。

学水平、文学艺术、史学及医学等才能。

一、儒学水平

明代杭州僧人的儒学水平较高。一因杭州僧人多为江浙籍，受江南儒风浸盛所熏染，出家前业儒、出家后习儒之风盛行；二是元末明初及明代后期皆为儒释融合、儒僧交游的高频时期，他们多兼习儒，有较高的儒学水平。

明代杭州僧人有出家前业儒者。如梵琦，“七岁读书，即了大义，号为奇童”[①]。道联，幼读儒书，“穷理命之学”[②]。本褧，“幼端颖，童岁入党庠，《语》《孟》诸书，过目即不忘”[③]。海云，“幼习儒典，向慕空宗”[④]。大铎，“生而超群，神清韵朗。幼从乡校，读《论语》”等书[⑤]。大善，“少为儒生，壮岁出家”[⑥]。法藏，五岁时“方剥栗食，闻父先生为门下士讲《孟子》至‘浩然之气’，投栗而起，神思慨然”，七岁“始出就学《论语》《章句》”[⑦]。可见，法藏之父即为儒学学者或塾师。有部分僧人出家前还曾师从名儒，如守仁、如兰，元末从学于名士杨维桢，“授之以《春秋》经史学”，“兵兴，潜于释”[⑧]。

还有些僧人出家前甚至以儒学获得功名，名扬士林。如袾宏，“年十七，补邑庠，试屡冠诸生，以学行重一时，于科第犹掇之也”[⑨]。元贤，姓蔡氏，建阳人，“父云津，世守诗书，远祖西山为宋大儒”，元贤“初名德懋，早岁入泮，为名诸生，嗜周程张朱之学”[⑩]。正镐，台州临海人，俗姓王氏，名立毂，为太仆寺少卿王士性长子，万历三十四年（1606）“乡试第六”[⑪]。这类僧人多因家庭原因得以读书习儒，受到正统的儒学教育，早年积累起一定的文化素质，出家后在佛学上亦能多所建树。

更多僧人则是出家以后在寺院受到教育，涉猎儒典。如智及，苏州人，“入海云院为童子，释书、儒典并进”[⑫]。普仁，“年十岁，往依金华宝石演法院月公，月公号

① （明）释幻轮《释氏稽古略续集》卷2，广陵古籍刻印社1992年版。
② （明）释明河《补续高僧传》卷25《季芳联传》。
③ 《灵隐寺志》卷6下《无文大师石塔碑铭》，第134页。
④ （明）吴本泰《大苏林碑记》，《西溪梵隐志》卷4《纪文》，第106页。
⑤ （明）释德清《憨山老人梦游集》卷28《宣城华阳山道者法振铎公塔铭》。
⑥ 《西溪梵隐志》卷2《纪刹》，第50页。
⑦ （清）释弘储《三峰和尚年谱》，（明）法藏《三峰藏和尚语录》卷16附，《嘉兴大藏经》第三十四册第B299号，第203页。
⑧ （元）杨维桢《东维子集》卷10《送兰仁二上人归三竺序》，《四部丛刊初编》本。
⑨ （明）释德清《憨山老人梦游集》卷27《云栖莲池宏大师塔铭》。
⑩ （民国）喻谦《新续高僧传四集》卷63《清鼓山白云峰涌泉寺沙门释元贤传》。
⑪ （明）释传灯撰、释受教增补《幽溪别志》卷8《幽溪道场人物考第八·事实·增补·壁如正镐法师》。
⑫ （明）释元贤《继灯录》卷3《临济宗·南岳下二十世·径山端禅师法嗣·杭州径山愚庵智及禅师》，《卍新纂续藏经》第八十六册第1605号，第521页。

秋潭，尝主闽之囊山，于人慎许与，独以远大期师，俾习读东鲁、西竺诸书”[①]。溥洽，出家后“博究教典，虽寒暑夙夜不懈”[②]，从具庵如玘于普福寺，“讲求旨要，凡诸经籍精粗小大之义，靡不贯串，而旁通儒书，间以余力为诗文，多有造诣”[③]。慎庵祥，礼灵隐寺僧玉衡玑为师，“天生颖悟，经书过目成诵”，地方官甚至欲使其为县学生员，他“固却之”[④]。永顾，出家后“笃意释典，暇攻儒术”[⑤]。照兼，九岁出家“为小沙弥，从塾师受四子书，读《孟子》”，后“屏杂家，专究释典”[⑥]。德清、洪恩等初入南京大报恩寺，住持永宁即“请先生教习举子业”，“乃令《四书》一齐读”，次年“《四书》完”，第三年“讲《四书》，读《易》，并时艺及古文辞诗赋，即能诗述文。一时童子，推无过者”[⑦]。

明代杭州僧人不少具有较高的儒学水平，释、儒兼长更是高僧名僧的必有素质。明初征召到南京的高僧，基本儒释兼长。明太祖先后撰有《拔儒僧入仕论》《宦释论》等文，提倡任用博通儒术的僧人为官。洪武八年（1375），他“诏通儒学僧出仕”，道衍“赴京师礼部考试中式”，但“因不愿仕，钦赐僧服还山”[⑧]。宗泐，“博通古今，儒术深明”，洪武九年（1376）春，明太祖“命育须发以官之”。当时，宗泐“姑且奉命而不辞”。待至发长数寸，太祖“将召而官之”，宗泐“再辞而求免，愿终世于释门”。太祖嘉叹，“特听而免官，放老山林”。又御制《赐宗泐免官说》，称赞他的品性[⑨]。时学士宋濂“精于释”，而宗泐“精于儒”，太祖分别称为“泐秀才”“宋和尚”[⑩]。溥洽，明太祖称其“东鲁之书颇通，西来之意博备”[⑪]。景隆，倡导三教一致，“儒释通贯，事理交融”[⑫]。觉征，“潜心文墨，博通经史”，注纂《百忍箴》行于世[⑬]。法聚，听王守仁“倡良知之指”，“言相契”，服膺王学。后与王艮等“发明心地，会通儒、释之旨”[⑭]。前述各位出家前或出家后习儒者，如袾宏、德清、元贤、正镐等，也无不具有较高的儒学水平。

---

① （明）宋濂《宋学士文集》卷47《净慈山报恩光孝禅寺住持仁公塔铭》，《四部丛刊初编》本。
② （明）释明河《补续高僧传》卷25《南洲溥洽法师传》。
③ （明）释幻轮《释氏稽古略续集》卷2。
④ （明）释广原《本寺住山慎庵详禅师行业记》，《灵隐寺志》卷6下，第109页；《灵隐寺志》卷3下《住持禅祖》，第56-57页。
⑤ 《杭州上天竺讲寺志》卷4《列传》，第73页；卷1《普门示现品·喜雨咏》，第37页。
⑥ （民国）喻谦《新续高僧传四集》卷62《明杭州云居圣水寺沙门释照兼传》。
⑦ （明）释德清《憨山老人梦游集》卷53《憨山老人自叙年谱实录上》。
⑧ （明）姚广孝《逃虚子集补遗·相城妙智庵姚氏祠堂记》。
⑨ 明太祖《明太祖文集》卷15《赐宗泐免官说》，《文渊阁四库全书》本。
⑩ （明）都穆《都公谈纂》卷上，清抄本。
⑪ （明）释幻轮《释氏稽古略续集》卷2。
⑫ 《武林梵志》卷11《古德机缘·天目山》，第310页。
⑬ 《武林梵志》卷4《广教寺条》，第75-76页。
⑭ （清）钱谦益《列朝诗集小传》闰集《玉芝和尚聚公》。

一些僧人还深受儒学影响，践行与佛教相牴牾的儒家孝亲观念。如宗林，以孝著称，明代中期被征入京，“命为登坛大戒主，为学佛者师，又敕提督五台山，校正《清凉通传》入藏”，明武宗赐紫衣玉带、“大宗师”之号，“立宗师府居之”[①]。即使如此，他却因思白发老母，奏请南还。再如大瞰，十八岁皈依云栖，“将出家，为母所阻。后别筑一室，长奉老亲以终天年，入则侍两亲，出则从禅侣”，直至万历四十六年（1618）自己病笃，始剃发受具戒[②]。大瞰因孝亲之情，推迟了出家时间。僧人群居生活向来是侍亲奉孝的一大障碍，但有的僧团却也会根据僧人具体情况，为之提供便利。如云栖僧广如，二十九岁出家，“母年八旬来视如，病不能去”。袾宏将其安置于寺旁小室，“俾终养之”[③]。总体来说，大中型寺院不利于僧人奉亲，小型庵院则可兼顾僧人焚修与奉亲双重需求。如圆珑，字大觉，侍母于土桥莲居庵中。其弟子广承，“私念寡母无所归，遂依大觉之母偕住”[④]，师徒合称“两睦州”[⑤]。再如笠云，幼孤，赖母吴氏抚育。既长披剃，“后居西溪慈觉庵，延母同居，朝饔夕飧，曲尽甘旨，兼以教观资熏”[⑥]。还有一些僧人甚至为父母守孝致祭。如明初华严僧大同，性至孝，“自恨蚤丧父，养母纯至，及亡，春秋祭礼无缺。且请名臣书父母群行，树碑于墓”[⑦]。袾宏，“以母服未阕，乃怀木主以游，每食必供，居必奉”[⑧]，哀思胜于俗人。海云，隐修于西溪大苏林，庵中有“普同塔，塔北可数十丈，为母茔，有终身庐墓意”[⑨]。

二、文学艺术才能

在中国古代，释、儒、道三教的学习、传播，乃至脱盲识字，都离不开诗文乃至书画等艺术。许多僧人在不断的学习和社会交往中，练就了较高的诗文水平和文学艺术才能。身处宋元以来文化最为发达的东南之区，明代杭州僧人的诗文水平也较高，不少人还精于书画。

明代杭州僧人有的出家前就习学诗文。如如兰，少时与富阳守仁师从名儒杨维桢，通经论，余及诗文，后出家。著有《支离叟集》[⑩]。更多的则是出家后习学诗文。如来复，

---

① （明）释明河《补续高僧传》卷25《宗林传》，上海古籍出版社1991年版。
② 萧士玮《春浮园集》卷下《云栖两沙弥塔铭》，《四库禁毁书丛刊》本。
③ 《云栖纪事・录贤》，第207页。
④ 孙峻辑、释瞻明增订《莲居庵志》卷7，《中国佛寺史志丛刊》第70册，广陵书社2005年版，第188页。
⑤ 《净慈寺志》卷10《法嗣》，第245页。
⑥ 《西溪梵隐志》卷4《纪文》，第111页。
⑦ （明）释明河《补续高僧传》卷4《大同师传》。
⑧ （明）释德清《憨山老人梦游集》卷27《云栖莲池宏大师塔铭》。
⑨ 《西溪梵隐志》卷4《纪文》，第107-108页。
⑩ 《杭州山天竺讲寺志》卷4《列传》，第72页。

兼习诗文，“学博而才敏，于诗援笔立成，未尝苦思，日虽十数篇，如源泉混混无难者”[①]。怀渭，元末名僧全悟大䜣俗家之甥，大䜣住持金陵大龙翔集庆寺，张起岩、张翥、危素等四方名荐绅“无不与全悟游”，“或发天人性命之秘，或谈古今治忽之几，或论文辞开阖之法”。怀渭“咸得与闻之，反复参求，益探其阃奥”，其学于是大进，“形诸篇翰，如千葩竞放，锦丽霞张”，“老于文学者争歆慕之”，称为“文中虎”[②]。道衍，“好学，工诗”[③]，追随高启等倡导的文学复古潮流，相与唱和，为苏州“北郭十友”之一。

明代杭州僧人很多都具有较高的文学水平。其中，明代前期尤多而且知名。来复，“教部精密，兼通诗文”[④]，诗文集有《淡游集》《蒲庵集》等。元末就得到名儒欧阳玄、张翥等人称赏，“见诸觚翰间者，奖予为多”[⑤]。明代后期学者胡应麟评价说：“国朝诗僧无出来复见心者，宗泐有盛名，而诗远不逮。弘、正以后，缁流遂绝响。若羽流则全未睹，他旁流亦俱不竞也”[⑥]，将来复视为明朝第一诗僧[⑦]。宗泐，善为词章，“所为文词，禅机渊味，发人幽省”[⑧]，元末金陵名士虞集、黄溍、张翥“皆推重，为方外交”[⑨]。他与来复并称为明初僧人中诗文最著名者，明太祖乐与唱和。所著有《全室集》《全室外集》《西游集》等。《四库全书总目》赞宗泐诗“风骨高骞，可抗行于作者之间”[⑩]，予以较高的评价[⑪]。守仁，元末从学于名士杨维桢，“能诗”[⑫]，有《梦观集》六卷。德祥，与守仁同参，相与肆力于诗，“诗刻苦，高逼郊、岛”[⑬]。有诗集《桐屿集》。道衍，诗文“能兼采众家，不事拘狭”[⑭]，有唐宋及汉魏风格。有《逃虚子集》等，今人增辑为《姚广孝全集》。玄中猷，擅诗文，“其为文，春花秋月，艳无待饰，清不加寒，笔花之妙，照映古今”[⑮]。溥洽，“禅定之余，肆力词章”，有《雨轩集》八卷。明人称：洪武后期至宣德时期，“三四十年间，巨缁老

---

① （明）杨士奇《东里续集》卷23《题蒲庵诗集》，刘伯涵、朱海点校，中华书局1998年版。
② （明）宋濂《宋学士文集》卷57《净慈禅师竹庵渭公白塔碑铭》，《四部丛刊初编》本。
③ 《明史》卷145《姚广孝传》，中华书局1997年版。
④ （清）查继佐《罪惟录》列传卷26《宗泐来复》，《四部丛刊三编》本。
⑤ （明）宋濂《宋学士文集》卷27《蒲庵禅师画像赞》。
⑥ （明）胡应麟《诗薮续编》一《国朝上·洪永成弘》，明刻本。
⑦ 参阅何孝荣《元末明初名僧来复事迹考》，杭州文史研究会《15世纪以来长三角地区社会变迁与转型》，杭州出版社2022年版，第493-515页。
⑧ （民国）喻谦《新续高僧传四集》卷2《明临安净慈寺沙门释宗泐传》。
⑨ （清）钱谦益《列朝诗集小传》闰集《全室禅师泐公》。
⑩ （清）永瑢等《四库全书总目》卷169《〈全室外集〉提要》，中华书局1965年版。
⑪ 参阅何孝荣《元末明初名僧宗泐事迹考》，《江西社会科学》2012年第12期。
⑫ 《武林梵志》卷9《古德机缘·灵隐寺》，第220页。
⑬ （清）钱谦益《列朝诗集小传》闰集《止庵法师祥公》。
⑭ （明）高启《高太史凫藻集》卷2《独庵集序》，《四部丛刊初编》本。
⑮ （明）释明河《补续高僧传》卷25《玄中猷法师传》。

衲有文声者”，溥洽与道衍（姚广孝）“为首”[①]。

明代中期，杭州僧人诗文水平不及明初，但亦不乏其人。如志谦，“初攻儒业，长于诗古文词，故当世学士大夫多所引重”[②]。昙素，“于禅理外，颇事笔墨，凡片纸出，即不胫而走。学士大夫咸标之曰：‘能吟天宝句，不废岭南禅’”[③]。法鉴，“禅行既超，诗学亦邃”，常与名士徐友谅等士绅为方外交，拈韵联章，互相赠答[④]。大明，能诗文，“所著有请益、警进、拈古、颂古、拟寒山、和永明诗偈等凡二十卷，号《幻寄集》行世”[⑤]。宗林，能诗文，“不漫作，作必惊人”[⑥]。杭州都纲永顾也能诗，成化四年（1468）秋，司经局洗马杨守陈一行应其邀游上天竺寺，“留咏山中”。杨守陈记载说，“都纲[永顾]与其徒皆能诗”，他取“曲径通幽处，禅房花木深”十字为韵，同游官绅“在坐八人，人分其一”，“余二韵俾其徒惠广、德纲分足之”，“且咏且觞，乐殊甚”[⑦]。杨守陈为景泰年间浙江解元，后中进士，选庶吉士，历官翰林院编修、侍讲等，可见也是诗文能手。永顾及其徒惠广、德纲能得到他的肯定，确实是能诗者。明秀，“弘、正间诗僧”。祝发天宁寺，为楚石梵琦九世法孙。晚年习定于钱塘胜果寺，“老复归化邑之海门”，有《雪江集》三卷[⑧]。法聚，能诗，有《玉芝内外集》，选诗二百首，名士罗汝芳、陆树声“为序”[⑨]。不过，除少数僧人以外，影响多不大。

明代后期，杭州僧、儒交游复盛，诗僧大量涌现，文学水平直追明代前期。大壑，“闲与达人名宿阐扬正法，旁及诗咏”[⑩]，善诗文，开明清净慈之诗风。洪恩，“博综外典，旁及唐诗、晋字”[⑪]，与德清等并称为“长干三诗僧”[⑫]，深受士人推崇。所著诗文为《雪浪集》上、下卷。德清，“少与雪浪［洪恩］留心词翰，晚而伸纸信笔，都无思议，一一从光明藏中流出。世谛文字，固不足为师有无；雪泥鸿爪，亦略识其应迹云尔”[⑬]。钱谦益称，洪恩与德清对明代后期东南地区僧人文学水平的提高有很大影响，“万历中，江南开士多博通诗翰者，亦[洪恩]公与憨山[德清]大师为导师也”[⑭]。大朗，“生平无他嗜好，于山水翰墨别有玄契”，妻弟僧大瞰“喜其性孤硬可入道”，

① （清）钱谦益《列朝诗集小传》闰集《南洲法师洽公》。
② 《圣因接待寺志》卷2《法统》，第36页。
③ 《圣因接待寺志》卷2《法统》，第38页。
④ 《圣因接待寺志》卷2《法统》，第37页。
⑤ 《武林梵志》卷11《古德机缘·仙林寺》，第293页。
⑥ （明）释明河《补续高僧传》卷25《宗林传》。
⑦ （明）杨守陈《游天竺记》，万历《钱塘县志·纪文》。
⑧ （清）钱谦益《列朝诗集小传》闰集《雪江秀公》。
⑨ （清）钱谦益《列朝诗集小传》闰集《玉芝和尚聚公》。
⑩ （民国）喻谦《新续高僧传四集》卷6《明杭州净慈寺沙门释大壑传》。
⑪ （清）钱谦益《列朝诗集小传》闰集《雪浪法师恩公》。
⑫ （民国）张惠衣《金陵大报恩寺塔志》卷6《寺僧》，何孝荣点校，南京出版社2020年版。
⑬ （清）钱谦益《列朝诗集小传》闰集《憨山大师清公》。
⑭ （清）钱谦益《列朝诗集小传》闰集《雪浪法师恩公》。

开导其“受云栖记莂”①。道衡，“少时有诗数十首，不娴格律，时时有道人语”。钱谦益编《列朝诗集》，“所录者皆其少作也”②。大善，万历中自南高峰绿萝庵徙法华之安乐溪巢，名公韵士与村翁牧竖争欲识之，“诵其拟寒山、怀净土洎山居诗，似登词坛者”③。大香，“豪华任侠，为江南词客”。天启年间，住杭州潘家坞福清静室，“有山居诗，多属和者”④。真悟，“禅课之余，间作诗颂以寄意”⑤。此外，如雄鉴，“嗜奇博古，善诗画”⑥；净明，生平性介，淡无嗜好，“山水翰墨外无事”⑦；道宗，素娴翰墨，“诗笔尤超妙”⑧；净慈僧朗微，“能诗善书，净行有名”⑨，也都是有诗文名之僧。

明代杭州僧人不仅诗文水平高，一些僧人还能书善画，其中善书法者尤多。怀渭，善草、隶书及鼓琴，同袍“以无益讽之”，他则表示，“是亦般若所寓也”⑩。宗泐，善书法，人称其“寓意词章，尤精隶古”⑪，“书亦古拙”⑫。守仁，“书法遒劲”⑬。德祥，嘉靖《仁和县志》称其“书法擅名一时，有铁画银钩之妙”⑭；钱谦益赞其“书宗晋人，擅名一时”⑮。道衍（姚广孝），“书法古雅，全以筋胜”⑯，“善画竹”⑰。宗林，善书画，正德初年，朝士有以郎官致仕者，宗林取陶渊明《归去来辞》为题，“赋《乐归田园十咏》送别，字画瘦劲，前有图，似戴进笔法”。后名士钱谦益“和之”，“藏弆于虎丘精舍”⑱。大壑，禅定之余，“游泳翰墨，书画俱清”⑲。雄鉴，“善诗画”⑳。净明，“山水翰墨外无事”㉑。朗微，“能诗善书”㉒。

此外，怀渭，善鼓琴。德璘，“参学之外，精于焦桐”，也擅长琴艺，“冠盖过访，有如云集”㉓。

---

① （明）萧士玮《春浮园集文集》卷下《云栖两沙弥塔铭》。
② （清）钱谦益《列朝诗集小传》闰集《西吾衡上人》。
③ 《西溪梵隐志》卷4《纪文》，第119-120页。
④ 《西溪梵隐志》卷2《纪刹》，第47-48页。
⑤ 《天竺山志》卷9《列传》，第326-327页。
⑥ 《武林梵志》卷3《城外南山分脉》，第58页。
⑦ （明）释德清《憨山老人梦游集》卷30《净明沙弥传》。
⑧ 《西溪秋雪庵志》卷3《人物》，第155-157页。
⑨ 《净慈寺志》卷9《住持二》，第213-214页。
⑩ （明）释明河《补续高僧传》卷15《清远渭公传》。
⑪ （清）钱谦益《列朝诗集小传》闰集《全室禅师泐公》。
⑫ （明）陶宗仪《书史会要》卷7《元・释宗泐》，《文渊阁四库全书》本。
⑬ 《武林梵志》卷9《古德机缘・灵隐寺》，第220页。
⑭ 嘉靖《仁和县志》卷10《人物・释道》，《武林掌故丛编》本。
⑮ （清）钱谦益《列朝诗集小传》闰集《止庵法师祥公》。
⑯ （明）朱谋垔《续书史会要・姚广孝》，《文渊阁四库全书》本。
⑰ （清）彭蕴璨《历代画史汇传》卷19《姚广孝》，《续修四库全书》本。
⑱ （清）钱谦益《列朝诗集小传》闰集《朽庵林公》。
⑲ （民国）喻谦《新续高僧传》卷6《明杭州净慈寺沙门释大壑传》。
⑳ 《武林梵志》卷3《城外南山分脉》，第58页。
㉑ （明）释德清《憨山老人梦游集》卷30《净明沙弥传》。
㉒ 《净慈寺志》卷9《住持二》，第213-214页。
㉓ 《云居圣水寺志》卷2《耆宿》，第96页。

三、史学才能

佛教及僧人、寺院历史历来不为史家所重，“普门之示现，胜地之灵奇，衣钵之流转，锡屐之游息”[①]，非有所记，则多湮没无闻。明代前期、中期，杭州偶有僧人整理、搜集相关资料，编纂寺志。如无杰善才禅师，临济宗僧，永乐元年（1403）住灵隐寺，“修寺志，遗文数篇不忘”[②]；南宗慧定禅师，正德四年（1509）为妙行寺住持，“辑本寺历来住持次序并建造功迹，汇为一编，名曰《妙行流芳集》”[③]。可见整理、撰写寺志是出于“悯统系历久易湮”的动机，是保存宗派及寺院历史的重要手段。

明代后期，杭州佛教复兴，僧人重新掀起编纂佛教史志热潮。理安寺僧通问，“慨念禅宗近季统系失铨，欲定《续灯录》，虑有挂漏。适华亭有施别驾笠泽居士者，内外典籍袭藏甚富，闻斯举，欢然来谒，延师至其家。因留半载，得遍搜历祖遗编，手为裒集”[④]，成《续灯存稿》。理顺，“校辑《昭庆寺志略》，有《昭庆十咏》诗”[⑤]。净慈寺在杭州城西南屏山，旧无志，大壑始创修《净慈寺志》，“按之图史，询之尊宿，藏轮邺架，潜阅并收，断碣磨崖，冥搜必录”[⑥]，计成形胜、建置、法胤、檀护、著述、僧制、灵异七门十卷。《四库全书总目》称其“盖二十载而始成，其用力亦勤矣”[⑦]。广宾，博通内外典，于史志用力甚深，据《昭庆伽蓝记》《昭庆纪事》《喜日宗谱》等书，“综而鳞次之，撰《西湖律宗大昭庆寺志辑略》十四篇”[⑧]，为《大昭庆律寺志》修撰奠定基础。上天竺讲寺本有旧志，为萧山人李东瀛（金庭）所编，“事不考古，笔不秉直，徇情逐意，造幻诬灵”[⑨]，伪造杜撰甚多，质量很差。寺僧照本“惧岁远益讹”，遂嘱僧广宾“任编摩之役”，重新编修寺志。广宾“凡五易星霜，汇成十五卷”[⑩]，即《杭州上天竺讲寺志》。广宾还编有《天目山志》，因此被称“僧中之班、马”。入清后，广宾又编修《法华山伽蓝记》上下二编，“未卒业而化”。后吴本泰“排纂而裒益之”[⑪]，题为《西溪梵隐志》。

明代杭州僧人在修志上还有一些创见。如广宾修《杭州上天竺讲寺志》，除通常

① （清）孙时伟《重修上天竺山志序》，《杭州上天竺讲寺志》卷首，第5页。
② 《灵隐寺志》卷3下《住持禅祖》，第56页。
③ 《圣因接待寺志》卷2《法统》，第39页。
④ 《理安寺志》卷5《禅宗》，第87页。
⑤ 《大昭庆律寺志》卷9《僧伽下》，第118-119页。
⑥ 《南屏净慈寺志》序三，第7页。
⑦ （清）永瑢等《四库全书总目》卷77《〈净慈寺志〉提要》。
⑧ 《大昭庆律寺志》吴树虚序，第2页。
⑨ 《杭州上天竺讲寺志》卷13《风范隆污品·遗臭》，第219页。
⑩ （清）孙时伟《重修上天竺山志序》，《杭州上天竺讲寺志》卷首，第5页。
⑪ 《西溪梵隐志》后序，第131页。

寺志皆有的灵应、住持、兴建、寺产、檀越等部以外，新创“风范隆污品”目，凡“神异”“盛事”“自勉”“衰鄙”“废弛”“遗臭”等事，无论正反、盛丑，一并记述评鉴，以究寺院兴衰缘由，为后世镜鉴，也为今人研究上天竺寺史以及杭州佛教史提供了充分史料。广宾被誉为“僧中之班、马”，可谓名副其实。

明代杭州僧人编撰了多部寺志、僧传，表现出超越其他地区僧人的史学才能。我们统计制成下表：

明代杭州僧人编撰寺志、僧传统计表

书　名	僧人编者	编纂时间
妙行流芳集	释慧定	正德间
武林灵隐寺志	白珩、释如通	万历二十年
南屏净慈寺志	释大壑	万历四十三年至四十四年
续武林西湖高僧事略	释袾宏	万历间
孝义无碍庵录	佚名	明末
昭庆寺志略	释理顺	天启、崇祯间
杭州上天竺讲寺志	释广宾	崇祯间始修，成书于顺治三年
天目山志	释广宾	疑明末
天龙寺志	释广宾	疑明末
径山志	释广宾	疑明末
西湖律宗大昭庆寺辑略	释广宾	疑明末
西湖僧宝传	释广宾	疑明末
续五灯存稿	释通问	明末

四、医学才能

大乘佛教提倡“五明”（声明、因明、医方明、工巧明和内明），即源自印度的五类学术，宣称是菩萨所求正法的内容，以救世度人。其中“医方明”就包括所谓禁咒闲邪、药石针艾，佛经中也有不少医学的内容。佛教传入中国后，一些僧人也注意学习医术，特别是吸纳、借鉴中国传统医学，从事寺院内部及社会的医疗救治。

明代杭州僧团制度完备，衣食住行各有执事为之，凡大中寺院皆有医僧，以备疾疫，其中不乏医术高超者，一些医僧还为官民诊治疗疾，悬壶济世。如妙行寺永远禅师，“平时志切普济，恒以医药拯人危”，人称“药王菩萨”。“靖难之役”后，南京疫疠时行，死亡狼藉。永远驻锡栖霞、香林、牛首诸处，踵门乞丹剂者，日不暇给，救人累万。后至杭州，住持妙行寺，“常住食指日以六百计，云水参访者月有数千人”[①]。昭庆寺作为杭州大寺之一，名医僧辈出。正德间，僧吉庵迪“精戒律，擅医术”，臬司荆茂为疾病所困，绝望之际求医吉庵，吉庵疗愈其疾，荆茂作《赠吉庵迪上人》诗称赞[②]。理顺，崇祯元年（1628）住持昭庆寺禅堂，“通内外学，能诗文，兼综岐黄术”[③]。

僧医的组织机构化也成为明代杭州寺院的一大现象。照兼，云居寺僧，禅习之余，更习医方，“详绎《内经》《灵》《素》，洞晓脉理，活人不可胜计”。嘉靖年间，严嵩擅权，“疮痍遍世，忠良莫保”，照兼“慨然欲如京师面短之”，为同侣劝止，“然每中夜趺坐，北向长吁不置云”。他辟外麓山房，“延接名流”，“更设药局”[④]，以诊疗救人。照兼去世后，清荫、寂章，“其后嗣也，袭其业，以医鸣”[⑤]。可见，外麓山房成为云居寺对外开设的诊所。还有一些僧人将医学与佛学结合修习。如清荫，“剃发后，复喜习医，虽以术鸣，而修持愈力”[⑥]。时人赞其“远承药王之秘奥，嗣幻住之宗源，高风硕德，山斗禅林，湛法露于来叶，炳慧焰以传薪，乃人杰而地灵也”[⑦]。再如净明院，崇祯年间僧思修惟应请恢复，“乞食食众，众至如归，浣垢药疾，弗替也，更慰劳之。如是者十有余年，住成大院”[⑧]。可见，寺内也设有专门的僧医。

五、其他才能

此外，明代杭州僧人还有一些其他才能。

有通兵法者。最为著名的就是道衍（姚广孝）。道衍出家后，不仅习禅学儒攻诗文，炼成为一位高僧，而且参求道教、追索兵法，多才多艺。史称灵应观道士席应真“读书学道，兼通兵家言，尤深于机事”，道衍也从而就学，“于是尽得其学”[⑨]。正是因为学得兵法，道衍后来和燕王朱棣策划发动“靖难之役”，并担任军师角色，帮助朱棣推翻了建文帝统治，建立了永乐王朝，成为“新明朝”的重要缔造者，改

① 《圣因接待寺志》卷2《法统》，第36-37页。
② 《大昭庆律寺志》卷9《僧伽下》，第135页。
③ 《大昭庆律寺志》卷9《僧伽下》，第118-119页。
④ （民国）喻谦《新续高僧传》卷62《明杭州云居圣水寺沙门释照兼传》。
⑤ 《云居圣水寺志》卷4《法谱》，第145页。
⑥ 《云居圣水寺志》卷2《祖师》，第94页。
⑦ （明）黄机《弘泉禅师六十寿序》，《云居圣水寺志》卷4《法谱》，第148页。
⑧ （清）释道忞《布水台集》卷14《净明院思修惟公塔铭》，清康熙刻本。
⑨ 正德《姑苏志》卷52《人物十·名臣·姚广孝》，书目文献出版社2000年版。

写了明朝历史[①]。

还有的僧人擅长风水、看相之术。如友奎，“于内外典籍罔不谙究，而尤精于地理之学，故人多屈致之”[②]。如兰“精于相术”[③]。万历年间，重建西溪桃源岭下天竺庵的僧人觉空，也“善司马头陀之术”[④]，即精通地理风水术。这些僧人，也各擅一艺。

第三节　明代杭州名僧小传

明代二百七十余年，杭州僧人多如恒河之沙，但绝大部分僧人的事迹乃至名字都已经湮没无闻，不为后人所知。只有极少数的僧人，因住持说法、修建寺院、劝化民众、能诗善书等事迹而著名，成为高僧、名僧，在史籍中略有记载，留下雪泥鸿爪。我们搜得明代杭州近250位高僧、名僧，作《明代杭州名僧小传》（高僧包括在名僧中），介绍他们在杭州住持说法、修建寺院、劝化民众、多才多艺等弘传佛教事迹，亦以其一斑而窥明代杭州佛教全豹，也对前文加以补充。

需要说明的是，史籍中若仅记有某僧住持或简单修寺，而无其他显明事迹，则难称名僧，本节不予收录；或某僧早年曾参访、受戒于杭州，成名于外地，后未再来杭州，则不属于杭州名僧，小传亦不收录。明代杭州高僧、名僧的排列，以他们担任杭州寺院住持的时间为先后。当然，有的高僧、名僧未曾担任过杭州寺院住持，有的参访于杭州时已经知名，因此我们排列时也会结合他们在杭州说法、建寺、化民以及出家、参访于杭州寺院等时间，加以综合考虑。有的名僧在杭具体时间因记载模糊，也只能按照其交往等作出大体判断而排列，往往难称精确，这也是需要说明的。另外，出生于元代的一些高僧名僧的籍贯，均改换为明代通行地名（他们去世于明代），以求统一简洁。

梵琦，字楚石，浙江明州象山人，朱姓。元元贞二年（1296）六月生。九岁，从海盐天宁讷公受业。十六岁，于杭州昭庆寺受具足戒。二十岁，侍族祖晋翁洵公。因阅《楞严》，有省。元叟行端主径山，往参谒。已而应选入京，书写《大藏经》。一夕，闻彩楼上鼓声，豁然大悟。归，再参行端。泰定间，出世海盐福臻寺[⑤]。至元元

① 参阅何孝荣《论姚广孝与“新明朝”的建立》，《史学集刊》2019年第3期。
② （明）佚名《续佛祖统纪》卷2《耶溪若法师法嗣·法师友奎》，《卍新纂续藏经》第七十五册第1515号，第751页。
③ （清）钱谦益《列朝诗集小传》闰集《古春兰公》。
④ 《西溪梵隐志》卷2《纪刹》，第27页。
⑤ 《武林梵志》卷10《古德机缘·报国寺》，第283页。

年（1335），迁杭州报国寺。洪武元年（1368）九月，被朝廷征召说法于京城蒋山寺（后灵谷寺），太祖“大悦”。二年三月，再次被朝廷召于蒋山说法。三年七月，复被召。不久，端坐而逝。有语录二十卷及《西斋净土诗》。钱谦益谓其“学行高一世，宗说兼通，禅寂之外，专志净业”，是明初“第一等宗师”[①]。

慧日，号东溟，浙江天台人，宋权相贾似道之孙。幼慕空门，依天台广严寺僧平山参学，受具足戒。二十二岁，从僧柏子庭讲台衡之学，“解悟甚深，有戒行，人师法之”[②]。寻至杭州上天竺寺，先后师从僧竹屋净、湛堂性澄。出主吴山圣水寺。寻性澄召为上天竺寺首座。至元四年（1338），主荐福寺。至正四年（1344），主下天竺寺，大力重修。迁主上天竺寺。元顺帝赐金襕法衣及“慈光妙应普济大师”之号。至正十六年（1356），退隐会稽山中。不久，江浙行省丞相力请还山，遂复主上天竺寺法席。入明，诏赴蒋山法会，慧日于诸僧中年龄最高，“有戒行，命为学佛者师”[③]。因其朱颜白眉，明太祖每次召见，辄呼“白眉”，不称姓名。洪武五年（1372），钟山建水陆法会，慧日奉旨说毗尼戒，太祖率百僚临听。事毕，返杭州上天竺寺，谢绝院事，“日修弥陀忏，以臻净业”[④]。十二年七月，示寂，世寿八十九，僧腊七十三。

来复，字见心，号蒲庵，又号竺昙叟，江西南昌王氏子。幼年出家普庵堂，精勤学佛，“与同袍恭肃翁誓屏诸缘，直明涅槃妙旨。久之，窥见全体无碍，然未以为至”。赴浙江，参径山寺临济宗名僧南楚悦，“得其心要”[⑤]。越三载，“复约标士瞻修西方净土于吴天平山，刻期破障，比禅观尤力”[⑥]。其间，游大都，得名儒虞集、欧阳玄、张翥等指正，通儒术，善为诗文。历主慈溪定水院、鄞县天宁寺。至正七年（1347），“宣政院札住灵隐”[⑦]。明初，太祖“有诏征高行僧”，来复“两至南京，赐食内廷，慰劳优渥”[⑧]。洪武十五年（1382）四月，僧录司正式成立，任左觉义，住南京天界寺。十六年，因僧行不洁，与左善世戒资、右善世宗泐一起，被发往凤阳槎芽山圆通院修寺，其间与蜀王等交游。二十四年，被牵连进所谓的胡惟庸谋反案，“坐凌迟死，时年七十三岁”[⑨]。著述有《淡游集》三卷、《蒲庵集》十卷等，与宗泐并称为

① （清）钱谦益《列朝诗集小传》闰集《西斋和尚琦公》。
② （明）释明河《补续高僧传》卷5《东溟日法师传》。
③ 万历《杭州府志》卷90《人物二十四·仙释》。
④ （明）释如惺《大明高僧传》卷3《杭州上天竺寺沙门释慧日传四》。
⑤ 《南屏净慈寺志》卷5《法胤》，第113页；《灵隐寺志》卷3下《住持禅祖》，第54页。
⑥ （明）宋濂《宋学士文集》卷27《蒲庵禅师画像赞》；（明）释明河《补续高僧传》卷25《复见心传》。
⑦ 《南屏净慈寺志》卷5《法胤》，第113页。
⑧ （明）宋濂《宋学士文集》卷27《蒲庵禅师画像赞》。
⑨ （清）钱谦益《牧斋初学集》卷86《跋清教录》，钱仲联标校，上海古籍出版社2009年版。

明初最有名的僧人[①]。

智及，字以中，号愚庵，别号西麓，南直隶苏州吴县（今江苏苏州）顾氏子。元末出家，入海云院祝发，受具戒。“闻贤首家讲法界观”，往听，未及终章而去。至南京，谒大䜣，“微露文采”，为人称赏。同袍诃其“不思荷负大法，甘作诗骚奴仆”。即归海云，“胸中如碍巨石，目不交睫者数月”。见秋叶坠庭，有省。往径山，元叟行端“勘辩之”。他“应对无滞”，遂命执侍，迁主藏室。至正二年（1342），经地方官举荐，出世昌国隆教寺，转普慈寺。不久，又为地方官延主净慈寺。时当兵燹之余，“艰窘危厉，人所不能堪”。他“运量有方，轨范峻整，绰有承平遗风”[②]。迁主双径。洪武六年（1373），“诏有道硕僧十余人集天界寺”，他“居首”。以病不及召对，赐还穹隆山，“即海云所在也”[③]。十一年九月，书偈而逝。寿六十八，腊五十一。有《愚庵智及禅师语录》十卷。

友奎，字方舟，浙江会稽（今绍兴）人，俗姓朱氏。十四岁出家云门灵峰寺，投嗣亮得度。尝从舅父耶溪法师于广孝寺旁参断江恩禅师，“朝进暮习，门学有成，人皆器之”。泰定初，耶溪主杭州兴福寺，友奎复往侍之。“即能该通性具之学，遂擢职宾司”。又从天台宗高僧天岸弘济法师于圆通寺，再领忏事。至正二年（1342），出住庆元奉化寺。不久，回云门。元朝大宝法王赐号“觉海弘慈广济”。十六年，行宣政院命任灵隐寺住持。西湖诸寺悉毁于兵燹，友奎“乃力任兴复”，“拓基辟门，移涧叠桥，建四华堂，筑天香室。改就元向，得全境之胜”，并修始祖慧理塔，“复祖田若干顷”。吴元年（1367），住南山旌德寺。洪武初，开善世院，命住天竺大集庆寺。他“四历寒暑，三觐京都”。洪武元年（1368），退结第一庵于凤山之岩，“日以念佛三昧自厉”。友奎“于内外典籍罔不谙究，而尤精于地理之学，故人多屈致之”[④]。后示寂。

大山，字仲龄，别号止堂，浙江台州临海陈氏子。年十三，父命出家，从叔父庄都闻于杭州演福寺。时天台宗高僧必才为住持，度为弟子。“不期年，《法华》《金光明》《金刚》等经俱能背诵。自后习天台教观，沛然若决江河，莫之能御”。必才重之，“由是大小诸部及外教典籍，靡不通究”。年十八，受具足戒，充侍者。转升维那。至正十九年（1359），必才寂后，为首座。二十年，行宣政院选为栖真寺住持。洪武

① 参阅何孝荣《元末明初名僧来复事迹考》，杭州文史研究会《15世纪以来长三角地区社会变迁与转型》，杭州出版社2022年版，第493-515页。
② （明）释明河《补续高僧传》卷14《广慧及禅师传》。
③ （民国）喻谦《新续高僧传四集》卷18《明杭州净慈寺沙门释智及传》。
④ （明）佚名《续佛祖统纪》卷2《耶溪若法师法嗣·法师友奎》，第751页。

六年（1373），升住大普福寺。越三载，迁演福寺。“巨细事务，以身自任，力建方丈、忏堂、佛殿，并复富阳沙地”。十六年，僧录司选任上天竺寺住持，兼领本郡僧纲司都纲职。住上天竺寺凡十年，增修兴建，刊《四教仪》正文板，并《指要》《详解》《瑜伽水陆仪文》。掌教十五年，“道俗向信，宗门赖之”[①]。建文四年（1402）七月，无疾而化。寿七十二，腊五十九。

令仪，字（号）范堂，日本人，俗姓藤氏。“修习禅观，夙夜匪懈”。至正二十二年（1362）秋，航海自闽抵浙，“参叩尊宿，咨决法要”。洪武六年（1373）冬，赴南京蒋山寺，“为侍者”，“寻迁掌藏史”，“丛林中以法筵龙象期之”。谒学士宋濂请“赠言”，宋濂为作《赠令仪藏主序》，言其“遍参诸方，诸方尊宿以范堂精进，多所印可”[②]。《天竺山志》称其“继常公主席灵山，教观之学，多所底绩”[③]。

溥闻，字声外，禅师元善法嗣。“为人端雅好学，尝典藏于南屏净慈寺”。至正二十六年（1366），得朽庵傅居士之助，重建杭州城南门纯一庵。洪武十七年（1384），重建观音宝殿成，姚广孝为之记[④]。

廷俊，字用章，号懒庵，江西乐平董氏子。甫龀出家，从本地僧大云辑出家。年二十，剃发受具。年二十五，游方，历庐山诸刹。久之，往浙中，见月江印于吴兴何山，“执侍期岁，终不契”。遂往谒笑隐大䜣于杭州中天竺寺，大䜣叹为“黄龙、佛印流也”。不久，为灵隐寺书记。后随大䜣住南京大龙翔集庆寺，居第一座。“讲行清规，号令广众，遂致法席全盛”。历升吴越大刹。至正末，先后住杭州中天竺寺、净慈寺[⑤]。朱元璋攻克浙江后，“浙西僧道以事役集金陵”，廷俊“在行”，馆于龙河天界寺。洪武元年（1368），徙寓钟山。五月，端坐而逝。世寿七十，僧腊五十。学识广博，“于前人出处言行，虽千百年若指掌，尤详宋事，宿儒俱服其博洽”[⑥]。能诗善文，有《泊川文集》五卷及五会语录。

元镇，字静庵，南直隶上海（今上海）人。其父多善行，乡称为“杨佛子”。生而俊特，不沾辛膻。九岁，依里之安国寺闻公落发。及受具，从松江延庆寺春洲泽法师习天台性具之学，“以才见称，授馆职”。既而“求进业于当湖德藏才法师，见如宿契，教观户牖，如钥斯启，声誉日隆”。德藏才命分座代讲，“众皆悦之”。出世凤山

① （明）佚名《续佛祖统纪》卷2《大用才法师法嗣·法师大山》第752页。
② （明）宋濂《宋学士文集》卷38《赠令仪藏主序》。
③ 《天竺山志》卷9《列传》，第328页。
④ （明）姚广孝《逃虚类稿·纯一庵记》，《四库全书存目丛书》本。
⑤ （明）释文琇《增集续传灯录》卷5《大鉴下第二十二世·龙翔笑隐欣禅师法嗣·杭州净慈懒庵廷俊禅师》，《卍新纂续藏经》第八十三册第1574号，第323-324页。
⑥ （清）钱谦益《列朝诗集小传》闰集《懒庵禅师俊公》。

时思寺，居三年，“谢归家山”。尝以淞、湖二郡僧困征徭，直走北京反映，“诏蠲其役”。复谒帝师，褒赠“佛智妙辨”号。行宣政院令主杭州西天竺兴福寺，“学徒四集，讲贯三载”。他建开山祖师慧光塔院，即退归安国寺，别筑“净住舍”，因号“净住子”，“专意净业，将终老焉”。洪武元年（1368），复选为天竺大普福寺住持。四月，示寂，寿六十三，腊四十七。上首弟子天禧守仁为左讲经，慈感绍宗为右善世[①]。

辅良，亦作原良，字用贞，号介庵，范仲淹十世孙，南直隶吴县（今江苏苏州）人。元延祐四年（1317）生。年十五，依迎福院剃染圆具。时笑隐大䜣住集庆路龙翔寺，法道宣振，遂前往参谒，一见契之，号“贞悟禅师”。后移锡杭州中天竺寺。元末，兵燹相仍，灵隐寺亦废，浙江行省丞相康里脱脱请辅良为住持。既至，大肆重建，以栖四方学者。开示徒众，语尤激切，不务缘饰[②]。以净土法门为苦海舟航，时兼修之[③]。洪武元年（1368），日本僧人绝海中津来华求法，曾于灵隐参谒辅良。四年（1371），示寂。

明德，字孤峰，浙江明州昌国（今舟山）朱氏子。儿时好跏趺，有出世志。十五为僧，往天童寺谒见竺西坦。继入净慈，拜入晦机元熙座下参学。后遇汝霖禅师，被邀往灵隐寺，为首座。提倡宗风，称性而说。与仲方伦结庵桃花坞，相与激扬。暇则阅《华严》，足不出户，凡五春秋。元行宣政院请主松江东禅寺，后迁集庆保宁寺，赐“圆明定慧”之号及金襕法衣。浙江行省丞相康里脱脱请为净慈寺住持。入明，谢归道场竹林庵。洪武五年（1372）十二月，入灭[④]。世寿七十九，僧腊六十二。

怀渭，字清远，晚自号竹庵，江西南昌魏氏子，元末名僧全悟大䜣俗家之甥。大䜣以大中大夫住持金陵大龙翔集庆寺，挽至座下。金陵为东南都会，张起岩、张翳、危素等“四方名荐绅无不与全悟游”，“或发天人性命之秘，或谈古今治忽之几，或论文辞开阖之法”。怀渭“咸得与闻之，反复参求，益探其阃奥”，其学于是大进，“形诸篇翰，如千葩竞放，锦丽霞张”，“老于文学者争歆慕之”，称为“文中虎”。应请主会稽宝相寺。不久，迁杭州报国寺，转湖州道场寺，“虽当兵燹相仍之际，为法求人，无少退转”[⑤]。住净慈寺，为第七十一代住持。他“诱道后进，于五时八教多有启迪”[⑥]。明初举办钟山法会，应召至京，参与其中。寻退居钱塘良渚，“问道者接踵而

① （明）佚名《续佛祖统纪》卷2《大用才法师法嗣·法师元镇》，第753页。
② （明）释明河《补续高僧传》卷14《介庵良大师传》。
③ 《灵隐寺志》卷3下《住持禅祖》，第55页。
④ （民国）喻谦《新续高僧传四集》卷5《明余杭浮慈寺沙门释明德传》谓明德圆寂于洪武五年十一月十七日，而《净慈寺志》与云栖袾宏所著《皇明名僧辑略》皆谓明德去世于洪武五年十二月二十七日，《新续高僧传四集》为民国时期著作，可信性不及明人之作，故从后说。
⑤ （明）宋濂《宋学士文集》卷57《净慈禅师竹庵渭公白塔碑铭》。
⑥ （民国）喻谦《新续高僧传四集》卷5《明会稽宝相寺沙门释怀渭传》。

至，不翅住山时”。洪武八年（1375）十二月，怡然而逝。其法语有四会录，诗文有集，善草、隶书及鼓琴。同袍“以无益讽之”，他则表示，“是亦般若所寓也”[①]。

道谦，字巽中，号牧庵，江西南昌人。生而聪明，“通内外典”。自幼出家。嗣法清远怀渭。住杭州报国寺。明初，诏至京，时宗泐住持天界寺，“命分座”。旋授左阐教，住灵谷寺。洪武二十九年（1396）十一月，示微疾，端坐而逝[②]。

士璋，字原璞，浙江海宁王氏子。自幼不乐膻荤，喜佛书。后投杭州东太平兴国传法寺为沙弥，得翰林待制柳贯授儒经诗文。年十九，出家。从我庵本无于上天竺观音教寺，凡天台大小部以次授之。至正十三年（1353），江南行宣政院命主州之栖真寺。二十年，移住旌德教寺。洪武元年（1368），立善世院以统理僧尼，士璋参与其事，独出方略，具有条序。住持杭州集庆教寺。六月，圆寂。弟子有圆觉、一印、升元、克勤等。所著书多未脱稿，诗文有《别录》若干卷[③]。

克勤，字无逸，俗姓华，浙江绍兴萧山（今杭州）人。少年出家，后从学于集庆教寺原璞士璋法师。洪武元年（1368）夏，士璋灭度于南京天界寺，克勤奉舍利灵骨归窆于杭[④]。四年，克勤受诏入京，主瓦官教寺。后奉诏出使日本，不辱君命。因通儒典，长于诗文，居日期间与五山禅僧交往甚密。归国后，奏对称旨，赐白金百两。九年六月，“诏谕其父华毅，使其加冠巾出仕”[⑤]，复姓氏，授以考功监承职。九月，任山西布政使，颇受太祖宠信。

宗泐，字季潭，别号全室，俗姓陈[⑥]，浙江黄岩（或乐清）人。父母早亡，寄食邻里。八岁入天宁寺出家，十四岁正式剃度。自出家即师从临济高僧笑隐大䜣，“日臻玄奥”[⑦]，渐得临济宗旨。又曾参扣元叟行端于杭州径山，“命掌记室”。元末战乱，他“栖迟山谷，息影潜声，历有年所，而静性弥坚，道行益励”[⑧]。后住持泾水西宝胜寺二十余载，“众废毕举”[⑨]。洪武元年（1368），升杭州中天竺寺住持，“光阐前绩，湖江称美焉”[⑩]。四年，迁主径山寺。太祖召两浙高行沙门十人，宗泐居首。五年正月，

① （明）释明河《补续高僧传》卷15《清远渭公传》。

② （清）谢元福《灵谷禅林志》卷8《高僧二》，何孝荣点校，南京出版社2019年版，第139页。

③ 《武林梵志》卷10《古德机缘·集庆寺》，第261页。

④ （明）宋濂《宋学士文集》卷52《杭州集庆教寺原璞法师璋公圆冢碑铭》。

⑤ （明）宋濂《宋学士文集》卷27《送无逸勤公出使还乡省亲序》。

⑥ 据何孝荣《元末明初名僧宗泐事迹考》（《江西社会科学》2012年第12期）考证，宗泐为元代台州路属黄岩州或温州路乐清人，其家姓陈，因父母早逝，而为临海周家养子，从周姓。

⑦ （明）释文琇《增集续传灯录》卷5《大鉴下第二十二世·龙翔笑隐䜣禅师法嗣·应天府天界季潭全室宗泐禅师》，《卍新纂续藏经》第八十三册第1574号，第324-325页。

⑧ （民国）喻谦《新续高僧传四集》卷2《明临安净慈寺沙门释宗泐传》。

⑨ 光绪《重修安徽通志》卷348《杂类志·仙释》，清光绪刻本。

⑩ （清）释自融撰，释性磊补辑《南宋元明禅林僧宝传》卷13《季潭泐禅师》，《卍新纂续藏经》第七十九册第1562号，第642页。

太祖于蒋山举办广荐法会，宗泐撰制《赞佛乐章》。不久诏主天界寺。九年春，因“博通古今，儒术深明”，太祖“命育须发以官之”。待至发长数寸，宗泐“再辞而求免，愿终世于释门”。太祖嘉叹，为御制《赐宗泐免官说》[①]，称为“泐秀才”。十一年，奉敕出使西域。十五年四月，任僧录司右善世。十六年，与左善世戒资、左觉义来复因事被贬往凤阳槎峰建寺。三年后回京。二十一年，奏准迁建天界寺。二十四年，被牵扯进胡惟庸党案，“免死，着做散僧”[②]。不久，“赐归槎峰”。九月，示寂。善为词章，“所为文词，禅机渊味，发人幽省”[③]，与来复并称为明初僧人中诗文最著名者。著有《全室集》《全室外集》《西游集》等。善书法，“书亦古拙”[④]。

智度，号白云，族姓吴，浙江丽水人。年十五，投禅智寺僧空中假，剃染受具。深习禅定达旦，不寐者三载。后于白云山筑旧福林院以居，阅《楞严》《圆觉》二经。参扣灵岩芝、断崖义、无见睹诸僧，深得禅宗奥旨。又见无方普、小隐大诸僧，机缘吻合。旋归福林院，与毒种昙、成山钦互相策励，惟恐失之。洪武二年（1369），太祖诏天下名僧入京师，智度预焉。三年，还居虎跑寺。寻复趋华顶寺。是年二月，微疾，回福林院。三月，示寂，寿六十七，腊五十二[⑤]。

中津，号绝海，别号坚子、蕉坚道人，出身津野氏，日本国土佐人。年十三，入京都天龙寺，从梦窗疏石受具戒。洪武元年（1368），渡海入明，“客于杭之千岁岩，依全室翁［宗泐］以求道，暇则讲乎诗文”[⑥]。亦曾参谒清远怀渭、用贞辅良诸尊宿。中津长于诗，常以诗会友，与怀渭等交往甚多。九年，明太祖召见于英武楼，与太祖唱和。十一年，返回日本，先后主甲斐国慧林寺、阿波国宝冠寺、等持院、相国寺等。示寂，寿七十二。后追封“佛智广照国师”。中津与义堂周信并称“五山文学双璧”，著有《蕉坚稿》。

祖偁，字日章，别号用拙，南直隶苏州常熟（今属江苏）张氏子。年十二，出家于福山大慈寺。“聪敏秀发，绝出侪类。凡真乘外书，过目不忘”。十七，祝发进具戒。初谒天台宗高僧天泉余泽于北禅寺，“一见器之，即令入室，继掌僧事”，为其法嗣。复东游四明，时我庵本无住延庆寺，石室英居阿育王寺，“皆待以忘年友”。“既首众报慈，又居上竺座端”，即先后担任报慈、上天竺两寺首座。出为郡城永定寺住持。迁昆山广孝寺、嘉定净信寺。洪武二年（1369），善世院令住杭州上天竺寺。寻

① 明太祖《明太祖文集》卷15《赐宗泐免官说》。
② （清）钱谦益《牧斋初学集》卷86《跋清教录》；（清）钱谦益《列朝诗集小传》闰集《全室禅师泐公》。
③ （民国）喻谦《新续高僧传四集》卷2《明临安净慈寺沙门释宗泐传》。
④ （明）陶宗仪《书史会要》卷7《元·释宗泐》。
⑤ （明）释幻轮《释氏稽古略续集》卷2。
⑥ （明）释道衍《〈蕉坚稿〉序》，［日］绝海中津《蕉坚稿》，日本文化十二年（1815）刻本。

以高僧选留南京瓦官寺，“有旨就天界禅寺升座，闻者悦服”。他多次被召入禁中，太祖“问佛法大意”，“奏对详允”，“敕止宿翰林院，以备顾问”。八年秋，得旨还山，“营别业于苏城东”，匾曰“安隐”，“缁白向慕者众”[①]。十二年八月，念佛而化。寿七十一，僧腊五十四。

智顺，字逆川，浙江温州瑞安望族陈氏子。少不喜畜发，有尘外趣。七岁，从仲父慧光于崇兴精舍习天台教。稍长，至温州实际寺为沙弥，后受戒于天宁禅院。年十八，游永嘉无相院，觉源璿法师爱其俊朗，挽其为法嗣。横云岳法师大弘天台三观十乘之旨于水心法明寺，遂往而受其说，众推为上首。后感叹自性难明，遂由讲入禅，走福建天宝山，参圆悟克勤八世法孙铁关法枢，“授以心要，遵而行之”，继令分座说法，嗣住院事。未几弃去，遍历名山，巡礼诸祖庭。元廷赐号及金襕衣。入明，明太祖召江南高行僧十余人于钟山建无遮法会，智顺“与其列，升座说法，听者数千人”，明太祖驾幸慰问。竣事，还钱塘，住持净慈寺，为第七十二代住持。寺因元末兵燹，残破不堪。智顺筹划重建，并代偿寺众有负官逋者。会朝廷征召高僧，以备顾问，智顺被荐至南京。仅四月，洪武六年（1373）八月，沐浴书偈而逝。有五会语若干卷、《善财五十三参偈》一卷传世[②]。

可授，字无旨，一号休庵，俗姓李，浙江台州临海人。年十二出家。十九得度，受具戒。潜心参究，遇普觉明于灵隐寺，问答之顷，疑情顿释。命充堂司，四众悦服。至元间，出主大雄山安圣寺。阅五年，迁隆恩寺。又二年，迁真如寺。明年，行宣政院选主龙华寺。作休庵于西坞，日修念佛三昧。洪武六年（1373），官府命主中天竺寺事，净慈僧众力挽，遂主净慈寺，为第七十六代住持。居二载，念佛而寂[③]。可授凡“四坐道场，皆以净土法门为佛事”[④]，主张禅、净合一。

普仁，字德隐，浙江婺州兰溪赵氏子。父母皆出名宦家。性孤峭，少有出尘之思。十岁依秋潭月出家。习儒、释诸书，能领解义趣。十四祝发，受具戒。二十，造谒了然义，机锋触发，嗣其法。后历参湖州道场寺东阳辉、杭州双径南楚悦、古鼎铭，及月江印、云外岫，与觉隐诚、笑隐大䜣最密。应请住持金华净土禅寺。时元末丧乱，遂隐退。至正十八年（1358）冬，朱元璋攻婺州，见智者寺法席尚虚，特命主之，凡十五年。洪武七年（1374），住持杭州净慈寺。开法之日，“黑白环听者千人，莫

① （明）佚名《续佛祖统纪》卷2《天泉泽法师法嗣·法师祖祢》，第749页。
② 《净慈寺志》卷9《住持二》，第204-205页。
③ （清）彭希涑《净土圣贤录》卷5《往生比丘》，清刻本。
④ 《净慈寺志》卷9《住持二》，第206页。

不叹服”。八年春，以智者寺事被污牵连，逮而质询，示寂于京师[①]。寿六十四，僧腊五十。他与宋濂过从甚厚，有《山居诗》百首、三会语录传世[②]。

弘道，字存翁，号竺隐，族姓沈，南直隶吴江（今江苏苏州吴江区）人。年十三，父命礼桐乡密印寺慈公为师[③]。十九剃发，进受具足戒。自此，为学孜孜靡懈。后从鲁山文和尚学天台宗疏钞等书，罔不通贯。我庵本无迁主上天竺寺，遂往参谒，为书记。洪武初，本无寂，去从绝宗善继。未几，天岩耀退寂广福寺，请其自代，遂拈香嗣本无。应湖州郡守请，住持慈感寺。洪武三年（1370），明太祖诏问鬼神事，赴京。九年，住持杭州上天竺寺，注释《楞伽经》。十年，与宗泐等同奉诏注《金刚》《楞伽》《心经》三经，颁行天下。太祖御制《竺隐说》赐之。十五年，任上天竺寺住持。十六年七月，领杭州僧纲司都纲。九月，升僧录司左善世。二十四年，以老告闲。二十五年九月，泊然而逝。世寿七十八，僧腊五十九。姚广孝撰塔铭[④]。

原瀞，字天镜，别号朴隐，浙江会稽（今绍兴）士族倪氏子。出家后，受戒于杭州昭庆濡律师。往杭州集庆寺，从天台宗高僧天岸弘济学天台止观。后参元叟行端，为记室。至正十六年（1356），行宣政院请出主绍兴长庆寺[⑤]。寻迁天衣万寿禅寺。洪武五年（1372），被朝廷征召参与蒋山广荐法会，明太祖赐食内庭，从容问道。已而辞归。九年，应请为灵隐寺住持。不久，坐庄田事，谪戍陕西。十一年正月，行至宝应坐化[⑥]。寿六十七，腊五十五[⑦]。

愚蒙极，“洪武间名僧”[⑧]。《百城烟水》记其为苏州吴江盛泽衍庆庵僧，“洪、永间”与其徒“易庵为寺，奏赐今额”，即“圆明禅寺”[⑨]。《武林梵志》称，杭州武林门北七里许法云寺，“元至正兵毁”，“洪武九年，善人沈胜请双林寺铁庵愚蒙极禅师重建”，“寺右有愚蒙极塔”[⑩]。

净戒，字定岩，浙江湖州苕溪人。“通内外学，持律甚严，禀法于天界净觉禅师，有古德之风”。洪武十年（1377），应请住持杭州大慈定慧禅寺，重建寺院。不十年间，

---

① （明）宋濂《净慈德隐仁公塔铭》，《南屏净慈寺志》卷7《著述》，第215页。
② （明）释幻轮《释氏稽古略续集》卷2。
③ （清）钱谦益《列朝诗集小传》闰集《竺隐道公》。
④ 《杭州上天竺讲寺志》卷11《帝王檀越品·敕命》，第179-180页；卷4《列传》，第70-71页。
⑤ （清）钱谦益《列朝诗集小传》闰集《朴隐禅师瀞公》。
⑥ 《武林梵志》卷9《古德机缘·灵隐寺》，第219页。
⑦ 《灵隐寺志》卷3下《住持禅祖》谓其僧腊五十五，而《新续高僧传四集》卷5《明钱塘灵隐寺沙门释原瀞传》则曰其僧腊五十三。
⑧ （明）田汝成《西湖游览志》卷23《北山分脉·城外胜迹·佛刹》，陈志明编校，东方出版社2012年版，第265页。
⑨ （清）徐崧、（清）张大纯《百城烟水》卷4，清康熙二十九年刻本。
⑩ 《武林梵志》卷4《北山分脉》，第68页；（明）田汝成《西湖游览志》卷18《南山分脉·城内胜迹·佛刹》，第265页。

“兹寺不独一新，视昔抑且有加”[①]。

慧朗[②]，字性原，号幻隐，俗姓顾，浙江台州黄岩人。七岁，患疸几死。稍长，不乐于俗，乃往温州乐清，依宝冠寺僧鲁山东落发。年二十，走宣城，受具于广教寺明律师。寻往参径山元叟行端，得印可，嗣其法。先后住持鄞县（今宁波）五峰寺、金峨禅寺[③]。洪武五年（1372），被朝廷选为高僧。时宗泐住持天界寺，请慧朗分座说法。不久，被举住京口金山寺。九年，奉旨参与注解《金刚》《楞伽》《心经》三经。十一年，杭州灵隐寺虚席，三请而始应，来为住持[④]。他登堂说法，学徒坌集，宗风大振。他又建寺大殿，修北峰之塔[⑤]。十九年六月，遭无妄之灾，端坐而逝[⑥]。

忻悟，号空叟，俗姓钮，南直隶吴县（今江苏苏州）人。九岁依白云禅师于本郡龙兴寺出家。至正十八年（1358），赴杭州净慈寺参愚庵智及，智及一见器之，遂得印可。二十二年，命居第二座。次年，应中天竺懒庵之请，分座说法，元顺帝赐号“圆慈正济法师”。洪武三年（1370），住持浙江崇宁寺。阅八年，迁中天竺[⑦]。二十一年，住持灵隐寺，为第六十五代住持。居四年，丛林改观。后因前住持慧朗旧事逮至京。洪武二十四年（1391）四月，病卒于途。寿五十五，僧腊四十。著有三会语录[⑧]。

夷简，字易道，号同庵，别署延陵沙门，南直隶宜兴（今属江苏）人。与止庵德祥同嗣法于平山处林禅师。洪武五年（1372），参加钟山法会，“以应制篇章，宣说第一义谛”[⑨]。十一年，住持杭州净慈寺，修葺寺宇，为之一新。二十五年，升主南京天界寺，除僧录司左善世。教授徐一夔谓其“誉彻九重，至膺圣眷，长僧司于朝，海内方袍之士倚以为重”[⑩]。

守仁，字一初，号梦观，浙江富阳人。少年时，从学于名士杨维桢，授以《春秋》经史学。他“能诗，书法遒劲”[⑪]。元末兵兴，出家为僧[⑫]。发迹四明延庆寺，后住持灵隐寺。洪武十五年（1382），征授僧录司右讲经，甚为太祖尊礼，官至右善世。二十四年，主天禧寺，示寂于寺。有《梦观集》六卷[⑬]。

---

① （明）徐一夔《始丰稿》卷 11《重建大慈定慧禅寺记》，浙江古籍出版社 2008 年版。
② 《灵隐寺志》作慧明，《武林梵志》《续武林西湖高僧事略》作“慧朗”，今从后说。
③ 《武林梵志》卷 9《古德机缘·灵隐寺》，第 218 页。
④ 《灵隐寺志》卷 6 下《性原明禅师塔铭》，第 132-133 页。
⑤ 《灵隐寺志》卷 3 下《住持禅祖》，第 55 页。
⑥ 《续武林西湖高僧事略·大明性原朗禅师》，第 33 页。
⑦ （明）释通问《续灯存稿》卷 6《临济宗·大鉴下第二十二世·径山及禅师法嗣·杭州灵隐空叟忻悟禅师》，第 720 页。
⑧ 《灵隐寺志》卷 3 下《住持禅祖》，第 55 页。
⑨ （清）钱谦益《列朝诗集小传》闰集《同庵简公》。
⑩ （明）徐一夔《始丰稿》卷 14《平山禅师塔铭》。
⑪ 《武林梵志》卷 9《古德机缘·灵隐寺》，第 220 页。
⑫ （元）杨维桢《东维子集》卷 10《送兰仁二上人归三竺序》。
⑬ （清）钱谦益《列朝诗集小传》闰集《梦观法师仁公》。

德祥，字麟洲，号止庵，俗姓钟，浙江杭州人。生于元至顺元年（1330）五月。洪武初，住持净慈寺，悟宗阐教。未几，被旨征为僧录司右善世。后迁径山，主席二十五年。为洪武初年赴京诸大德之一，故而其诗有“十年三度上京华”之句[①]。洪武二十七年（1394）十月，示寂，寿六十三。“持戒律，书法擅名一时，有铁画银钩之妙”[②]。与梦观守仁同参，相与肆力于诗，诗“高逼郊、岛”[③]。有诗集《桐屿集》。净慈寺第七十九代住持[④]。

道衍，字斯道，号独庵、逃虚子，南直隶苏州相城里（今江苏苏州）人。至正八年（1348）十四岁时，出家里中妙智庵。四年后，“剃发为僧”[⑤]。他先从“虚白亮公”习天台教，寻弃之。至正二十四年（1364），往杭州径山寺，参扣禅僧愚庵智及，为书记。道衍侍左右三载，“得尝鼎脔，而知其味矣”[⑥]，悟得临济宗旨。他又在浙江广参博究，“往来十余年，尽得旨要，声誉洋洋聿起江海间”[⑦]。洪武四年（1371），“诏取高僧”，道衍名在其中，“因病免赴京”。八年，“诏通儒学僧出仕”，道衍“赴京师礼部考试，中式”，“因不愿仕，钦赐僧服还山”[⑧]。随智及居海云院，既习禅，兼修净土。不久，出为临安普庆寺住持，迁住杭州天龙寺、嘉定留光寺，“发挥激昂，广博敷畅。波澜老成，大振宗风”[⑨]。十五年八月，被朝廷挑选，随燕王朱棣赴封地北平，任庆寿寺住持，为马皇后“诵经荐福”[⑩]。他与朱棣谋划发动并指挥“靖难之役”，推翻建文帝统治。成祖朱棣即位，召至南京，任为僧录司左善世。永乐二年（1404），拜资善大夫、太子少师，并复姓为姚，赐名广孝。拒绝成祖蓄发建议及所赐府邸、宫娥等，衲衣僧帽，往来萧寺，无改其初。成祖长居北京，姚广孝（释道衍）留南京，辅导太子朱高炽、太孙朱瞻基，并担任《明太祖实录》重修、《永乐大典》编纂监修等，是“新明朝”的重要缔造者[⑪]。永乐十六年（1418），病逝于北京庆寿寺，追赠荣国公，谥号“恭靖”。成祖为御制神道碑铭。洪熙元年（1425）三月，仁宗令“配享”成祖“庙廷”[⑫]。《武林梵志》称，“洪、永间，公尝隐南屏、天竺，与清远[怀渭]、祖芳[道

① （清）钱谦益《列朝诗集小传》闰集《止庵法师祥公》。
② 嘉靖《仁和县志》卷10《人物·释道》。
③ （清）钱谦益《列朝诗集小传》闰集《止庵法师祥公》。
④ 《净慈寺志》卷9《住持二》，第207页。
⑤ （明）姚广孝《逃虚子集补遗·相城妙智庵姚氏祠堂记》。
⑥ （明）释文琇《南石文琇禅师语录》姚序，《卍新纂续藏经》第八十二册第1571号，第209页。
⑦ （明）释文琇《增集续传灯录》卷5《大鉴下第二十二世·径山愚庵及禅师法嗣·北京顺天府庆寿独庵道衍禅师》，第329页。
⑧ （明）姚广孝《逃虚子集补遗·相城妙智庵姚氏祠堂记》。
⑨ 明成祖《御制赠推忠辅国协谋宣力文臣特进荣禄大夫上柱国荣国公谥恭靖姚广孝神道碑铭》，北京图书馆金石组编《北京图书馆藏中国历代石刻拓本汇编》第51册，第45页。
⑩ 《明史》卷145《姚广孝传》。
⑪ 参阅何孝荣《论姚广孝与“新明朝”的建立》，《史学集刊》2019年第3期。
⑫ 《明仁宗实录》卷12，洪熙元年三月庚辰。

联]、存翁[弘道]、同庵[夷简]、希古[师颐]、止庵[德祥]、太朴[如玘]诸老为同参之友，俱有题咏碑记”①。所谓“洪、永间”当为“洪武间”，永乐年间道衍（姚广孝）作为朝廷重臣已不可能有时间隐居杭州了。

如玘，字具庵，别号太璞，浙江余姚张氏子。年十六，投横溪华安寺觉海为师。闻我庵本无唱道四明延庆寺，即往依习止观。复参荐福寺绝宗继，悉通其旨。出世云门雍熙寺，未几住永寿寺。他学冠群英，才逸三教，“非但十乘三观、九经七史，凡世间所有名言秘典无不博综”，为天台宗高僧。洪武初，召对称旨，诏住南京天界寺，“日与诸耆德阐扬教乘，以备召问”②。洪武十年（1377），奉诏与宗泐等订释《金刚》《楞伽》《心经》，颁行天下。后迁主杭州演福寺。

良玉，字荆山，浙江钱塘（今杭州）葛氏子。生而颖悟。年十五，能背诵《法华经》。出家于邑之广福寺，投智圆为师，祝发受具戒。他“深慕佛乘，尝修观音忏二期，誓弘天台之道”。时南天竺演福寺号为“教海”，良玉往依大用必才，“习诸小部四书，粗通大义，命归侍司”。不久，天台宗“一家教观，靡不谙究”。还广福寺，“刻千手大悲像，修长期千日”，据说“忏室发光”。至正十八年（1358），必才请居首座。二十年，出世住持安溪长庆寺，时年三十六。二年后，退居别室，“以法华三昧为正轨”。据说三七日满，“道场花现”。僧众请复住持。十有六载，“惟以讲忏为务”。后住持西湖永寿寺。又八年，升主大普福寺。洪武十九年（1386），京师天禧讲寺请为维那，“表率万众”③。二十四年，僧录司举住下天竺寺。二十七年十二月，念佛而逝。寿六十九，夏五十二。

永福，号弥庵，浙江仁和（今杭州）人。“弱冠离俗，器识弘远”。遍叩名山讲席，慨然有振起宗风之志。元季兵燹，寺院多毁。永福至杭州，驻足妙行寺废址，决志兴复。洪武十三年（1380），开垦寺地，鼎建殿堂，又筑望佛桥等。妙行寺“圮而复整，皆师再造之功也”④。二十三年，示寂，寿八十三。

永瞿，号竺庵，浙江仁和（今杭州）人。少参访至苏州承天寺，为饭头，务极精洁，僧众喜称“香饭头”。他“内存古志，外则谦和缜密”。与高僧道衍契好，后道衍奉旨住持北平庆寿寺，欲与偕行，永瞿辞之。归杭州，至妙行寺，与僧永福订约重建。洪武十五年（1382），主院事，乃于接待庵北盖屋为茶室，“命僧居之，以施茶汤”。复凿井供施，人颂其惠。据说，他“每与人言荣枯穷达事，随谒随答，后多灵

① 《武林梵志》卷8《宰官护持》，第202页。
② （明）释如惺《大明高僧传》卷3《杭州演福寺沙门释如玘传六》。
③ （明）佚名《续佛祖统纪》卷2《大用才法师法嗣・法师良玉》，第752页。
④ 《圣因接待寺志》卷2《法统》，第34页。

验”[①]。二十二年，示寂，寿七十一。

子实，字印海，号相庵，俗姓仲，浙江嘉兴人。年十三，出家于海盐祇园寺。十九岁，受具戒。后闻天台宗僧蒙润说法于演寿寺，即往询法要。蒙润器之，授以天台诸书，令熟诵之。后从迁演福、下天竺诸寺，辩才大开。大用必才主演福寺时，延居首座。后归祇园寺，建忏堂，约期而忏。曾应请主嘉兴德藏寺。洪武三年（1370），应诏入京，颇称上旨。讲解《楞伽》《金刚》《心经》，弘益颇多。十五年，应请为上天竺寺都讲。次年，至下天竺，讲说经论，前后七年。洪武二十四年（1391），示寂。子实虽未住持名山大刹，但于天台山家论著用力极深，所谓“精研力索，不极其妙不止”[②]，为一时所宗。著有《楞伽略疏》《圆觉文句》《解〈指要〉问津》等。

叔琦，浙江杭州人。“清敏而俭约”，得法于中天竺空叟忻悟，为临济宗僧。初为余杭县吉祥山无相寺住持。洪武十六年（1383）春，杭州释迦宝觉律寺僧住持德果“耄而无为，惧道场之芜没”，与众议请叔琦主之，“易律为禅”。尝度弟子若干人，扩寺旧制，“以严其新规”[③]。

道联，号祖芳，别号拙逸叟，俗姓陆，浙江鄞县（今宁波）人。年十四出家，礼昆山荐严寺悦堂希颜为师，得度。久之，受具足戒于鄞县五台寺。还荐严寺，新任住持物先仲羲禅师“一见器之，遂留侍室”。而道联“方笃意禅学，兼穷止观，废寝忘飧，惟务明心见性，用志精专，智藏为开，词源涌泻，辩若悬河，同侣无出其右者”。洪武九年（1376），随侍仲羲住持京师灵谷寺，“名震京刹”，与诸尊宿结为忘年交，“往复酬唱，激扬宗旨，莫不服其解脱”。后住持台州广孝寺，迁紫箨、道场、景山、补陀、能仁等寺，“策励后学，随机开示，各极归趣，缁素向化，道誉为禅林之冠”。他“六徙名刹，而至净慈”[④]，为净慈寺第八十一代住持。二十五年，净慈寺再遭火毁。道联奔走化缘，“力任恢复，不数年间，为之一新”。永乐年间，朝廷两次征修《永乐大典》。归杭后，筑室湖滨，曰“藕华居”[⑤]。成祖令住山西五台山佑国寺，未及升座，于永乐七年（1409）七月圆寂。世寿六十四，僧腊五十。著有《拙逸语录》。

本裴，字无文，别号无见，浙江宁波谢氏子。童岁入党庠，《语》《孟》诸书，过目不忘。年十四，出家郡城五台寺，剃染受具，习毗尼。洪武中，宜兴静乐院请开堂，重创大雄宝殿，由是易讲为禅，行百丈清规。明太祖徙建灵谷寺，诏物先仲羲禅师

---

① 《圣因接待寺志》卷2《法统》，第34-35页。
② （明）佚名《续佛祖统纪》卷2《玉冈润法师法嗣·法师子实》，第748页。
③ （明）姚广孝《逃虚类稿》卷1《释迦宝觉禅寺记》，《四库全书存目丛书》本。
④ （民国）喻谦《新续高僧传四集》卷6《明杭州净慈寺沙门释道联传》。
⑤ 《净慈寺志》卷9《住持二》，第207页。

住持，仲羲以本裘居第一座，“仪轨端饬，声律身度，有众秩秩，肃若凛然，丛林典礼，讲行无遗”。洪武二十八年（1395），迁住灵隐寺。建文元年（1399），示寂。世寿七十五[①]。著有《和同安察禅师十玄谈》。为灵隐寺第六十六代住持[②]。

慧炬，字照庵，浙江钱塘（今杭州）人[③]。洪武初，出家崇寿院（即保叔寺），“明天台教”，“夙修苦行，人咸信向”[④]，重建崇寿院。“时江涛大溢”，慧炬“说法洒净”，“水止之，堤赖以不圮”[⑤]，杭人称其为“炬菩萨”。

可祥，字云屋。幼出家于崇寿院，“尝从松壑寿上人学天台教观”。时如玘住南山演福寺，“延居第一座”。与慧炬为法友，从而募铜，铸西方三圣像，造塔建寺，重建崇寿院[⑥]。后应请重建智果院[⑦]。

正福，明初杭州金佛寺僧人。洪武初，重建寺院。洪武二十八年（1395），又建佛殿、寝室，雕装三佛二菩萨诸天像。永乐间，“精修戒行，昼夜礼弥陀净土期忏”，据说“忽闻异香满室”[⑧]，书偈而逝。

大慧，大昭庆律寺僧。洪武二十四年（1391），“承高皇帝命重建戒坛，复白莲、绿野诸胜，精阐毗尼，大弘戒范”[⑨]。

绍宗，别号遂初，南直隶松江（今上海）陈氏子。年十三，父母舍入安国寺。天资颖悟，戒行精严，得法于静庵元镇。后说法于杭州长庆寺，“大展玄风，缁素向化”。次迁吴兴慈感寺。南京天禧寺守仁延居首座，“一众倾伏”[⑩]。洪武二十六年（1393），应诏，奏对称旨，擢右讲经。后升右善世。三十年正月，示微疾而化。

玄中猷，别号复闇，浙江杭州海昌人。“依愚翁长老祝发，研精教义，更知有宗门向上事”。洪武中，主席钱塘吴山大乘寺，“道风大振”。永乐十八年（1420），继主嘉禾东塔寺，“罄衣囊钵底，及鸣合施者，简材鸠工”，加以重建，至宣德三年（1428）冬完工。正统三年（1438），应请住持“冠华严之首刹”杭州南山慧因讲寺。“兴废起弊”，“不减在东塔时”。明人谓其“两兴”华严巨刹（东塔寺、慧因寺），“一振”颓靡华严宗，“晋水而后，概不多见。孤力独运，良可嘉伟”[⑪]。

---

① 《灵隐寺志》卷6下《无文大师石塔碑铭》，第134页。
② 《灵隐寺志》卷3下《住持禅祖》，第56页。
③ （明）徐一夔《始丰稿》卷7《重建宝石山崇寿院记》载为钱塘人，而万历《杭州府志》卷90《人物二十四·仙释》（中华书局2005年版）谓其为“越之诸暨人”。
④ （明）徐一夔《始丰稿》卷7《重建宝石山崇寿院记》。
⑤ （明）田汝成《西湖游览志》卷8《北山胜迹·崇寿禅寺》，第99页。
⑥ （明）徐一夔《始丰稿》卷7《重建宝石山崇寿院记》。
⑦ （明）徐一夔《始丰稿》卷7《重建智果院记》。
⑧ 《武林梵志》卷4《金佛寺》，第97页。
⑨ 《大昭庆律寺志》卷8《僧伽上》，第102页。
⑩ （明）释如惺《大明高僧传》卷3《松江上海安国寺沙门释绍宗传》。
⑪ （明）释明河《补续高僧传》卷25《玄中猷法师传》。

可纯，浙江象山胥氏子。参古鼎祖铭，为入室弟子。洪武末，“授杭州掌教，住灵隐”[①]，为第六十七代住持。永乐四年（1406），寂于京。

溥洽，字南洲，号迂叟，又称一雨翁，浙江山阴（今绍兴）陆氏子。少聪颖，“志慕出世法”，父母命于普济寺从雪庭禅师出家。受具上天竺寺，谒天台高僧东溟慧日法师，“一见器重之”，命典宾客。他“博究教典，虽寒暑夙夜不懈”[②]。已而从具庵如玘于普福寺，“讲求旨要，凡诸经籍精粗小大之义，靡不贯串，而旁通儒书，间以余力为诗文，多有造诣”，学徒云集，“为开演五时八教、如来一代施化之仪”。洪武四年（1371），出主孤山玛瑙寺。后移住苏州北禅寺，宗门耆硕“咸共嗟赏，谓吴中法席第一”。又六年，至杭州下天竺寺，“为众讲贯无虚日”。建金光明忏、护国期忏七昼夜，为众讲解不倦。明太祖称其“东鲁之书颇通，西来之意博备”[③]，召为僧录司右讲经，命主南京天禧寺（后大报恩寺）。后升左善世。成祖即位，以道衍主教事，任左善世，溥洽改任右善世。寻因建文事被谤系狱。永乐十六年（1418），姚广孝（释道衍）临终前，奏准释之。住北京庆寿寺松阴精舍。仁宗继位后，数被诏问。后还南京大报恩寺终老。宣德元年（1426）七月，示寂，年八十一，僧腊六十九。著有《金刚经注解附录》二卷等，其徒刻其诗为《雨轩集》八卷[④]。

一如，字一庵，晚号退翁，浙江上虞（今绍兴）孙氏子。年十三，隶长庆寺为僧。从天台宗高僧如玘于吴山宝奎寺，“砺志所业，祁寒盛暑不少懈”，“遂深造阃奥”。洪武十八年（1385），出世住松江崇庆寺，进住苏州北禅寺，缁素归化者日众。二十七年，溥洽掌僧录司兼主南京天禧寺，延为都讲。次年，住杭州下天竺灵山寺，“善讲《法华经》”。三十一年，住上天竺寺，“益以振宗启后为己任”，“而从学者益众”。建文四年（1402），惠帝命其与道彝天伦一同出使日本。居京都期间，与日僧绝海中津交游，为中津撰《不二室铭》。永乐初，退处天禧寺，以《法华经》为“如来奥旨所寓”，“非学者所易入”，“乃集众说为之注”。姚广孝为序，誉为“两浙一人”[⑤]。永乐十二年（1414），被召校《大藏经》，“总其事”。授右觉义，升右阐教。洪熙元年（1425）三月，示寂于北京海印寺。后归葬天竺山。著述有《法华科注》《大明三藏法数》[⑥]。

普智，字无碍，号一枝叟，浙江杭州临平褚氏子。出家于钱塘龙井寺，依东溟慧日法师，“授天台性具之学，优于讲说”。历四大道场，“门风大振”。晚年住持松江

① 《灵隐寺志》卷3下《住持禅祖》，第56页。
② （明）释明河《补续高僧传》卷25《南洲溥洽法师传》。
③ （明）释幻轮《释氏稽古略续集》卷2。
④ 《天竺山志》卷9《列传》，第327页。
⑤ （明）释明河《补续高僧传》卷4《一如传》。
⑥ 《杭州上天竺讲寺志》卷5《别传》，第85页。

延庆寺。“遂为终老，专修净业，寒暑不辍”。永乐六年（1408），念佛而逝。著有《阿弥陀经集注》一卷[①]。

如兰，字古春，号支离，浙江富阳（今杭州）人。少时与富阳守仁师从名儒杨维桢，“受《春秋》，通大小部”。后从富阳永安山妙智寺石聪坚法师剃染。戒行高洁，净业精专。洪武二十九年（1396），应高僧召。建文元年（1399），住持杭州上天竺，“道益超迈”。明成祖召僧众校刻《大藏经》(《永乐南藏》)，如兰“与首列，锡赉优渥”[②]。通经论，余及诗文，著有《支离叟集》[③]。

师颐，字希古，号简庵，别号佛鉴，浙江嘉兴朱氏子。洪武九年（1376）生。年十七，从万寿寺天宇净祝发。后随侍住临江西华寺，每参问，不契。走灵隐，“扣时庵敷”，得悟。建文二年（1400），住持杭州崇福寺。不久，退处万寿寺。后继时庵敷之席，住灵隐寺。永乐中，应诏修《永乐大典》。事竣，奉敕主净慈寺，为第八十四代住持。由永乐十九年（1421）至宣德元年（1426），“鼎新寺宇，施者烟集，皆乐助之”。开堂阐法，佛徒甚多，时称“灵山再会”[④]。宣德七年(1432)十月，示寂。塔于雷峰之阳。

善行，号鹤坡，南直隶松江华亭（今上海）人。天资颖敏。年十三，剃发于松江延寿院，“果敢赴事，郡侯器焉，特委以僧纲之任”。建文四年（1402），至杭州，驻锡妙行寺，“佐理常任”。“后悯寺额未复，因具疏奏请”。成祖谕“原系旧额，不必归并”，妙行寺遂赖以保全。永乐五年（1407），“共推为住持”[⑤]。

嗣守，号拙庵，浙江仁和（今杭州）人。性恬淡，寡言笑。“接物慈祥，不事矜饰”。他“少壮遍参法席，于女子出定机缘未彻，苦心参究”。后居龙须山高峰草堂数年，寝食俱废。一日入山遇虎，摔跌而悟。次年春出山，往报恩、天界、显宁、龙华诸寺扣证。自觉目前触处无碍，退隐西湖孤山侧。“负瓶持笠而来者，支席几无虚晷”。永乐元年（1403），应请住持杭州妙行寺，“以真实力降服一切外道，故学者咸谓慧可再世云”[⑥]。九年，兼主西隐寺。后示寂。

子敬，号懒耕，浙江杭州海昌凌氏子。洪武十七年（1384），出家海盐碧云院，礼怀忠师。二十受具，“通内外典，为世所宗”。永乐元年（1403），卓锡杭州圣果寺。以寺久废，立志重建。至正统九年(1444)落成，殿阁堂宇，像设庄严，“焕然如故”。

---

① （明）释如惺《大明高僧传》卷3《杭州龙井寺沙门释普智传》。
② （清）钱谦益《列朝诗集小传》闰集《古春兰公》。
③ 《杭州上天竺讲寺志》卷4《列传》，第72页。
④ 《净慈寺志》卷9《住持二》，第207-208页。
⑤ 《圣因接待寺志》卷2《法统》，第36页。
⑥ 《圣因接待寺志》卷2《法统》，第35页。

先是，正统七年（1442）三月，“南京僧录司因孝陵久罢讲席，奏请召师住持”[①]，即担任南京灵谷寺住持。天顺元年（1457），告疾归圣果寺。八月，坐逝。寿九十三，法腊六十三。

善才，字无杰，临济宗僧，嗣无文本褩。永乐元年（1403），住灵隐寺，为第六十八代住持。增塑三世佛金身，创双桂庵以奉师塔，修寺志遗文数篇[②]。

德完，字敬修，天台宗僧。“留心内外学，进修不已，兢业持身”[③]。永乐二年（1404），为上天竺寺第五十三代住持。

庆谦，号逊庵，南直隶苏州吴江（今江苏苏州）人。“游访黄梅，究明宗旨”。“好山水之胜概，卜筑于半山兰若”。永乐三年（1405），为妙行寺住持。“普心为众，人共仰焉”[④]。六年，示寂，寿六十五。

志谦，号牧庵，南直隶苏州吴江（今江苏苏州）人。弱岁有出世心。及长，“遍阅内典，甚契宗旨，遂弃家为僧”。自是参叩法席，恒有“佛家狮子吼”之目。他初攻儒业，长于诗古文词，故当世学士大夫，多所引重。蜀王朱椿在中都辟西堂，读书自娱，召儒臣及僧人来复、宗泐及志谦等“讲道论文，殆无虚日”。返江西，结茅庐山顶。“究心向上一关，刻意拶逼，深入妙际”。后游杭州妙行寺，遂卓锡于此。杭州名士，挹其文行，“莫不倾心折服”，与之交游。永乐六年（1408），主院事，为第十八代住持。建山房、方丈、佛阁、浮屠，“以为寺增胜”[⑤]。正统五年（1440），示寂，寿七十九。

慧皎，字日庵，大慧法嗣。永乐六年（1408），主席大昭庆寺，修整山门殿宇。后入都，被誉为“海内具戒沙门”。晚居法相寺，入寂，塔其旁[⑥]。

慧昱，字虚白，湖广王氏子，家于南直隶丹阳（今属江苏）。年十四，于丹阳妙觉寺依僧湛然剃度。性刚正，人称“楚直”。后“别参松隐于云间，因睹孤松，了然自许”。往苏州邓蔚山谒见僧果林，相谈甚契。复参诣宝藏普持禅师，具陈所悟，宝藏斥之，乃发愤而参，“至二夜，洞彻临济宗旨，遂师资道合矣”[⑦]。辞去天目平山堂，“结侣坐千日长期”。期满，至大昭庆寺受具。永乐六年（1408），游杭州安溪古道山，“道风远播，宿衲争趋座下”，遂“拓基营缮，成大精蓝”。明宣宗敕额“东明禅寺”，

① 《凤凰山圣果寺志·历代禅师》，第46页。
② 《灵隐寺志》卷3下《住持禅祖》，第56页。
③ 《杭州上天竺讲寺志》卷3《尊宿住持品·题名》，第53页；《杭州上天竺讲寺志》卷4《列传》，第72页。
④ 《圣因接待寺志》卷2《法统》，第35页。
⑤ 《圣因接待寺志》卷2《法统》，第36页。
⑥ 《大昭庆律寺志》卷8《僧伽上》，第102页。
⑦ （清）释自融撰，释性磊补辑《南宋元明禅林僧宝传》卷12《虚白昱禅师》，第637页。

“一住三十载”[①]。正统六年（1441）六月，示寂，世寿七十，腊五十五。

永远，字无方，南直隶句容（今属江苏）人。庄严静默，究心玄要。“虎丘得心印后，登坛棒喝，四方立雪者千人”。平时志切普济，恒以医药拯人危，故人称“药王菩萨”。永乐间，“靖难之役”后，南京疫疠时行，死亡狼藉。永远驻锡栖霞寺、香林寺、牛首寺诸处，以丹剂救人，“几活累万人命”。又设瑜伽法，“消兵爕祲”。据说“灾疠顿止，四境帖然”。永乐十一年（1413），抵杭，寄居妙行寺。越三年，应请主院事，为第十九代住持。他“精持戒律，为众纲领”。后增建殿堂，购地实寺，分房析舍，“择道行老成者主之，俾永久扶翼禅室”。时妙行寺“常住食指日以六百计，云水参访者月有数千人，而食鼎蔬盘，曾无匮乏”。史称其“不独禅理入三昧，经济亦超超靡及矣”[②]。正统元年（1436），示寂，寿六十六。

普周，日庵慧皎法嗣，大昭庆律寺住持。“性行刚果，三业纯贞，四仪整肃”，日诵《法华经》为课，募建堂宇，有功常住。永乐十八年（1420），趺坐唱佛而逝，葬六通寺旁。后嗣有汉章云、天泽霖二支[③]。

性空，字思扩，临济宗，浙江慈溪人，徐氏子。参无文本褧。永乐十九年（1421），迁住灵隐寺，为第六十九代住持。后被征入京，编刻《大藏经》(《永乐北藏》)，授僧录司左觉义。洪熙元年（1425），寂于京，塔寺在天香庵[④]。

伯珪，永乐初，为下天竺灵山寺住持[⑤]。“道范严肃，与古春叟［如兰］并著”[⑥]。

能守，号节庵。永乐间杭州菩提律寺僧，被征纂修《永乐大典》[⑦]。

朴原，字智淳，永乐间杭州菩提律寺节庵能守法嗣[⑧]，后为住持。被征纂修《永乐大典》。正统年间，主大昭庆律寺。后主灵芝寺。正统七年（1442），“召传戒律”[⑨]，“奉旨开坛说戒，为天下传戒宗师”。景泰六年（1455），辞朝，“沐浴坐化”[⑩]。

别原，永乐间杭州菩提律寺僧，被征纂修《永乐大典》[⑪]。

约宗记，“智淳宗师之再嗣”，即朴原法孙。永乐间，住于杭州菩提律寺，“以高

---

① （清）释超永《五灯全书》卷 59《临济宗・南岳下第二十六世・邓尉持禅师法嗣・杭州东明虚白慧旵禅师》，第 234 页。
② 《圣因接待寺志》卷 2《法统》，第 36-37 页。
③ 《大昭庆律寺志》卷 9《僧伽下》，第 117 页。
④ 《灵隐寺志》卷 3 下《住持禅祖》，第 56 页。
⑤ （明）王洪《游西山记》，《杭州上天竺讲寺志》卷 10《游记》，第 166 页。
⑥ 《天竺山志》卷 9《列传》，第 328 页。
⑦ 《武林梵志》卷 1《城内梵刹》，第 16 页。
⑧ 《大昭庆律寺志》卷 8《僧伽上》，第 102 页。
⑨ 嘉靖《仁和县志》卷 10《人物・释道》。
⑩ 《大昭庆律寺志》卷 8《僧伽上》，第 102 页；《武林梵志》卷 1《城内梵刹》，第 16 页。
⑪ 《武林梵志》卷 1《城内梵刹》，第 16 页。

行被召”。后受命住持大昭庆律寺，“闭禅堂门，不纳官”①。

宗净，字月江，号月清、圆照，浙江金华倪氏子。母梦僧而生。幼聪颖，“授以经文，即能成诵”。稍长，出家正觉院，礼僧文译为师。年十七，剃发。受具足戒后，往杭州“习静业”。因诵《楞严经》，豁然开悟。咨扣宗门巨擘双林訚，“如针芥相投”，命为维那。后游径山，至京师天界寺，住持道成延掌藏钥。印《大藏经》一部，送正觉院。“道誉日彰”，众推为三衢正果禅寺住持，“五载之间，兴废举坠，人咸钦仰”。明成祖校刻《大藏经》，宗净应诏赴京，居海印寺，“数蒙恩赐甚渥”。事毕回南京，复倾己帑印造《大藏经》一部，“送至当山”。宗净“得传临济正派，乃大慧七世孙也”。当时公卿大夫如少师姚广孝等，“咸赠诗文，相共称许”。灵隐寺住山昙缵重其学行，“延居第一座”。洪熙元年（1425），应请为径山寺住持，为第六十五代住持。他整顿重建，“率苾刍辩正宗绪，扶立教基，往来云水，悉有依庇”②。正统七年（1442）三月，示寂。世寿六十七，僧腊五十一。

良玠，字伐石，浙江杭州海昌人。止庵德祥，“其师也”。永乐后期，住持苏州虎丘云岩禅寺。他承前而继续重建，使这座洪武废寺“始复完所”③。宣德九年（1434），住持灵隐，为第七十四代住持。先是寺灾，至此“建竖”④。

宗妙，字觉庵，号堆云叟，浙江钱塘（今杭州）赵氏子。十岁，从慧云訚落发。后往参灵隐寺空叟忻悟，忻悟命主藏室。已而分座代演，为忻悟法嗣。后主嘉兴广法寺，复迁杭州万寿寺、报国寺。凡三坐道场，“所至颓废，一力新之，众随推掌僧之都纲，惟振宗风为己任”⑤。《新续高僧传四集》则称宗妙被“荐为副都纲，精修力践，以振起宗风为己任”⑥。宣德初，主净慈寺，为第八十七代住持。他重建山门、大殿，“每升座说法，音吐如洪钟，入寺聚听者莫不欢喜，敬信崇奉焉”⑦。正统八年（1443）七月，示寂。

景隆，字祖庭，号空谷，南直隶苏州吴县（今江苏苏州）洞庭鼋山陈氏子。生于洪武二十六年（1393），父月潭居士，母金氏。童时不茹荤，“趺坐若禅定”。永乐十年（1418），从弁山懒云智安和尚受学参禅，“虽家居，而湖海禅伯如古拙和尚辈，靡不参谒”。十八年，出家于虎丘云岩寺。宣德二年（1427），诣杭州昭庆受戒，随智

① 《大昭庆律寺志》卷9《僧伽下》，第118页；《武林梵志》卷1《城内梵刹》，第16页。
② （明）胡濙《月江净师圆照塔铭》，（明）宋奎光《径山志》卷6《塔铭》。
③ （明）杨士奇《东里文集》卷25《虎丘云岩寺重修记》。
④ 《灵隐寺志》卷3下《住持禅祖》，第56页。
⑤ 《净慈寺志》卷9《住持二》，第208-209页。
⑥ （民国）喻谦《新续高僧传四集》卷52《明杭州净慈寺沙门释宗妙传》。
⑦ 《净慈寺志》卷9《住持二》，第208-209页。

安住灵隐寺七年。后往天目礼祖塔，憩锡一载，“刻苦参究，忽有省”，得智安印可，为临济宗第二十四世。晚年在西湖修吉山卜地为生圹，筑室而居，名“正传塔院”[①]。正统九年（1444），他自作塔铭，时年五十二。他反对参话头公案，强调念佛是修行捷径，倡导三教一致，“心宗洞达，机辨峻拔，儒释通贯，事理交融”[②]。著有《空谷集》三十卷。成化二年（1466），示寂。

如真，杭州灵芝崇福律寺僧。宣德间，征校修《大藏经》[③]。

如圭，字大章。疑为天台宗高僧竺隐弘道法嗣[④]。宣德间，住持中天竺寺。“以念佛三昧为提倡，学者宗之”[⑤]。正统初，迁主净慈，为第八十九代住持[⑥]。

立中成，浙江钱塘（今杭州）孙氏子。母梦僧而生，幼不茹荤。年十三，求出家，父母许之。投慈光寺僧若山安为师，受具。首谒净慈寺祖芳道联请益，豁然省悟，道联命入室侍香。解职归，于杭城北郭建普明禅寺。退席后，继主慈光寺，“重整本山，宏开法席，海众常臻”[⑦]。正统八年（1443），坐化。寿八十三。

法鉴，字无碍，南直隶太平（今安徽黄山）人。正统元年（1436），主妙行寺，为第二十代住持。“禅行既超，诗学亦邃”，与名士徐友谅等结为方外交，联章赠答。六年，示寂，寿六十一[⑧]。

文皞，字元明，浙江钱塘（今杭州）人。正统元年（1436），为妙行寺第二十一代住持。他“普心为众，精修戒行，皈依者闻风而至”。九年，建千佛阁，拓方丈，事竣退院。成化十五年（1479），示寂，寿八十二[⑨]。

庆云，字汉章，大昭庆律寺僧，为普周法嗣、慧皎再嗣。正统元年（1436），“登坛开戒，铸大钟，建藏阁、鼓楼”[⑩]。

智住，字无相，道衍法孙。“深通藏海，兼涉儒道”。尝对明宣宗说法，“大称厥旨，赐度牒二十纸，着驰驿南归”。他“掩关谢世，萧然自得”。偕法孙瑾无暇“赓唱禅余，以娱岁月”，人称“缁流之绣虎”[⑪]。正统四年（1439），主上天竺寺，为第六十一代住持[⑫]。

① 《续武林西湖高僧事略·大明空谷隆禅师》，第 34 页。
② 《武林梵志》卷 11《古德机缘·天目山》，第 310 页。
③ 《武林梵志》卷 1《城内梵刹》，第 12 页。
④ （明）佚名《续佛祖统纪》卷 2《我庵无法师法嗣·法师弘道》，第 750 页。
⑤ 《天竺山志》卷 9《列传》，第 328 页。
⑥ 《净慈寺志》卷 9《住持二》，第 209 页。
⑦ 《武林梵志》卷 10《古德机缘·慈光寺》，第 287 页。
⑧ 《圣因接待寺志》卷 2《法统》，第 37 页。
⑨ 《圣因接待寺志》卷 2《法统》，第 37 页。
⑩ 《大昭庆律寺志》卷 8《僧伽上》，第 101-102 页。
⑪ 《杭州上天竺讲寺志》卷 4《列传》，第 72 页。
⑫ 《杭州上天竺讲寺志》卷 3《尊宿住持品·题名》，第 53 页。

戒伦，字物初，浙江海宁人。“素持《金刚咒》”，据说“十余年无间，灵应非常”。先后结茅罗浮、南岳诸山，“天人送供，师暨谢却”。后至杭州，驻于西湖大佛寺。正统五年（1440），官员延为妙行寺第二十二代住持。景泰初，趺坐而化。寿六十七[①]。

无际，本杭州圣果寺懒耕子敬禅师法嗣。后开法桐乡戒坛院。正统五年（1440），“为师塔事，退归圣果”。天顺年间，“送师灵骨事毕”，慨圣果寺祖席荒废，遂嘱弟子芥庵“自此住持”[②]，后延续不绝。

普慈，号海舟，南直隶苏州常熟（今属江苏）钱氏子。出家于破山。听讲《愣严经》，有疑。往参万峰时蔚，有省，“遂承付嘱”。庐于洞庭山坞二十有九年，往杭州参东明寺慧昱禅师，因琉璃灯坠地而大悟，慧昱为“升座付法”，为法嗣。正统六年（1441）慧昱示寂后，普慈欲归洞庭山，众请继席，遂为东明寺住持。景泰元年（1460），示寂，寿九十六，腊七十四[③]。

智源，字古渊，浙江仁和（今杭州）袁氏子。七岁即欲出家。宣德四年（1429），出家千佛寺，依佛性空善受具。正统二年（1437），赴京，试经得度。寻参临济宗高僧雨庵祖渊于大功德寺，有契，“遂命侍香”。未几，“升掌藏钥”。九年，还杭州，诸山以部札迎主真珠寺。自景泰五年（1454）至成化四年（1468），先后迁主万寿寺、千佛寺、中天竺寺等，“凡四住名山，所至颓废具兴，云水毕集”。成化十年（1474），复升净慈寺，为第一百代住持。他“修葺大雄、应真诸殿，增饰像貌，且建东、西坊门，以揭南山翠屏之胜”，“自是宗风益盛”。开堂说法，“集名衲百余人，愤激力参，学者多从脱粘，大有悟入”。净慈寺“百代相继，法席益盛”。住持十二载，创塔院退隐，额曰“万峰深处”[④]。

宗静，号照庵，别号恬轩叟，浙江杭州高氏子。自幼端重颖悟，读书过目不忘。稍长，投净慈寺僧岳雉染，深究华梵典籍。适祖芳道联领院事，宗静依之参禅，获印可，命掌藏室。永乐四年（1406），道联应召纂修《永乐大典》，宗静随行。后道联因罪谪五台山，宗静亦从侍在侧，事师弥谨。其师寂后，函其骨，归葬南屏，守塔数载，“孝义之行，名于海内”[⑤]。九年，出主京城佑国寺。宣德初年，迁主奉化雪窦寺。

---

① 《圣因接待寺志》卷2《法统》，第37页。

② 《凤凰山圣果寺志·历来住持》，第46页。

③ （明）释净柱《五灯会元续略》卷4上《临济宗·南岳下二十七世·东明昱禅师法嗣·湖州东明海舟普慈禅师》，《卍新纂续藏经》第八十册第1566号，第518页。按，（清）湛潜《东明寺志》卷上《僧》（黄金贵、曾华强点校，上海古籍出版社2012年版）收录该僧作“永慈”，并据《金陵东山翼善寺行实碑》改写成传记，然其所记载“永慈”实为南京东山翼善寺僧，而与东明寺无关。故《东明寺志》又辩称，行实碑文漏载永慈在东明寺事迹，然而在辩解文后又附“《祖灯》”所载普慈事迹。实际上，永慈与普慈为二僧，永慈为翼善寺僧，普慈为东明寺僧，《东明寺志》误。

④ 《净慈寺志》卷9《住持二》，第210-211页。

⑤ 《南屏净慈寺志》卷4《法胤》，第87页。

越五载，谢院事，归隐净慈寺藕花居。正统十年（1445）十二月，僧录司任为净慈寺住持，为第八十八代住持。他“阐扬宗旨，缁白推从”。朝廷因此颁赐《大藏经》，以示宠异。十二年，赴京谢恩，馆于弥陀寺。翌年十月，示寂。世寿七十六，僧腊六十，有三会语录行世①。

广衍，号南宗，浙江宁波人。初出家于杭州净慈寺，礼僧照庵宗静为师。后受学于前住持僧希古师颐。宣德九年（1434），至京师，又从僧空寂“参问道要”，“深有悟入，学行益进，而声誉日隆”。正统改元，宦官张定安等欲重修都城北五里之金刹弥陀禅寺，举为住持，督工重建，英宗赐寺名弥陀寺。寺成，“精勤佛乘，而又能崇立教基”，“朝夕率其徒敷扬教典，祝圣寿于亿万年”②。景泰三年（1452），迁主杭州净慈寺，为第九十代住持。天顺元年（1457），除僧录司右觉义。七年正月，坐逝京师③。

铭兴，号大云，浙江平湖人。景泰四年（1453），主妙行寺事，为第二十三代住持。平易近人，至性恬淡，“好禅定，丈室中惟白榻一张，老僧一人供洒扫而已”。里中高士访之，每称为“古佛”④。成化二年（1466），示寂，寿六十五。

觉征，字号、籍贯等不明。时人陈璇作《征法师像赞》，称其“貌古而神清，胆雄而志宏”，“从佛国出古庭而受经，抑不愧为大报恩重开山一代唯庵之上足”，则其为南京僧录司官、大报恩寺首任住持唯庵实上首弟子。“禅讲丛林之寺院，倚之而纪纲益振；衡台宗门之教法，得之而箕裘克承”，兼通禅、讲。景泰间，为杭州广教寺僧，“潜心文墨，博通经史”，注纂《百忍箴》行于世，又以钵资筑江涨桥、华光桥、塘栖跨塘桥，“不忝续传世之真灯”⑤。

别宗演，天顺四年（1460）主净慈寺，为第九十四代住持。英宗“钦赐内帑，命建禅堂，接待云水”⑥。

季善（或作本善），号毒峰，祖籍南直隶凤阳（今属安徽），俗姓吴，其父宦游广东雷阳时生。“稚小以佛事为儿戏”。十七岁出家，初投源明和尚，源明示以无字公案。正统八年（1443），入闽参无际禅师，闭关参究，闻钟声有省。次见蒙隐、楚山。又见月溪觉澄，获印可。“从前打七掩关，晓夜无怠，历尽百倍苦功，乃得大彻”。天顺四年（1460），赵氏建西湖三塔寺，请其开山。继兴天目山昭明寺、吴山宝莲寺、

① （清）释超永《五灯全书》卷57《南岳下二十三世·祖芳联禅师法嗣·杭州净慈照庵宗静禅师》，第220页。
② （明）王直《抑庵文后集》卷5《弥陀寺记》。
③ 《净慈寺志》卷9《住持二》，第209页。
④ 《圣因接待寺志》卷2《法统》，第38页。
⑤ 《武林梵志》卷4《广教寺条》，第75-76页。
⑥ 《净慈寺志》卷9《住持二》，第210-211页。

南山甘露寺。成化十六年（1480），掩关石屋寺。十八年，慈云岭天真寺僧宗纲请其赴寺兴建。事竣，“即掩关杜人事”，“涵养陶汰”。寂后，门人辑其言论行实，为《昭明甘露天真三处语要录》[①]。季善重兴杭州寺庙多所，一生苦修炼行，倡导念佛禅，是明代中期杭州最有影响的高僧之一。

昙素，号白云，浙江平湖人。杭州妙行寺僧。正统初年，住持元明文皞禅师“高弟”，为“西堂领众”，“众皆钦服其机语警敏”。他“于禅理外，颇事笔墨”，为学士大夫称道。天顺五年（1461），推为妙行寺第二十四代住持。成化初年，官绅荐为灵隐住持。成化二十二年（1486），示寂，寿七十二[②]。

慎庵祥，浙江杭州海昌李氏子。幼时“怀出世志”，礼灵隐寺僧玉衡玑为师。“天生颖悟，经书过目成诵”。地方官欲使其为县学生员，他“固却之”，剃发出家。不久，受具戒于灵隐前住持全庵理，“会中典其藏，染指法味”。璧庵璘任住持，慎庵祥为书记，嗣其法。“会中微辞奥旨，研精覃思，弗明弗措，学日充，名日著”。景泰间，出主仁和显宁寺，缁素向慕。天顺间，担任灵隐寺住持，“废坠毕举，禅规严饬，大开炉鞴，钳锤后学”，学者景从。时方丈两庑顿弊，“倾橐葺之”。又修盖大殿，“焕然一新”，有“中兴之功”[③]。示寂，寿七十三，腊五十五。

大沾，字雨庵。习天台宗，为南洲溥洽法师得法弟子。成化十年（1474），为上天竺寺第七十二代住持。官至右觉义[④]。

宗茂，字古林，浙江海宁人。“学识高古，为世所宗”。初开法于金粟寺，“四方龙象趋承者三千人”。成化十三年（1477），应杭州官绅之请，为圣因接待寺第二十五代住持。“整饰颓圮，百度俱备”[⑤]。弘治十五年（1502），示寂，寿六十五。

昙茂，字古林。成化年间杭州大圆庵僧，重建观音殿等，“昔之殿宇门庑，焕然一新”，又预建灵塔于庵后。成化十五年（1479）进士张天锡撰《古林讲师塔铭》，称其“今春秋八十，宛若少壮，度徒一十人，预营师归藏石塔于庵后”[⑥]。

道泽，月江和尚法嗣。先住持苏州承天寺，成化十年（1474）七月重建大雄宝殿，“六年而功始完”。于是“领郡荐，来受都纲之命”[⑦]，任苏州府僧纲司都纲。后居杭州吴山宝奎寺，“日持《金刚经》为课”。游天目山，重建昭明道场。还山，宝奎寺“寺

---

① （明）释明河《补续高僧传》卷16《毒峰善传》；《武林梵志》卷10《古德机缘·湖心寺》，第266-267页。
② 《圣因接待寺志》卷2《法统》，第38页。
③ （明）释广原《本寺住山慎庵详禅师行业记》，《灵隐寺志》卷6下，第109页；《灵隐寺志》卷3下《住持禅祖》，第56-57页。
④ 《杭州上天竺讲寺志》卷4《列传》，第73页；卷3《尊宿住持品·题名》，第53页。
⑤ 《圣因接待寺志》卷2《法统》，第38页。
⑥ 《武林梵志》卷4《北山分脉》，第87页。
⑦ （明）吴宽《承天寺重建大雄殿记》，（明）周永年《吴都法乘》卷10《坛宇篇》，《文渊阁四库全书》本。

迹瓜分，仅见沧石与殿基"。奏请恢复，遭逮系，"仍日持《金刚经》不彻"。半年后获释。二十三年，重建宝奎寺[①]。

法讯，字实庵，大昭庆寺住持静中善宁法嗣。成化二十二年（1486），住持大昭庆寺。"志誓恢复，呈禀二司，达于朝廷，遂得吴汝辉重建"[②]。

永顾，字本源，号性庵，浙江宁波鄞县（今宁波）人。系出名族，十岁丧母，服阕出家。郡都纲竹庵问应度为法孙。他"笃意释典，暇攻儒术"。既而谒南京僧录司官唯庵实，深得器重，为书状侍者。不久转忏首。杭州梵天寺住持空缺，唯庵实命永顾往主之，凡七载。他刺血书《妙法莲华经》《阿弥陀经》，"报父母恩"。僧录司官心田霆延其为南京大报恩寺都讲，"阐扬《法华》奥旨，听者川涌"。官绅荐主杭州上天竺寺，"启滞觉迷，举废兴坠，为之一新"。十年后，约当天顺、成化年间，为都纲，"复表率九邑"。又居官十稔，"无少瑕颣"[③]。能诗，曾与司经局洗马杨守陈（景泰年间浙江解元、进士）等唱和[④]。著述有《讲贯结偈》《朝野赓歌》《山居倡和》《缶音》等集。

静中讲主，"每为下竺忏首，蔚著贤声"。后为上天竺寺首座，"益新风范"[⑤]。

士瓛，字秉中。天资警敏，素履端醇，爱读儒书，兼长唐律。从上天竺寺掌教性庵永顾"究天台教观，诸山推毂"[⑥]。

住无相，上天竺寺僧。"寺大界相石，皆其所立"，"熟《法华经》如注"[⑦]。

西源涌，曾主杭州上天竺寺。老居苏州城西之兰若。约当成化年间，与当地诗人"连床夜话"，"出玉杯传饮"[⑧]，为杜琼误碎，西源涌不为怪。

智明，字月溪，浙江杭州汤镇杨氏子。出家东山寿圣寺，复从南山演福寺僧圆照才法师受业，"深究天台性学"。后于东城结庵，"坚修净业，缁白皈依"[⑨]。年七十二，书偈而化。

休休翁，四川僧。成化间，寓杭州仙林寺。弘治八年（1495），应净慈寺请讲法[⑩]。

大明，又名幻寄，号雪庭，一号梅雪隐人，浙江杭州仁和（今杭州）人，俗姓桂。

---

① 《武林梵志》卷1《城内梵刹》，第22页。
② 《大昭庆律寺志》卷9《僧伽下》，第118页。
③ 《杭州上天竺讲寺志》卷4《列传》，第73页；卷1《普门示现品·喜雨咏》，第37页。
④ （明）杨守陈《游天竺记》，万历《钱塘县志·纪文》。
⑤ 《杭州上天竺讲寺志》卷5《别传》，第86页。
⑥ 《杭州上天竺讲寺志》卷5《别传》，第86页。
⑦ 《杭州上天竺讲寺志》卷5《别传》，第86页。
⑧ 《杭州上天竺讲寺志》卷5《别传》，第85页。
⑨ 嘉靖《仁和县志》卷10《人物·释道》。
⑩ （明）释明河《补续高僧传》卷16《雪庭传》；《武林梵志》卷11《古德机缘·仙林寺》，第293页。

景泰七年（1456）生，为家中少子。毁齿丧父，患痘风，因得目疾，数求出家。十五岁寻师，“唯邪解”。成化九年（1473），参休休翁于杭城仙林寺，“一见契合，受无字公案”。十七岁正式剃发。“日夜研究”。因阅《楞严经》，有疑。后在江阴乾明寺，忽睹万佛阁金碧峥嵘，有省。弘治改元除夕，闻钟声而悟。弘治八年（1495），又随休休翁于净慈寺，“蒙印可”。所著有请益、警进、拈古、颂古、拟寒山、和永明诗偈等，凡二十卷，号《幻寄集》行世[①]。

恩荫，字松儿。通禅讲，能诗文。弘治元年（1488），住持大昭庆寺，“立勋昭庆”[②]。

文怀，字用仁，净慈寺第一百二代住持。弘治十五年（1502），孝宗以各地屡有所谓灵异，命宦官赍帑金赐文怀，“俾葺天王殿宇，为民祈福”。次年，“复赐内帑若干，增修阿罗汉殿”[③]。

慧定，字南宗，浙江仁和（今杭州）人。正德四年（1509），为妙行寺第二十七代住持。他“悯统系历久易湮，辑本寺历来住持次序并建造功迹，汇为一编”，名《妙行流芳集》”。又见殿堂剥落，“凡寺所宜整者，一一增补，以称庄严”[④]，整修寺院。

归定，字铁峰，北京僧。与镇守太监善云游。正德八年（1513），为上天竺寺第七十七代住持。创白云堂，为退院[⑤]。

智峘，字玉岗，浙江钱塘（今杭州）人。“道行玉洁，风标岳峻”。参竹蓖子话头有省。正德八年（1513），主圣因接待寺，为第二十八代住持。“安禅结制，规镬森然”[⑥]。

士良，字玉田，浙江平湖人。正德十一年（1516），为圣因接待寺第二十九代住持。“分豁该里役事”[⑦]。嘉靖三年（1524），重建左家桥。

圆果，字祇园。“少而离俗，负大智慧，三藏经论，总持若橐”。参五台山、伏牛山诸耆宿，“为秀法师上足”[⑧]。正德年间，住持杭州碧峰山麓佛慧寺，“阐扬宗教，皈依云集”，又请得《大藏经》，“永镇梵刹”，“建阁修葺，焕然一新”[⑨]。

圆朗，祇园圆果之弟。与其兄俱少年出家，相与参访，“为秀法师上足”。佐圆果

---

① 《武林梵志》卷 11《古德机缘・仙林寺》，第 293 页。
② 《大昭庆律寺志》卷 9《僧伽下》。第 123 页。
③ 《净慈寺志》卷 9《住持二》，第 211 页。
④ 《圣因接待寺志》卷 2《法统》，第 39 页。
⑤ 《杭州上天竺讲寺志》卷 5《别传》，第 86 页；卷 3《尊宿住持品・题名》，第 54 页。
⑥ 《圣因接待寺志》卷 2《法统》，第 39 页。
⑦ 《圣因接待寺志》卷 2《法统》，第 39 页。
⑧ （明）王世贞《佛慧寺白业堂记》，《西溪梵隐志》卷 4《纪文》，第 102 页。
⑨ 《西溪梵隐志》卷 2《纪刹》，第 28 页。

住持佛慧寺，"埙篪倡和，不为异宗"。嘉靖间，圆果示寂，圆朗继之。他"颀皙而长，面若满月，每升座说法，巍巍金山海潮之音，听者惊悚"，"法席愈盛，诸衬施云集"。购地而建白业堂，为佛慧寺别院。年"未五十而示病现化"。门徒真相、如莲、性印等"奉遗体瘗于堂之前而塔焉"[①]。

月林镜，浙江杭州人。少颖异，稚龄出家，弱冠剃染，专净业。"得正度于无传，嗣法于东屿"，为灵隐寺东屿德海禅师法嗣。出世住径山寺，为第八十代住持。正德十四年（1519），归寂，年八十六。塔凌霄东崖[②]。

吉庵迪，正德间，居于昭庆寺。精戒律，擅医术[③]。

宗林，字大章，号朽庵，浙江杭州人，俗姓宋。幼孤，母忧其不能自立，舍送普宁庵。"诵经执务，能得师欢心"。及长，"精戒行，起息必慎"。能诗文，"不漫作，作必惊人"。性至孝，虽出家，孜孜以母为念。弘治八年（1495），被征到京，"命为登坛大戒主，为学佛者师"。后提督五台山，"校正《清凉通传》入藏"。正德间，武宗钦赐"大宗师"称号，授紫衣玉带，并在西直门外大香山寺建宗师府居之，宗林淡然处之。后因思白发老母，奏请南还[④]，"栖隐于杭之安隐、净慈间"。嘉靖初，"游都下，屏迹香山，开万寿戒坛，诏选宗师，为十座首，说演毗尼"。世宗奉道教，宗林上书规劝，请弘护佛法，世宗"不以为忤"。临终，有辞三宝、辞世诗，题曰《浮生梦幻篇》，及《香山梦寐集》传世[⑤]。

明秀，字雪江，又号石门子，浙江海盐王氏子。弘治、正德间诗僧。祝发天宁寺。为楚石梵琦九世法孙。晚年习定于钱塘胜果寺，"老复归化邑之海门"[⑥]。有《雪江集》三卷。

永果，山西人。嘉靖年间崇寿院（保叔寺）僧，有戒行。嘉靖元年（1522），寺塔毁。二十二年，永果募缘重建保叔塔，民众"多助，咸称'老山西'"[⑦]。二十四年，又重建定慧禅寺（虎跑寺）[⑧]。

圆果，号香林，南直隶镇江（今属江苏）人。"离俗既久，操方有年"，为"高行沙门"。嘉靖三年（1524），游历至杭州，"长行分卫，夜宿三门"，即远途乞食，夜里歇宿于寺院山门。时在仙林律寺，檀信见其苦寒，制新衣相赠，"送斋作供，络绎

① （明）王世贞《佛慧寺白业堂记》。
② 《武林梵志》卷10《古德机缘・径山寺》，第252-253页。
③ 《大昭庆律寺志》卷9《僧伽下》，第129页。
④ （明）释明河《补续高僧传》卷25《宗林传》。
⑤ （清）钱谦益《列朝诗集小传》闰集《朽庵林公》。
⑥ （清）钱谦益《列朝诗集小传》闰集《雪江秀公》。
⑦ （明）田汝成《西湖游览志》卷8《北山胜迹・宝所塔》，第99页。
⑧ 《武林梵志》卷2《城外南山分脉》，第39页。

蜂聚”。圆果厌拒，遁至北高峰绝顶，“假一席之地，缚草为团瓢，止观其中”。敛足六载，冬雪无伤，颇多神异。后至智果山无门洞，掘得旧佛像，募构小殿。杭州守备太监郭某“设食济饥”，请主护国仁王讲寺。“是后两山凡遇禅讲，咸以师笃实，充为司库，四众举称库头云”。圆果“高行深修，卧雪旬余，居山数载，出则经新古刹，处定动恒然之间，在佛法季运，利益众生，所度弟子若缁若素，不下千计”[①]。

佛供，浙江宁波人。自幼持斋，清性虚默。出家天童寺，后游至仁和梁婆桥东觉圆寺，爱其寺僧朴实纯雅，“遂奠居焉”。他“常端坐习静，行住坐卧，未尝离也”。嘉靖七年（1528）正月，“得道坐化”[②]，寿七十七。

清涌，字大潮，浙江钱塘（今杭州）喻氏子。“前住凤林寺”。嘉靖间，居净慈寺，为第一百零六代住持。嘉靖二十七年（1548），重修钟楼[③]。

道富，字了然，浙江钱塘（今杭州）人。继大潮清涌，为净慈寺第一百零七代住持。嘉靖三十二年（1553），修葺山门。时倭寇围城，巡抚李天宠欲毁寺御倭，道富泣争获免[④]。

慧林，字万松，别号双径，俗姓沈氏，浙江仁和（今杭州）人。“生禀异质”，“耽玩佛书”，父母舍为杭州法轮寺僧，师事僧实庵坚。寺僧多习瑜伽教忙于荐亡，“罔知出世大法”。慧林愀然，“素闻天目平舒老人道行超卓”，即别师投礼，“获闻心要”。一日，闻猿鸣而有悟。入京师，“徘徊诸讲肆中，研究玄奥”。是时，伏牛山空幻大觉寓止广德禅林，慧林诣之，自陈所解，遂得法，为临济第二十六世。已而入川峡，登峨峰。复归于杭。嘉靖二十九年（1550），迁径山，“绝迹于府城”[⑤]。时慧因寺寺废僧散，“不克支撑废坠，延师入寺”。慧林“悯其诚，计以动众设坛，讲《华严》秘义”，“听者云集，日以千记”[⑥]。因得罪当道，不久“拂衣去”。精于《圆觉》《金刚》《法华》《楞严》诸经，为人讲说，“谆谆靡厌”[⑦]。嘉靖三十六年（1557）冬，微疾而化。寿七十六，僧腊五十八。

明得，号月亭，万松禅师法嗣，又号千松，浙江乌程（今湖州）周氏子。尝随父参加佛会法事，由此好佛。依庆善庵祝发，“初习瑜伽佛事，知非而弃之”。先谒僧海百川，“法机不契”。遂遍参名宿，备历艰辛，益发愤厉志。遇万松慧林于中天竺

① 《武林梵志》卷5《北山分脉》，第108-109页。
② 嘉靖《仁和县志》卷10《人物·释道》、卷12《寺观·城外寺院》。
③ 《净慈寺志》卷9《住持二》，第211页。
④ 《净慈寺志》卷9《住持二》，第211页。
⑤ 万历《杭州府志》卷90《人物二十四·仙释》。
⑥ 《慧因寺志》卷3《祖德》，第12页。
⑦ 万历《杭州府志》卷90《人物二十四·仙释》。

寺，“授以摄心念佛法”，因留侍左右，朝夕参承，凡十载。一日，阅《楞严经》，“豁然契入”。又入径山，结茆凌霄峰绝顶，独坐三年，“四方禅侣，接踵而来”，明得“随机响应，无不迎刃而解”。迁主径山传衣庵，讲《楞严经》。游天台，讲《华严》等经，“化外道以千计”。比归，为杭州知府吴用先延请演法于灵隐寺。诸官员又以天池寺、圆证寺、秀水东禅寺延请。所至“保护正法，毅然不为身谋”，“而视外道如仇”，“同衣有过，讥弹不少借”[①]。万历十六年（1588），示寂，寿五十有八。

广霨，字日庵。昭庆寺僧，“出永福房”。嘉靖三十四年（1555），兴复本寺。“奉礼部札，开坛说戒，僧众如归，不减庆历之盛”[②]。

智瓒，字玉岩，号北干。大昭庆寺僧，“出慈受房”。继日庵广霨“登坛说戒，道冠诸方”[③]。

恩嵩，字大年，亦称大岩，号松石。成化年间大昭庆寺住持静中善宁法孙。性好学，“通内外典，能诗，擅书法”。“初为天竺书记，后主席法相寺及普福寺”。继主大昭庆寺，“佐广霨兴复，功居多”[④]。

觉蕙，号竹山，浙江海宁盐官张氏子。“性好禅咏，与从兄古梅颛同依玉虚竹、东海云，交相砥砺，雅尚风标”。嘉靖三十四年（1555），为上天竺八十六代住持。“秉拂白云堂，以兴衰起弊为己任”。晚构觉照楼，“为燕寝以送余年”[⑤]。

道通，字无碍，浙江钱塘（今杭州）人。先住持下天竺寺。后继了然道富，为净慈寺第一百八代住持。嘉靖三十八年（1559），寺被焚毁，修复方丈[⑥]。

真龙，号伴云。嘉靖三十八年（1559），捐资建庵于杭州桃源岭，俗称伴云庵，亦称“桃源居”。后其法孙净源、性良、性纯、海月重修，改名“真觉院”[⑦]。

寂心，字精斋。“性果敢负气”。杭州云居圣水寺僧。“师事少峰，为中峰法派也”。嘉靖三十九年（1560），有“太史”即翰林院官某怂恿官员，欲毁寺逐僧，为父葬地。僧众畏惧，独寂心抗争。地方官为某门下士，拘毙之，暴尸数日，“颜色不变”。某惭阻，“寺赖以全”，寺僧崇祀，“与中峰埒”[⑧]。

如性，嘉靖四十年（1561）应请卓锡杭州履泰乡李阳所建佛庵，“严净毗尼，精诚念佛，以豆为记，满四十八石”，持戒念佛，据说“临终天乐迎空，弥陀接引，人

① （明）释明河《补续高僧传》卷5《万松千松百松传》。
② 《大昭庆律寺志》卷8《僧伽上》，第102页。
③ 《大昭庆律寺志》卷8《僧伽上》，第102页。
④ 《大昭庆律寺志》卷9《僧伽下》，第118页。
⑤ 《杭州上天竺讲寺志》卷4《列传》，第73页；卷3《尊宿住持品·题名》，第54页。
⑥ 《净慈寺志》卷9《住持二》，第212页。
⑦ 《武林梵志》卷4《北山分脉》，第82页。
⑧ （民国）喻谦《新续高僧传》卷34《明杭州云居圣水寺沙门释寂心传》。

遂以弥陀名其庵”[①]。

真觉，号百松，南直隶苏州昆山（今属江苏）王氏子。已娶妻，偶随僧游杭州，遂入锅子山祝发。居月余，“往吴门受具戒”。其时，“议锋已不可当”。不久，谒千松明得于湖州，“录置下座”。后出为住持，“遂为千松拈香而嗣”。嘉靖四十三年（1564），应请赴天台山讲经，“所讲《楞严》若干座，《法华》若干座，《妙宗钞》若干座，惟《法华玄义》一座而已”。人称其“独精天台”，与千松明得并称江南“二法师”，“俱东南无畏光明幢也”[②]。

广莫，号仁安。嘉靖初，住杭州秦亭山普慈院。多著述。初从千松明得游，执经问难。复偕密藏道开，“结制大云［庵］，习禅那行”。听道开“还从教入”之勉，“于是历诸讲席”。万历十三年（1585）、十四年间，往杭州福田寺、灵峰山寺听百松真觉讲《法华经》《法华玄义》等，“洞契会三归一之旨”[③]。二十年，参云栖袾宏，皈心净土。曾刺指血书《华严经》一部、《法华经》二十部。后在普慈院“觅地竖窆，深卧其中”，董其昌题“安法师墓”[④]。

法聚，字月泉，号玉芝，浙江嘉兴富氏子。少孤贫，资质慧敏，好读书，每就寺僧借阅经典。年十四，出家海盐资圣寺。“矢志参学，初见吉庵、法舟二宿，未甚启发”。听王守仁“倡良知之指”，“言相契”。闻南京碧峰寺梦居禅师之名，荷笠往参，得悟。后隐居天池山，“构精舍”，颜曰“玉芝”，“二十余年说法其中”，“衲子闻风而至，渐成丛林”[⑤]。与王艮等“发明心地，会通儒、释之旨”[⑥]。嘉靖间，曾至净慈寺，有和天顺年间吏部尚书钱溥诗韵，被赞“最切”[⑦]。嘉靖四十二年（1563），示寂，世寿七十二。有《玉芝内外集》。

照兼，字守泉，浙江海盐陈氏子。幼而机警慷慨，“以利济为心”。九岁出家，先读儒书，后专究释典。禅习之余，更习医方，“详绎《内经》《灵》《素》，洞晓脉理，活人不可胜计”。住云居圣水寺。嘉靖年间，严嵩擅权，“疮痍遍世，忠良莫保”，照兼“慨然欲如京师面短之”，为同侣劝止，“然每中夜趺坐，北向长吁不置云”。辟外麓山房，“延接名流”，“更设药局”，以诊疗救人。荼毗，后瘗安乐山塔[⑧]。

清荫，字宏泉，浙江嘉兴蔡氏子。少聪敏，剃发云居圣水寺外麓山房，为守泉照

① 《武林梵志》卷4《北山分脉》，第100页。
② （明）释明河《补续高僧传四集》卷5《万松千松百松传》。
③ （清）周克复《法华经持验记》卷2《明云栖寺释广莫》，《卍新纂续藏经》第七十八册第1541号，第88页。
④ 《武林梵志》卷5《北山分脉》，第111页。
⑤ （明）释明河《补续高僧传》卷26《玉芝聚公传》。
⑥ （清）钱谦益《列朝诗集小传》闰集《玉芝和尚聚公》。
⑦ 《武林梵志》卷8《宰官护持》，第203页。
⑧ （民国）喻谦《新续高僧传四集》卷62《明杭州云居圣水寺沙门释照兼传》。

兼禅师弟子，“袭照业，以医鸣于时”。他“修持益力”，因往瓶窑闻谷广印禅师所，受具足戒。归，请径山义航法师说《楞严》《般若》诸经。又续修圆通阁，倡修大雄殿，所诊救木商施金购木助之。寂后，塔于西山月桂峰下。“后数十年，开拓禅房，犹用其遗材不尽云”[①]。

明慧，字无际，浙江海宁人。活跃于嘉、万年间，“嗣临济宗于双径师，受其传钵”，即为临济高僧万松慧林法嗣。入慧因寺，居观音殿。苦其卑湫，“因于千佛阁遗址移建其上”，华亭陆树声助成之。尤多未竟之志而卒，“为一时缙绅所惜”[②]。

如通，号易庵、芦江老叟，浙江绍兴陈留乡杭氏子。母梦梵僧而生。年十五，家七人俱以疫死，如通“孑立无倚”，往诸暨抗乌山三德寺祝发，礼僧大海为师。参“万法归一，一归何处”，“久之有省”[③]。往参双径万松慧林，“抉择心要”。师事十二年，得其旨要，“乃继临济正宗二十七世”[④]。复游京师，抵少林，“参核宗乘，绰有见解”，所至“学徒云集，檀越骈阗”。隆庆间，因乡绅之请，住杭州南山慧因寺讲法。万历十年（1582），应请住持灵隐寺，重建大觉殿。十六年、十七年大饥，杭州尤甚。如通“设糜以振，存活者甚众”。二十二年，至嘉兴东塔寺，“说法度生，缁素咸服。殿宇像设，为之改观，不逾年而就”。又为精严寺重建钟楼垂成，赴天台国清寺之请修路缮殿[⑤]。二十三年腊月，说偈而逝。寿七十三，腊五十九。

宗通，号三际，山东人。隆庆、万历间，栖于杭州南天竺无门洞，“立禅苦行二十余年”，后建演福庵于此。说偈立化，寿六十二。塔于洞侧[⑥]。

道柯，字南溪，俗姓俞，浙江仁和（今杭州）人。年十四，出家上天竺寺云隐房。年十九，剃发。“究心内典，又兼通世谛。温恭逊让，与物无竞”。隆庆、万历间，年五十，“众推举为总持”，即为上天竺寺住持，“简靖庄肃”[⑦]。万历间退休，“一室禅诵弥陀”[⑧]。寿七十一，无疾而逝。

袾宏，字佛慧，别号莲池，俗姓沈。嘉靖十四年（1535），生于浙江仁和（今杭州）世家。初习儒业，十七岁补诸生，以学识著称。性好清净，常欲出家。二十七岁丧父，三十一岁丧母，遂决意与妻汤氏诀别。嘉靖四十五年（1566），投西山无门性天理禅师落发，于大昭庆寺无尘玉律师座下受具足戒。寻即游诸方，历五台，“感

① （民国）喻谦《新续高僧传四集》卷62《明杭州云居圣水寺沙门释照兼传附清荫传》。
② 《慧因寺志》卷3《祖德》，第12页。
③ （明）陆光祖《易庵通法师塔铭》，《慧因寺志》卷8《传志》，第55-57页。
④ 《灵隐寺志》卷3下《住持禅祖》，第57页。
⑤ （明）陆光祖《易庵通法师塔铭》，《慧因寺志》卷8《传志》，第55-57页。
⑥ 《武林梵志》卷3《城外南山分脉》，第59页。
⑦ 《杭州上天竺讲寺志》卷4《列传》，第73-74页。
⑧ 《杭州上天竺讲寺志》卷4《列传》，第73-74页。

文殊放光”；过伏牛，“随众炼魔”；入京师，参遍融真圆、笑岩德宝，“皆有开发”。过东昌，有悟。隆庆五年（1571），至杭州梵村，得古云栖寺旧址，遂结茅以栖。据说，他在此讽经施食平息虎患，击木鱼念佛祈得大雨，村民感激而鼎新其庵，“不日成兰若”。自此，“法道大振，海内衲子归心”，云栖寺“遂成丛林”。尔后，应地方官员之请，造桥、禳疫；极意戒杀生、崇放生，著《戒杀放生文》，传诵海内，并于城内外建放生池，岁费百余金，山中设放生所，岁费粟200石，救养飞鸟禽虫。其“道风日播”，达官贤士及门问道者以百计，“靡不心折”①。万历四十三年（1615）圆寂，世寿八十一，僧腊五十，入塔云栖山麓。一生“以平等大悲，摄化一切，非佛言不言，非佛行不行，非佛事不作”②。著述颇丰，主要包括“释经”三种、“稽古”十七种、“手著”九种，连同“附录”共四十一种，后人辑为《莲池大师全集》。

袾宏提倡禅、教合一，三教合一，并著述践行，大力振救佛教，尤其是在云栖鼓唱念佛法门，注释戒律，规范水陆、放生仪轨等佛教仪礼，在当时有很大影响，从者甚众，对明末佛教改革和复兴做出了重要贡献，名僧憨山德清誉之为“法门之周孔”③。净土宗推为“莲宗八祖”，华严宗以其为圭峰宗密下第二十二世。袾宏与紫柏真可、憨山德清、蕅益智旭并称为“晚明四大高僧”“晚明四大师”④。

大壑，号玄津，浙江钱塘（今杭州）薛氏子。父母梦僧而生。年十六，从父入净慈寺，乞出家，礼万峰院僧袾熏剃度。受具戒于云栖。赴南京，谒雪浪洪恩，“究贤首教义”，豁然领悟。“诸经了义，多所参证，四方名刹，争以香币延登讲台”，如胜果寺、相国寺、无垢寺及金明寺、南禅寺、报恩寺皆次第赴之，“竖义无上，点石雨花，洵人天导师”。主净慈寺，建祖塔瘗延寿舍利，“复新宗镜堂，改建永明经室，创香严社，修大慈忏，度南北阵亡，遴同戒礼法华，威仪梵颂，秩然一变”，“闲与达人名宿，阐扬正法，旁及诗咏”。又筑西湖三潭放生池，“复古湖心亭之旧”，“四方居士月举放生会，鱼乐鸢飞，各得其所”。编《净慈寺志》十卷，“事核词典，他山罕匹”。又助修吴山宝成寺、秀州金明寺禅堂。禅定之余，“游泳翰墨，书画俱清”⑤。善诗文，开明清净慈之诗风。憨山德清赞其“才堪经世，慈足利生”⑥。万历四年（1576）十二月，示寂，年五十二，腊三十七。

如谧，号超然。隆庆年间杭州黄龙庵圆澄禅师四世孙。万历间，参悟庵中，题其

① （民国）喻谦《新续高僧传四集》卷43《明梵村云栖寺沙门释袾宏传》。
② （明）释德清《憨山老人梦游集》卷27《云栖莲池宏禅师塔铭》。
③ （明）释德清《憨山老人梦游集》卷19《云栖老人全集序》。
④ 参阅何孝荣等《明朝宗教》，南京出版社2013年版，第54-59页。
⑤ （民国）喻谦《新续高僧传四集》卷6《明杭州净慈寺沙门释大壑传》。
⑥ （明）释德清《憨山老人梦游集》卷7《示玄津壑公》。

阁为“惺惺阁”。尝与高攀龙、吴志远等人坐玉如潭，“七日而悟，拈题即能诗”。募造佛殿，“方成而没”[①]。

房奎，字正阳，号见心。谷香福兰法嗣。曾开法菩提寺。后为大昭庆寺住持，建雨花房[②]。

成本，字月岩。好学，通内外典，有戒行，为苕溪翰林学士朱某所赏。万历三年（1575），住持大昭庆寺[③]。

万灵，字心台，浙江仁和（今杭州）邵氏子。万历十二年（1584），投上天竺寺华藏房僧灵源剃发。后为住持。“食贫苦守”，“拮据堂构”，鼎新大士殿。曾三捐钵资，“为云栖饭僧”。建别业曰“静处斋”，有终焉之志。崇祯五年（1632）八月，建道场法事七昼夜，命僧徒念佛，示寂。世寿六十二，法腊四十八[④]。

明理，俗姓潘，浙江杭州人。少而病，宗人舍出家，依大觉禅师，侍奉大觉母甚勤谨。不久“又病而偏颐”，患严重斜颈病，但于佛经“如宿习焉”，尤对天台宗多所了解。袾宏见其所疏净土文，赞为“上根明利”。万历十二年（1584），经虞淳熙劝说，从翠峰受戒落发，虞淳熙为求得度牒，“终为［智］顗师法孙”[⑤]，即成为天台宗僧。

圆澄，字心谷，浙江仁和（今杭州）陈氏子。“古貌而谦谨，一再为都纲”。凡杭城大小寺庵，皆赖其荫庇。“诸雩祷棘试之役，惟护法所护，不扰也”。“子孙行有能说法者，侍听挥麈，送登猊床”。万历中期，继芜洲圆嵩为净慈寺第一百十三代住持。年且八十，持斋念诵，“胜少壮时”[⑥]。后示疾而逝。

传记，浙江鄞县（今宁波）人。世称“法华和尚，为妙峰高弟”。性好独居，住杭州，“晦迹西溪，隐身龙树，三十余载，日诵《法华》为业，课及九千七百余部”。万历十四年（1586），虞淳熙“举法华三昧忏”，传记“奋志忘疲，力修长期者三，九历寒暑，每获瑞应，默而不言”。后息礼诵，于西溪道上肩水负薪，行诸佛事。四十一年七月，念佛三千声，唱《妙法华经》题者“数四”，面西合掌而逝[⑦]。

传灯，字无尽，浙江衢州叶氏子。少从进贤映庵禅师剃发，随谒百松真觉法师，“闻讲《法华》，恍有神会。次问《楞严》大定之旨，百松瞪目周视，［传］灯即契入”，真觉“以金云紫袈裟授之”。万历十五年（1587），入天台山，卜居幽溪高明寺，立天

① 《武林梵志》卷4《北山分脉》，第90页。
② 《大昭庆律寺志》卷9《僧伽下》，第118页。
③ 《大昭庆律寺志》卷9《僧伽下》，第128页。
④ 《杭州上天竺讲寺志》卷4《列传》，第75页。
⑤ （明）虞淳熙《虞德园先生集文集》卷1《为明理道人祝发序》。
⑥ 《净慈寺志》卷9《住持二》，第212页。
⑦ （清）周克复《法华经持验记》卷2《明武林西溪释传记》。

台宗祖庭，世称“幽溪大师”。他生平修《法华》《大悲》《光明》《弥陀》《楞严》等忏，“无虚日”。注《楞严》《维摩》等经，“凡染翰，必被戒衲”。前后应讲席七十余期，“尝于新昌大佛前登座竖义”，据说“众闻石室中天乐铿锵，讲毕乃寂”[①]。万历十四年（1586），应虞淳熙、冯梦祯等请，与闻谷广印等“十人行之胜果”，即在杭州胜果寺修古仪法华忏，据说“乌龙君凭语护法，冥获感应”，“则是古式宜遵之一验也”[②]。著有《净土生无生论》《净土法语》《性善恶论》《天台山方外志》等，融会天台三观之旨，阐扬净土法门，是明代天台宗中兴之祖。崇祯元年（1628），“预知时至，手书‘妙法莲华经’五字，复高唱经题，泊然而寂”。寿七十五。

成玉，字蓝田。大昭庆寺僧，“出东竹房”。“坐关数年”，众称“关主”。万历十四年（1586）、十五年间，皇太后迭赐画像于昭庆寺，且赐经建阁，“因得放戒”。十六年，登坛，“开阐云栖，净妙真修”，云栖袾宏亦从其“得戒”[③]。

成觉，字见南。万历十六年（1588），住持大昭庆寺，能诗文[④]。

智杲，字两峰，浙江杭州陈氏子。上天竺寺僧。少持《金刚经》，“日励清修，专课诵”[⑤]。年六十四，忽示寂。

真定，人称静明尊者，诸姓，“越人”。少孤贫无依。过钱塘，作佣工于戴居士家十五年，不愿婚娶，志出家。投礼理安寺无尘明证禅师，命名“真定”。慕《华严》《法华》诸经，“不能展诵”，明证示以“身诵”，“精勤礼拜，能所性空，即身心诵经也”。真定遂“尽空所有，造像斋僧”，同戴居士“施义浆于孔道”，“躬自斧薪汲水二十余年”。后得戴居士资助，结庵山中，“一心礼念，昼夜不辍。暇时伐薪易米，供诸静室”。时云栖袾宏始创庵，值大雪，真定负米往返百里以供助。又开山种蔬，不问僧俗，悉施与之。“凡生平所蓄，尽作功德”[⑥]。万历十六年（1588）十二月，示寂，年七十二。

志若，字耶溪，浙江山阴（今绍兴）姚氏子。父早丧，母孀居。七岁，母丧，礼会稽华严寺贤和尚出家。年十七，剃染。后至牛头山，“立志参究”。寻至天台，从荆山法师听《法华经》，即隐山中，“愤力向上事”。单栖六载，有省。年二十六，于南京栖霞寺素庵真节法师受具足戒，遂依雪浪洪恩座下，“执业十有二载，研穷诸经论，深造玄奥”。万历十七年（1589），居嘉兴慧华庵。十八年，讲《楞严经》于苏州。

① （民国）喻谦《新续高僧传四集》卷44《明幽溪高明寺沙门释传灯传》。
② （明）虞淳熙《虞德园先生集文集》卷6《法华忏仪安乐行义感应记序》。
③ 《大昭庆律寺志》卷8《僧伽上》，第103页。
④ 《大昭庆律寺志》卷9《僧伽下》，第123页。
⑤ 《杭州上天竺讲寺志》卷5《别传》，第86页。
⑥ 《理安寺志》卷5《禅宗》，第112-114页。

二十年，讲《法华经》于杭州灵隐寺。次年，讲《楞伽经》于净慈寺。三十年，庵居于飞来峰北永福寺故址。他“开演诸经论者三十余处，会五十余期，称一代师匠云”[①]。四十五年，示寂，寿六十四，僧腊四十七[②]。

如清，字碧川。万历十八年（1590）冬，杭州圣因接待寺殿梁摧折。二十年，应请主院事，为第三十代住持。自是四方信从者益众，檀集修寺，“不逾三载落成”[③]。

圆昭，号绍溪，浙江海宁盐官顾氏子。“度云隐德儒为本师，课诵《金刚》大乘经，靡间寒暑”[④]。万历前期，疑为径山万寿寺住持。万历十九年（1591），率寺僧赴五台山妙德庵，次年正月带头上《刻径山请书》，商请《方册藏》至径山雕刻，终成《径山藏》(《嘉兴藏》)[⑤]。后住上天竺寺，节俭勤辛，“生平未尝失色于人”。暮年于德馨桥躬执爨事，“施茶汤以济焦吻”。世寿八十四，临终愿“仍来为竺僧”[⑥]。

大楠，字楚林。“通儒书，言温气和，律身以法”。万历十九年（1591），住持大昭庆寺[⑦]。

明证，字无尘，浙江会稽（今绍兴）魏氏子。“少不乐腥膻，常欲出家”。弱冠得一五台山僧之嘱，“往丛林，作重务”，并学《楞严咒》，日读一字。三年咒毕，五台僧人复来，为其“祝发受具戒”，并嘱“终身诵《法华经》”。为杭州理安寺僧。素不识字，“展经朗诵无滞”，《华严》《涅槃》诸经悉得成诵。后日诵《法华经》一部，三衣经钵之外，一无所蓄。常劝人出家，度弟子二十余人。万历二十一年（1593），念佛而逝，世寿五十[⑧]。

正迹，号本妙，南直隶苏州（今属江苏）人。万历二十一年（1593），年三十八，朝礼天台，意求神仙长生诀。遇高僧传灯，剃落，行苦行。为高明寺建佛殿，惟一钵一衲，往杭州募化九年，夜宿仙林寺钟楼下，日摇铃粘票，终铸成铁佛三尊。后礼五台十余载。崇祯二年（1629），还山。十四年腊八日，无疾而逝。年八十六，僧腊四十四，塔于太平岭[⑨]。

如嵩，又名仲光，号佛石，别号法雨老人，浙江钱塘（今杭州）戴氏子。父母梦僧而生。四岁投礼杭州理安寺静明真定禅师，十四岁祝发为僧，十八岁受戒于袾

---

① （明）释德清《憨山老人梦游集》卷28《耶溪若法师塔铭》。
② （民国）喻谦《新续高僧传四集》卷20《明会稽华严寺沙门释志若传》，上海古籍出版社1991年版。
③ 《圣因接待寺志》卷2《法统》，第39页。
④ 《杭州上天竺讲寺志》卷5《别传》，第88页。
⑤ （明）释圆昭等《刻径山请书》，（明）释道开《密藏开禅师遗稿》卷2附，《嘉兴大藏经》第二十三册第B118号，第39-40页。
⑥ 《杭州上天竺讲寺志》卷5《别传》，第88页。
⑦ 《大昭庆律寺志》卷9《僧伽下》，第132-133页。
⑧ 《理安寺志》卷5《禅宗》，第111-112页。
⑨ （明）释传灯撰、释受教增补《幽溪别志》卷8《幽溪道场人物考第八·事实·增补》。

宏。年十九，历游讲肆，习天台教观。闻雪浪洪恩弘扬贤首宗，“相依最久”。至万历二十二年（1594），谒紫柏真可于南京静海寺，经点拨而悟，“始知宗门下事，非学解所到”，“具威仪归依”，真可为更名“仲光”，“实授记法也”。后携钵入理安寺，为禅宗“重开山祖”。晚年厌客，“避居峰顶，构一庵，开一圹”，虽弟子亦罕接见[①]。《武林梵志》载其名“契灵”，二十六年，“挂瓢岩壁”，“二十余年发明向上事，皈依渐众”。三十九年腊月，得捐助重建禅堂等[②]。崇祯九年（1636）七月，示寂，寿六十有八，腊五十有四[③]。

广似，字了空，浙江山阴（今绍兴）王氏子。少贫，“手供艺事，能口诵弥陀”。后礼云栖袾宏。万历二十二年（1594），朝天台山，就万年寺落发。归上天竺华严山居，礼历庵，“勤苦精进，虽践踏冰雪，不袜不履。冬惟一葛，夏惟一苧，山居而下有涧，足不逾涧三十余年”，人称“赤脚师”[④]。示寂，世寿八十。

圆清，字心源，浙江仁和（今杭州）殷氏子。万历年间，继镜莲如纲为净慈寺第一百十五代住持。万历二十三年（1595），修殿庑山门，“有大经藏四龛，庄校瑰玮，丹彩烨然”[⑤]。为袾宏讲经“兼内外护”，“修葺寺志，实从臾焉”[⑥]。

万富，号春山，浙江湖州霅溪钱氏子。礼上天竺寺僧意正为师。后为住持。“居秋香阁，苦行清修”。万历二十四年（1596）以后，秋香阁焚毁，寺之正殿倾圮，均重建，不辞劳瘁。阁成，“退息其中，晨昏礼《法华》诸经靡间，诵佛号日以万计”。后以年高多病，谢去诸务。走天童，受密云圆悟戒。越三年，诵佛号而逝，年七十二[⑦]。

德光，字月辉。原为灵隐山祇园庵僧。万历二十六年（1598），购上天竺地一片，结庐禅诵。天启五年（1625），建成弥陀兴福教院[⑧]。

洪恩，字三怀，号雪浪，南京黄氏子。家本富室，父母皆持斋。十三岁时，随父往大报恩寺听无极守愚讲《法华经》，为所吸引，自截顶发，出家于寺。年十八，即博通佛教经典，分座副讲。守愚殁后，即登讲席，“日据华座，讲演诸经，尽扫训故，单提本文，拈示言外之旨，恒教学人以理观为入法之门”。于华严宗“为得法弟”，

① 《理安寺志》卷5《禅宗》，第83页。
② 《武林梵志》卷3《城外南山分脉》，第63页。
③ 《理安寺志》卷5《禅宗》，第83页。
④ 《杭州上天竺讲寺志》卷5《别传》，第87页。
⑤ 《南屏净慈寺志》卷2《建置》，第38页。
⑥ 《南屏净慈寺志》卷4《法胤》，第90页。
⑦ 《杭州上天竺讲寺志》卷4《列传》，第76-77页。
⑧ （明）刘康祉《重建弥陀兴福教院记》，《杭州上天竺讲寺志》卷8《建置》，第134页。

“继席者以百计，秉法而转教者以千计”[①]。东南法席之盛，“无出其右”[②]。嘉靖四十五年（1566），大报恩寺毁于雷火，与德清立志修复。万历二十六年（1598），任住持，重修寺塔。曾“入武林四会，撤床席地，若塾师教授然”。屠隆“以所著《昙花传奇》证云栖，而更迎师净慈，证非戏论也者。先于大殿，特奉师高座，列名士左右，听说《心经》”，以冯梦祯、虞淳熙为“首座”，性莲、大壑二僧“修供”[③]。晚年开接待院于苏州望亭，日则随众作务，夜则篝灯说法。三十六年十一月，端坐而逝。俗寿六十四，法腊五十一。佛法之外，“博综外典，旁及唐诗、晋字”[④]。所著诗文为《雪浪集》上、下卷。

宏学，持戒习静，焚修杭州九曜山中，“不下山十五年”。万历二十七年（1599），司礼太监孙隆重建烟霞寺于山，“给札延入为住持”。宏学复倾衣钵修建，殿堂“渐集”[⑤]。

雄鉴，号瘦石，万历年间烟霞寺僧，宏学弟子。“嗜奇博古，善诗画”[⑥]。寂后埋骨象鼻峰下。

普明，初居庐山。万历二十七年（1599），至杭州孔家山，于报恩招提寺旧址建报先庵[⑦]。

庶胜，江西南昌人。普明弟子，后从移居杭州孔家山，建报先庵。普明寂后，“能守其衣钵”。他“岁以西江檀越饷米为伊蒲供，惟饮兹山泉水”。诸比丘皈依，“漱风咽月，讽诵不辍，高足肃然”[⑧]。

文英，浙江嘉兴王氏子，筠泉性莲之兄。出家于杭州净慈寺，“峭直有守”。“少与圆珑居作诗，刻竹济壁，意气甚合”，人称“英古松云”。为净慈寺第一百十六代住持。请袾宏来寺讲经，“檀越集”，“以楼供之，如供伽蓝神”。助大壑筑永明塔，“反若檀越也”[⑨]。万历四十三年（1615）春，示微疾而终。

性莲，字筠泉，浙江嘉兴王氏子。“与兄文英同落发净慈寺”。尝住金山寺，听雪

① （清）钱谦益《列朝诗集小传》闰集《雪浪法师恩公》。
② （民国）喻谦《新续高僧传四集》卷7《明金陵宝华山释洪恩传》。
③ 《南屏净慈寺志》卷5《法嗣》，第118页。
④ （清）钱谦益《列朝诗集小传》闰集《雪浪法师恩公》。
⑤ 《武林梵志》卷3《城外南山分脉》，第57-58页。
⑥ 《武林梵志》卷3《城外南山分脉》，第58页。
⑦ （明）樊良枢《凤凰山报先庵记》，《武林梵志》卷2《城外南山分脉》，第26页。
⑧ （明）樊良枢《凤凰山报先庵记》。
⑨ 《净慈寺志》卷9《住持二》，第212页。按，（1）此处《净慈寺志》称，文英“少与圆珑居作诗”，被称为“英古松”。《南屏净慈寺志》卷5《法胤》称，圆珑与“古松英”为兄弟，“同出家于净慈”，同住同吟（详见前文），则疑文英字“古松”；（2）《南屏净慈寺志》卷5《法胤》称圆珑为“武林郑氏子”，《净慈寺志》卷9《住持二》称文英为“性莲之兄”，但性莲为“嘉兴王世子”，又圆珑、文英、性莲似为三兄弟。因无其他更多资料，故难以分辨。

浪洪恩讲《楞严经》，“于经藏多洞达”。后为净慈寺第一百十七代住持。袾宏至寺讲经，为会首供斋，五十三日不辍。又修法华忏于胜果寺，禁捕万工池，重建永明塔，浚复三潭寺等，“皆为之会首”。司礼太监孙隆为请赏赐修寺，寺成，赴京谢恩，赐紫衣。万历三十一年（1603），“妖书”案发，紫柏真可被捕，京师排禅，性莲“潜行返寺，衲衣修忏而已”。后示疾，施田十三亩于宗镜堂，终焉[①]。

福登，别号妙峰，山西平阳（今临汾）续氏子。十二岁出家，十八岁携钵至蒲坂万固寺，僧朗留为弟子，“习瑜伽法”。入中条山赞叹寺，闭关修禅观，三年“稍有开发”。往介休山中，听法师讲《楞严》，受具戒。游南方，遍历丛席。至南京天界寺，于僧无极座下作净头，结识憨山德清。寻归，复入中条山最深处，辟谷饮水者三年，大有开悟。隆庆六年（1572），为山阴王新建寺请藏而入京，住龙华寺，复遇德清。万历二年（1574），经事毕，与德清同至蒲州、入五台，刺舌血书《华严经》。九年，二僧应孝定李太后之请，于五台山建道场，“阴为王才人祈嗣”[②]。法会后，隐入芦芽，李太后为建大华严寺，造万佛铁塔七级。修渭河、黄河诸桥，方便行人。开石窟于宁化所，刻佛像等于其中，遂成一大道场。礼峨眉山，建三铜殿，峨眉、五台、普陀各一，随殿各有渗金诸像，两宫太后颁旨，“为三山护持”。四十年八月，神宗赐号“真来佛子”[③]。十二月，端坐而逝。世寿七十三，僧腊五十一。据《净慈寺志》，妙峰福登读《宗镜录》而悟，“劝藩王刻书册于秦”，曾“驻锡南屏，与性莲为友，皆远嗣永明[延]寿”[④]。

慧皞，字圆美。杭州慈光寺（铁佛寺）僧。万历三十一年（1603），重建金波禅院，“归并慈光寺普照堂”[⑤]。次年，年十九，见本寺渐圮，发愿重建，“矢志鼎新，闭关书《莲经》，积三年”。缙绅士庶鉴其诚，共为檀施。三十五年“鸠工”，四十年“落成”，“灿然一新”[⑥]。

袾锦，字太素，浙江杭州汤氏女。年十四，为母持斋三载。年十七，嫁袾宏为续弦。两年后袾宏出家，汤氏在家“斋戒禅诵，与其母偕”。不久，“于南五台性天和尚之门为优婆夷”，即女居士。年四十七，出家受具，“僦舍焚修，以白法为流辈宗仰”[⑦]。万历三十四年（1606），杭州宰官、居士、比丘等为构“孝义无碍庵”，作焚修

① 《净慈寺志》卷9《住持二》，第212-213页。
② （明）释福徵《憨山大事年谱疏》卷上，万历九年辛巳，河北省虚云印经功德藏1993年版。
③ （明）释明河《补续高僧传》卷22《真来佛子传》。
④ 《净慈寺志》卷10《法嗣》，第245页。
⑤ 《武林梵志》卷1《城内梵刹》，第23页。
⑥ 《武林梵志》卷1《城内梵刹》，第20-21页。
⑦ （明）吴应宾《武林孝义无碍庵主大尼太素师塔铭》，《孝义无碍庵录》，第260页。

之所[①]。袾锦"持冰霜之律仪，荐苹藻之明信者，几三十年"[②]。四十二年八月，端坐念佛而寂。世寿六十七，僧腊者二十一。

广觉，南直隶崇明（今上海）龚氏女。年十二，不茹荤，与从妹广曜"相与习经咒，朝夕礼佛唯谨，自誓贞不字"。年二十八，剃染出家。明年，偕广曜入杭州孝义庵。事庵主太素袾锦如父母，"精持梵行，纯一不杂，远迩瞻慕。崇明之人因而感化发心者，不可数计"[③]。万历三十九年（1611）二月，念佛而逝，世寿三十三，僧腊六。

如觉，字照空，浙江钱塘（今杭州）徐氏子。礼正等寺僧奎剃染。"初事参访，如清凉、峨眉、洛伽、鸡足、三湘、百粤、庐霍、台衡，遍叩名宿，有省而归"[④]。万历初，迁龙驹坞正等院于西溪，董其昌题额"茭芦庵"[⑤]。居此十六年，"诵《法华经》五千余部"。又历五年，专修忏法。万历四十四六月，泊然坐逝[⑥]。

性彬，字文若，四川僧。"通《楞严》《圆觉》大义"。万历三十五年（1607），重建杭州黄鹤山大云庵[⑦]。

传如，号介山（戒山），俗姓顾，浙江海盐人。童时在僧舍见《楞严经》，"矢愿出家"。投杭州昭庆寺慈忍房，"礼镜湖为师"，法名"兴如"。后为天台宗高僧真寂寺百松真觉所器重，易名"传如"。至嘉兴东塔寺阅经藏，能立诵数卷。东走鄮峰，礼阿育王寺舍利二七日，据说舍利放光，现无数佛菩萨，胸中空荡无碍。质于真觉，真觉嘱以"须修法华忏法"。受冯梦祯西溪安乐之请，"修法华忏法六载"。万历二十八年（1600），入京，欲奏开昭庆寺戒坛，并请《大藏经》，与紫柏真可"甚契"。"妖书案"发，传如已南归，并被逮，遂"易俗服自诣县"，赴京与真可同就狱。后获释。三十四年，因经厂王太监奏请，得赐《大藏经》，"赐金建阁"。归大昭庆寺后，"构斋堂、寮舍，登戒坛讲演经论，二愿毕遂"。天启三年（1623），驻锡塘栖大善寺。四年，还真寂寺，说经而逝，世寿六十三。著《法华忏海》《楞严歇》《楞严截流》《老子笑》《庄子参》若干卷[⑧]。

镇元，字嵩云，亦称松筠。万历三十七年（1609），住持杭州大昭庆寺，辛勤二十余载，与悟庵合力修建寺院。晚年日课《法华经》不辍[⑨]。

---

① （明）宋应昌《菜市桥重建孝义无碍庵记》，《孝义无碍庵录》，第 252 页。
② （明）吴应宾《武林孝义无碍庵主大尼太素师塔铭》。
③ 《孝义无碍庵录·纪贤》，第 256-257 页。
④ 《西溪梵隐志》卷 2《纪刹》，第 38-39 页。
⑤ 民国《杭州府志》卷 35《寺观二》，民国十一年本。
⑥ 《西溪梵隐志》卷 2《纪刹》，第 38-39 页。
⑦ 《武林梵志》卷 4《北山分脉》，第 92 页。
⑧ 《大昭庆律寺志》卷 8《僧伽上》，第 111-112 页。
⑨ 《大昭庆律寺志》卷 9《僧伽下》，第 123 页。

如馨，字古心，南直隶溧水（今属江苏）杨氏子。年近不惑，投摄山栖霞寺真节剃染，受沙弥戒。为求文殊授戒，步礼五台。一日，梦文殊赠伽黎，据说得以精通律学"顿悟五篇三聚心地法门，视大小乘律，如心中自在流注"①。万历十二年（1584），归南京，住古林庵，弘传律宗。"僧众日盛"，化庵为寺，"凡三年告竣"，"遂成一大梵刹矣"②。登坛说戒，据说"感坛殿放五色霞彩，直冲霄汉，众山群楼，三日不散，夜明如白昼"，缁素人等"莫不骇异赞叹"，"遂称天下第一戒坛"③。助洪恩等修大报恩寺塔，传有神异，被指为"优波离再世"④。又开戒于灵谷寺、栖霞寺、甘露寺、灵隐寺、天宁寺等刹，"廷臣野叟无不知有戒也"。四十一年，明神宗敕更寺额为"振古香林禅寺"，赐"万寿戒坛"匾⑤。次年，应召至五台山，开皇坛说戒，赐号"慧云律师"。时"缁素归依，禀戒跻坛者不可胜计"⑥。四十三年十一月，示寂。如馨坐南北道场四十余会，徒众累万，弟子十二人"接席分灯，布满天下"，人称"中兴律祖"，古林寺为"中兴戒律之祖庭"⑦。

承芳，"与古心比肩沙门"。先为杭州大昭庆寺僧。万历年间，古心如馨在灵隐寺授戒，承芳临时因病不能前往，据说如馨得神示，"特到昭庆，为承芳师一人说戒"⑧。李太后诏承芳"主五台传戒"，承芳辞荐如馨，开戒于清凉寺，"期以三年"。其间如馨奏辞，付嘱承芳，"使继法席"⑨。

真让⑩，字静庵，浙江余杭（今杭州）人，俗姓王。幼时性喜合掌，人视为"天香童子"。年十五，出家上天竺寺，"礼进公为师"。既祝发，"和平樽节"。后于天竺山中贩售冥镪，颇聚资财。年四十，慨然以家事付徒，受戒云栖，寄名"广行"。住上天竺寺，"持戒真切，毫不肯苟"，"每兴善业，必躬必倡。慨寺风不振，直谅必归正持"⑪。万历三十九年（1611）七月，示寂。

圆珑，字大觉，浙江杭州郑氏子。出家净慈寺。"往来无极［守愚］讲席"，与雪浪洪恩、度门相友善。性至孝，与弟子绍觉广承各侍其母于土桥莲居庵，合称"两睦州"。弟古松英同出家，圆珑日共语，夜宿其庵，"唱和挥洒，墙壁几遍，自谓寒山、

① （民国）喻谦《新续高僧传四集》卷28《明金陵天隆寺沙门释如馨传》。
② （民国）释仁友《金陵马鞍山古林律寺祖庭汇志·古祖事迹》。
③ （民国）释仁友《金陵马鞍山中兴律祖事迹考》。
④ （民国）喻谦《新续高僧传四集》卷28《明金陵天隆寺沙门释如馨传》。
⑤ （民国）释仁友《金陵马鞍山中兴律祖事迹考》。
⑥ （民国）喻谦《新续高僧传四集》卷28《明金陵天隆寺沙门释如馨传》。
⑦ （民国）释仁友《金陵马鞍山古林律寺祖庭汇志》自序。
⑧ 《大昭庆律寺志》卷8《僧伽上》，第103页。
⑨ （民国）喻谦《新续高僧传四集》卷28《明五台山清凉寺沙门释承芳传》。
⑩ 按，该僧名，诸书皆作"静庵让"，《杭州上天竺讲寺志》卷6《清规》载："释静庵，名真让。度上竺天岩房"。
⑪ 《杭州上天竺讲寺志》卷4《列传》，第74-75页；（明）虞淳熙《虞德园先生集文集》卷11《明上天竺寺静庵让和尚正定塔铭》，明末刻本。

拾得，人莫之许”。所寄庐地仅方丈，“而集海内名士，座为之满”。尝读《宗镜录》，有省，与其徒广承手录百卷。逝时，“喃喃二语不绝”[①]。

广承，字绍觉，号明理，浙江杭州土桥潘氏子。弱冠从学大觉圆珑，“深究天台、贤首诸宗，机辨风生，闻者心折”。“尝科《金刚经疏》”，真觉“亟称之”；著《净土文》，袾宏称“义虎”。年二十五，“依翠上人受戒”[②]。不久，投师云栖寺袾宏，为首座。年未三十，从袾宏“应期吴越间，所至辄命代讲，俨然堪作人天范矣”。住持土桥莲居庵，“建忏室，礼法华，足不窥户外者六易寒暑。严净毗尼，研讨三藏，于台宗尤宿契焉”。讲说二十年，“四方弟子日益进”。衲子参云栖而下，“即参莲居”，时人称“城东咫尺地，卓然为海内一时法窟”[③]。著有《心经二解》《唯识因明观所缘缘论记》若干卷[④]。万历三十七年（1609）八月，观佛面西而逝[⑤]。

慧文，浙江宁波袁氏子。师云栖袾宏，与绍觉广承并为袾宏座下两大“义虎”。晚年居桐坞，讲经说法之暇，时以山水为适。著有《因明论观所缘缘论解》《净土杂咏》《云栖大回向文广解》等[⑥]。

广询，字明宗[⑦]。万历后期杭州显教寺僧。性朴真，严于戒律，“善讲，所至法席充牣，尤于《妙法华经》得三昧，四方学人咸称明法华云”。万历三十八年（1610），重建寺院，“诛茅拓地，经营木石，不辍寒暑者三载”。至四十年，落成。著《观所缘缘论释义》、九喻诗、诸游览诗并偈颂若干首[⑧]。

广寄，字寓安，浙江衢州开化余氏子。生而聪慧，“有出尘志”。年十五，出家，“投本郡张公山无为法为沙弥”，“好学多能，博雅游艺，恒往来于休、婺之间”，士夫“乐与为忘年交”。年二十四，决志游方，“参访知识”。访云栖，袾宏为授具足戒，“开示念佛法门”，充维那。他“刻意精修，单持一念，谨束三业，严整威仪，调和内外，悦可众心”，“一众咸推重之”，“一坐八年”。后归故山，闭关三年。万历三十八年（1610），入黄山丞相原，“诛茅藏修”。久之，缁白“归信者众”，人为结庵，即掷钵庵，“一坐十二年”[⑨]。天启元年（1621）二月二日，跏趺而逝。

海云，字法雨，浙江杭州刘氏子。幼习儒典，“向慕空宗”。年二十四，因父疾吁

① 《南屏净慈寺志》卷5《法胤》，第119页；（民国）喻谦《新续高僧传四集》卷6《明余杭土桥庵沙门释圆珑传》。
② （明）黄端伯《莲居庵绍觉法师塔铭》，《莲居庵志》卷7《诗文丛萃》，第188页。
③ 《武林梵志》卷1《城内梵刹》，第9-11页。
④ 《武林梵志》卷1《城内梵刹》，第9-11页。
⑤ 《莲居庵志》卷3《祖德通纪》，第63-64页。
⑥ （明）萧士玮《春浮园集》卷下《云栖慧文师傅》，200页。
⑦ （明）宋奎光《径山志》卷9《偈咏・广询》，《中华大藏经（汉文部分）续编》本。
⑧ 《武林梵志》卷4《北山分脉》，第71页。
⑨ （明）释德清《憨山老人梦游集》卷28《新安黄山掷钵庵寓安寄公塔铭》。

祷，“誓修白业”，投礼杭州龙归坞僧日初，决志出家。“往参南海大智师剃发，还云栖受沙弥戒”[①]。曾于杭州履泰乡五图弥陀庵“立禅三载，刺血书经”[②]。后住持城北北新关崇兴寺。万历四十年（1612），“复建大雄宝殿、天王殿并普慧法堂”[③]。继得西溪古赵山寺基，斥土鸠工，创草庵。天启五年（1625）七月，修建殿宇。崇祯九年（1636）十一月，落成，题名“大苏林”，时人比拟天台宗三祖南岳慧思。他“持律霜严，服用粗朴，斋不过午”，“日诵大乘诸典，六时忏礼大悲”。曾增建花坞口柏家庵前殿，授其徒净明居焉。后“移锡衡阳阐化”[④]。

成鼎，字九牧，法雨海云弟昭法智琳之子，浙江杭州刘氏子。海云所度弟子。“曾参古德［大贤］法师，博通教乘，辩才颖发”，在杭州大苏林传承海云之法[⑤]。

正镐，浙江台州临海人，俗姓王氏，名立穀，字伯无，别号紫芝，为太仆寺少卿王士性长子。童时“好趺坐诵经”。年二十，“长斋”。万历三十四年（1606），“乡试第六”。往参袾宏，受皈戒。四十年，北上。至嘉禾三塔寺，遇天台宗高僧传灯，受菩萨戒，更名正镐。“课《大悲咒》八万四千”。四十一年八月，入天台山高明寺，“邀十比丘同修大悲忏法七七日。遂学天台教观，究《楞严》宗旨，碪椎相叩，有《教义楞严二十六问答》梓行”。结茅寺西圆伊庵，往来栖止，十载如一日，“祈为祝发”。传灯以其出身巨族，又“近桑梓”，“脱身所著千针衲付之”。正镐遂往博山，有禅宗高僧无异元来为“剃落”。不久，知将示寂，“即辞去武林之莲居庵，示疾而化”。世寿五十，“僧腊六载”[⑥]。

广印，字闻谷，浙江嘉善周氏子。年十三，祝发于杭州开元寺。“时仪峰和尚结茅清平，往叩之”。寻上双径，结茅白云峰下，“看亮座主参马祖因缘”，疑不能释。一日，见黄瑞香，忽大悟。往云栖，得袾宏指导。次参龙池幻有正传，机缘相契，获首肯。北游五台，还杭州真寂寺。万历四十二年（1614），将真寂寺由八都下九图移建瓶窑。“四众恳请开堂，坚持不允”。他“洞辟祖关，终不以悟自居。教、律皆晰精微，时或为众演说，闻者莫不心服”[⑦]。不久南游福建，隐建宁废寺三载。复归真寂寺。崇祯九年（1636）十月，告寂。吴之鲸称其“参悟坚猛，真禅那也”[⑧]。钱谦益赞其“禅净双提，规重矩迭，为东南法席之最”，晚明三大师真可、袾宏、德清去世后，

① 《西溪梵隐志》卷 4《纪文》，第 107-108 页。
② 《武林梵志》卷 4《北山分脉》，第 100 页。
③ 《武林梵志》卷 4《北山分脉》，第 77 页。
④ 《西溪梵隐志》卷 4《纪文》，第 107-108 页。
⑤ 《西溪梵隐志》卷 4《纪文》，第 107-108 页。
⑥ （明）释传灯撰、释受教增补《幽溪别志》卷 8《幽溪道场人物考第八·事实·增补·璧如正镐法师》。
⑦ 《龙兴祥符戒坛寺志》卷 9《僧伽列传》，第 146 页。
⑧ 《武林梵志》卷 4《北山分脉》，第 83 页。

“真修退藏、密传三老之一灯者，印公一人而已”[①]。著有《宗门警语》二卷、《闻谷广印禅师语录》四卷。

净明，浙江钱塘（今杭州）人。俗名黄承惠，字元孚。生平性介，淡无嗜好，“山水翰墨外无事”。性至孝好施，乡人称誉。妻弟闻某引其皈依云栖袾宏，得法名“净明”。万历四十年（1612）冬，得吐血症。四十三年春，病剧，移于城东邵氏园。闻氏兄弟力教以念佛，请慧文法“为说净土因缘”。承惠遂剃发，“受沙弥戒”，“披法服”，临终前出家。他“极力念佛，默观《莲花经》七日”[②]，安然而逝。

德清，字澄印，号憨山，俗姓蔡，南直隶全椒（今属安徽）人。母洪氏梦观音大士抱送而生。七岁时，叔父死，“即抱死生去来之疑”。九岁，能诵《普门品》。十二岁，入南京大报恩寺，从住持西林永宁习大乘诸经，并从儒师习儒学。十九岁，依栖霞寺禅僧云谷法会剃度出家，专究禅学，后从华严名僧无极守愚习华严，并受具戒。听讲《华严玄谈》，“悟法界圆融无尽之旨”。从法会结禅于天界寺，发奋参究。嘉靖四十五年（1566），大报恩寺毁于火，与同学雪浪洪恩立志兴复。隆庆五年（1571），行脚远游。先至北京，听讲法华和唯识，参礼名僧遍融真圆、笑岩德宝。万历元年（1573），往游五台山，见北台憨山景色奇秀，遂“默取为号”。后历游北京、嵩山、洛阳，至山西蒲州会见禅僧妙峰福登，同上五台，居住多年，几番证悟。九年，遵神宗生母李太后命，在五台山建无遮法会，为神宗祈储，深得李太后宠信，而结怨于神宗。次年八月，皇长子生，德清声名大振。十一年，“远遁东海之牢山”（今山东青岛崂山）。神宗敕颁《大藏经》，李太后率阖宫布金造寺，赐额“海印”。因诣京谢恩，为大报恩寺请藏，奉命斋送。又请李太后减膳资助，期以十年修复大报恩寺。住牢山十三年，“方便说法，东海弥离车地咸向三宝”，扭转了当地罗教盛行、佛教势弱的局面。二十三年，坐以私造寺院（海印寺），明神宗令发配广东雷州。力复禅宗曹溪祖庭，“归侵田，斥僦舍，屠门酒肆，蔚为宝坊，缁白坌集，摄折互用，大鉴之道，勃焉中兴”[③]。四十二年，因李太后去世，遇赦“还僧服”。应请于南岳衡山“休老”。四十四年，东游吴越，赴真可之葬于径山，“为塔上之铭”，“留山中度岁”，“诸请益者，各为说法”。四十五年，吊袾宏于云栖，“留二旬，每夜小参问法，各各欢喜，发挥莲池大师生平密行”。缙绅人等又请至净慈寺，僧俗“日绕数千指，为说大

① （清）钱谦益《列朝诗集小传》闰集《闻谷禅师印公》。

② （明）释德清《憨山老人梦游集》卷30《净明沙弥传》。

③ （清）钱谦益《大明海印憨山大师庐山五乳峰塔铭》，（明）释德清《憨山老人梦游集》卷55《附录》；（民国）喻谦《新续高僧传四集》卷8《明庐山法云寺沙门释德清传》。

戒”。游灵隐寺、三天竺、西山诸名胜，“赞扬放生三池”[①]。返庐山，结庵五乳峰下，专修净业。居四年，复往曹溪，为众说戒讲经。天启三年（1623）十月，示寂，世寿七十八，僧腊五十九[②]。

德清为晚明四大高僧之一，主张禅、教一致，提倡禅、净双修，鼓吹三教合一，关注教界法门和社会民生，积极救法救世，树立晚明佛教复兴大旗。著述颇丰，有《憨山老人梦游集》五十五卷等[③]。

大晠，号归西子，浙江钱塘（今杭州）人。俗名闻启初，字子与，孝廉闻启祥之弟。幼时常病，“故早戒举子业，素有出生死志”。归依云栖袾宏，“受净土法门，笃信而力行之”。万历四十五年（1617）正月，德清至杭州吊袾宏，启初愿剃发为僧，为德清劝阻。次年，病笃，临终急令剃发，披袈裟，“为僧伽相”[④]，端坐而逝。

大铎，字法振，南直隶宣城（今属安徽）人。幼从乡校，读《论语》而疑，得行脚僧解释，“遂礼其僧剃发”，时年二十。往云栖寺，得沙弥戒。“依众未几”，即从洪恩，“参诸教义”，“居恒求悟自心，不得其指”。复归云栖，进具足戒，“请教修心之要”。袾宏“示以念佛法门，以一心不乱为的旨”，并付《禅关策进》一书，“为参究之诀”。归住宣城石泷岩，“闭关三年，单提一念，久之有省”。复往云栖求印可，“遂依众淘汰数年”。后辞归宣城华阳山，结庵以居。种芋栽茶，拾橡采松，独居山中。万历四十六年（1618）七月，端坐念佛而逝。世寿四十五，僧腊二十八[⑤]。

真麟，字瑞庭，浙江金华人。出家后，万历初，寓杭州崇福庵。“谙内典，善临羲之帖”[⑥]。后应冯梦祯、万表等请至西溪废永兴寺，“居禅堂旧址，焚修不懈”，受嘱“并佛宇一新之”[⑦]，“卒成胜业”[⑧]，修寺而成。

诸香，字伴云，浙江仁和（今杭州）人，俗姓沈。“性朴实，喜舍不少吝”。尝游天台、雁宕，巡礼五台山，据说遇神僧。约当万历年间，为上天竺讲寺住持。示寂，寿七十三[⑨]。

恒如，万历间西溪报先寺禅僧。“习天台教”，“三十年不出山，诵《法华》六千

① （明）释德清《憨山老人梦游集》卷54《憨山老人自叙年谱实录下》。
② （清）钱谦益《大明海印憨山大师庐山五乳峰塔铭》；（民国）喻谦《新续高僧传四集》卷8《明庐山法云寺沙门释德清传》。
③ 参阅何孝荣等《明朝宗教》，南京出版社2013年版，第63-69页。
④ （明）释德清《憨山老人梦游集》卷30《闻仲子小传》；（明）萧士玮《春浮园集》卷下《云栖两沙弥塔铭》。
⑤ （明）释德清《憨山老人梦游集》卷28《宣城华阳山道者法振铎公塔铭》。
⑥ 《西溪梵隐志》卷2《纪刹》，第48-49页。
⑦ （明）黄汝亨《寓林集》卷8《永兴寺记》，天启四年刻本。
⑧ 《西溪梵隐志》卷2《纪刹》，第48-49页。
⑨ 《杭州上天竺讲寺志》卷4《列传》，第74；卷3《尊宿住持品·题名》，第55页。

部”[①]。

苇杭，南京人。朴真和朗，为远近所宗。万历间，说法杭州普宁寺二十余年[②]。

祖心，万历间杭州玛瑙寺“行僧”。后受邀至城北大云乡无垢院，“住守焚修”，“诚实可嘉”[③]。

桂峰学禅师，嗣法月亭明得。初居天台，弘天台宗。万历间，徙主杭州福清庵[④]。

真忠，字一庵，浙江杭州仁和（今杭州）孙氏子。年十七，“投天目山出家，为印空禅师法嗣，实宝峰师嫡孙也”。既受具，勤苦参学，礼诵《法华经》，昼夜弗辍，凡六载。遍礼名山，归虎跑寺，“凡三年，乃舍去。饭僧两江，萧山之新林、天台之会墅岭、虎林之崇福庵，皆有迹”[⑤]。后住杭州富阳县华盖仙山寺（福庆院）。

灵建，初字静照，又字怡中，浙江湖州凌氏子。幼皈依华藏院，熟治经史。受具足戒后，遍参名宿。住上天竺寺，通唯识宗，后于天台宗有契，兴福院月辉光禅师“请升《楞严》讲座”，据说有地产灵芝、天降甘露之瑞，“众称希有”[⑥]。

如怡，字乐庵，浙江海盐人。生不茹荤。出家为僧，有戒行。后住中天竺寺，力营殿宇，重修寺院。与陆光祖有交游[⑦]。

道衡，字平方，号西吾，南直隶常熟（今属江苏）李氏子。少无赖，目不知书。年二十，佣赁于僧舍，听僧读经，暗记而稍知大意。出家剃染于杭州，与浙西贤士大夫游，“机锋捷给，咸以为师子儿也”。曾筑室净慈寺后岩壁，“结构精好，贵公子求借居，嬲之不止，纵火自焚而去”。久之，临涧编蓬作土室，“略彴施独木，度则撤去，人多望崖而返”。但喜客好游，“多谭世法，雅负大志，以石门、紫柏为师，人诮其非”[⑧]。年五十二，病卒，葬于南屏山。

广昆，字虚怀，浙江仁和（今杭州）金氏子。中年投云栖祩宏受具，“祝发月桂峰下”。修念佛三昧，孑居三载。复往六安，“谒古卓，参悟万法归一之旨”。既辞归，至径山等寺，引为首座。后住下天竺寺。万历后期，布政使吴用先于三生石畔，建三生庵以居之，“因遂终老焉”[⑨]。

济舟，字大楫。幼从云栖寺剃染受具，“真实精勤”，祩宏“许为法器”。万历年间，

① 《武林梵志》卷4《北山分脉》，第82页。
② 《武林梵志》卷4《北山分脉》，第89页。
③ 《武林梵志》卷4《北山分脉》，第97-98页。
④ （明）虞淳熙《福清庵疏》，《西溪梵隐志》卷4《纪文》，第104页。
⑤ 《武林梵志》卷6《外七县梵刹·富阳县·华盖仙山寺》，第137-138页。
⑥ 《杭州上天竺讲寺志》卷5《别传》，第87页。
⑦ 《天竺山志》卷9《列传》，第327页。
⑧ （清）钱谦益《列朝诗集小传》闰集《西吾衡上人》。
⑨ 《天竺山志》卷9《列传》，第326页。

青莲居士郑昭服于法华山麓建云栖别院，俗号“郑庵”，济舟受命住持，“开接众丛林”[①]。他“躬亲百务，宾至如归”。又增拓禅堂，“规模宏敞”[②]，“拮据三十年，遂成禅林”，崇祯六年（1633）秋，杭州官府给寺额“古法华寺”[③]。

真一，字无用。初为扬州僧。万历中，自普陀山来杭州，购西溪丘氏园二十亩结庵，名“西方庵”。寻改额“古龙归院”。院中多手植梅、竹，每俟梅花谢后往观，自言“惟爱其劲骨”。刻《方册藏》经板六十种，著有《楞严顶说》《南游纪》等多种。法嗣如筏、如玄、如果等，“并解行有闻”[④]。

虚闻，初居杭州岣嵝山房，再徙于南高峰绿萝庵，后栖隐于西溪古福胜院，人称为“老尊宿”。影不出山，而道价日隆。缁素崇仰，有请说法者，辄避去，“其人亦不敢强”[⑤]。

明暹，为虚闻弟子。从居西溪古福胜院，“禅诵之余，服勤力作，岁取茶笋以自给，粗衣粝食，无求于人”[⑥]。

大善，字心宗，自称闲人、虚闲子，浙江钱塘（今杭州）魏氏子。少为儒生，壮年出家，“修净业，兼通玄理”[⑦]，为袾宏弟子。后“阅藏琴川，说经吴郡，熏忏天台”。万历中，先住南高峰绿萝庵，后徙西溪安乐山右冈之麓，结茅三楹，颜曰“溪巢”（后改额“古福胜院”），十年影不出山，“日惟课梅课竹，闭户著书以自娱”。著有拟寒山、怀净土洎山居诗，《唯识窃议》《第一义空论》《长夜论》等[⑧]。

笠云，幼孤。既长出家，“解行为后学唱导”。后住西溪慈觉庵（省庵），“踞猊床，得无碍乐说，四众瞻仰”。接寡母入庵供养，“兼以教观资熏”[⑨]。

性证，字无新，浙江杭州钱江邓氏子。早年从临济高僧易庵如通剃发，“密传衣钵”。后遍参诸老宿。任灵隐寺住持，大肆重修寺院。时云栖袾宏、介如石、憨山德清、古心如馨等高僧“率乐就师弘法，讲席之盛，甲于东南”。“晚年灵鹫隙起”，大概是灵隐寺起了内争，性证“潜叩诸檀护，尽力保持之，幸免摧剥”。生平持名念佛，“不复以机锋自显”。崇祯八年（1635）端午，坐逝，偈称“六十四年，打搅常住”[⑩]。

思修惟，浙江杭州严氏子。幼年即知出家，但母寡弟幼，不忍割舍，“仅以白衣

① 《西溪梵隐志》卷2《纪刹》，第24页。
② 《西溪梵隐志》卷4《纪文》，第97-98页。
③ 《西溪梵隐志》卷2《纪刹》，第24页。
④ 《西溪梵隐志》卷2《纪刹》，第32页。
⑤ （明）顾简《古福胜院记》，《西溪梵隐志》卷4《纪文》，第104-105页。
⑥ （明）顾简《古福胜院记》，第104-105页。
⑦ 《西溪梵隐志》卷2《纪刹》，第50页。
⑧ （明）释大善《溪巢自述》，《西溪梵隐志》卷4《纪文》，第119-120页。
⑨ 《西溪梵隐志》卷4《纪文》，第111页。
⑩ （明）陈继儒《无新老人行业记》，《灵隐寺志》卷6下，第110页。

预云栖之社”，即以俗人参加云栖寺结社。年近四十，始于云栖寺“脱白”出家，大慈寺受具足戒。因《云栖共住规约》严，“约诸徒子不得住，乃即教场山之阳，就树缚茅以居，昼禅夜诵，终岁不休”。数年后，将弃去，民人遮留，请恢复净明废院。他“入构其中，乞食食众，众至如归，浣垢药疾，弗替也，更慰劳之。如是者十有余年，住成大院”，重建净明院。崇祯十七年（1644）冬，“天下大乱”，示寂[①]。

海净，字洁空，南直隶宜兴（今属江苏）庄氏子。家业颇殷。年十九娶妻，生子一。妻故，“忽猛自省”，尽舍家园田产，“挈子投海潮了义师剃染”。随至上天竺寺，掩关紫竹林净居。“戒律精苦，茹淡，日惟一食”。刺舌血书《法华》及《华严》五大部等经，“立愿送供五大名山”。据说，他患胸疾遇老叟赠桃而服愈，逢神化作老妪指示，坐禅有虎绕前请法，“种种奇异”[②]。后示寂。

静方，号西宗，浙江钱塘（今杭州）董氏子。天启元年（1621），为净慈寺第一百二十七代住持。四年，重建嘉靖年间所毁十佛阁，“兼更宏伟，观者钦叹”。崇祯五年（1632）冬，同法孙自音声请高僧三峰法藏结制于阁下。结莲社，“劝人专修净业，郡中士女多皈敬焉”[③]。临终念佛而逝。

大香，号唵婪，南直隶吴江（今江苏苏州）人。“豪华任侠，为江南词客”。忽自剃发出家，历参有省，“喜枯习禅定”。天启二年（1622）至四年，寓杭州西溪潘家坞福清静室，“藤花腐屑，并日而食。有山居诗，多属和者”[④]。崇祯间，住持塘栖大善寺，与卓人月、卓回诸塘栖里人相交游，多吟咏之作。崇祯九年（1636），示寂，寿五十五，僧腊十六。

真金，号玉庵。“幼绝荤血，抱出尘之志”。年二十九，礼杭州虎跑寺僧三空剃度，后皈依袾宏，受沙弥戒。“遍参知识”，朝四大名山，游历九省，叩三吴巨刹，“皆顶笠荷瓢，不惮寒暑跋涉也”。年四十八后，还虎跑寺，圆菩萨大戒。天启四年（1624）春，自苏州来杭州，访友西溪，于正花坞涧西建法楞庵而驻锡，“影不出山者三十许年”。他常行施食，“津济冥滞，月以三、六、九施之，几千余坛”，坚持礼诵，“礼《千佛名经》满千部，诵《法华》《楞严》各三千部”，“七十如童”，“道俗皆尊称耆宿云”[⑤]。

真悟，字不愚，浙江钱塘（今杭州）卢氏子。十岁，父命出家，“为灵山圆乘法

① （清）释道忞《布水台集》卷14《净明院思修惟公塔铭》。
② 《杭州上天竺讲寺志》卷5《别传》，第88-89页。
③ 《净慈寺志》卷9《住持二》，第214页。
④ 《西溪梵隐志》卷2《纪刹》，第47-48页。
⑤ 《西溪梵隐志》卷2《纪刹》，第41-42页。

孙”。年十七，剃染受具。后住持天竺山灵山寺。“守戒精严，不坠慈云[遵式]旧绪”，弘天台宗。寺院殿宇荒圮，自天启年间募缘，崇祯元年（1628）至十年修复，并为遵式修塔立坊，兼重刻《金光明忏法》，“而台教社观之盛，可后先辉映矣”，于天台宗振兴颇有力焉。晚年寂处小楼，“禅课之余，间作诗颂以寄意”。“寿逾古稀，顺寂于寺之静室”[①]。

理顺，字行中，号怡山。大昭庆寺住持悟庵圆龙法嗣。“通内外学，能诗文，兼综岐黄术”，即兼通佛教、诗文、医术等，校辑《昭庆寺志略》，有《昭庆十咏》诗。崇祯元年（1628），住持昭庆寺禅堂[②]。

大贤，字古德，晚号一行道人，浙江湖州陆氏子。幼失怙恃，晤云栖寺僧知希贯，闻《楞严》宗旨，遂投袾宏出家。故业儒，袾宏“试以司爨，已而司樵，饶为之”。他“日听讲演经疏，析微辩奥，众目为义虎焉”。不久，参访说法于各地，“静虑于桐水，熏修于富春，解行飙驰，缁白膻慕。名山如鹅湖心律师、博山般禅师，外护如钱太史谦益、钱京兆士贵、唐总宪世济，咸请开席，分身说法，风望称雄”。崇祯元年（1628），创曲水庵于西溪正等院左。十二年秋，“坐脱于讲筵”。所著有《维摩折衷疏》《金刚如说》《发菩提心论解》《五戒略解》数种行世[③]。

德璩，号宝雨，浙江嘉兴望族陈氏子。七岁随父至杭州云居圣水禅寺，见绀宇宏丽，佛像庄严，遂出家。“礼慕云，后参觉明”。膺寺务，勤瘁敏达，人咸嗟异之。年十九，“即能登坛，以法事见推于耆宿”，即擅长做瑜伽法事。年二十三，始受戒于闻谷广印，“持之岓岓惟谨”。“及赴新伊［大真］、古德［大贤］两法师讲堂数年，得提示之要”，得讲宗精要。后西游，走豫章，访庐山，过武昌，观赤壁。下南京，至献花岩，“仿佛南宗点滴，在师军持一挥手间，得得所至，境与年忘”，入于禅宗。寻以岁歉，还云居圣水寺。再游福建等地，“三年而遇汉冲林君，鼓琴而乐之，遂得其传，堪称绝调”[④]。《云居圣水寺志》称他“参学之外，精于焦桐”，即擅长琴艺，“冠盖过访，有如云集，燕秦楚闽，足迹几遍”[⑤]。

惟心观，初得戒于闻谷广印，“并受净土之旨”。崇祯三年（1630）秋，于西溪建肯庵，掩关独处，日诵《法华经》，“期证圆顿”[⑥]，为终老之所。

道宗，字智一。原为灵寿寺僧。崇祯七年（1634），应请与同寺僧智洪住持西溪

---

① 《天竺山志》卷9《列传》，第326-327页。
② 《大昭庆律寺志》卷9《僧伽下》，第118-119页。
③ 《西溪梵隐志》卷2《纪刹》，第38页。
④ （明）吕章成《宝雨禅师传》，《云居圣水寺志》卷4《法谱》，第146-147页。
⑤ 《云居圣水寺志》卷2《耆宿》，第96页。
⑥ （清）释智铆《肯庵小记》，《西溪梵隐志》卷4《纪文》，第124-125页。

深处资寿院废址上所建“小筑三楹”，陈继儒取唐诗句题为“秋雪庵”。他“克振宗风”，庵又经官绅名士品题，“克成精蓝”。不久，修建拓大，复旧名“资寿院”，“骎骎乎蔚为丛林”。十五、十六年间，北参五台山，“道风蔚跂，缁素皈仰，法筵社集，庄严具足”，咸称“道宗秋雪主人”。素娴翰墨，“诗笔尤超妙”。《西溪梵隐志》编纂，其力居多[①]。

法藏，字汉月，号于密，晚改天山，南直隶无锡（今属江苏）苏氏子。生于儒学世家，少习儒典。年十五，出家于德庆院。年十九，得度。年二十九，从袾宏受沙弥戒，得云栖寺新刻《高峰语录》，读之“如逢故物”。年三十七，于南京灵谷寺从如馨受具足戒。自称从前代临济高僧高峰原妙《语录》“得心”、寂音慧洪“印法”，“真师”临济义玄，“道价日高”，先后应请住持苏州北禅寺等。但因无临济宗现实师承，故讲说时不正位、不升座，不以宗师自居。天启四年（1624），往金粟山广慧禅寺，屈身参谒临济宗师密云圆悟。圆悟授第一座，不久“手书从上承嗣源流，并信拂付嘱”。其后，法藏在各地开法，“凡八坐道场，常熟三峰、长洲大慈、圣恩、吴江圣寿、杭州安隐、净慈、无锡锦树、嘉兴真如”，是晚明江南最有影响的临济宗高僧之一。其在净慈寺说法，僧俗名士“逐队见之”。著《五宗原》等，主张禅宗五家各有宗旨，都应继承和弘扬，而不像圆悟仅以“直指人心，见性成佛”为唯一法门。为此，其师弟子与圆悟及其门人展开争论，乃至互相攻击，形成“僧诤”。黄宗羲赞其“砥柱释氏，天心可知”[②]。崇祯八年（1635）七月，示寂，世寿六十三，僧腊四十五。

续元，字心融，俗姓张，浙江湖州雪溪张氏子。九岁出家。二十剃发，为春山万富法孙。任上天竺寺住持，“善调众志，人咸敬仰”。崇祯九年（1636），走金粟山受戒。归山，“第诵《法华》《涅槃》两经”[③]。念佛而逝。

大惠，字灵源，浙江仁和（今杭州）邵氏子。幼时志旷，淡于荣利。以白衣参叩莲居庵僧绍觉广承，广承为首举台、相二宗，大惠“即锐心研习，多所诠解”。越十载，游京都，“四威仪中，不忘正定”。为慈慧寺住持愚庵真贵“请登讲座”，以优婆塞身说法，“一音演畅，皆莲居《唯识》宗旨”。万历四十八年（1620），至悯忠寺，乞大慧海律师剃发，受具足戒，时年已五十七。寻即“登座谈宗，辩如瓶泻”。继历牛宫、石灯诸席，“道风弥煽”。熹宗闻之，赐紫伽黎，皇后复遣宦官赍香供奉，为“禅林之荣遇”。因有人注疏唯识与绍觉广承之义有异，遂南还杭州，栖黄鹤山，汇

① 《西溪秋雪庵志》卷3《人物》，第155-157页。
② （清）黄宗羲《南雷文案》卷6《苏州三峰汉月藏禅师塔铭》。
③ 《杭州上天竺讲寺志》卷4《列传》，第76-77页。

集广承之说成《唯识自考录》而行。驻锡大昭庆寺，“诸山瞻风礼足者日益众”。其后，又在吴、越等地“大演法化”。崇祯八年（1635），还昭庆寺。他“传觉苑心印，持台教刚宗，扫波旬障于唯识真诠，获旋陀罗于《法华》元义，对机设化，身性互融，摄偏归圆，权实无碍”。不久，示寂，世寿七十三。所著《自考录》而外，有《元签妙乐仪注》三种，《备简山宗笔要》《毗檀意旨》《楞伽日记》《唯识证义》，重订《因明论解》若干卷[①]。

智誾，字雪关，江西上饶傅氏子。嗣法于曹洞宗高僧博山无异元来禅师。曾扫袾宏塔，说法虎跑寺，崇祯九年（1636），杭州官绅请主圣因接待寺。重建寺院，“功竣即曳杖归瀛山”。十年十月，跏趺而化，寿五十三。有语录及《禅镜集》《雪关问答》《炊香堂诗稿》行世[②]。

净光，浙江杭州韩氏子。“幼具夙根，事亲崇道，长有出尘之志”。崇祯九年（1636），礼西溪曲水庵僧古德，获传“云栖心印”，“昼阅教乘，夜课净业，摄心已专凝矣”。后住曲水庵。十年，鸠工印造《方册藏》经，“永供德云楼上”。十七年，募缘修寺妆像，“安集十方禅侣，修持净业，绍慧远而继永明，接待往来云水，俨然东南一大丛林矣”。清顺治初，应请住龙归坞翠庵，“决志忏摩，期证莲品”[③]。

明方，字石雨，浙江嘉兴陈氏子。年二十二，披削出家。看禅宗南泉公案，“碍胸痛甚”。往云门显圣寺参曹洞宗高僧散木和尚即湛然圆澄，抵姑苏阅《楞严经》有省，“走谒博山［元来］、憨山［德清］”[④]。归显圣寺，获圆澄印可，“以断拂手付”，遂自称“断拂子”。初住天台香柏峰，“历主丛席”。崇祯九年（1636），应请住持杭州西溪上埠山古宝寿寺，“重开古塔，中兴兹寺，主张宗门”。后“又开堂佛日”[⑤]。示寂，世寿五十六。腊三十五。

元贤，字永觉，福建建阳（今南平）蔡氏子。幼业儒，年二十，补邑庠弟子。年二十五，读书山寺，闻僧诵《法华经》，自此留意佛教。翌年，归依建昌寿昌寺曹洞宗高僧无明慧经，从其参禅。年四十，正式披剃出家。“未几，谬承心印”，为曹洞宗第三十二世。万历四十六年（1618），慧经示寂，元贤“往依博山三载”，师事慧经弟子博山元来，受具足戒。已而辞归。天启三年（1623）秋，舟过剑津，闻僧唱《法华经》，廓然大悟，时年四十六。先隐遁瓯宁金仙庵三载，复移居建安东溪荷山几八

① （明）吴本泰《昭庆灵源法师塔铭》，《大昭庆律寺志》卷8《僧伽上》，第113-114页。
② 《圣因接待寺志》卷2《法统》，第39-40页。
③ （清）顾豹文《净光禅师行录》，《西溪梵隐志》卷4《纪文》，第126-127页。
④ （清）释通容《五灯严统》卷25《曹洞宗·青原下三十六世·云门澄禅师法嗣·杭州佛日石雨明方禅师》，第313-314页。
⑤ 《西溪梵隐志》卷2《纪刹》，第54-55页。

载，火种刀耕。年五十六，谒闻谷广印于建宁宝善庵，一见契投，获授《云栖戒本》。次年，应请主福建鼓山。又二年，开法泉州开元寺。崇祯十年（1637）春，浙中诸缙绅请居杭州真寂寺，门人益增。继主宝善庵。后复归鼓山，整建寺院殿堂，大振曹洞宗风，时人皆称“古佛”再世。顺治十四年（1657）九月，示寂，俗寿八十[①]。著有《永觉贤和尚广录》《楞严经略疏》《金刚经略疏》《般若心经指掌》《四分戒本约义》《律学发轫》《净慈要语》《禅门疏语考证》《继灯录》《建州弘释录》《禅余内集》《禅余外集》等。

方志，字观如，南直隶泰州（今属江苏）海陵马氏子。少时曾抵洛阳、杭州上天竺寺参访，即于上天竺寺投僧历庵为师祖。万历二十六年（1598），出家剃染。二十八年，助历庵建禅堂，募材免税，“畚筑担负”。后听云栖寺僧似空讲《楞严经》，历庵促归上天竺寺。方志“念大事未明”，复游南京、五台山，“遍悉禅讲”。三十三年，回上天竺寺，听僧明宗讲《法华经》于宋园。三十六年，得古心如馨大戒。请五台山僧澄方于上天竺遍讲“自《华严》而下所流通法宝”。不久，于枫岭之阴造中印庵，供地藏菩萨。四十二年冬，应请讲《金刚》《法华》四期于慧照寺、泰州梁垛诸处。四十五年，辅澄方于皇坛说戒，为阿阇黎，神宗、光宗赐紫。崇祯十三年（1640），回上天竺寺，注《法华正旨》。受径山请，主方丈三载。十七年，至泰州，修西山寺。顺治七年（1650）七月，示寂[②]。

直界，字幻居，浙江嘉兴人。“貌修洁而慈和，挥麈吴中，有弥天之誉”。适患肺病，栖止南屏净慈寺松寿堂，注解《金刚经》，“直指人心，而不袭传”。不久，“去隐西溪”[③]。后端坐竹床而逝。

真玉，字湛空，四川人。“具只眼如五祖，戒而参方，亦自谓有省”。住净慈寺禅房，打破“客僧一宿而已”之制，“反为之主”，设长连床，七尺单，“稍用清规，日行永明百八事之二三，且二十年，布衲蔬食，宴如也”[④]。

广随，袾宏弟子，“宗教无不圆畅，远近称仰”。住持万松山广化寺，徒众丛集。得宋应昌、冯梦祯及袾宏等助赎山田，重建寺院，“巍焕聿新”[⑤]。

宇庵筠，世为南直隶苏州（今属江苏）大族李氏。性敏好学，“博通内外典籍”，

① （清）释元贤《永觉元贤禅师广录》卷18《寿塔铭（有序）》，第492页。

② 《杭州上天竺讲寺志》卷4《列传》，第74-75页。按，传称方志辅澄方皇坛说戒，为阿阇黎，“受神宗赐紫，又受光宗赐紫，大小衣服十一件”；天启五年，“受慈圣赐紫，说皇戒。又受慈圣赐紫及金冠，密旨弘经”。疑误，表现在：（1）万历四十五年皇坛说戒，“光宗赐紫”，疑时为太子朱常洛赐紫。朱常洛后即位为光宗，在位仅一月而死，未见崇佛举动。（2）天启年间并无“慈圣”太后、皇后。

③ 《净慈寺志》卷10《法嗣》，第245页。

④ 《净慈寺志》卷10《法嗣》，第246页。

⑤ 《武林梵志》卷4《北山分脉》，第83页。

"说法则辩若悬河","戒行纯笃,处事精详,士大夫咸器重之"。明末为大昭庆寺住持[①]。

大真,号新伊,杭州周氏子。父母皆信佛,襁褓即知佛号。九岁依莲居庵绍觉广承,虽执劳役,而默识经义,"颇有神解"。十五岁受沙弥戒,二十岁入云栖寺受具足戒。"自是博窥三藏,参证诸宗"。住莲居庵,构直指大悲堂,"踞师座说法,担荷道风,人天瞻仰矣"。尤精戒律,"每登坛秉戒,千人骈集"。"居恒礼忏,或修观,历寒暑昼夜以为常"。曾往来台州、苏州讲法,从游甚众。著《唯识论合响》若干卷,凡三易稿。顺治七年(1650)七月,示寂,寿七十一,僧腊五十二[②]。

通问,号箬庵,姓俞氏,本南直隶吴江(今江苏苏州)松陵人,世居宜兴(今属江苏)荆溪。弱冠过僧舍,阅《首楞严经》生疑。往磬山谒临济宗高僧天隐圆修,"矢志参决"。年二十四,将婚而悔,潜往杭州,投理安寺僧佛石如嵩落发。往金粟寺,参另一位临济宗高僧密云圆悟,被棒喝"淬砺"。复上磬山,圆修命参堂,夜闻风声,"豁然有省","洞明宗要"。圆修常激其荷负大担,三次以所主报恩院事相委,皆力辞。崇祯八年(1635)九月,圆修示寂,通问治后事毕,走杭州东明寺,为山茨通际禅师慰留。他缚茅山后,期毕心丧。九年秋,理安寺住持佛石如嵩去世,通问应请继席,"一住十年,家风严冷,条令森然,同居衲子,戒抑狂见,唯尚实行真参"。十七年,至余杭,入龙须寺,登天目两峰,礼诸祖塔,穷历奇胜。寻还杭州。清初,先后移主镇江夹山、金山龙游二刹,"宗风渐被大江南北,参徒鳞集,数逾万指"。后又应请住持嘉兴古漏泽寺,重修恢复,"郁成丛席"。顺治十一年(1654),回杭州,卜地于理安左建塔。十二年九月,示寂,寿五十二,腊二十七。所说诸会语录十二卷,又《磬室后录》一卷外,另有《续五灯存稿》十二卷,并行于世[③]。

德本,号达源,浙江嘉兴董氏子。父母梦僧而生,幼英踔自异。年十六,参礼前来游方的"金陵别传尊宿",即欲出家。父母不允。遂潜行从别传剃度,偕处万寿庵。执侍恪勤,二十年如一日。"至己躬下事,朝参夕究",有省,"自是机辨陟发",然"深自晦匿"。"栖迟万寿一坐具地,诸方名衲往来,若石雨[明]方禅师、素华[智]旭法师,皆与师称莫逆交"。不久,策杖游杭州,憩莲居庵。晚爱西溪之胜,"即花坞破室而挂瓢","礼诵持名,昼夜矻矻不辍",而于饭僧、施食、放生等善事"若将不及"。诸僧开戒于莲居庵、宝寿寺、佛日寺等,必请其为四众羯磨。他"登坛秉说,

① 《大昭庆律寺志》卷9《僧伽下》,第129页。
② (清)徐继恩《新伊法师圹志》,《西溪梵隐志》卷4《纪文》,第121-122页。
③ 《理安寺志》卷5《禅宗》,第85-89页;卷7《著述》,第146、148页。

能令闻者畏怀，生希有难遭想。其诚感若此”[①]。顺治九年（1625），示寂，世寿七十。

真圣，字宝贤。师从杭州虎跑寺僧三空，受具足戒。“尝锻七七期，谓如半晌”。日课《法华》，满千部不辍。后往参瓶窑“真寂大师”（疑为闻谷广印），“有水乳之契，己复主粥饭有年”。顺治年间，构三楹于西溪花坞，称“饮峰居”，每月诵《华严》百六十卷。“望八童颜，众所知识”[②]。

广宾，字心海，号溪子[③]。明末清初上天竺寺、径山寺僧。“慧解夙成，博通内外典”，著有《杭州上天竺讲寺志》《天目山志》，人称其为“僧中之班、马”。入清后，移锡西溪云栖别室，探林庐，考碑碣，撰《法华山伽蓝记》，未成而化。后吴本泰等续成，题为《西溪梵隐志》[④]。另著《天龙寺志》[⑤]，或称其撰《径山志》[⑥]。其生平，雍正《浙江通志》登载《上天竺山志》（《杭州上天竺讲寺志》），称“顺治丙戌本山释广宾撰”[⑦]，则曾为上天竺寺僧；民国《杭州府志》登载《上天竺山志》《天目志》《径山志》，称“径山僧广宾心海撰”[⑧]，则又曾为径山寺僧。

明源，字得水，别号宝轮。浙江余姚望族李氏子。幼颖异，一目数行。年十五，礼上天竺寺僧梅坞月辉，“晨夕礼诵，两阅《大藏》，坟典丘索，靡不淹贯，旁及星历医卜，咸复臻妙。词章题咏，援笔立就，不加点染。而逸宕典雅，出自天成”。年二十五，参瓶窑永觉元贤，“禀金刚宝戒”。继参莲居庵新伊大真，“授以台、贤宗旨”。后梦中得悟。“犹遍历诸方讲席，陆沉众中”。于杭州杨梅坞兴福教院“初转法轮，自春开演《华严》全部，届冬告竣。听者沦肌浃髓，多所悟入”。据说他“犹密行翘勤，跪持《如意宝轮王大悲心陀罗尼》，每午夜一百八遍，寒暑靡间。故其神功冥验，无不灵异”。后历主法席，“阐扬教观，穷源极流，尽其精奥”[⑨]。康熙五年（1666）十二月，示寂。世寿五十七，僧腊三十三。

① 《西溪梵隐志》卷4《纪文》，第122-123页。按，“金陵别传尊宿”疑为别传慧宗禅师，然慧宗一生初住峨眉山，后游京师等地，晚年居五台山，似无常住金陵即南京寺院记载，传见《补续高僧传》卷18《别传老人传》。

② 《西溪梵隐志》卷2《纪刹》，第44-45页。

③ （清）吴树虚《重刻大昭庆律寺志序》，《大昭庆律寺志》卷首，第2页。

④ 《西溪梵隐志》后序，第131页。

⑤ （清）黄虞稷《千顷堂书目》卷8《地理类下》，《文渊阁四库全书》本；雍正《浙江通志》卷254《经籍·两浙志乘下》，《文渊阁四库全书》本。

⑥ 民国《杭州府志》卷87《艺文二·史部》，民国十一年本。

⑦ 雍正《浙江通志》卷254《经籍·两浙志乘下》。

⑧ 民国《杭州府志》卷87《艺文二·史部》。

⑨ 《杭州上天竺讲寺志》卷4《列传》，第76-77页。

第四章　明代杭州寺院的兴废、分布和总数统计

明代杭州佛教兴盛，是全国主要佛教中心，其另一个表现是寺院大量修建，“古刹精蓝，贲相望于山林城郭间”①。杭州寺院，自东晋时慧理建灵鹫、灵隐、下天竺等五刹，历五代、两宋爆炸式增长，“环湖山禅、讲、律寺，粲然棋布星列，而郭以内称焉”②。杭州逐渐发展成为禅宇梵宫相望、宗匠辈出、佛学兴盛的“东南佛国”。明代统治者对佛教采取既提倡和保护，又整顿和限制的政策，使杭州寺院在明初就得到大量恢复，重新修建，明代后期杭州佛教复兴，寺院再得大量修建，杭城内外，湖山之间，梵刹星罗棋布，呈现兴盛之象。大体说来，明代杭州城内、环西湖诸山是传统的佛寺集中区域，为名山福地，多历史悠久的古寺名刹，西溪地区在明代中后期得以深度开发，新建了四五十所以上寺庵，塘栖等新兴市镇也聚集了大量寺院。总计明代杭州有名可数的寺院 490 余所，明代后期总数当在 500 所以上。加上大量私创寺庵，明代杭州寺院总数可能达到 1000 所。

第一节　明代前期杭州寺院的修建

元明鼎革，战乱相仍，经济凋敝，僧人或逃或死，寺院残破废坏，“多化为煨烬之区，而狐兔之迹交道”③，佛教受到重创。在杭州，明初人徐一夔谓：“王师略浙之岁，城守者虑诸刹或夺于敌，则为栖兵之地，悉焚之。”如名刹智果寺，“尽为瓦砾，山昏林翳，尘埃眯目，昔人之风致不可见矣”④。名刹上天竺寺，“殿宇自经兵燹无存”⑤。因此，明代前期杭州寺院的修建，多为对前代毁废寺院的修复，修建的主导者是僧人。

① 《武林梵志》卷 1《城内梵刹》，第 10 页。
② 《武林梵志》卷 1《城内梵刹》，第 17 页。
③ （明）宋濂《宋学士文集》卷 15《句容奉圣禅寺兴造碑铭》，《四部丛刊初编》本。
④ （明）徐一夔《始丰稿》卷 7《重建智果院记》，浙江古籍出版社 2008 年版。
⑤ 《杭州上天竺讲寺志》卷 7《建置》，第 111 页。

一、洪武年间杭州寺院的修建

明太祖提倡佛教，礼敬高僧，并大量征召江南高僧入京。杭州佛教界积极呼应和迎合新朝，高僧纷纷入京，受到明太祖的重视、礼敬，这促进了杭州寺院的恢复和修建。如洪武年间上天竺寺菩萨殿的重建，就是曾经担任该寺住持的左善世弘道奏请，明太祖“出御币二千金，遣中使陶砖瓦于姑苏，命杭州前右二卫军士撤操二月，搬运砖瓦木植入山，鼎建鸳鸯殿，广五楹，袤十二楹，诚异数也”[①]。明太祖还采取赐田、赐额等方式扶持杭州佛教复兴。如灵隐寺僧独孤淳朋以时代移易，将宋代赐田13000亩献还朝廷，明太祖收归国有，而分赐3000亩于寺。这样，灵隐寺的3000亩寺田就成为明太祖“钦赐”寺田。中天竺天历永祚禅寺重建，明太祖赐额“中天竺禅寺”[②]。这样，该寺成为明朝“敕赐”寺院，有了荣光的身份。

在明太祖的提倡和护持下，杭州寺院迅速恢复和修建。需要指出的是，洪武年间杭州寺院修建的主导者是僧人。如前述上天竺寺重建，弘道上疏云：“臣前住上天竺寺，殿宇自经兵燹无存，乞赐重建。”[③]得到明太祖资助。大寺名刹、一般寺院，多凭借高僧名德、普通僧众向官绅和民众倡捐募化，而获得资财。有些寺院为尽快修复，也往往延请得道高僧尤其是能干名僧前来驻锡，以福田利益之说劝募，效果更好，“故能有所建立”。如智果寺僧众闻崇寿院僧可祥，“从炬菩萨诸善知识，募财建塔建寺，其人足任起废”，遂函香往请，可祥“亦欣然为起，首捐衣钵为之倡，而募好施者助其不足”。于是，经过三四年的经营，智果寺“变瓦砾之区为金碧之宇，旧观俨然而在”[④]。

在这种情况下，洪武年间杭州寺院得到大肆修建，我们能够统计到的重建、重修者竟达到了108所：

1. 莲花窟，在佛日坞莲花峰之左胁。宋建炎间建。元末毁。洪武元年（1368），重建[⑤]。

2. 兴福庵，在城西北仲溪镇北。元至正初建。至正十六年（1356），毁。洪武元年（1368），重建。二十四年，归并入崇圣寺[⑥]。

---

① 《杭州上天竺讲寺志》卷7《建置》，第111页。
② 《天竺山志》卷2《建置》，第36页。
③ 《杭州上天竺讲寺志》卷7《建置》，第111页。
④ （明）徐一夔《始丰稿》卷7《重建智果院记》。
⑤ 成化《杭州府志》卷49《寺观・城外仁和县境内》，明成化刻本。
⑥ 《武林梵志》卷4《北山分脉》，第89页。

3. 慧林禅庵，在城东北丰年乡前溪村。洪武二年（1369），重建[①]。

4. 法轮寺，在观桥南。五代长兴中，龟法师建于城东汤镇，额曰“观音”。后改“安国”。宋大中祥符间，改“法轮”[②]。洪武三年（1370），重建。二十四年，立为丛林[③]。

5. 延寿白石寺，在艮山白石村。宋建隆年间建。元至正间毁。洪武三年（1370），重建。二十四年，立为丛林[④]。

6. 宝华寺，在芳林乡会安村。南宋乾道年间建。元末毁。洪武三年（1370），复建[⑤]。

7. 智果院，在武林门外东关六里。原为宋东山万寿寺。元末兵毁，“其地尽入民居”。洪武三年（1370），“智果［寺］僧文□于旧基得观音像一座，三焚而不毁者，未辨为几百年所遗，因建殿为供，匾曰‘智果下院’，俗为观音庵”[⑥]。

8. 迎峰庵，在城北临平山。元至元初建，至正末毁。洪武三年（1370），重建[⑦]。

9. 福全寺，在丰年乡漳溪村北。元至元年间建，元末毁。洪武三年（1370），重建[⑧]。

10. 昭化寺，城北七里德胜桥，潮王桥东南。旁有潮王庙。唐长庆年间建，旧名“龙龛”。宋大中祥符年间，“改赐今额”。原在芳林乡河北中界，南宋绍兴年间“迁寺于兹”。元至正十九年（1359），兵毁。洪武四年（1371），重建。二十四年，立为丛林[⑨]。

11. 广教寺，在武林门外北新桥东。后晋天福年间，有肇法师始创，吴越王建，旧名“倾心”。宋大中祥符间，“改今额”。庆元年间，密印法师重修，“有雨花堂、说法台”。元季毁。洪武四年（1371），僧智海重建，“基址宽敞，前后印堂田八十余亩”[⑩]。

12. 香积寺，在江涨桥北，城北八里。宋太平兴国年间，柯氏舍宅为寺，旧名“兴福”。大中祥符年间，赐额“香积”。元末毁于兵。洪武四年（1371），重建。二十四年，立成丛林[⑪]。

---

① 成化《杭州府志》卷49《寺观·城外仁和县境内》。
② 《武林梵志》卷1《城内梵刹》，第5页。
③ 成化《杭州府志》卷49《寺观·城外仁和县境内》。
④ 《武林梵志》卷2《城外南山分脉》，第34页。
⑤ 嘉靖《仁和县志》卷49《寺观·城外仁和县境内》，《武林掌故丛编》本；成化《杭州府志》卷49《寺观·城外仁和县境内》。
⑥ 《武林梵志》卷4《北山分脉》，第75页。
⑦ 成化《杭州府志》卷49《寺观·城外仁和县境内》。
⑧ 成化《杭州府志》卷49《寺观·城外仁和县境内》。
⑨ 《武林梵志》卷4《北山分脉》，第76页。
⑩ 《武林梵志》卷4《北山分脉》，第75页。
⑪ 成化《杭州府志》卷49《寺观·城外仁和县境内》。

13. 仙林慈恩普济教寺，在城内安国坊。南宋绍兴年间建，赐额。元末，“张士诚据为军器局”。洪武四年（1371），重建[①]。

14. 定光寺，在武林门外清湖中闸上关门巷内。初名福庆庵，梁贞明年间建。吴越国时，“因长耳和尚来居于此，显定光古佛化身”，遂改名“定光禅寺”。洪武五年（1372），“天台僧惠珙重建”[②]。

15. 慈济院，旧在西湖莲花桥北。元末兵毁。洪武五年（1372），僧行德“重辟于南壁积善坊，傍有宝觉寺”[③]。

16. 崇善寺，在城东安仁西乡。后晋天福年间建，名“众善”。宋治平年间，“改今额”。元末毁。洪武六年（1373），僧复建。二十四年，立成丛林[④]。

17. 妙静寺，在钱塘定山北二图。宋元祐中，投子义青禅师开山，“赐额明阳寺”。建炎年间，法成禅师重建，“更名妙静”。宋元时期，多次重新修建。洪武六年（1373），“太古羲禅师重修”[⑤]。

18. 隆兴寺[⑥]，在城东六十里临平镇。宋宣和年间建，元末毁。洪武六年（1373），重建[⑦]。

19. 吉祥寺，在永昌门外，椤木营左。旧在城东四十里，宋绍兴年间建，咸淳年间“移建今所”[⑧]。元末兵毁。洪武六年（1373），复建。二十四年，立成丛林[⑨]。

20. 时思庵，在城东北丰年乡城溪村。宋淳熙间建，元末毁。洪武六年（1373），重建[⑩]。

21. 罗汉教寺，在城东北六十余里亭溪。宋时建，元至正末毁。洪武六年（1373），重建[⑪]。

22. 聚秀庵，在超山之南。元延祐年间建，元末毁。洪武六年（1373），重建[⑫]。

23. 圆通庵[⑬]，在城南似兰隅车子巷口。元至元初建，元末毁。洪武六年（1373），复建[⑭]。

① 《武林梵志》卷1《城内梵刹》，第1页。
② 《武林梵志》卷4《北山分脉》，第69页。
③ 《武林梵志》卷1《城内梵刹》，第19页。
④ 成化《杭州府志》卷49《寺观·城外仁和县境内》。
⑤ 《武林梵志》卷2《城外南山分脉》，第49页。
⑥ 嘉靖《仁和县志》卷12《寺观·城外寺院》作“龙兴寺”，“洪武初复建”。
⑦ 成化《杭州府志》卷49《寺观·城外仁和县境内》。
⑧ 《武林梵志》卷2《城外南山分脉》，第33页。
⑨ 成化《杭州府志》卷49《寺观·城外仁和县境内》。
⑩ 成化《杭州府志》卷49《寺观·城外仁和县境内》。
⑪ 成化《杭州府志》卷49《寺观·城外仁和县境内》。
⑫ 成化《杭州府志》卷49《寺观·城外仁和县境内》。
⑬ 嘉靖《仁和县志》卷12《寺观·城外寺院》作“圆通寺”。
⑭ 成化《杭州府志》卷49《寺观·城外仁和县境内》。

24. 法云寺，在武林门北七里许，归锦桥西余杭塘之南草营巷。后晋天福五年（940），吴越王建，赐额“法因寺”。宋治平年间，通秀禅师重建，“改赐今额”。元至正年间兵毁。洪武九年（1376），“善人沈胜请双林寺铁庵愚蒙极禅师重建”[①]。

25. 广泽禅寺，在钱粮司岭西，大慈山之阳。旧名“甘露”，后晋天福六年（941），吴越王建。有泉一泓，“甘澄可爱，若甘露然，故以名寺”。宋治平年间，改额“广泽”。洪武九年（1376），僧东明重建[②]。

26. 定慧禅寺，在大慈山。俗称虎跑寺，又称法云祖塔院。唐元和年间，僧寰中建，赐额“广福院”。大中年间，改“大慈禅寺”。乾符年间，加“定慧”二字[③]。宋元间，多毁建。洪武十年（1377），住持净戒“念基宇窄隘，重加展拓，殿堂廊阁，靡不宏敞”。时寺僧善求“栽松数万本于寺路旁，南接龙桥，北抵赤山埠”。二十四年，“立成丛林版籍”[④]。

27. 梵天寺，在东乡芳梅村。吴越国天祐年间，吴越王建，名“顺天院”。宋治平年间，“改今额”。元末毁。洪武十年（1377），复建[⑤]。

28. 殊圣寺，在艮山门外三里。宋建隆年间，吴越王建，名“最善”。宋治平三年（1066），“赐今额”。元至正末毁。洪武十年（1377），重建[⑥]。

29. 崇胜寺，在奉口峨眉山南。宋淳熙年间建。元末毁。洪武十年（1377），复建。二十四年，“立成丛林”[⑦]。

30. 觉圆寺，在武林门外五里。元皇庆年间，僧慈济建。元末毁。洪武十年（1377），重建[⑧]。

31. 大觉禅院，在武林门北约十里，北关德生巷。唐元和年间，辨法师建。后数度兴废。元季毁于兵燹。洪武十一年（1378），用环璩法师“欲崇奉大圆镜光普门像，复作大阁，雄丽壮峙，工与像称，都人作礼，因敬生悟，俗称大觉院，亦名观音院”[⑨]。

32. 大觉庵，在城北十里芳林乡。元至大年间建，至正末毁。洪武十一年（1378），

---

① 《武林梵志》卷 4《北山分脉》，第 68 页。
② 《武林梵志》卷 2《城外南山分脉》，第 39 页。
③ 《武林梵志》卷 2《城外南山分脉》，第 39 页。
④ 《虎跑定慧寺志》卷 1《建置》，第 11 页。
⑤ 成化《杭州府志》卷 49《寺观・城外仁和县境内》。
⑥ 成化《杭州府志》卷 49《寺观・城外仁和县境内》。
⑦ 《武林梵志》卷 4《北山分脉》，第 89 页。按，成化《杭州府志》卷 49《寺观・城外仁和县境内》作“崇圣寺”，因凤凰山圣果寺在宋庆历初赐“崇圣塔”额，故亦称“崇圣寺”。
⑧ 《武林梵志》卷 4《北山分脉》，第 79 页。
⑨ 《武林梵志》卷 4《北山分脉》，第 73 页。

重建[①]。

33. 崇先显孝华严教寺，在皋亭山之阳。宋绍兴年间建，赐“崇先显孝禅寺”额。宋宁宗“改禅为教”，御书“皋亭山崇先显孝华严教寺”以赐。元末毁。洪武十二年（1379），重建[②]。

34. 真如寺，在永昌门外真如巷。宋建炎年间，僧普慧建。洪武十三年（1380），僧俊堂重修[③]。

35. 普照院，俗称报师庵，在盐桥北。后晋天福年间，钱氏建，旧名“报国千佛院”。祥符间，“改今额”。洪武十四年（1381），僧正宗重修[④]。

36. 慧日寺，在博陆村。后晋开运年间建，名“光照寺”，“在孤山南”。宋祥符年间，移至博陆，“改今额”。元末兵毁。洪武十四年（1381），重建[⑤]。二十四年，“立成丛林”[⑥]。

37. 金佛寺，在丰年乡。宋嘉泰年间，璋法师“创业”。开禧年间，宁宗召问佛法，赐额。元至正年间毁。洪武十四年（1381），重建。二十四年，归并崇圣寺[⑦]。

38. 西隐寺，在城北西马塍乌盆桥畔，离城八十里。宋乾德年间建。元末兵毁。洪武十四年（1381），重建[⑧]。

39. 吉祥院，在城东北丰年乡青林村。后晋天福五年（940）建，名“福臻”。宋绍定四年，“请是额”。元末毁。洪武十五年（1382），“复构”[⑨]。

40. 普宁院，在城西北大云乡姚巷村。后晋天福间，钱氏建。宋治平中，“改额”。淳熙间，毁。元初重建，元末毁。洪武十五年（1382），重建。二十四年，“并入崇圣寺”[⑩]。

41. 天王寺，在仁和县东一百里丰年乡博陆村东。宋绍兴年间建，名用宁庵。元末兵毁。洪武初，复建，“更名曰寺”[⑪]。成化《杭州府志》称，洪武十五年（1382），

---

① 成化《杭州府志》卷 49《寺观 · 城外仁和县境内》。
② 《武林梵志》卷 4《北山分脉》，第 77 页。
③ 《武林梵志》卷 2《城外南山分脉》，第 33 页。按，该寺疑为嘉靖《仁和县志》卷 12《寺观 · 城外寺院》所记“在会保隅”之真如寺，寺迹基本相同。
④ 《武林梵志》卷 1《城内梵刹》，第 9 页。
⑤ 《武林梵志》卷 4《北山分脉》，第 85 页。按，据成化《杭州府志》卷 49 载，此寺元末毁，洪武二十三年重建，二十四年立成丛林。
⑥ 成化《杭州府志》卷 49《寺观 · 城外仁和县境内》。
⑦ 《武林梵志》卷 4《北山分脉》，第 97 页；嘉靖《仁和县志》卷 12《寺观 · 城外寺院》。
⑧ 《武林梵志》卷 4《北山分脉》，第 85 页；（明）田汝成《西湖游览志》卷 23《北山分脉城外胜迹 · 佛刹》，第 266 页。
⑨ 成化《杭州府志》卷 49《寺观 · 城外仁和县境内》。
⑩ 成化《杭州府志》卷 49《寺观 · 城外仁和县境内》。
⑪ 《武林梵志》卷 4《北山分脉》，第 85 页。

“重建”[①]。

42. 月轮寺，在城东北黄鹤山之阳。宋嘉泰年间建。元末毁。洪武十五年（1382），重建[②]。

43. 真如寺，在江涨桥东。宋时建。元至正年间毁。洪武十五年（1382），重建[③]。

44. 释迦宝觉禅寺，在仁和县羲和坊之右。后晋天福年间，钱王妃仰氏建于西湖之上、聚景园之阳，“法师师宝者，为开山第一祖”。元末，张士诚占据杭州，“凡寺宇当城之基者悉徙焉。由是，寺徙于城之阛阓中，居羲和坊之右”。元末明初，“僧散落，而寺日就弛焉”。原为律寺。洪武十六年（1383）春，寺僧德果与众议，请余杭县吉祥山无相寺住持叔琦禅师来住持，“易律为禅”，“扩其旧制，以严其新规”[④]。

45. 上天竺寺，在灵隐寺南。后晋天福年间，僧道翊结庵山中，据说“夜有光，就视得奇木，命孔仁谦刻观音像”。后有僧从勋自洛阳持古佛舍利来，置顶中，“妙相具足”。吴越王“梦白衣人求治其居”，“乃即其地创佛庐，号天竺看经院”。宋咸平初，久旱，郡守张去华迎大士像致祷，“即日雨”，“自是遇水旱，必谒焉”。该寺遂成一著名观音道场，南宋皇帝“翠华一再临幸”，多赏赐[⑤]。元末兵燹，寺院“无存”。洪武十六年（1383）左右，因曾任寺院住持的左善世弘道奏请，明太祖“出御币二千金，遣中使陶砖瓦于姑苏，命杭州前右二卫军士撤操二月，搬运砖瓦木植入山，鼎建鸳鸯殿，广五楹，袤十二楹”[⑥]，加以重建。

46. 因果寺，在艮山门外。后晋开运年间，钱忠懿王建，名“崇寿”。宋大中祥符年间，“改是额”。元末毁。洪武十六年（1383），重建[⑦]。

47. 崇福寺，在艮山门外临江乡。宋雍熙间建。宋、元时期数度兴废。元末毁。洪武十六年（1383），复建。二十四年，立成丛林[⑧]。

48. 广寿慧云禅寺，在三拔营畔。宋淳熙年间，张俊之孙张镃舍宅建寺。元至正间毁。洪武十七年（1384），僧文副重建[⑨]。

---

① 成化《杭州府志》卷49《寺观·城外仁和县境内》。
② 成化《杭州府志》卷49《寺观·城外仁和县境内》。
③ 《武林梵志》卷4《北山分脉》，第79页。
④ （明）姚广孝《逃虚类稿》卷1《释迦宝觉禅寺记》，《四库全书存目丛书》本。
⑤ 咸淳《临安志》卷80《寺观六》，《文渊阁四库全书》本。
⑥ 《杭州上天竺讲寺志》卷7《建置》，第111页。按，上天竺寺此次重修，《杭州上天竺讲寺志》卷7《建置》记载缘于“洪武十五年”左善世弘道奏请。其实，弘道被任命为左善世在洪武十六年九月（详见前文），故“洪武十五年”有误。姑以“洪武十六年左右”述之。
⑦ 成化《杭州府志》卷49《寺观·城外仁和县境内》。按，嘉靖《仁和县志》卷12《寺观·城外寺院》作“洪武二年重建”。
⑧ 《武林梵志》卷2《城外南山分脉》，第34页。
⑨ 《武林梵志》卷1《城内梵刹》，第6页。

49. 纯一庵，在杭州城南门外，凤山之阳。元至顺间，本地人郑元善舍宅为庵，“无像易禅师主其庵席之众，以禅为栖，实一方之清净伽蓝也”。至正十九年（1359），杭州城增筑，“庵当其要，遂毁”。二十六年，无像易法孙溥闻得朽庵傅居士施舍凤山之阳宋故内之荷花池上之宅，“以襄其事”，重建庵，“清净殊妙，十倍于前矣”，“六方之名德”，“咸往来游息而不厌”，“于是庵之名乃著，檀施之来日无虚矣”。洪武十七年（1384），溥闻“重建观音宝殿暨众屋就绪”①。

50. 金刚广福教寺，在章家桥东。后唐天成年间建，初名“功德院”。南宋宝祐年间，理宗“赐今额”。元末毁。洪武十八年（1385），重建②。

51. 兴化庵，在城西北谢溪村西。宋咸淳间建。元末毁。洪武十九年（1386），重建③。

52. 保江寺④，在城东北丰年乡五行村。宋乾道年间建。元至元间毁。洪武二十年（1387），重建⑤。

53. 净因寺，俗称新寺，在和肃坊。元延祐年间，僧斯受建，“有铜佛三像、铜塔一座、桐木十八罗汉像”。元末毁。洪武二十三年（1390），僧法澜等重建⑥。

54. 广严寺，去城六十里，在临平镇西。东晋义熙年间，法师通所建，“以奉华严者”。后数度兴废。宋治平中，“赐今额”。元末毁。洪武初，重建。洪武二十四年（1391），立成丛林⑦。

55. 灵芝崇福律寺，在东花园崇新巷，俗称蜡烛庵。唐贞观年间，郡人施光庆舍宅建，名“实际院”。宋佛印禅师重兴。至正末毁。明初，重建。洪武二十四年（1391），立为丛林⑧。

56. 潮鸣寺，在庆春门北。后梁贞明元年（915）建，初名“归德院”。宋高宗南渡，“驻跸寺中，闻江涛声，赐今名”。元末兵燹。明初，重建。洪武二十四年（1391），立为丛林⑨。

57. 宝月庵，在长乐乡。后梁贞明元年（915）建。元末，兵毁。洪武初，重建。

① （明）姚广孝《逃虚类稿·纯一庵记》，《四库全书存目丛书》本。
② 雍正《浙江通志》卷226《寺观一·杭州府》；《武林梵志》卷1《城内梵刹》，第12页。按，该寺始建年代，《武林梵志》作“晋天成”，查东西晋、后晋皆无“天成”年号，雍正《浙江通志》作“唐天成”，为是。
③ 《武林梵志》卷4《北山分脉》，第79页。
④ 按，嘉靖《仁和县志》卷12《寺观·城外寺院》作“保江院”。
⑤ 《武林梵志》卷4《北山分脉》，第85页。
⑥ 《武林梵志》卷2《城外南山分脉》，第35页。
⑦ 成化《杭州府志》卷49《寺观·城外仁和县境内》。
⑧ 《武林梵志》卷1《城内梵刹》，第12页。
⑨ 《武林梵志》卷1《城内梵刹》，第9页。

洪武二十四年（1391），“归并广严寺”[①]。

58. 大慈院，在城东北临平山北小林里。后梁贞明年间，吴越王建，“定慧禅师为开山祖”，原名“大安寺”。元末毁。洪武初，重建。洪武二十四年（1391），“并广严寺”，改额“大慈院”[②]。

59. 遍福寺，在城东北三十五里赤岸。后晋天福七年（942），吴越王建，名“众善”[③]。《武林梵志》称“旧名众善，始祖慈航建佛殿、赐子观音殿、天王殿”，“宋治平二年间毁”[④]。元末毁。洪武初，“复建”。洪武二十四年（1391），“立成丛林”[⑤]。

60. 兴教寺，在皋亭山西，马鞍山之阳。后晋天福年间，钱氏建，名“兴善”。宋治平年间，“改今额”。绍兴间，重建。元末毁。洪武初，复建。二十四年，“归并香积寺”[⑥]。

61. 福济寺，在城东北二十里廉德乡横塘。后晋天福年间，宋可荣舍宅建。元至正间毁。洪武初，重建。洪武二十四年（1391），立成丛林[⑦]。

62. 长寿院，在城东螺蛳桥。后晋天福年间，吴越王建，名“观音院”。宋大中祥符年间，“改今额”。元末毁。洪武初，重建。洪武二十四年（1391），归并崇福寺[⑧]。

63. 定香寺，在艮山门外。宋乾德四年（966）建于西湖上，名“香积院”。治平年间，“改今额”。宝庆间，于其址建旌德观，“移建今所”[⑨]。元末兵燹毁。洪武初，重建。洪武二十四年（1391），并仙林寺[⑩]。

64. 延圣寺，在候潮门外。宋乾德间，吴越王建于清波门外，名“土宿院”。天圣年间，超法师“沿江施食，以济修堤之士，诏移院于今所，赐额延圣”。元末毁。重建。洪武二十四年（1391），立为丛林[⑪]。

65. 莲花院，在仁和县临平镇茅山下。宋建炎间建。元末毁。洪武初，重建。洪武二十四年（1391），“归并广严寺”[⑫]。

66. 资庆院，在城东北丰年乡五杭村。宋淳熙年间建。元末兵毁。洪武初，复建。

---

① 嘉靖《仁和县志》卷12《寺观·城外寺院》。
② 《武林梵志》卷4《北山分脉》，第100页；成化《杭州府志》卷49《寺观·城外仁和县境内》。
③ 成化《杭州府志》卷49《寺观·城外仁和县境内》。
④ 《武林梵志》卷4《北山分脉》，第94页。
⑤ 成化《杭州府志》卷49《寺观·城外仁和县境内》。
⑥ 嘉靖《仁和县志》卷12《寺观·城外寺院》。
⑦ 成化《杭州府志》卷49《寺观·城外仁和县境内》。
⑧ 嘉靖《仁和县志》卷12《寺观·城外寺院》。
⑨ 《武林梵志》卷2《城外南山分脉》，第34页。
⑩ 成化《杭州府志》卷49《寺观·城外仁和县境内》。
⑪ 《武林梵志》卷2《城外南山分脉》，第32页。
⑫ 嘉靖《仁和县志》卷12《寺观·城外寺院》。

洪武二十四年（1391），“归并慧日寺”[①]。

67. 显忠寺，在丰年乡漳溪村。宋嘉泰年间建。元末毁。洪武年间，重建。洪武二十四年（1391），立为丛林[②]。

68. 水陆寺，在华家池北。旧在城东汤镇。宋建隆年间建。元祐间，赐额。绍兴年间，毁。乾道年间，重建。嘉熙年间，“潮坏，迁建海宁县昌亭陆莲花庵基”。宝祐年间，“复移于华家池北”。元末毁。洪武年间，复建。洪武二十四年（1391），“归并佛惠寺”[③]。

69. 纯一院，在博陆村。宋嘉定年间建。至正兵毁。洪武间，重建。洪武二十四年（1391），立为丛林。有下院曰慧林庵[④]。

70. 月华庵，在城东北六十里临平镇长乐乡。宋咸淳年间，俞氏舍宅建。元末毁。洪武初，重建。洪武二十四年（1391），“并广严寺”[⑤]。

71. 报国寺，在凤凰山麓，即南宋垂拱殿基。元初建寺，至正间毁于兵。明初，复兴。洪武二十四年（1391），立为丛林[⑥]。

72. 崇兴寺，在城北十五里，芳林乡北新关后。元至正间，僧普慧建。至正末兵毁。洪武初，僧照心禅师重建。洪武二十四年（1391），立为丛林[⑦]。

73. 慈云寺，在高阳闾巷。周显德年间，僧圆觉建，名“慈济”。大中祥符间，“改今额”，理宗书“灵感道场”四字。洪武二十四年（1391），“立为丛林，沙门延礼重修”[⑧]。

74. 袭庆禅寺，俗称真珠寺，在樵歌岭。旧名荐福院，晋开运间，吴越王建，为清鉴禅师道场。周显德间，殿中宫震位，“忽泉涌成渠，击磬则泉泛如贯珠”。宋景祐中，名真珠泉。至开庆元年（1259），赐额“袭庆寺”。洪武二十五年（1392），“复建，赐今额”[⑨]。

75. 相国寺，在淳祐桥东北百步许。南朝梁天保年间建，名“建国”。唐时，毁为郑景宅园。景云初，僧慧购为寺，“值睿宗由相王即位”，赐名“相国”。元末毁。洪武初，僧大云重建[⑩]。

---

① 嘉靖《仁和县志》卷12《寺观·城外寺院》。按，《武林梵志》卷4《北山分脉》称“宋建炎间创”；民国《杭州府志》卷36《寺观三·仁和县》（民国十一年本）则同嘉靖《仁和县志》。兹从嘉靖《仁和县志》、民国《杭州府志》。

② 成化《杭州府志》卷49《寺观·城外仁和县境内》。

③ 嘉靖《仁和县志》卷12《寺观·城外寺院》。

④ 嘉靖《仁和县志》卷12《寺观》；《武林梵志》卷4《北山分脉》，第86页。

⑤ 成化《杭州府志》卷49《寺观·城外仁和县境内》。

⑥ 《武林梵志》卷2《城外南山分脉》，第27页。

⑦ 《武林梵志》卷4《北山分脉》，第77页。

⑧ 《武林梵志》卷1《城内梵刹》，第13页。

⑨ 《武林梵志》卷2《城外南山分脉》，第41页。

⑩ 《武林梵志》卷1《城内梵刹》，第11页。

76. 万寿寺，在孤山南。南朝陈天嘉年间建，初名“永福”。宋大中祥符年间，改额“广化”，“有辟支佛骨塔”。绍兴间，改创“四圣观”。元杨琏真伽改为“万寿寺”。元末毁。洪武初，诚意伯刘基重建。俗称“孤山寺”，后改“广化寺”[①]。

77. 寿宁院，在城东北临平山北。唐咸通年间建。元末毁。洪武初，复建[②]。

78. 胜果禅寺，在城南凤凰山之右。唐乾宁间，无著喜禅师建，吴越王镌弥陀、观音、势至三佛及十八罗汉像于石壁。宋庆历初，郡守郑戬奏请，额曰“崇圣寺”。元至正间毁。洪武初，“盥初敬公重建”[③]。

79. 深隐庵，在钱塘县城西北五十余里安溪后大遮山之前。唐时，“道通禅师建刹其中，久而湮芜”[④]。洪武初，“僧通结茆于此，曰深隐庵”[⑤]。后建为“东明寺”。

80. 天龙寺，在慈云岭之阳，后据龙山，前挹浙江。唐真觉禅师卓锡于此，“始建道场”。钱武肃王时，重建以居镜清禅师。宋大中祥符年间，改寺额为“感业”，以甲乙传次。建炎年间，毁于兵。元延祐间，僧大道平重建，“迄工于至正三年之冬”。洪武初，住山行满“既加涂塈藻缋，寺视旧益新”[⑥]。

81. 金仙寺，县西北四十余里孝女北乡凤泉山。后唐同光年间建。宋季火。洪武初，重建[⑦]。

82. 显惠庵，在桐扣山。后晋天福七年（942），吴越王建。洪武初，重建[⑧]。

83. 慧安寺，在钱塘保安坊东。后晋天福间，吴越王为明律师建于草桥门外罗木营地。元季毁。洪武初，“僧得实移于钱塘保安坊东”[⑨]。

84. 崇果寺，在武林门外夹城巷。后周显德年间，吴越王建，旧名“罗汉院”。宋治平年间，改额。元末毁。洪武初，重建[⑩]。

85. 智果禅寺，在葛岭上。旧在孤山，吴越王建。宋绍兴间，徙筑于此。先是，苏轼守杭州，与智果禅院僧参寥子善，名其所居泉曰“参寥泉”。寺既徙北山，有泉适出寺后，“好事者仍名参寥泉，以志旧迹”。元末毁。洪武初，僧可祥、惠炬重建[⑪]。对此，时人徐一夔记载稍详：元末，朱元璋部队来攻杭州，“葛岭去城伊迩”，“城守

① 《西湖寺院题韵沿革考》，第3页。
② 成化《杭州府志》卷49《寺观·城外仁和县境内》。
③ 《武林梵志》卷2《城外南山分脉》，第6页。
④ （清）湛潜《东明寺志》卷上《山》，黄金贵、曾华强点校，上海古籍出版社2012年版。
⑤ 成化《杭州府志》卷50《寺观·城外钱塘县》。按，此次重建“深隐庵”，（清）湛潜《东明寺志》无载。
⑥ （明）徐一夔《始丰稿》卷7《龙山天龙寺记》。
⑦ 成化《杭州府志》卷50《寺观·城外钱塘县》。
⑧ 嘉靖《仁和县志》卷12《寺观·城外寺院》。
⑨ 《武林梵志》卷1《城内梵刹》，第21页。
⑩ 成化《杭州府志》卷49《寺观·城外仁和县境内》。
⑪ 《武林梵志》卷5《北山分脉》，第104页。

者虑诸刹或夺于敌，则为栖兵之地，悉焚之，智果并毁”，“时院僧已散去”。洪武初，崇寿院（保叔寺）僧可祥“首捐衣钵，为之倡而募，好施者助其不足，中作宝殿，塑观音大士像，珠缨宝鬘，庄严端好，翼以两廊，绘七难二求三十二应于壁，极幻化之态，前为三门，而执金刚神列于两旁，石泉之上，仍为祠堂，以奉公（指苏轼，引者注）与参寥子。至于庖湢等室，亦无不具”。数年间，“变瓦砾之区为金碧之宇，旧观俨然而在”①。

86. 宝严寺，在肇原乡义溪村。初名宝胜院，宋乾德年间，郡人钱仁晖舍地建。治平中，“改今额”。建炎四年（1130），金兵来犯，院毁，而大士殿独存，据说金军“骇异，奉泥金法幢佛牙舍利谢罪遁去，而院旁十里，民得无恙。”绍兴间，建。元至正十九年（1359）毁。洪武初，复建②。

87. 崇寿院，又名保叔寺，在宝石山上。宋开宝年间，吴越相吴廷爽建，“内有九级浮图，名应天塔”。赐额崇寿。后毁。咸平中，僧永保重建，“去其二级，人呼为保叔塔”③。南宋至元末，数度兴废。洪武初，僧慧炬重建④。时人徐一夔有稍详细记载：至正末，兵燹大作，塔与寺又毁。僧慧炬立志重建，“人咸信向，以财施者，不募而集”，“其同袍似荪、慧满相与经画，文昶、可祥、可达、善开、广能、崇正等则协力以济，乃裒所施，具凡木石砖瓦涂塈之属，先建宝塔，杀二级为七，其址加广，次作佛殿，作东西廊，作上下山门，以及西方三圣殿，尊事之像，严奉之具，甫见如式，而师化去。至于尊祖有室，饭僧有堂，憩客有寮，以及经钟之楼，庖湢之舍，则其同袍成之”⑤。

88. 普济寺，在候潮门外普济桥。宋太平兴国年间建，“有理宗元命殿，御书曰祈永；度宗元命殿，御书曰申祐；皇太后元命殿，御书曰顺福”，“有阁以奉观音大士，御书曰圆通宝阁”。元初，“以祈永殿奉五显之神”。元末毁。洪武初，重建⑥。

89. 普济寺，在大云乡独山西。宋治平年间建。元末毁。洪武初，重建⑦。

90. 崇宁万寿教寺，俗呼姚园寺，在高阳闾巷。宋初，为姚氏花园。绍兴初，僧

---

① （明）徐一夔《始丰稿》卷7《重建智果院记》。
② 《武林梵志》卷4《北山分脉》，第79页。
③ 《武林梵志》卷5《北山分脉》，第103页。
④ 成化《杭州府志》卷50《寺观·城外钱塘县》。
⑤ （明）徐一夔《始丰稿》卷7《重建宝石山崇寿院记》。按，据郑天挺《关于徐一夔“织工对”》（《历史研究》1958年第1期），徐一夔《始丰稿》收录诗文十四卷，前稿三卷为他至正二十七年（1367）投降明太祖以前作品；后稿上即卷四至卷六为他投降明太祖至洪武十年间作品，后稿中即卷七至卷九为洪武十年至十五年间作品；后稿下即卷十至十四为洪武十五年以后作品。则《重建宝石山崇寿院记》完成于洪武十年以后，该寺重建亦当完成于此时。
⑥ 《武林梵志》卷2《城外南山分脉》，第33页。
⑦ 《武林梵志》卷4《北山分脉》，第89页。

慈昌购园结庵。乾道初，赐额。淳祐二年（1242），“建膺福殿，以奉理宗御容”。元季毁。洪武初，僧大云重建①。

91. 褒亲崇寿教寺，俗称刘娘子寺，在凤凰山后方家峪。宋绍兴十八年（1148），刘贵妃建。刘贵妃得幸，“然恃宠骄侈”。其父懋恩，“金人南侵，献钱三万缗，以助军费”，高宗“嘉之，遂令建寺，以为功德”。元至正末毁。洪武初，重建②。

92. 显教寺，在武林门外东里许。宋绍兴二十二年（1152），显仁太皇后韦氏于杭州皋亭山建寺，额曰“崇先显孝寺”。明年，“复于北关门外清湖闸东，傍大河建庵，曰华严，以为别院”。乾道五年（1169），“仍奉敕改今额”。后“徙在城金刚岭”。嘉熙间毁。宝祐年间，“徙今所”。元末毁。洪武初，重建③。

93. 惠林寺，在蒲场巷。宋绍兴初，“汴僧惠林禅师随驾来杭，建兴国院于天庆坊”。嘉定四年（1211），“移于荐桥门外报国寺基，改名惠林”。元至正间，“展城围入，寻毁”。洪武初，僧昙芳重建④。

94. 永清禅院，在塘西北三分村。宋绍兴年间，延法师创建。元末兵毁。洪武初，复建⑤。

95. 无垢院，在城北大云乡。宋淳熙年间建，元至正年间毁。洪武初，复建⑥。

96. 永福寺，在后洋街。宋嘉定年间，僧永明建。淳祐间，赐额“永福”，“以奉秀王香火”。元至元年间毁。洪武初，善祥重建⑦。

97. 大圆庵，在城北永和乡，去塘西十里许，在龟、马山之间。宋咸淳间建。元末毁。洪武初，重建⑧。

98. 护国仁王讲寺，在西湖北山智果山居后无门洞之左。南宋时，有慧开禅师，据说“祷雨辄应”，人为买地建寺。淳祐五年（1245），赐额。元至正二十年（1360），寺毁。洪武初，僧祖吉重建⑨。

99. 大中祥符律寺，在祥符桥畔。梁大同二年（536），邑人鲍侃舍宅为寺，旧名“发心”。唐贞观中，改“众善”。神龙初，改“中兴”。宋真宗时，改“大中祥符”。金人南侵，“毁于兵”。南渡初，斥为军器所。元初，仍建寺。至正末毁。洪武间，重建，

① 《武林梵志》卷1《城内梵刹》，第13页。
② 《武林梵志》卷3《城外南山分脉》，第50页。
③ 《武林梵志》卷4《北山分脉》，第71页。
④ 《武林梵志》卷1《城内梵刹》，第13页。
⑤ 《武林梵志》卷4《北山分脉》，第87页。
⑥ 《武林梵志》卷4《北山分脉》，第97页。
⑦ 《武林梵志》卷1《城内梵刹》，第15页。
⑧ 成化《杭州府志》卷49《寺观·城外仁和县境内》。
⑨ 成化《杭州府志》卷50《寺观·城外钱塘县》。

“其傍地尽为军民之居”[①]。

100. 韬光庵，在灵隐山巢沟坞。唐代宗时，蜀僧韬光禅师辞师出游，师嘱之曰：“遇天可前，逢巢即止。”韬光游灵隐山巢沟坞，值白居易（乐天）为太守，“遂卓锡焉”，白居易“遂与为友”，题其堂曰“法安”[②]。晋天福年间，吴越王建寺，改名“广严庵”。宋大中祥符间，改“韬光庵”。洪武间，重建[③]。

101. 昭庆律寺，在钱塘门外溜水桥西。后晋天福间，吴越王建。宋乾德年间，重修。太平兴国三年（978），建戒坛于寺中。“每岁三月三日，海内缁流云集于此，推其长老能通五宗诸典者，登坛说法，敷陈具戒，其徒跪而听之，名曰受戒”。南宋时，“以其地为策选锋军教场，寻复为寺”。元末毁。洪武间，重建[④]。

102. 净信寺[⑤]，在城东北桐扣山。后晋天福间，周连舍宅建，名“恩平”。宋治平间，“改今额”。元末毁。洪武间，“迁建于亭溪”[⑥]。

103. 大雄讲寺，在县西北四十里崇化乡。晋开运年间建。洪武间，重建，“有池生蜥蜴，雨晴祷之辄应”[⑦]。

104. 净慈寺，在南屏山慧日峰下。后周显德元年（954），吴越王钱弘俶创建，初名“慧日永明院”，迎请道潜为开山。宋建隆年间，延寿继住，提倡禅与念佛双修，又著《宗镜录》一百卷，并于寺内建宗镜堂。宋太宗时，赐额“寿宁禅院”。南宋绍兴年间，高宗敕额“净慈报恩光孝禅寺”。其后，数度兴废。洪武年间，“又毁，蔡德铭力修复”[⑧]。

105. 月塘寺，在艮山门外何衡店。宋淳熙间建，原在月塘之北。嘉熙三年（1239），“潮坏，徙今所”。元至正初，“潮水复坏，徙高原”。寻毁。洪武间，重建[⑨]。

106. 嘉德永寿教寺，俗称毛寺，在葛岭西。宋理宗时，皇后之母、秦国夫人毛氏既老，结庵于此，就葬焉，“即庵为寺”。元至正末毁。洪武间，重建[⑩]。

107. 禅智寺，在钱塘县西北四十余里孝女乡女南四图。宋时建。元季毁。洪武间，

---

① 《武林梵志》卷1《城内梵刹》，第3页。按，成化《杭州府志》卷47《寺观・城内》谓此寺“至正末毁于兵，今尽为军民之居”，误。嘉靖《仁和县志》：“金人南蹂，城陷寺毁，地入于官，南渡初斥为军器所，居民参错其间，惟留西南一隅建寺。元初，僧人入钱于官，僦地建寺，至元二十八年重建。至正末复毁，今为民居者什九。”可知大中祥符寺只是原有面积部分为民居所占，寺仍存，不过面积大为缩小。

② 《武林梵志》卷5《北山分脉》，第121页。

③ 成化《杭州府志》卷50《寺观・城外钱塘县》。

④ 《武林梵志》卷5《北山分脉》，第101页。

⑤ 嘉靖《仁和县志》卷12《寺观・城外寺院》作“净信庵”。

⑥ 成化《杭州府志》卷49《寺观・城外仁和县境内》。

⑦ 成化《杭州府志》卷50《寺观・城外钱塘县》。

⑧ 《南屏净慈寺志》卷2《建置・殿堂》，第37-38页。

⑨ 《武林梵志》卷2《城外南山分脉》，第16页。

⑩ 成化《杭州府志》卷50《寺观・城外钱塘县》。

重建[①]。

108. 真寂寺，在钱塘县西北四十里良渚西丘。宋宝庆年间建。元朝笑隐大䜣退居之所。后毁。洪武年间，重建[②]。

二、建文年间杭州寺院的修建

建文年间，建文帝崇儒尚文，对佛教采取了较为严厉的政策，对于僧侣建寺也严加控制，且皇祚短促，故杭州在建文一朝见诸于史志寺院修建只有 1 所：

崇觉寺，在城西北泰溪村。元至正初建，后毁。《武林梵志》记载其“洪武三十四年重建”[③]。按，“洪武三十四年”即建文三年（1401），因明成祖通过“靖难之役”夺得帝位后，削去建文帝号，改建文四年（1402）为洪武三十五年。故崇觉寺于建文三年（1401）重建。

三、永乐年间杭州寺院的修建

明成祖登基后，一改建文年间严厉限制佛教的政策，恢复了明太祖对佛教既保护和提倡，又整顿和限制的政策，并加以完善。不过，明成祖虽然崇奉佛教，但主要崇奉藏传佛教。而且，南京乃至江南人多感激、怀念建文帝，而对他夺位则不予肯定，因此明成祖对南京、江南的态度比不上明太祖，因此他常住北京，对江南高僧也远不如明太祖亲近和礼敬。杭州佛教得不到明成祖的重视和护持，明成祖又“禁僧尼私建庵、院”[④]。在洪武年间杭州寺院已经大量修复的背景下，永乐年间可以修复的寺院一时不多，因此永乐年间杭州重建、重修寺院远远少于洪武年间。另外，永乐年间杭州还出现了几所新建寺院。

（一）重建、重修寺院

永乐年间，我们可统计到的杭州重建、重修的寺院有 17 所：

1. 下天真寺，与包山联界。南朝齐建武年间，“普正大师建”。永乐元年（1403），

① 成化《杭州府志》卷 50《寺观・城外钱塘县》。
② 成化《杭州府志》卷 50《寺观・城外钱塘县》。
③ 《武林梵志》卷 4《北山分脉》，第 89 页。按，嘉靖《仁和县志》卷 12《寺观・城外寺院》作“崇觉院”，“洪武二十四年，归并崇胜寺”，而无“洪武三十四年重建”记载。
④ 《明太宗实录》卷 14，永乐十五年闰五月癸酉条。

洪演法师重建[①]。

2. 悟空寺，在淳祐桥东。后晋天福七年（942），僧齐教建，名“崇新院”。宋大中祥符年间，改额。淳祐年间，法昌重修。元末毁。永乐元年（1403），僧德兼重建[②]。

3. 宝梵寺，在镇海楼北。晋天福初，建于崇新门外，名“崇寿院”。宋淳熙年间，“徙建今所”。崇宁年间，赐额“宝梵”。洪武二十四年（1391），并入慈云寺。永乐元年（1403），“重归原所，尚书夏原吉为之记”[③]。

4. 小隐寺，在钱塘县城西北五十余里安溪后大遮山之前。即洪武初僧通重建的深隐庵。永乐六年（1408），僧慧[illegible]“请小隐寺旧额，易庵为寺”[④]。后改为“东明寺”。

5. 净慈寺，在南屏山慧日峰下。后周显德元年（954），吴越王钱弘俶创建。洪武年间，“又毁，蔡德铭力修复”。永乐八年（1410），住持德纯“相继成之”[⑤]。

6. 广寿慧云禅寺，在三拔营畔。洪武十七年（1384）僧文副重建。至永乐九年（1411），僧永忠再重建[⑥]。

7. 昭化寺，在城北七里德胜桥，潮王桥东南。洪武四年（1371）重建，二十四年立为丛林。永乐九年（1411），“复毁”，十年，“重建”[⑦]。

8. 法云寺，在武林门北七里许，归锦桥西、余杭塘之南草营巷。洪武九年（1376），“善人”沈胜请双林寺铁庵愚蒙极禅师重建。至永乐十四年（1416），再“重建”[⑧]。

9. 梵天讲寺，在城南凤凰山。宋乾德中，吴越王建，名“南塔”。治平中，“改今额”。元元统年间，毁。永乐十五年（1417），重建[⑨]。

10. 东冈寺，在保安坊狮子巷西。宋乾德年间，德法师建。南宋绍兴年间，赐额。永乐十八年（1420），僧松岩重建[⑩]。

11. 安隐寺，去城六十里，在临平山南。后唐清泰年间，吴越王建，名“安平”。宋治平年间，“改今额”。元至正末毁。永乐初，重建[⑪]。

① 《武林梵志》卷 2《城外南山分脉》，第 34 页。
② 《武林梵志》卷 1《城内梵刹》，第 11 页。
③ 《武林梵志》卷 1《城内梵刹》，第 21 页。按，（明）田汝成《西湖游览志》卷 18《南山分脉城内胜迹・佛刹》载该寺址为“沙皮巷”。
④ 成化《杭州府志》卷 50《寺观・城外钱塘县》。
⑤ 《南屏净慈寺志》卷 2《建置・殿堂》，第 37-38 页。
⑥ 《武林梵志》卷 1《城内梵刹》，第 6 页。
⑦ 《武林梵志》卷 4《北山分脉》，第 76 页。
⑧ 成化《杭州府志》卷 50《寺观・城外钱塘县》。
⑨ 《武林梵志》卷 2《城外南山分脉》，第 27 页。
⑩ 《武林梵志》卷 1《城内梵刹》，第 12 页。
⑪ 《武林梵志》卷 4《北山分脉》，第 98 页。

12. 福寿寺，在西马塍望佛桥西南，俗呼为东隐。传说齐梁时神僧宝掌禅师过此，“插竹为精蓝之始”。唐贞观年间，“少卿夏公恢宏梵宇，题曰东林”。五代末，殿宇寥落。宋嘉定间，“复为鼎新”。元复毁。入明，镇江南峰义禅师“杖钵游此，重建”。成祖赞曰：“缁门总卒，乐以优优。”①

13. 佛慧寺，在履泰一图。后晋天福年间，“普觉明一禅师开山”。永乐间，“比丘本源文达禅师重建”②。

14. 玛瑙寺，一名“宝胜院”。后晋开运年间，吴越王建，在孤山。宋治平年间，“改赐是额”。绍兴年间，徙于葛岭东，有玛瑙崖、玛瑙山居等③。元末毁。永乐间，重建④。

15. 大佛寺，在宝石山麓。旧传为秦始皇缆船石，宋宣和中，僧思净“镌石为半身佛像，饰以黄金，构殿覆之，遂名为大石佛院”。思净，“即喻弥陀也”。元至正间，“院毁，佛像亦剥落”。寺畔有塔，俗称“壶瓶塔”，为民人收拾南宋诸帝余骨葬而造者。永乐间，僧志琳重建，敕赐为“大佛禅寺”⑤。

16. 长寿寺，在城西北三峰山大云乡。旧名留茨庵，元大德年间建。洪武二十四年（1391）并入崇圣寺。永乐年间，里人夏诚“劝导乡人重建，移请长寿寺额”⑥。

17. 禅智寺，在县西北四十余里孝女乡女南四图。洪武间重建。永乐间，再重建⑦。

（二）迁建寺院

永乐年间，杭州潮患频发，造成一批寺院浸毁，被迫迁建他处。这批寺院主要集中在城南、城东的滨江地带，江潮泛滥，这一地区首当其冲。其时，因潮坏而迁建的寺院达到 8 所：

1. 延寿白石寺，旧在临江乡白石村。洪武三年（1370）重建，二十四年立为丛林。永乐十二年（1414），“移建今所”即庆春门外⑧。

2. 慧安寺，原在草桥门外罗木营地，洪武初，“僧得实移于钱塘保安坊东”。永乐

① 《武林梵志》卷 4《北山分脉》，第 72 页。
② 《武林梵志》卷 4《北山分脉》，第 81 页。
③ 《武林梵志》卷 5《北山分脉》，第 106 页。
④ 成化《杭州府志》卷 50《寺观・城外钱塘县》。
⑤ 《武林梵志》卷 5《北山分脉》，第 102 页。
⑥ 成化《杭州府志》卷 49《寺观・城外仁和县境内》。
⑦ 成化《杭州府志》卷 50《寺观・城外钱塘县》。
⑧ 《武林梵志》卷 2《城外南山分脉》，第 34 页。

十三年（1415），从保安坊东移于十三湾巷[①]。

3. 寿圣寺，在武林门南虎林山（武林山）上。旧名长寿，在东青门外，宋淳祐间，僧无住光隐重建。永乐十三年（1415），“潮坏，徙建今所，即寿圣院故址，遂名寿圣”[②]。

4. 吉祥寺，旧在永昌门外，椤木营左。洪武六年（1373）复建，二十四年立成丛林。永乐十三年（1415），“江潮冲去，迁黄山之阳”[③]。

5. 觉仁院，旧在城东汤镇楂塘湾。唐天宝年间建，又称茶汤寺。宋治平年间，“改是额”。后数度兴废。洪武二十四年（1391）立为丛林。永乐十四年（1416），“江潮冲没，移建皋亭山”[④]。

6. 保庆院，旧在汤镇。后周显德元年（954），吴越王建，初额“保安院”。宋治平二年（1065），“改今额”。元末毁。洪武二十四年（1391）立为丛林。永乐十四年（1416），“江潮冲圮，迁至桐扣山下”[⑤]。

7. 法轮寺，旧在城东汤镇。洪武年间立为丛林。永乐十八年（1420），“潮啮殿基，僧至恂改建于今址”，即观桥南[⑥]。

8. 广福教寺，原在海宁县。永乐间，“因江坍，寺僧慈大云奏准徙创武林门外半道红南”[⑦]。

四、宣德年间杭州寺院的修建

明仁宗在位仅一年，基本执行整顿和限制佛教政策，未见逾越。洪熙年间，杭州也未见寺院修建。明宣宗在位十年，虽仍整顿和限制佛教，但喜好玩乐，崇信佛教，尤其是藏传佛教。明宣宗对杭州佛教也有护持。僧如月重建古刹风林寺，明宣宗“敕名风林寺”[⑧]，给以赐额。

宣德年间，杭州重建、重修寺院 6 所：

1. 妙行寺，在武林门北夹城巷西。宋徽宗时，僧思净（喻弥陀）舍宅为寺，“以

---

① 《武林梵志》卷 1《城内梵刹》，第 21 页。
② 《武林梵志》卷 1《城内梵刹》，第 2 页。成化《杭州府志》卷 47《寺观·城内》认为此寺“旧名长寿，为寿圣下院，寿圣院旧滨海。永乐十二年，潮坏其址，僧徙入城，以长寿兵后废址，移请寿圣原额，重建于此”。
③ 成化《杭州府志》卷 49《寺观·城外仁和县境内》。
④ 嘉靖《仁和县志》卷 12《寺观·城外寺院》。
⑤ 嘉靖《仁和县志》卷 12《寺观·城外寺院》。
⑥ 《武林梵志》卷 1《城内梵刹》，第 5 页。
⑦ 成化《杭州府志》卷 49《寺观·城外仁和县境内》。
⑧ 《武林梵志》卷 4《北山分脉》，第 107 页。

接待云水”，故俗称“接待寺”。元季毁。宣德二年（1427），僧远“即荒址建佛殿”[①]。

2. 龙华禅寺，在龙山。旧名龙华宝胜院，吴越王“以瑞萼园舍建”。宣德四年（1429），重建[②]。

3. 玉泉寺，在青芝坞。旧名净空院。南齐建元中，僧昙超说法于此，据说“龙王来听，为之抚掌出泉，遂建龙王祠”。后晋天福年间，始建“净空院”于泉左。宋理宗书“玉泉净空院”额榜之。元末毁。宣德年间，“重兴”[③]。

4. 凤林寺，在葛岭西，俗称“喜鹊寺”。唐长庆初，禅师圆修居此四十余年，“栖息松上，有鹊构巢其傍，人遂呼为鸟窠禅师”。时太守白居易“常往参之”，曰：“大师居处甚险。”禅师曰：“太守险。”白居易疑惑曰：“弟子位镇山河，何险之有？”禅师曰：“心火相交，识性不停，得非险乎！”白居易“服之”。宣德间，僧如月重建，敕赐“凤林寺”[④]。

5. 觉苑寺，在丰乐桥东。寺当建于宋。《武林梵志》仅言“宋尝徙三圣庙于此，改赐额曰旌忠庙”。寺久废。宣德中，重建。[⑤]

6. 灵隐禅寺，在北高峰。明初重建。宣德间，住持僧昙缵建三门、面壁轩，不久住持僧良玠又建佛殿[⑥]。

五、明初寺院的修建

史籍中还记载几所“明初”，而具体年代不明修建寺院。其中，重建、重修寺院5所：

1. 灵隐禅寺，在北高峰。晋咸和元年（326），僧慧理建。寺有石塔四，皆吴越王建。宋景德四年（1007），改景德灵隐禅寺。元至大元年（1308），僧慈照重修觉皇殿。至正间毁。“国初”即明初，重建[⑦]。

2. 荐福寺，在九里松石人岭。晋咸和中，“建于下天竺基”。宋绍兴间，“迁于此”，为徽宗吴太后葬所，高宗书额，太后手书《金刚经》置塔中。至正末毁。明初，重建[⑧]。

① 成化《杭州府志》卷50《寺观·城外钱塘县》，第2页。
② 《武林梵志》卷2《城外南山分脉》，第36页。
③ 《武林梵志》卷5《北山分脉》，第111-113页。
④ 《武林梵志》卷5《北山分脉》，第107页。
⑤ 《武林梵志》卷1《城内梵刹》，第15页。
⑥ 《武林梵志》卷5《北山分脉》，第117页。
⑦ 《武林梵志》卷5《北山分脉》，第117页。
⑧ 《武林梵志》卷5《北山分脉》，第122页。

3. 永福禅院，在天圣寺侧，与呼猿洞相对。晋时慧理创上、下永福寺，“历代久废”。明初，“高僧宗讵建大雄宝殿”[①]。

4. 崇福庵，在平安坊。石晋开运年间，僧义宣教厚法师建。宋、元“兵火因仍”。明初，重建[②]。

5. 净性寺，傍青衣桥。宋乾德五年（967），吴越王建，名“净心院”。大中祥符年间，“改今额”。元末毁。明初，重建[③]。

新建寺院 1 所：

归云庵，在灵隐寺东，明初建[④]。

明代前期杭州重新修建（含重建、重修、迁建）的寺院，我们统计到 146 所次，若去除 10 所寺院在不同朝代两次修建，则共计有 136 所，新建 1 所，合计 137 所。当然，这一数据肯定是不完全的。但即使如此，其中明确重新修建于洪武年间者达 108 所，明初重建、新建 6 所当亦多在这一时期，直观地反映了明太祖在推翻元朝统治后，重新提倡汉传佛教，优礼江南高僧，对杭州佛教产生了很大刺激作用，寺院大量修建，佛教得到迅速恢复和发展；永乐年间重新修建寺院 25 所，杭州佛教仍在快速恢复和发展。而明代前期新建寺院只有 1 所，也反映了朝廷严禁私创寺院政策执行较为严厉，僧俗人等即使修建寺院也往往打着修复旧寺的名义。总的来说，明代前期由于统治者的护持，杭州寺院大量重新修建，杭州佛教得到迅速恢复和发展。

第二节　明代中期杭州寺院的修建

明代中期，除明世宗之外，诸位皇帝大多热衷佛教，大肆度僧建寺，允许私度和私建寺院，一定程度上破坏了整顿和限制佛教政策的施行，杭州寺院继续修建。

一、正统至天顺年间杭州寺院的修建

正统至天顺年间，是明英宗和景泰帝统治。总体上说，整顿和限制佛教是明代的佛教政策，加上明成祖以后首都北迁，统治者与杭州佛教关系不再如明初紧密，因

① 《武林梵志》卷 5《北山分脉》，第 121 页。
② 《武林梵志》卷 1《城内梵刹》，第 5 页。
③ 《武林梵志》卷 5《北山分脉》，第 110 页。
④ （清）翟灏《湖山便览》卷 5《北山路》，上海古籍出版社 1998 年版，第 127 页。

此曾拒绝官方建寺。《明英宗实录》记载，正统十三年二月，“有杭州僧自陈，其寺为火焚，请敕有司修造”。明英宗“以杭州水旱，不宜扰民，不允”①。因记载简略，不知杭州哪一所寺院僧人，因寺院被烧，要求官府重建，遭到了明英宗拒绝。

不过，如前所述，明代中期统治者崇佛，尤其是皇帝年幼时，往往主事后宫的太后也多有崇佛举动。统治者对杭州寺院也有所护持，赐藏赐额，甚至赐金重修。《永乐北藏》编刻于永乐年间，至正统年间完成，开始颁赐天下名山，杭州灵隐寺、净慈寺、昭庆寺等大寺得到颁赐，并有护持敕谕。皇帝（家）赐寺额者为东明寺、普宁寺。东明寺在钱塘县城西北五十余里安溪后大遮山之前，洪武初重建为深隐庵，永乐年间僧慧昷易庵为寺，改额“小隐寺”。慧昷字东明，“有禅誉”。宣德十年（1435），“朝廷以昷之字赐寺，额曰东明”，遂改为“东明寺”②。按，宣德十年正月初三明宣宗即去世，故宣德十年给东明寺赐额者当为继位的明英宗，时明英宗仅八岁，因此主持赐额者肯定是主事的崇佛张太皇太后。普宁寺在城西北大云乡姚巷村，原名普宁院。洪武十五年（1382）重建，二十四年并入崇圣寺。景泰、天顺间，“敕赐万岁龙牌、清鼎供器一副，金字‘大普宁禅寺’匾”③。而赐金修建者则为天顺元年（1457）正月明英宗“重修明因寺”，“胡濙撰碑文，黄采书，倪谦篆额”④。该寺在仁和县临平镇西南，南朝陈至德年间建，赐额，也是一座古代名刹。

正统至天顺年间，杭州重建、重修的寺院有 24 所，未见新建寺院：

1. 净慈寺，在南屏山慧日峰下。后周显德元年（954），吴越王钱弘俶创建。洪武、永乐年间，先后重建。正统二年（1437），“又毁，住持宗妙、东明慧昷同建”⑤。

2. 妙行寺，在武林门北夹城巷西。宋徽宗时，僧思净（喻弥陀）舍宅为寺。宣德二年（1427），僧远开始重建。正统二年（1437），建钟楼。九年，僧暭建佛阁。景泰元年（1450），建天王殿。天顺二年（1458），僧亮建藏殿。八年，僧素建三门⑥。

3. 慧因寺，在赤山。后唐天成年间，吴越王建，本为禅院。北宋时，净源法师住持，弘传华严宗。后高丽僧统义天来学，携来华严宗疏钞，归国后又送来《华严经》三种译本，净源特建华严阁安置。宋元祐年间，慧因禅寺改名教寺，永传华严宗。此后，高丽僧人往来不绝，故又称高丽寺。元至正末，兵毁。正统三年（1438），玄中

① 《明英宗实录》卷 163，正统十三年二月乙亥。
② 成化《杭州府志》卷 50《寺观・城外钱塘县》。
③ 《武林梵志》卷 4《北山分脉》，第 89、90 页。
④ （清）黄易《武林访碑录》，转引自（清）张大昌《临平记补遗》，杭州出版社 2014 年版，第 873 页。
⑤ 《南屏净慈寺志》卷 2《建置・殿堂》，第 37-38 页。
⑥ 成化《杭州府志》卷 50《寺观・城外钱塘县》，第 2 页。

猷法师应请住持，“兴废起弊”，重建此著名“华严讲寺”[①]。

4. 延恩衍庆寺，在龙井旁。旧寺去龙井里余。后汉乾祐年间，居民凌霄募缘建，为“报国看经院”。宋熙宁中，改“寿圣院”，苏轼书额。绍兴年间，改“广福院”。淳祐年间，“改是额”。元末废。正统三年（1438），移于井旁重建[②]。

5. 铁佛普明寺，在西马塍，去西湖四里许。宋绍熙年间建庵，曰“普明”，“冶铁为佛”。嘉定年间，赐额“普明”，“改庵为院”。元末，张士诚“据为敌垒，毁佛为军器，院废”。正统四年（1439），僧宗浩重建。天顺二年（1458），“请赐旧额”，俗犹称“铁佛寺”[③]。

6. 崇兴寺，在城北十五里芳林乡北新关后。元至正间，僧普慧建。洪武初，僧照心禅师重建，二十四年立为丛林。正统四年（1439），居士盛本忠“施财修建大雄宝殿、大藏经阁、普慧法堂、钟鼓楼，并假山一座在寺殿后”[④]。

7. 广严寺，去城六十里，在临平镇西。东晋义熙年间，法师通所建。洪武初，重建，二十四年立成丛林。正统十年（1445），“节庵贞公与其徒日初昇合谋协力，鸠工简材，撤而新之”[⑤]。

8. 韬光庵，在灵隐山巢沟坞。后晋天福年间，吴越王建寺，改名“广严庵”。洪武间重建。正统十年（1445），僧一真重建，火。天顺二年（1458），僧宗融再重建[⑥]。

9. 光明寺，在西溪之南，黄山深处。唐显庆年间，高宗敕赐寺额，善导和尚说法开山。正统十一年（1446），僧惠辨重建[⑦]。

10. 奉圣禅寺，在鸿雁池北。旧名“广福院”。宋开宝年间，一真法师建。大中祥符年间，“改今额”。正统十四年（1449），僧广仁住持重建[⑧]。

11. 灵隐禅寺，在北高峰。晋咸和元年（326），僧慧理建。明初、宣德年间先后重建。正统间，玹理建直指堂[⑨]。

12. 法云寺，在武林门北七里许，归锦桥西、余杭塘之南草营巷。后晋天福五年（940），吴越王建。洪武、永乐年间先后重建。正统间，寺毁，僧文珩、圭璋、白和

① （明）释明河《补续高僧传》卷25《杂科篇·明玄中猷法师传》，上海古籍出版社1991年版。
② （清）翟灏《湖山便览》卷9《龙井寺》，第234页。
③ 《武林梵志》卷4《北山分脉》，第79页。
④ 《武林梵志》卷4《北山分脉》，第77页。
⑤ 《武林梵志》卷4《北山分脉》，第99页。
⑥ 成化《杭州府志》卷50《寺观·城外钱塘县》。
⑦ 《武林梵志》卷2《城外南山分脉》，第49页。
⑧ 《武林梵志》卷2《城外南山分脉》，第35页。
⑨ 《武林梵志》卷5《北山分脉》，第117页。

尚重新殿宇[①]。

13. 广泽禅寺，在钱粮司岭西，大慈山之阳。后晋天福六年（941），吴越王建。洪武九年（1376），僧东明重建。正统间，毒峰善禅师重建[②]。

14. 慈光寺，在钱塘芝松坊佑圣桥西。俗称铁佛寺。后晋开运初，晤恩禅师建。宋宝庆年间，“清河郡王张魏公割地扩充，名张府功德庵”。元至正年间，毁。正统间，僧立中成“重建”[③]。

15. 褒亲崇寿教寺，在凤凰山后方家峪。宋绍兴十八年（1148），刘贵妃建。洪武初，重建。正统间，主僧昙芳重建[④]。

16. 定光寺，在武林门外清湖中闸上关门巷内。初名福庆庵，后梁贞明年间建。洪武五年（1372），天台僧惠珙重建。正统、景泰间，僧佛海、昌升等复建，“翰林侍讲蒋廷晖书其额”[⑤]。

17. 资庆院，在城东北丰年乡五杭村。宋淳熙年间建。洪武初复建，二十四年归并慧日寺。景泰三年（1452），重建[⑥]。

18. 天长（净心）寺，在仁和北壁后洋街。后晋天福四年（939），钱氏建。南宋时，“析其地为军寨”。咸淳年间，兴复。元季毁。景泰年间，重建[⑦]。

19. 慧安寺，在十三湾巷。后晋天福间，吴越王为明律师建于草桥门外罗木营地。洪武、永乐年间，先后从草桥门外罗木营地移至钱塘保安坊东，再移至十三湾巷。景泰年间，重建，少保于谦撰记[⑧]。

20. 开宝仁王寺，在七宝山。南宋时，僧慧照“随驾卓锡于此”，遂建寺如汴京开宝寺仁王院。宋光宗绍熙年间，赐额。景定年间，毁。景泰年间，重建，“尚书孙原贞记”[⑨]。

21. 佛惠寺，在仁和县羲和坊。俗呼寿火星庵。元大德年间建。后毁。景泰年间，重建[⑩]。

22. 普宁寺，在城西北大云乡姚巷村。原名普宁院，后晋天福年间，钱氏建。洪武十五年（1382）重建，二十四年并入崇圣寺。景泰、天顺间，“敕赐万岁龙牌、清

① 《武林梵志》卷4《北山分脉》，第68页。
② 《武林梵志》卷2《城外南山分脉》，第39页。
③ 《武林梵志》卷1《城内梵刹》，第20、21页。
④ 成化《杭州府志》卷51《寺观·城外钱塘县》。
⑤ 《武林梵志》卷4《北山分脉》，第69页。
⑥ 《武林梵志》卷4《北山分脉》，第86页。
⑦ 《武林梵志》卷1《城内梵刹》，第1页。
⑧ 成化《杭州府志》卷47《寺观·城内》。
⑨ 《武林梵志》卷1《城内梵刹》，第24-25页。
⑩ 《武林梵志》卷1《城内梵刹》，第13页。

鼎供器一副，金字‘大普宁禅寺’匾”[①]。这次赐匾“大普宁禅寺”，当先有重建。

23. 百法寺，在石龟巷。宋建炎初，僧宝宁建。淳熙年间，赐额“广润”。元时改额“百法”。元末毁。天顺元年（1457），僧道冲重建[②]。

24. 遍福寺，在城东北三十五里赤岸。后晋天福年间，吴越王建。洪武初，复建，二十四年立成丛林。天顺七年（1463），从真法师请赐名“遍福”[③]，则当有重建。

二、成化、弘治年间杭州寺院的修建

成化、弘治年间，统治者也曾对杭州佛教加以抑制。如弘治十二年（1499）正月，钱塘县民岳华奏，其十三世祖宋武穆王岳飞“墓田在杭州西湖者，为僧永言等所侵占”，即杭州西湖岳飞墓田被某寺僧永言等侵占。礼部“请移文究治禁约。明孝宗表示：“[岳]飞在宋室，忠烈可嘉，墓田准令有司究理”[④]。也就是说，由杭州地方官府将被某寺院侵占的岳飞墓田断还。

当然，明宪宗、明孝宗以及宫中后妃多崇佛。尤其是明宪宗，对佛教、道教“俱极崇信”[⑤]。他们对杭州佛教的关注和护持，超过了此前的正统至天顺朝。如，成化二十二年（1486），明宪宗竟命令浙江地方官员“劝建”大昭庆律寺[⑥]，该寺得以重修。明孝宗即位后，张太后对杭州知名的观音道场上天竺寺十分眷注，“遣中使赍白金重建，木材砖瓦之类，皆出于官”[⑦]。弘治十三年（1500），明孝宗因四方灾异屡现，遣太监李某赉赐净慈寺以帑金二百两，“命住持文怀修葺金刚殿宇”，“为民祈福”[⑧]。次年秋，朝廷又赐帑金饰五百罗汉殿。据说，张太后还曾赐金，建广济庵于杭州塘栖长桥[⑨]。

受帝王后妃崇佛的影响，且在明代中期逐渐宽松政治氛围下，官绅士人也积极参与到寺院建设中。他们多以为寺书额以及撰写碑记、塔铭等方式，支持杭州寺院的修建和发展。

① 《武林梵志》卷4《北山分脉》，第89、90页。按，原文作“天顺二年，于忠肃公闻于朝，敕赐”云云。按，于忠肃公即于谦，于天顺元年已被杀，不可能有其“天顺二年”“闻于朝”之事，疑“天顺二年”为“景泰二年”之误，或“天顺二年”无误，而“于忠肃公”有误。
② 《武林梵志》卷1《城内梵刹》，第21页。
③ 成化《杭州府志》卷49《寺观·城外仁和县境内》。
④ 《明孝宗实录》卷146，弘治十二年正月庚寅。
⑤ （明）沈德符《万历野获编》卷27《僧道异恩》，中华书局1959年版。
⑥ 《大昭庆律寺志》卷1《兴建上》，第10页。
⑦ 《杭州上天竺讲寺志》卷7《建置》，第114页。
⑧ 《南屏净慈寺志》卷6《檀护》，第152页。
⑨ 《武林梵志》卷4《北山分脉》，第89页。

成化、弘治年间，杭州重建、重修寺院 21 所，新建寺院 2 所。

（一）重建、重修寺院

1. 宝梵寺，在镇海楼北。晋天福初，建于崇新门外。永乐年间重建。成化元年（1465），重建①。

2. 永福寺，在灵隐西坞，石笋峰下。刘宋元嘉时，为琳法师讲所。后晋天福间，颜为“普圆院”，又名“资岩”。南宋咸淳间，“改今额”。时有毒蜂大师居之，号“大吉祥寺”。元至元年间，有清凉山盘陀石正宗禅师圆来驻锡，“常衣白衲”，又名“白衲庵”。成化二年（1466），古香禅师“相继住持，建海石楼”②。

3. 云居圣水寺，在七宝山。唐咸通年间，道膺禅师结庵于此，颜曰“云居”。宋元祐时，佛印禅师安禅于此，“以圣水名其寺”。元初，兵燹毁废，住山指月禅师请中峰和尚重建，“复成丛林，名与五山十刹并列”。洪武二十四年（1391），归并入云居庵，赐额“云居圣水禅寺”。后续建观音、万佛等阁。成化三年（1467），毁于火。僧文绅等募缘复建，“百废俱举，有逾旧观”，十二年落成。弘治八年（1495），僧道孜又“募缘重修”③。

4. 海会寺，在吴山。吴越王建，旧名“石佛智果院”。宋大中祥符间，改名“积善海会寺”。嘉泰间毁。至正间，重建，平章库库子山书“大海会寺”额，御史大夫庆通书“观音宝殿”额。成化十年（1474），火。次年，僧浩中重建④。

5. 净慈寺，在南屏山慧日峰下。后周显德元年（954），吴越王钱弘俶创建。洪武、永乐、正统年间，先后重建。成化十年（1474），智源重修。弘治十年（1497），文怀修⑤。十三年，明孝宗遣太监李某赍赐帑金二百两，”命住持文怀修葺金刚殿宇“，“为民祈福”⑥。

6. 大仁院，在南山石屋洞。吴越王建。宣和年间，“改赐今额”。咸淳年间，建观音诸天宝阁。“洞如屋，高敞虚明，迄二丈六尺，镌罗汉像五百十六身，佛像题名几遍”，俗呼“石屋寺”⑦。明代中期，寺废，“岁久而圮，鞠为草莽之区者，不知凡几年矣”。“成化改元”，僧惠馨“自京兆来游于杭，历观陈迹，慨然以起废为心，结茅其

① 成化《杭州府志》卷 47《寺观・城内》。
② （清）梁诗正《西湖志纂》卷 8《北山胜迹下》，《文渊阁四库全书》本。
③ 《云居圣水寺志》卷 1《建置》，第 72 页。
④ 《武林梵志》卷 1《城内梵刹》，第 21 页。
⑤ 《南屏净慈寺志》卷 2《建置・殿堂》，第 37-38 页。
⑥ 《南屏净慈寺志》卷 6《檀护》，第 152 页。
⑦ 《武林梵志》卷 3《城外南山分脉》，第 57 页。

间”。他节俭募化，“鸠工聚材，期复其旧。若殿，若阁，若堂，若廊庑丈室，与夫山门、桥塔之类，咸以次就绪，焕然一新”。“岁丙申”即成化十二年（1476），至京，托时任侍讲学士丘濬为文“记其成”[①]。

7. 昭化寺，在城北七里德胜桥，潮王桥东南。唐长庆年间建。洪武、永乐年间先后重建。成化十二年（1476），“少保于公、给事张晟捐资重建”[②]。

8. 上天竺寺，在灵隐寺南。晋天福间，僧道翊结庵山中，后吴越王建。洪武年间，明太祖赏赐重建。成化十二年（1476），镇守太监“重建钟楼，修山门，殿庑一新”[③]。二十三年，张太后“遣中使赍白金重建，木材砖瓦之类，皆出于官”[④]。

9. 福寿寺，在西马塍望佛桥西南。俗呼为“东隐”。传说齐梁时神僧宝掌禅师结庵于此。永乐年间，镇江南峰义禅师重建。成化十三年（1477），姑苏半塘寺僧大章“舍资建天王殿”[⑤]。

10. 昭庆律寺，在钱塘门外溜水桥西。后晋天福间，吴越王建。洪武间重建。《武林梵志》称，“成化间毁，云水僧广慎复营之”[⑥]。《孤树裒谈》则记载：“杭州大昭庆律寺，成化二十二年朝命藩臬二司劝建”，吴兴吴汝辉“独任之，纳银千锭”[⑦]，得以重建。不知二书所记是否为同一事。

11. 宝奎寺，在吴山之阳。宋丞相乔行简故第，舍为寺，赐额。元季毁。成化改元，有僧道泽来，见寺荒废，仅存殿基，遂“具奏恢复”，被逮入狱。后据说藩司官员“梦感老僧”，即道泽，遂释而“师礼之”。成化二十三年（1487），重建寺院，“尚书洪钟为之记”[⑧]。

12. 报恩寺，在万松岭西。唐贞元间建，内有舞凤轩、万菊轩、浣云池、铜井。元至正间，筑城，移建大井巷。明初，吴山崩，水坏，“暂并海会寺”。成化年间，“仍徙故址”重建[⑨]。

13. 大觉禅院，在武林门北约十里，北关德生巷。唐元和年间，辨法师建。洪武十一年（1378），用环璩法师重建。成化年间，僧无心道鉴重葺[⑩]。

14. 下塔月明庵，在皋亭山。宋绍兴年间建，为清杲禅师塔。明初毁于兵火。成

① （明）邱濬《重编琼台稿》卷17《重修杭州石屋寺记》。
② 《武林梵志》卷4《北山分脉》，第76页。
③ 《杭州上天竺讲寺志》卷7《建置》，第110页。
④ 《杭州上天竺讲寺志》卷7《建置》，第114页。
⑤ 《武林梵志》卷4《北山分脉》，第72页。
⑥ 《武林梵志》卷5《北山分脉》，第101页。
⑦ 《大昭庆律寺志》卷1《兴建上》，第10页。
⑧ 《武林梵志》卷1《城内梵刹》，第21页。
⑨ 《武林梵志》卷3《城外南山分脉》，第63页。
⑩ 《武林梵志》卷4《北山分脉》，第73页。

化年间，复建[①]。

15. 显教寺，在武林门外东里许。宋绍兴年间，显仁太皇后韦氏始建。洪武初重建。不久又毁。弘治二年（1489），僧智福复建[②]。

16. 大佛寺，在宝石山麓。宋宣和中，僧思净（喻弥陀）建。永乐年间，僧志琳重建，赐额。弘治四年（1491），僧永安重修[③]。

17. 净因寺，在和肃坊。元延祐年间，僧斯受建。洪武二十三年（1390），僧法澜等重建。弘治五年（1492），僧宗谧等重建。[④]

18. 广严寺，去城六十里，在临平镇西。东晋义熙年间，法师通所建。洪武、正统年间，先后重建。弘治十年（1497），日初徒本浩“复葺”[⑤]。

19. 长明寺，在螺蛳门内。后晋天福间建。宋开宝年间，钱忠懿王改名“法灯”。治平年间，改为“长明”。佛印禅师开讲于此。元季寺毁。弘治十五年（1502），僧如埙重建[⑥]。

20. 袭庆禅寺，在樵歌岭。俗称真珠寺。后晋开运年间，吴越王建。洪武年间重建。弘治十五年（1502），再重建[⑦]。

21. 崇寿院，即保叔寺，在宝石山上。宋开宝中吴越相吴廷爽建塔，赐寺额曰崇寿院。咸平年间僧永保重建塔，称“保叔塔”。洪武初，僧慧炬等重建。成化间毁。弘治间，僧可胜重建[⑧]。

（二）新建寺院

这一时期，杭州新建寺院 2 所：

1. 智胜庵，在秦亭山麓。弘治间建[⑨]。

2. 广济庵，在塘栖长桥。弘治年间，张太后及其后武宗钦赐御宝无量寿佛，并帑金四百五十两建[⑩]。

---

① 《武林梵志》卷 4《北山分脉》，第 96 页。
② 《武林梵志》卷 4《北山分脉》，第 71 页。
③ 《武林梵志》卷 5《北山分脉》，第 102 页。
④ 《武林梵志》卷 2《城外南山分脉》，第 35 页。
⑤ 《武林梵志》卷 4《北山分脉》，第 99 页。
⑥ 《武林梵志》卷 1《城内梵刹》，第 11 页。
⑦ 《武林梵志》卷 2《城外南山分脉》，第 41 页。
⑧ （明）张岱《西湖梦寻》卷 1《西湖北路 · 保俶塔》，中华书局 2007 年版，第 131 页；（明）田汝成《西湖游览志》卷 8《北山胜迹 · 宝所塔》，第 99 页。
⑨ （明）田汝成《西湖游览志》卷 9《北山胜迹 · 智胜庵》，第 121 页。
⑩ 《武林梵志》卷 4《北山分脉》，第 89 页。

三、正德、嘉靖年间杭州寺院的修建

正德年间，明武宗迷恋藏传佛教，对佛教最为崇奉。对杭州佛教，明武宗续建弘治年间张太后新建的广济庵。嘉靖年间，明世宗采取禁佛政策，拆毁各地私建寺院，停止开度僧人等，措施不一而足。但是，嘉靖七年（1528）八月，浙江巡按御史王化"疏陈弭灾议"，包括"清查钱粮""节省民财"等，"言西湖寺观多私创者，请市之于民，计亩征粮，补派马价"。明世宗"诏从其清粮议，毁祠骚扰，罢之"[①]。即明世宗没有同意拆毁杭州西湖大量的私建寺观，确实在嘉靖年间是比较少见的，这对杭州佛教、寺院是一个保护和纵容。因此，正德、嘉靖年间，杭州寺院继续修建，尤其是嘉靖年间新建了多所寺院，为此前少有，这也是突破朝廷禁令的。

（一）重建、重修寺院

正德、嘉靖年间，杭州重建、重修寺院有 26 所：

1. 宝寿寺，在上埠山崇岭桥。宋太平兴国年间建，敕赐"报恩光孝禅寺"。后废。端平年间，重建，更名"宝寿"。正德元年（1506），无尽和尚复兴[②]。

2. 观音庵，在塘栖镇北丰年乡。宋绍兴年间建。洪武二十四年（1391），归并纯一庵。正德元年（1506）九月，"郡人端峰邵锐暨沈廷器重建"[③]。

3. 相国寺，在淳祐桥东北百步许。洪武初，僧大云重建。正德八年（1513），僧东明重修，"尚书洪钟为之铭"[④]。

4. 胜果禅寺，在城南凤凰山之右。唐乾宁间，无著喜禅师建。洪武年间"盥初敬公"重建。后毁。正德九年（1514），"鼎新"[⑤]。嘉靖三十五年（1556），倭寇至，被焚。三十七年，僧正因复建[⑥]。

5. 崇寿院，即保叔寺，在宝石山上。宋开宝中吴越相吴廷爽建塔，赐寺额曰"崇寿院"。咸平年间，僧永保重建塔，称"保叔塔"。洪武初，僧慧炬等重建。成化间毁。弘治间，僧可胜重建。一夕，大雷，塔渐崩废。正德九年（1514），僧文镛重建，又筑西方殿于塔后，挹凉亭于山下[⑦]。嘉靖元年（1522），寺塔毁。二十二年，山西僧永

---

① 《明世宗实录》卷 91，嘉靖七年八月甲子。
② （清）吴本泰《西溪梵隐志》卷 2《纪刹》，第 54 页。
③ 嘉靖《仁和县志》卷 12《寺观 · 城外寺院》。
④ 《武林梵志》卷 1《城内梵刹》，第 11 页。
⑤ 民国《杭州府志》卷 36《寺观三 · 仁和县》。
⑥ 《凤凰山圣果寺志》自序，第 7 页。
⑦ （明）张岱《西湖梦寻》卷 1《西湖北路 · 保俶塔》，第 131 页；（明）田汝成《西湖游览志》卷 8《北山胜迹 · 宝所塔》，第 99 页。

果募缘重建[①]。

6. 真际院，在五云山。后周显德年间，“天台韶国嗣”僧志逢禅师结茅开山。宋乾德间，吴越王召赐紫衣，赐额“真际院”。明初毁。正德十二年（1517），僧法坚重建。寺内伽蓝，“乃华光藏神，杭人宰牲祈财无虚日”，有天井，“大旱不竭”[②]。

7. 慈济院，在南壁积善坊。洪武五年（1372），僧行德重建。正德十四年（1519），僧宗恺重建，“尚书洪钟为之记”[③]。

8. 清流禅院，在塘西里仁桥北。元至正年间，建清流亭，奉议大夫兼翰林院侍书蒋晖为天竺传天台教观住持闲中叟无相立。正德年间，僧大一募赠方伯沈存济地，建祈堂、观音阁，藏经函阁中[④]。

9. 广济庵，在塘栖长桥。弘治年间，张太后赏赐帑金建。正德年间，武宗续建[⑤]。

10. 护国仁王讲寺，在西湖北山智果山居后无门洞之左。南宋时，有慧开禅师“祷雨辄应”，人为买地建寺。洪武初，僧祖吉重建。后毁，“古迹既废，湮没无痕，复于嘉靖甲申年”[⑥]，即嘉靖三年（1524）重建。

11. 福寿寺，在西马塍望佛桥西南。俗呼为“东隐”。传说齐梁时神僧宝掌禅师结庵于此。永乐、成化年间，先后重建。嘉靖四年（1525），“山西老衲鼎建西方宝殿”[⑦]。

12. 觉仁院，在皋亭山。唐天宝年间，住持洪深始建。永乐十四年（1416），移建。嘉靖十一年（1532），僧怀悰鼎建[⑧]。

13. 广泽禅寺，在钱粮司岭西，大慈山之阳。后晋天福六年（941），吴越王建。洪武、正统年间，先后重建。嘉靖十五年（1536），僧天祥真又重建[⑨]。

14. 慈云寺，在高阳间巷。周显德年间，僧圆觉建。洪武年间，僧延礼重修。嘉靖二十年（1441）毁，僧园鼎重建[⑩]。

15. 圆通庵，在鼎湖之南。宋朝创。元时毁。嘉靖二十二年（1443），重建[⑪]。

16. 定慧禅寺，在大慈山。唐元和年间，僧寰中建。洪武十年（1377），住持净戒重建，二十四年立成丛林。嘉靖十九年（1540），又毁。二十四年，山西僧永果重

① （明）田汝成《西湖游览志》卷 8《南山胜迹·宝所塔》，第 99 页；《武林梵志》卷 5《北山分脉》，第 103 页。按，永果，《武林梵志》卷 5《北山分脉》误作“永杲”。
② 《武林梵志》卷 2《城外南山分脉》，第 44 页。
③ 《武林梵志》卷 1《城内梵刹》，第 19 页。
④ 《武林梵志》卷 4《北山分脉》，第 86-87 页。
⑤ 《武林梵志》卷 4《北山分脉》，第 89 页。
⑥ 《武林梵志》卷 5《北山分脉》，第 108 页。
⑦ 《武林梵志》卷 4《北山分脉》，第 72 页。
⑧ 《武林梵志》卷 4《北山分脉》，第 94 页。
⑨ 《武林梵志》卷 2《城外南山分脉》，第 39 页。
⑩ 《武林梵志》卷 1《城内梵刹》，第 13 页。
⑪ 《武林梵志》卷 4《北山分脉》，第 90 页。

建[①]。

17. 保和寺，在龙山下闸。南宋宝祐年间建。元至正年间重建。嘉靖三十四年（1555），僧圆珍重修[②]。

18. 梵天讲寺，在城南凤凰山。宋乾德中，吴越王建。永乐十五年（1417）重建。嘉靖四十三年（1564），僧成杉又重建佛殿[③]。

19. 大觉禅院，在武林门北约十里，北关德生巷。唐元和年间，辨法师建。洪武十一年（1378），用环璩法师重建。成化年间，僧无心道鉴重葺。嘉靖间，倭寇入犯，毁废，僧德明“寻又恢复”[④]。

20. 昭庆律寺，在钱塘门外溜水桥西。后晋天福间，吴越王建。洪武、成化年间先后重建。嘉靖间，“毁于海寇”，都御史胡宗宪“重创殿宇”[⑤]。

21. 六通律寺，在长耳巷。旧名“六通慈德院”，吴越王建，延彦求法师演律法其中。有辟尘炉，“非木非石，扣之铮然，纤尘不染”。嘉靖间，寺“垂废”，“僧玄公乞虞吏部为记募施，寻亦弃去”[⑥]，重建未成。

22. 天华禅寺，在龙山。旧名千春龙册，天龙禅师说法于此，“因散天花，名说法台”。宋淳熙年间，镜清禅师在此说法，据说“叱蛙不鸣”。[⑦]《西湖游览志》称其为“镜清禅师道场”[⑧]。嘉靖间，里人夏素庵舍山，僧德隆重建[⑨]。

23. 慧觉院，在府城东北四十里黄鹤山之阴。南宋嘉泰年间建。元末废，“古木石桥，故址俱存”。嘉靖年间，僧明证“缉草结庵其内，设关枯坐”，俗称“草庵”[⑩]。

24. 集庆讲寺，在集庆山。宋理宗淳祐年间，贵妃阎氏建为功德院。阎氏“明艳绝伦，后宫为之夺宠，寺额皆御书，巧丽冠于诸刹”，“虽御前五山，亦所不逮”。时人讽曰：“净慈灵隐三天竺，不及阎妃好面皮。”后改额“显慈集庆讲寺”，“列天台讲院第一刹”[⑪]。元末毁，“重建”[⑫]。正统间废。嘉靖年间，“中贵邓文镇召僧焚修”[⑬]，再重建。

---

① 《虎跑定慧寺志》卷1《建置》，第11页。
② 《武林梵志》卷2《城外南山分脉》，第39页。
③ 《武林梵志》卷2《城外南山分脉》，第27页。
④ 《武林梵志》卷4《北山分脉》，第73页。
⑤ 《武林梵志》卷5《北山分脉》，第101页。
⑥ 《武林梵志》卷3《城外南山分脉》，第54页。
⑦ 《武林梵志》卷2《城外南山分脉》，第38页。
⑧ （明）田汝成《西湖游览志》卷6《南山胜迹·天华寺》，陈志明编校，东方出版社2012年版，第67页。
⑨ 《武林梵志》卷2《城外南山分脉》，第38页。
⑩ 《武林梵志》卷4《北山分脉》，第92页。
⑪ 《武林梵志》卷5《北山分脉》，第116页。
⑫ 成化《杭州府志》卷50《寺观·城外钱塘县》。
⑬ 《武林梵志》卷5《北山分脉》，第116页。

25. 九曜寺，在担水巷。俗称安家堂，因“安家舍堂为寺”，故名。相传宋曹彬下江南时建，“至今奉彬为土神”。宋绍兴中，普明禅师开法席，梦感地涌甘泉，后称“龙山泉”“上井”。殿久圮。嘉、隆间，僧上庵、真定相继重建[①]。

26. 古法华庵，在庙坞深处。始建不明。嘉、隆间，僧北山重建[②]。

（二）新建寺院

正德、嘉靖年间，杭州新建寺院有 8 所：

1. 永清庵，在永清坞中，背即为龙井。正德中，陈氏建[③]。

2. 心庵，在永清坞中，背即为龙井。正德间，宝珠禅师建，有白云岩、玉液泉[④]。

3. 大悲妙心庵，在城东三十里安仁乡。嘉靖二十七年（1548），僧如慧募建[⑤]。

4. 真觉院，在钱塘履泰三图桃源岭。嘉靖三十八年（1559），僧真龙号伴云捐资建，孙净源、性良、性纯、海月重修，俗称“伴云庵”，亦称“”桃源居”，改名“真觉院”[⑥]。

5. 弥陀庵，在履泰乡五图。嘉靖四十年（1561），里人李阳“割地创建，延僧如性卓锡其中”[⑦]。

6. 普慈院，在秦亭山下。嘉靖初建，僧广莫“栖寂于此”[⑧]。

7. 法华律院，在西溪路北。嘉靖中，东晖晓禅师建，里人金良臣施地，俗呼“金家庵”[⑨]。

8. 朝阳庵，在六和塔左进龙浦右，近江小坞。嘉靖、隆庆间，僧云天、明证建，“内有大石佛、禅定处”[⑩]。

明代中期，虽然朝廷对杭州佛教护持、檀助不多，但统治者崇佛，大肆度僧，疏于清理私度者，带头修建寺院，弛禁私创寺院，使得全国僧众冗杂，寺院纷建。杭州寺院在明代前期重新修建、新建合计 137 所的基础上，又重新修建 71 所次，去除本期内重复修建仍有 63 所，新建寺院达到 10 所。尤其是嘉靖年间严厉禁佛，但重新修

① 《武林梵志》卷 2《城外南山分脉》，第 39 页。
② 《西溪梵隐志》卷 2《纪刹》，第 29 页。
③ 《武林梵志》卷 5《北山分脉》，第 124 页。
④ 《武林梵志》卷 5《北山分脉》，第 124 页。
⑤ 《武林梵志》卷 4《北山分脉》，第 92 页。
⑥ 《武林梵志》卷 4《北山分脉》，第 82 页。
⑦ 《武林梵志》卷 4《北山分脉》，第 100 页。
⑧ 《武林梵志》卷 5《北山分脉》，第 111 页。
⑨ 《西溪梵隐志》卷 2《纪刹》，第 33 页。
⑩ 《武林梵志》卷 2《城外南山分脉》，第 43 页。

建寺院 19 所，新建 6 所，确实印证了我们此前一再的研究结论：明世宗“禁佛政策和措施在实际执行中大打折扣，效果有限”[①]，其时“北京佛教寺院仍大量修建”，“政策影响有限”[②]。明代前期至中期，杭州寺院重新修建、新建已经达到 210 所，加上我们统计不全，以及没有记载的小寺小庵等，不能不说是一个庞大的数字。杭州及附郭二县可谓寺院众多，反映出明代中期杭州佛教表面的繁盛。

第三节　明代后期杭州寺院的修建

明代后期，明神宗、李太后狂热地崇奉佛教，促进了晚明佛教复兴。云栖佛教成为杭州佛教的主体，杭州高僧汇聚，居士云集，寺院大量重建、重修、新建，并一直延续到明末，寺院数量爆发式增加，佛教呈现出空前的复兴之势。

一、隆庆、万历年间杭州寺院的修建

明穆宗、明神宗、李太后均崇奉佛教，尤其是明神宗、李太后狂热地崇奉佛教，在京师及各地大肆修建寺院，礼敬皈依僧人，编刻《续入藏经》并连同《永乐北藏》大肆颁赐名山大寺，带动了臣民崇佛建寺的热情，一定程度上促进了晚明佛教复兴[③]。而在佛教内部，“高僧辈出，云栖、紫柏、湛然阐宗风，呈佛教复兴之象”[④]。不少僧人随处说法建寺，佛教迎来大发展时期。与此同时，士人礼佛之风日炽，居士佛教兴起，积极参与寺院修建中，士林禅林声气互通，伴随浇漓驰骤的江南世风，佛光梵影衍为大观。杭州作为东南繁华之区，在此兴起云栖佛教，高僧辈出，大德汇聚，居士众多，官绅僧人以谈佛建寺为尚，织造太监孙隆等也礼僧建寺，以致杭州寺院重建、重修者频繁，新建者竞立，寺院数量爆发式增加。

（一）重建、重修寺院

隆庆、万历年间，杭州重建、重修的寺院有 112 所：

1. 九曜寺，在担水巷。俗称安家堂。相传宋曹彬下江南时建。嘉靖、隆庆年间，

---

① 何孝荣《论明世宗禁佛》。《明史研究》第 7 辑，黄山书社 2001 年版，第 175 页。
② 何孝荣《明代北京佛教寺院修建研究》，南开大学出版社 2007 年版，第 678 页。
③ 参阅何孝荣《论孝定李太后崇佛与晚明佛教复兴——以福建宁德支提寺为例的考察》，《安徽师范大学学报》2021 年第 3 期。
④ 陈垣《明季滇黔佛教考》，中华书局 1962 年版，第 14 页。

僧上庵、真定相继重建[①]。

2. 古法华庵，在庙坞深处。始建不明。嘉靖、隆庆年间，僧北山重建[②]。

3. 朝阳庵，在六和塔左进龙浦右，近江小坞。嘉靖、隆庆年间，僧云天、明证建，“内有大石佛禅定处”[③]。

4. 昭化寺，在城北七里德胜桥，潮王桥东南。唐长庆年间建。洪武、永乐、成化年间，先后重建。隆庆二年（1568），张中复、张一阳重修。至万历二十八年（1600），寺僧圆会再重修[④]。

5. 昭庆律寺，在钱塘门外溜水桥西。后晋天福间，吴越王建。洪武、成化、嘉靖年间，先后重建。隆庆二年（1568），建山门石牌坊，题曰“律宗万善戒坛”。三年，寺毁于火，新都汪道昆募建。万历初，先后重建祖师殿、后殿、正殿、普说殿等。万历十八年（1590），织造太监孙隆“大捐赀，修增殿宇”[⑤]。修复后的昭庆寺“悬幢列鼎，绝盛一时”[⑥]。

6. 慧觉院，在府城东北四十里黄鹤山之阴。南宋嘉泰年间建。元末废，“古木石桥，故址俱存”。嘉靖年间，僧明证结“草庵”。隆庆二年（1568），“县宰嘉其精诚，捐资立额”。其孙如信“精勤干理，感动诸檀越，协助构殿，扩山地以复今院”。右建明证塔院，“即设关处”[⑦]。

7. 云栖寺，在梵村天柱寺旁云栖坞。宋乾德年间，伏虎禅师结庵于此，吴越王钱氏为建寺。天禧中，敕赐“真际院”。治平年间，改号“栖真”。明弘治七年（1494），遭遇水灾，庐漂僧散，“院遂蓁莽”。隆庆五年（1571），僧袾宏托钵来此，“趺坐圮壁间”，民人为构静室三楹。据说，袾宏讽经设瑜伽施食以止虎患，遇旱设祷而雨霪，村民“大悦”，“鼎新寺之遗址”，“百日而成”。早期的云栖寺“外无崇门，中无大殿，惟禅堂处僧，法堂以奉经律而已”。袾宏“力行古道”，“大都主之以净土，而冬专坐禅，余兼讲诵，日有程，月有稽，岁有表”，为远近宗仰，成一时巨刹[⑧]。

8. 古法华寺（郑庵），在西溪之东法华山下。隆庆、万历间，云间郑昭服（青莲居士）舍园宅为寺，初号“云栖别室”。崇祯六年（1633）秋，郡守“庞公”给额，

---

① 《武林梵志》卷 2《城外南山分脉》，第 39 页。
② 《西溪梵隐志》卷 2《纪刹》，第 29 页。
③ 《武林梵志》卷 2《城外南山分脉》，第 43 页。
④ 《武林梵志》卷 4《北山分脉》，第 76 页。
⑤ 《大昭庆律寺志》卷 1《兴建上》。
⑥ （明）张岱《西湖梦寻》卷 1《昭庆寺》，中华书局 2007 年版，第 127 页。
⑦ 《武林梵志》卷 4《北山分脉》，第 92 页。
⑧ 《武林梵志》卷 2《城外南山分脉》，第 44 页。

称“古法华寺”[①]。

9. 黄龙庵，在黄鹤山。宋黄龙禅师开山。元时兵毁。隆庆年间，圆澄禅师“构茅屋以居”。约当万历年间，其四世下僧如谧号超然“参悟其中”，题其阁为“惺惺阁”，“募造佛殿方成而没”，“没一期，而其徒无净毁卖于民家”。[②]

10. 普宁庵，在鸿雁池南。南宋隆兴年间，道慧禅师开山请额。宋末毁。元皇庆年间，僧了清重建。洪武二十四年（1391），归并万寿寺。万历元年（1573），重建[③]。

11. 慧因寺，在赤山。后唐天成年间，吴越王建。正统年间，玄中猷法师重建。正德年间，“困于征徭，僧徒星散”，殿宇“强半颓圮”。万历二年（1574），僧悟玄、如通、明慧“并力修举，而天王殿、大雄殿、轮藏阁、妙应殿次第兴复”[④]。二十九年，钱塘洪瞻祖“悯慧因大殿将颓，施百金”，寺僧性贤修葺，“凡栋梁朽腐者，一更新之”[⑤]。

12. 菩提律寺，在宪司东南方，太学街东。旧在钱塘门外，宋太平兴国年间，钱惟演舍宅为“惠严寺”，后赐额。建炎间火。绍兴中，复建。至元末，筑城，迁建于此。永乐以后，寺有节庵守、智淳、别原、约宗先后被召入京，“四代入觐，亦沙门荣遇云”。万历二年（1574），重建后殿，“内奉旃檀白衣观音像”[⑥]。

13. 秀水庵，在花桥北。古刹。万历二年（1574），俞居士“复舍基构庵，僧广德焚修”[⑦]。

14. 无垢院，在城北大云乡。宋淳熙年间建。洪武初重建。万历三年（1575），重建，“宪副林梓题额‘两劫真修’”[⑧]。

15. 莲居庵，在土桥东。古延寿庵，毁于兵。万历六年（1578），里人虞淳熙建忏室。二十四年，延绍法师“安居而加拓之，结禅讲期，方伯吴公碑定额为‘莲居’”[⑨]。

16. 智果院，在武林门外东关六里。吴越王建。洪武、成化年间，先后重建。万历七年（1579），僧明绣“拓基以广其制，创大法堂”。寺“四面环水，莲花盛时香闻里许”，旧建有白莲亭。三十六年，僧海成、照心“复捐资辟地浚池，种莲作亭，

① 《西溪梵隐志》卷2《纪刹》，第24页。
② 《武林梵志》卷4《北山分脉》，第90页。
③ 《武林梵志》卷2《城外南山分脉》，第35、36页。
④ 《慧因寺志》卷1《原始》，第2页。
⑤ 《慧因寺志》卷4《檀那·清远洪瞻祖》，第17页。
⑥ 《武林梵志》卷1《城内梵刹》，第16页。
⑦ 《武林梵志》卷4《北山分脉》，第93页。
⑧ 《武林梵志》卷4《北山分脉》，第97页。
⑨ 《武林梵志》卷1《城内梵刹》，第9页。

以追旧迹”。又建大山门，额曰“万寿踪迹”[①]。

17. 净安院，在金龙山。宋宣和年间，觉禅师始建白云庵。后毁。嘉定年间，僧智雅重建。绍定年间，“请今额”。后又毁。万历七年（1579），僧广随重建，“钱塘令姜召有碑记”[②]。

18. 圆教禅寺，在城东五十里丘山之阳。始建不明。“年久倾废，止存殿基二十八亩、方泉、放生池”。万历八年（1580），安隐寺僧性美、慧渊重建[③]。

19. 铁佛普明寺，在西马塍，去西湖四里许。宋绍熙年间建。正统年间，僧宗浩重建。天顺年间，赐额。万历九年（1581），遭火焚，“祠部黄汝亨劝募，僧朗重修”[④]。

20. 灵隐禅寺，在北高峰。晋咸和元年（326），僧慧理建。明初、宣德、正统年间，先后重建。隆庆三年（1569），“罹祝融，煨废殆尽”。万历十年（1582），寺僧德明、圆辅、圆宁“延法师易庵通公主席，太宰张瀚为之护法，倡缘建殿宇廊庑凡百楹，塑诸佛圣像，铸钟，竖钟楼，重建慧理、永安、普同等塔悉就”。三十九年，僧证重建禅堂、方丈、回龙桥，“方伯浮渡吴公复捐俸百余金建桥亭，题曰‘觉路津梁’，上供准提佛，题曰‘密因阁’”。四十年，“延介如石公讲《楞严义海》于寺。寻葺方等禅堂，集三学精通禅者修方等忏法”[⑤]。

21. 崇兴寺，在城北十五里芳林乡北新关后。元至正间，僧普慧建。洪武、正统年间，先后重建。隆庆五年（1571）七月，被焚。十二月，僧佛广建立小屋三间，“供奉万岁龙牌”。万历十三年（1585）六月，僧真宣重建佛殿、山门。四十年，黄汝亨倡缘，真宣、海云“复建大雄宝殿、天王殿并普慧法堂”[⑥]。

22. 莲池庵，在孤山白沙堤。俗称龙王堂，原在钱塘门外，后徙压堤桥。万历十四年（1586），郡守余良枢重建于孤山白沙堤[⑦]。

23. 净慈寺，在南屏山慧日峰下。明初以来，数度重建。万历十四年（1586），筑“最胜法门”牌坊于大殿后；十五年，重建钟楼，“供地藏、十王、东岳诸像”[⑧]；二十年，又“铸铁鼎，葺钟楼，构井亭，架棹楔”[⑨]。

24. 丰禾庵，在仁和县二十三都一图，董公庄西。梁贞明年间，柳明王舍宅而建，

① 《武林梵志》卷4《北山分脉》，第75页。
② 《武林梵志》卷4《北山分脉》，第83页。
③ 《武林梵志》卷4《北山分脉》，第93页。
④ 《武林梵志》卷4《北山分脉》，第79页。
⑤ 《武林梵志》卷5《北山分脉》，第117页。
⑥ 《武林梵志》卷4《北山分脉》，第77页。
⑦ 《西湖寺院题韵沿革考》，第7页。
⑧ 《南屏净慈寺志》卷2《建置》，第56页。
⑨ （明）张岱《西湖梦寻》卷4《净慈寺》，第190页。

“保一方风调雨顺，五谷丰登”，故名。万历十五年（1587），“风雨倾圮”。士民请僧行洹“建造佛殿并华严楼，金中丞、冯司成俱题额”[①]。

25. 普宁寺，在城西北大云乡姚巷村。原名普宁院。后晋天福年间，钱氏建。洪武、景泰、天顺年间，先后重建，赐额“大普宁禅寺”。万历十六年（1588），吉祥寺僧真实再重建[②]。

26. 观音大悲庵，在桐扣南王陵山顶。始建不明。万历十六年（1588），僧广量重建[③]。

27. 荣国禅寺，在南高峰顶。即南高峰塔院，宋宝祐年间，福王与芮建。咸淳年间，安抚潜说友创华光阁、五显祠。峰在南北诸山之界，塔旧址居峰顶，晋天福间建，宋崇宁、乾道两度重修。元季毁七级为五级。嘉靖、隆庆间，“有戎帅某惑青乌家言，贿僧移塔于前，塔顶不及上而罢”。后“塔渐圮，而寺亦衰”[④]。万历二十一年（1593），太监孙隆“复建荣国寺，在南高峰之绝顶”[⑤]。

28. 龙居寺，在黄鹤山之阳。后唐清泰年间，吴越王建。宋建炎间，名“永庆”。元初毁。万历二十二年（1594），僧如艮等十人“买故址重建，延闻谷印禅师说法，为第一祖。修雅、玉庵法师相继传教，遂成丛林”[⑥]。

29. 法云寺，在武林门北七里许，归锦桥西、余杭塘之南草营巷。后晋天福年间，吴越王建。洪武、永乐、正统年间，先后重建。嘉靖间，倭寇兵毁。万历二十二年（1594），僧明庆、智昂重建[⑦]。

30. 般若院，在上梅竹左径。始建不明。万历二十二年（1594），僧真诚、定淳重建[⑧]。

31. 延恩衍庆寺，在龙井旁。俗称龙井寺。旧寺去龙井里余，后汉乾祐年间，居民凌霄募缘建。正统年间，移于井旁重建。万历二十三年（1595），司礼太监孙隆“命僧真果重修，构亭轩，筑桥梁，甃浴麟池，创霖雨阁”[⑨]。

32. 圆通庵，在鼎湖之南。宋朝创。嘉靖年间重建。复圮。万历二十五年（1597），

① 《武林梵志》卷4《北山分脉》，第82页。
② 《武林梵志》卷4《北山分脉》，第89页。
③ 《武林梵志》卷4《北山分脉》，第94页。
④ 《武林梵志》卷3《城外南山分脉》，第58页。
⑤ （明）释大壑《南屏净慈寺志》卷3《建置》，万历刻康熙增修本。按，“杭州佛教文献丛刊”本本志卷3“缺”。
⑥ 康熙《仁和县志·梵刹》，西泠印社2011年版。
⑦ 《武林梵志》卷4《北山分脉》，第68页。
⑧ 《武林梵志》卷2《城外南山分脉》，第26页。
⑨ 《武林梵志》卷3《城外南山分脉》，第60页。

僧大潮募修[①]。

33. 奉圣禅寺，在鸿雁池北。宋开宝年间，一真法师建。正统年间，僧广仁住持重建。岁久倾圮。万历二十五年（1597），僧圆松重建观音殿、一真堂。殿前临池有弥勒殿，后有大用全、行中仁两法师塔，三十九年落成[②]。

34. 满觉院，在满觉陇。后晋天福年间建，旧额“圆兴”。宋治平年间，“改今额”[③]。万历二十六年（1598），僧海龙重建。“深涧茂竹，渐与世远，八月桂花盛时，游人甚盛”[④]。

35. 善昙寺，在城东五十里鼎湖西葡萄畈。古刹葡萄寺，后废。万历二十六年（1598），僧如显募众，“县宰豫章刘公嘉其德，捐俸以助，邑人胡心得、沈朝焕、沈朝烨、丁周助建”[⑤]。

36. 烟霞寺，在城西隅二图烟霞洞口。又名清修禅寺。后晋开运年间，僧弥洪结庵，后吴越王补刻罗汉像。久圮，“町畽鹿场，蚕食者过半”。万历二十七年（1599），司礼太监孙隆重建。寺未有僧，“禅师宏学持戒习静，不下山十五年，给札延入为住持”，宏学“复倾衣钵成之，大雄殿、地藏殿、左右云房，渐集广润，复拓地为华严堂”[⑥]。

37. 保和寺，在龙山下闸。南宋宝祐年间建。嘉靖年间，僧圆珍重修。万历二十七年（1599），僧寂诚再重修[⑦]。

38. 龙珠庵，去郡城东北三十里龙珠山之阳。“唐宋古刹，倾废难考，惟故址犹存。左有古松，右有龙珠泉”。万历二十八年（1600），云栖僧成意重建[⑧]。

39. 玉泉寺，在青芝坞。旧名净空院。后晋天福年间建。宣德年间重建。万历二十八年（1600），太监孙隆“整其颓圮”，僧性科“募金鸠工，法宫梵宇，益增而胜焉”。其后，钱塘县令聂心汤又“重建”[⑨]。

40. 袭庆禅寺，在樵歌岭。俗称真珠寺。后晋开运年间，吴越王建。洪武、弘治年间，先后重建。万历二十八年（1600），僧德昭重修[⑩]。

41. 大仁院，在南山石屋洞。吴越王建。宣和年间，“改赐今额”。咸淳年间，建

① 《武林梵志》卷4《北山分脉》，第90页。
② 《武林梵志》卷2《城外南山分脉》，第35页。
③ 民国《杭州府志》卷35《寺观二・钱塘县》。
④ 《武林梵志》卷3《城外南山分脉》，第57页。
⑤ 《武林梵志》卷4《北山分脉》，第98页。
⑥ 《武林梵志》卷3《城外南山分脉》，第57-58页。
⑦ 《武林梵志》卷2《城外南山分脉》，第39页。
⑧ 《武林梵志》卷4《北山分脉》，第90页。
⑨ 《武林梵志》卷5《北山分脉》，第111-113页。按，聂心汤于万历三十三年至三十八年间任钱塘县令。
⑩ 《武林梵志》卷2《城外南山分脉》，第41页。

观音诸天宝阁。“洞如屋，高敞虚明，迮二丈六尺，镌罗汉像五百十六身，佛像题名几遍”，俗呼“石屋寺”[①]。司礼太监孙隆重修[②]。

42. 灵芝崇福律寺，在东花园崇新巷，俗称蜡烛庵。唐贞观年间，郡人施光庆舍宅建。明初重建，洪武二十四年（1391）立为丛林。万历三十年（1602），僧如尧重修[③]。

43. 宝觉丰乐寺，在丰乐院西马塍内。宋乾德年间，僧雪岩建。治平间，改为“宝觉丰乐禅寺”。嘉靖间，兵毁。万历三十年（1602），僧寂学重建[④]。

44. 止止庵，在羲同安谷坊。始建不明。万历三十年（1602），僧如玉重建[⑤]。

45. 永福禅院，在天圣寺侧，与呼猿洞相对。晋时慧理创。明初高僧宗讵建大雄宝殿。万历三十一年（1603），苕溪潘龙翰捐赀，买永福故地，“延讲师耶溪若公修持其中”。耶溪若“复建佛阁三楹，禅堂、香积十余楹”，“方伯吴公匾曰‘古永福禅院’，给帖永护”[⑥]。

46. 金波禅院，即金波庙，在金波桥。宋淳熙年间建，敕赐“圣旨”二字。万历三十一年（1603），“慈光僧园美、慧皞重建，归并慈光寺普照堂”[⑦]。

47. 资庆院，在塘栖。旧在城东北丰年乡五杭村，宋淳熙年间建。洪武、景泰年间，先后重建。嘉靖四十五年（1566），毁。万历三十一年（1603），上院僧守廉请禅僧如圆移筑塘栖[⑧]。

48. 净因寺，在和肃坊。元延祐年间，僧斯受建。洪武、弘治年间，先后重建。万历三十一年（1603），僧鸣奉、明济等相继重修[⑨]。

49. 梵天讲寺，在城南凤凰山。宋乾德中，吴越王建。永乐、嘉靖年间，先后重建。万历三十二年（1604），僧仁良建天王殿、山门。四十年，僧来纶“募乡绅洪给谏、黄仪部等同建观音阁”，“梵天古刹，焕然增饰焉”[⑩]。

50. 大觉禅院，在武林门北约十里，北关德生巷。唐元和年间，辨法师建。洪武、成化、嘉靖年间，先后重建。万历三十三年（1605），僧圆神重建，户部主事晋江蒋

① 《武林梵志》卷3《城外南山分脉》，第57页。
② （明）季婴《西湖手镜·湖堤孤山叙胜》，清道光四年刻本。
③ 《武林梵志》卷1《城内梵刹》，第12页。
④ 《武林梵志》卷4《北山分脉》，第71页。
⑤ 《武林梵志》卷1《城内梵刹》，第6页。
⑥ 《武林梵志》卷5《北山分脉》，第121页。
⑦ 《武林梵志》卷1《城内梵刹》，第23页。
⑧ 《武林梵志》卷4《北山分脉》，第86页。
⑨ 《武林梵志》卷2《城外南山分脉》，第35页。
⑩ 《武林梵志》卷2《城外南山分脉》，第27页。

光彦“助缘落成，撰文树碑”[①]。

51. 定光寺，在武林门外清湖中闸上关门巷内。初名福庆庵，梁贞明年间建。洪武、正统、景泰年间，先后重建。万历年间，“水旱相仍，竟为荒墟”。万历三十三年（1605）七月，黄汝亨“倡缘重新之，前后大殿、钟楼、两庑、禅堂、方丈，铸钟设像”[②]。

52. 下塔月明庵，在皋亭山。宋绍兴年间建。成化年间复建。万历三十四年（1606），重建[③]。《武林梵志》记载：“僧雪峰诛茅重建，其徒如月刁苦积功，启大雄殿、山门，铸巨钟，浚放生池，居士王宇春、黄汝亨、沈守正为倡缘，经年落成”[④]。当是这次重建。

53. 报国寺，在凤凰山麓，即南宋垂拱殿基，元初建寺。明初重建，洪武二十四年（1391）立为丛林。万历三十四年（1606），僧海音“新葺”。“元废南宋大内为五寺，而此独存”[⑤]。

54. 广教寺，在武林门外北新桥东。后晋天福年间，有肇法师始创。洪武年间，僧智海重建。嘉靖年间，“被倭患，日渐侵废”。万历间，乡人“查理废寺产额，保里举僧正祈承业，惟跬地破椽而已”。正祈“赎置基地二亩，建佛殿三楹”。万历三十五年（1607），正祈法孙僧通曙“重建千叶宝莲大佛，周围小佛千尊，仅延香火云”[⑥]。

55. 慈光寺，在钱塘芝松坊佑圣桥西。后晋开运初，晤恩禅师建。正统间重建。至明代后期，“阛阓鳞次，湫隘嚣尘，门难旋马，殿亦渐圮”。寺僧慧皞年十九，“矢志鼎新，闭关书《莲经》，积三年，缙绅士庶鉴其诚，共为檀施，不胫而驰”。他发愿于万历三十二年（1604），三十五年“鸠工”，至四十年落成，“约费二千余金，灿然一新”[⑦]。

56. 东莲寺，在崇化七都五图。南宋时僧智深建。明初，“晨钟夕鼓，香云弗绝”。后因徭役繁重，吏胥之扰，“产荡僧散”。里人朱文广等请皋亭悟空塔院僧淮者卓锡，“布金施粟”，“命衲子性弘德等庀材鸠工，鼎建佛殿”，于万历三十五年（1607）重建，“不三稔而还旧观”[⑧]。

① 《武林梵志》卷 4《北山分脉》，第 73 页。
② 《武林梵志》卷 4《北山分脉》，第 69 页。
③ 民国《杭州府志》卷 36《寺观三・仁和县》。
④ 《武林梵志》卷 4《北山分脉》，第 96 页。
⑤ 《武林梵志》卷 2《城外南山分脉》，第 27 页。
⑥ 《武林梵志》卷 4《北山分脉》，第 75-76 页。
⑦ 《武林梵志》卷 1《城内梵刹》，第 20、21 页。
⑧ 《武林梵志》卷 4《北山分脉》，第 84 页。

57. 定光庵，在法相寺西。始建不明，久废。万历三十五年（1607），重修[①]。

58. 大云庵，在城东四十里黄鹤山苦竹坞。始建不明。万历三十五年（1607），蜀僧性彬、性澄重建[②]。

59. 灵花庵，在城东三十里黄鹤山之阴花桐坞。古刹，基址存焉，有灵瑞泉。万历三十五年（1607），吴郡僧大韦重建[③]。

60. 功德院，在城东四十里黄鹤山之阳。唐宋旧名。明初改名西胜安寺。成化年间遭火，存基址。万历三十六年（1608），僧如海“捐资筑基，新设数椽焚修”，仍额“功德禅院”[④]。

61. 普润寺，在武林门外，西下扇一图。宋淳熙年间，“成太师舍地为寺，赐今额”。元末毁于兵。万历三十六年（1608），圆泉禅师募化“重新”[⑤]。

62. 吉祥庵，在黄鹤山褚坞。始建不明。万历三十六年（1608），僧如林重建[⑥]。

63. 聚石庵，在黄鹤山下莲花坞。始建不明。“有故址”，安隐寺僧海文“先年以乱石为窝”。万历三十六年（1608），“山中父老咸仰其德，各捐金构庵，故称聚石庵”[⑦]。

64. 普慈庵，在黄鹤山之阳。始建不明。“有故址，湮没年久”。万历三十七年（1609），僧性玉重建，“有石崖、龙潭之胜”[⑧]。

65. 胜果禅寺，在城南凤凰山之右。唐乾宁年间，无著喜禅师建。洪武、正德、嘉靖年间，先后重建。万历三十八年（1610），吴柏霖、虞淳熙与“壑上人”重建钟楼等，“开薜萝之径，启松涛之阁，举中峰、归云二三室，次第振饬”[⑨]。

66. 长明寺，在螺蛳门内。后晋天福间建。弘治年间，僧如埙重建。万历三十八年（1610），再重建，“葺治一新”[⑩]。

67. 显教寺，在武林门外东里许。宋绍兴年间，显仁太皇后韦氏始建。洪武、弘治年间，先后重建。万历二十八年（1600）毁，“后十年，僧广询慨然有复兴之志，仪部黄汝亨为倡募，诛茅拓地，经营木石，不辍寒暑者三载，至壬子落成”[⑪]。即万历

① 万历《钱塘县志·纪制·寺观》，光绪十九年刻本。
② 《武林梵志》卷4《北山分脉》，第92页。
③ 《武林梵志》卷4《北山分脉》，第93页。
④ 《武林梵志》卷4《北山分脉》，第93页。
⑤ 《武林梵志》卷4《北山分脉》，第77页。
⑥ 《武林梵志》卷4《北山分脉》，第94页。
⑦ 《武林梵志》卷4《北山分脉》，第93页。
⑧ 《武林梵志》卷4《北山分脉》，第93页。
⑨ 《武林梵志》卷2《城外南山分脉》，第32页。
⑩ 《武林梵志》卷1《城内梵刹》，第11页。
⑪ 《武林梵志》卷4《北山分脉》，第71页。

三十八年（1610）左右再重建，四十年落成。

68. 龙峰庵，在城东四十里黄鹤山之巅。始建不明。万历三十八年（1610），越僧真茂重建[①]。

69. 鼎湖寺，在城东六十里鼎湖中。亦名“东湖寺”，古刹，“废久无考”。万历三十八年（1610），“司道清复，里人虞淳熙为倡，构室以居，僧海渊等将兴崇殿以复其旧”[②]。

70. 金刚广福教寺，在章家桥东。后唐天成年间建。洪武年间，重建。万历三十九年（1611），寺僧常秀“捐衣钵募众重修”[③]。

71. 梅石庵，在城东五十里黄鹤山之阴。后晋天福年间，佛日禅师净业堂旧址。“向为卫允让久踞”。万历三十九年（1611），郡城佛惠寺僧如诚、徒普氤“偿价复故地”，重建。庵右有仙姑洞，“洞口多怪石，石上有老梅”，郡人虞淳熙题额“梅石庵”[④]。

72. 遍福寺，在城东北三十五里赤岸。旧名众善寺。后晋天福年间，吴越王建。洪武、天顺年间，先后重建，改名“遍福”。后“殿址俱废”。万历三十九年（1611），里人俞思冲、丁周倡建“赐子观音殿”，“方伯吴公书‘螽斯广应’额”[⑤]。

73. 理安禅寺，亦名涌泉寺，在南山九溪十八涧。旧名法雨寺。五代时，有伏虎逢禅师栖息于此，吴越王建。宋理宗时，改为“理安”。弘治四年（1491），洪水发，“寺圮”[⑥]。万历二十六年（1598），僧契灵，字仲光，“挂瓢岩壁”，“二十余年，发明向上事，皈依渐众”。三十九年腊月，“方伯吴用先、窦子偁捐助，郡人黄汝亨、吴之鲸为劝赀，重建禅堂五，左右佛廊粗备，有微笑堂、松巅阁、挂衲斋、白舫、与老亭”。寺前后山百余亩，“吴方伯给帖归寺，并题‘理安禅寺’额”[⑦]。

74. 岣嵝山房，在灵隐寺西。本是嘉靖四十二年（1563）郡人“千户侯”李元昭所建栖隐别墅，“为终焉之计，室中刻木为小像，傍列棺殓之具，穴山为冢”[⑧]，“遗诫并祭田俱归［灵隐］寺僧供祀事，子孙不得干预”。万历间，僧鬻田且欲售屋，“司理丁公启浚断归寺”。岁久荒圮。至万历三十九年（1611），“方伯吴公札令祇树僧清茂焚修其中，茂捐赀百余金，重葺”[⑨]。

① 《武林梵志》卷 4《北山分脉》，第 92 页。
② 《武林梵志》卷 4《北山分脉》，第 98 页。
③ 《武林梵志》卷 1《城内梵刹》，第 12 页。
④ 《武林梵志》卷 4《北山分脉》，第 92 页。
⑤ 《武林梵志》卷 4《北山分脉》，第 94 页。
⑥ （清）梁诗正《西湖志纂》卷 4《南山胜迹上》，《文渊阁四库全书》本。
⑦ 《武林梵志》卷 3《城外南山分脉》，第 63 页。
⑧ （明）汪砢玉《珊瑚网》卷 17《法书题跋·张元汴书岣嵝山房记》，《文渊阁四库全书》本。
⑨ 《武林梵志》卷 5《北山分脉》，第 120 页。

75. 报恩庵，在南山杨梅岭下。唐贞元间建，原为报恩寺，在万松岭西，内有舞凤轩、万菊轩、浣云池、铜井。元至正间，“筑城，移建大井巷”。明初，“吴山崩，水坏，暂并海会寺”。成化年间，“仍徙故址”，重建。弘治年间，参政周木“改寺为万松书院”。万历四十年（1612），僧寂源建于南山杨梅岭下，名“报恩庵”，“以存古迹”[①]。习称“报恩寺”。

76. 宝成寺，在吴山东南麓观音岩下。后晋天福中建，名“释迦院”。宋大中祥符间，“改今额”。元至治年间，左卫亲军指挥使伯嘉努在寺内凿麻曷葛剌，即藏传佛教战神“大黑天”像。至明，“岁久，废为黎氏园”。万历四十年（1612），“方伯吴公清复，捐资建大观楼，开砌石径，焕然一新”[②]。

77. 六通律寺，在长耳巷。旧名“六通慈德院”，吴越王建。嘉靖间“僧玄公”重建未成。万历四十年（1612），方伯吴用先“复召僧性瑛给札焚修”，性瑛“矢志恢复，建山门二座”[③]。

78. 归云庵，在九曜山水乐洞旁。宋宁宗时，永清禅师“坐石窟中，闻高峰钟声悟道”。万历四十年（1612），僧海龙“筑静室其址”，改称“护云庵”[④]。

79. 真寂寺，在钱塘县西北五十里瓶窑。旧在钱塘县西北四十里良渚西丘八都下九图，宋宝庆年间建。万历四十二年（1614），僧广印“移建瓶窑接众”[⑤]。

80. 妙净庵，在香饼子园。古刹妙净寺。万历四十二年（1614），“沈宫詹潅集善信重建，延云栖僧大雯焚修于此”[⑥]。

81. 慈顺庵，在羲同坊，原祥符寺诸天阁旧址。万历四十二年（1614），僧如光重建，“因奉母焚修，易名‘慈顺’”[⑦]。

82. 茭芦庵，在西溪。又名“芦庵”“正等院”，原在龙驹坞。万历初，正等寺僧如觉迁建于此[⑧]。

83. 胜安寺，在皋亭山北。《武林梵志》收录时人胡胤嘉所作记文称，周显德年间建，敕赐“宝胜”。宋乾德年间，郡人钱仁辉“葺而广之”，“立大士圆通道场”。绍兴年间，“始易今名”。后废。明代“僧宝有麦秀之叹，谋之两世，再起再罢。其孙性乾，

① 《武林梵志》卷3《城外南山分脉》，第63页。
② 《武林梵志》卷1《城内梵刹》，第22页。
③ 《武林梵志》卷3《城外南山分脉》，第54页。
④ 《武林梵志》卷3《城外南山分脉》，第57页。
⑤ 《武林梵志》卷4《北山分脉》，第83页。
⑥ 《武林梵志》卷1《城内梵刹》，第12页。
⑦ 《龙兴祥符戒坛寺志》卷2《寺宇》，第22页。
⑧ 民国《杭州府志》卷35《寺观二》，民国十一年本。

少年精警，跣足行募，不逾期而岧峣燿灿，几与层峦争势矣”[①]。据此则万历中后期，僧性乾重建胜安寺[②]。

84. 夕照庵，在石人岭下。据说晋咸和间，灵隐慧理禅师退隐于此。周显德间，因兵火废。宋祥符间，尼僧道成复兴。万历中，僧艮峰“购杨氏址，拓为庵，复古额曰‘夕照’，俗呼‘杨庵’”[③]。

85. 永兴寺，在西溪灵竺山后。唐贞观中，悟明尊者开山。宋铁牛印禅师重建，“济颠复垒石为安乐桥，不数武而当水啮处，嵚碕欲堕，乃夏涨秋灌，甚冲决，而岿然独存，真圣迹也”。郊民将食螺蛳，“已断其尾”，据说济颠“乞放之池中，遂活”，“至今皆无尾”。后寺废。嘉靖间“复兴，失其东偏，为万氏祠，而祠又属赵氏”。万历年间，冯梦祯倡缘，“以七十缗赎还，于是永兴东境始复”。僧真麟“居禅堂旧址，焚修不懈”，“因属麟上人，并佛宇一新之”[④]。

86. 胜相寺，俗称五丈寺，在城南工隅雁台乡，负钱塘龙山。唐开成年间建，曰“龙兴千佛寺”。后西竺僧转智在海上遇大风浪，诵如意轮咒，据说见十丈如意珠王护佑，“风息遂济”，于是在寺中一阁立五丈如意珠王像二。治平中，“改赐今额”。宣和间，寺毁，“唯胜相一阁，屹然云际，不堕劫火”。后陆续重建。万历间毁，僧如准再重建[⑤]。

87. 云居圣水寺，在七宝山。唐咸通年间，道膺禅师结庵。宋元祐时，佛印禅师建为寺。后屡兴废。成化、弘治年间先后重建。万历间，“都阃某见井中有光，掘得磁观音像，莹然如玉，建阁奉于寺”[⑥]，即建观音阁。

88. 福清庵，在西溪辇路北，安乐山前。唐中和间，性空禅师开山。万历间，云间僧真学桂峰复建[⑦]。

89. 永乐庵，在西溪西南森罗坞。后梁贞明年间建。宋建炎中，复兴。绍兴中，有梵僧阿利真负经而来，隐此得道。元末兵毁。万历间，“武林洪中丞清远公延云栖悦心禅师重建”[⑧]。

---

① 《武林梵志》卷4《北山分脉》，第98、99页。

② 按，查（清）朱彝尊《经义考》卷115《诗十八》（《文渊阁四库全书》本）及朱保炯、谢沛霖《明清进士题名碑录索引》，胡胤嘉，仁和人，万历四十一年进士，“改庶吉士”。《武林梵志》作者吴之鲸，仁和人，乾隆《杭州府志》卷88《循吏》称其为万历三十七年举人，乾隆《上饶县志》卷6《名宦》称其“万历庚申”即万历四十八年“知上饶”，“未几，卒于官”。可见，诸人皆活动于万历中后期。

③ 《西溪梵隐志》卷2《纪刹》，第48页。

④ （明）黄汝亨《寓林集》卷8《永兴寺记》，天启四年刻本。

⑤ 《武林梵志》卷2《城外南山分脉》，第38页。

⑥ 《武林梵志》卷1《城内梵刹》，第22页。

⑦ 《西溪梵隐志》卷2《纪刹》，第47页。

⑧ 《西溪梵隐志》卷2《纪刹》，第52页。

90. 上方寺，在溜水桥西。后梁贞明年间建。景泰年间，僧“以难事作，散去。寺随废，渐蚕食为民居，仅存者什一”。万历年间，善信“赎其故址”，僧袾宏重建[①]。

91. 永庆禅寺，在城东四十里黄鹤山之阳龙居湾。后唐清泰年间建。元初毁。万历间，安隐寺僧如良等十人“买故址，构禅堂、殿宇，前有沼，后有泉，计百五十亩。方伯吴公赐‘永庆禅林’额”[②]。

92. 古福胜院，在安乐山右冈之麓。后晋天福间，吴越王建。宋僧困本澄重兴。元末兵毁。万历年间，云栖僧大善“购址，结茅三楹，颜曰‘溪巢’”[③]。

93. 报先寺，在西溪履泰一图。又名明觉院，吴越王建。岁久倾圮。万历间，重建殿佛并像[④]。

94. 佛慧寺，在履泰一图。后晋天福年间，普觉明一禅师开山。永乐间，本源文达禅师重建。正德间毁。“都督万鹿园为外护，圆果祇园法师阐扬宗教，皈依云集，请《龙藏》永镇梵刹，建阁修葺，焕然一新。月溪、圆朗相继重修”[⑤]。所谓“请《龙藏》永镇梵刹”，当为万历年间明神宗、李太后所赐《永乐北藏》及《续藏经》。

95. 道林寺，在普宁庵西。后周广顺年间建，额“普济院”。大中祥符年间，改额“道林寺”。元祐年间，松岩法师重建。至正末，僧恩断江“增广之，且为化人坛”。不久毁。万历年间，重建[⑥]。

96. 六和塔，在月轮峰旁。宋开宝年间，智觉禅师建，“以镇江潮，高九级五十余丈”，“海船夜泛者以塔灯为指南焉”。宣和中，毁于兵乱。绍兴年间，僧智昙募缘重建，“七级而止”。嘉靖年间，“毁塔下为龙山渡、鱼山渡”。万历间，袾宏重修[⑦]。

97. 祇园寺，在东花园狮子巷西北。宋太平兴国年间，僧清照建，原在郊台侧。宋室南渡后，造御马院，“移筑于此”。元至正间毁。万历年间，重建[⑧]。

98. 广化寺，在万松山。宋时为圆通大觉怀琏禅师驻锡处，“有锡田碑”。元至元间，妙明广济普福大师淳绍由正续院来住，“构大伽蓝，闻于朝，赐今额”。后圮废，“销歇沉沦于民间”。万历年间，云栖弟子、金龙山净安院僧广随应请来住持，“徒众丛集”，在绅民檀助下重建，“次创法堂、禅堂、斋堂、方丈、庖湢，稍稍建置，浸

① 《武林梵志》卷1《城内梵刹》，第17页。
② 《武林梵志》卷4《北山分脉》，第91页。
③ 《西溪梵隐志》卷2《纪刹》，第50页。
④ 《武林梵志》卷4《北山分脉》，第82页。
⑤ 《武林梵志》卷4《北山分脉》，第80页。
⑥ 《武林梵志》卷2《城外南山分脉》，第37页。
⑦ 《武林梵志》卷2《城外南山分脉》，第41页。
⑧ 《武林梵志》卷1《城内梵刹》，第12页。

假而增益其所未备焉”[①]。

99. 佛日寺，在皋亭山北。北宋明教契嵩禅师道场。后废。万历间，重建，亦名“佛日坞”[②]。

100. 明觉院，在城北永和乡狮子山。北宋时刹，“即明教［契］嵩古道场也”。元末毁，“其基没于民间”。万历间，僧性澄“清理六亩”[③]，重建。

101. 圆通庵，在候潮门外，去总持庵可百武。宋绍兴间，僧德厚建。万历间，僧德云、圆晓重修[④]。

102. 崇恩院，在皋亭山桃花坞。宋刹，宋高宗赐“崇恩显义”额，并御制古诗五首，及苏东坡所书《墨竹赋》，“俱勒于石”。万历间，重建[⑤]。

103. 西方庵（古龙归院），在西溪龙归坞。古刹。宋高宗时幸洞霄宫过此，改名“龙归院”，“僧佛印禅诵之堂也”。万历中，广陵僧真一“自补陀来，购丘氏园基可二十亩结庵”，名“西方庵”。后改名“古龙归院”[⑥]。

104. 永济庵，在艮山门外。民国《杭州府志》记载：“宋淳熙十四年建。初建时，左柱现莲花，光艳迥异。事闻，赐额‘瑞象’”。后为潮圮。万历间，重建，“更今名”[⑦]。

105. 清流禅院，在塘西里仁桥北。元至正年间，奉议大夫兼翰林院侍书蒋晖为天竺传天台教观住持闲中叟无相立。正德年间，僧大一重建祈堂、观音阁，藏经函阁中。万历间，“经轶阁圮”。僧海潮“立募三年，辟为丛林，饭僧无数，易今名”[⑧]。

106. 孝义庵，在菜市桥西。即古无碍庵故址。万历间，僧袾宏重建，“方伯吴公及郡长各资助给札，名‘孝义无碍庵’”[⑨]。

107. 戒坛院，在祥符桥。古刹。内有铁塔基、钱王井。万历年间，经略宋应昌赎建，延僧广泰住持[⑩]。

108. 大桐庵，在大桐坞。始建不明。万历间，僧彻堂重建[⑪]。

109. 天竺庵，在西溪桃源岭下方井东南。始建不明。万历间，僧觉空“善司马头陀之术”，即精通地理风水术，“重建”[⑫]。

---

① 《武林梵志》卷 4《北山分脉》，第 83 页。
② 《武林梵志》卷 4《北山分脉》，第 85 页。
③ 《武林梵志》卷 4《北山分脉》，第 100 页。
④ 《武林梵志》卷 2《城外南山分脉》，第 13 页。
⑤ 民国《杭州府志》卷 36《寺观三 · 仁和县》。
⑥ （清）梁诗正《西湖志纂》卷 10《纪刹》，第 32 页。
⑦ 民国《杭州府志》卷 36《寺观三 · 仁和县》。
⑧ 《武林梵志》卷 4《北山分脉》，第 86-87 页。
⑨ 《武林梵志》卷 1《城内梵刹》，第 13 页。
⑩ 《武林梵志》卷 1《城内梵刹》，第 25 页。
⑪ 《武林梵志》卷 5《北山分脉》，第 122 页。
⑫ 《西溪梵隐志》卷 2《纪刹》，第 27 页。

110. 集福庵，在西溪蒋庙北。俗称观音堂，始建不明，旧三楹。万历中，僧明斋增构佛殿像饰[①]。

111. 古法华庵，在庙坞深处。始建不明。嘉靖、隆庆年间，僧北山重建。万历中，僧古道“再葺”[②]。

112. 弥陀庵，在履泰乡五图。嘉靖四十年（1561），里人李阳建，延僧如性卓锡其中。万历间，如性法孙海云“立禅三载，刺血书经，李应科捐赀重建”。[③]

（二）新建寺院

明代后期，僧人、官绅民众等也大量新建寺院，而且不再打着重建、重修旧寺废庵之名为其寻找合法依据。隆庆、万历年间，杭州新建寺院达到50所：

1. 演福庵，在高峰无门洞之阴，俗称南天竺。山下有演福寺旧址，有夕佳楼、白莲院，隋开皇年间建。隆庆、万历年间，三际禅师宗通“栖无门洞，立禅苦行二十余年，后建庵于此”[④]。

2. 翠微庵，在桃花坞三塔之上。万历六年（1578），僧真海、性通建[⑤]。

3. 华藏庵，去城五十里，在黄鹤山右。万历十六年（1588），僧云川建[⑥]。

4. 龙华庵，在履泰乡五图。万历十八年（1590），陶晓施地建，延僧性晓焚修，“不涉文字，惟勤礼佛。司马陈学易颜其额”[⑦]。

5. 资福庵，在黄鹤山南张巷村。万历二十一年（1593），僧广智募建[⑧]。

6. 泰清庵，在皋亭山南丘家桥。万历二十六年（1598），云栖僧大柔建[⑨]。

7. 报先庵，在孔家山。万历二十七年（1599），僧普明建，仁和知县刘洪谟倡缘，樊良枢有碑记并题“卓锡青松”额[⑩]。

8. 烟石居，在桃花坞山之巅。万历三十年（1602），僧本祥卓庵于石崖下[⑪]。

9. 镇海禅院，在永昌门外仁和县会保四图。“濒江为刹”，俗称“海潮寺”，万历三十一年（1603），僧如德、性和、海仁建，“地约五亩余，郡邑给帖，焚修接众”[⑫]。

---

① 《西溪梵隐志》卷2《纪刹》，第37页。
② 《西溪梵隐志》卷2《纪刹》，第29页。
③ 《武林梵志》卷4《北山分脉》，第100页。
④ 《武林梵志》卷3《城外南山分脉》，第59页。
⑤ 《武林梵志》卷4《北山分脉》，第93页。
⑥ 《武林梵志》卷4《北山分脉》，第94页。
⑦ 《武林梵志》卷4《北山分脉》，第100页。
⑧ 《武林梵志》卷4《北山分脉》，第90页。
⑨ 《武林梵志》卷4《北山分脉》，第90页。
⑩ 《武林梵志》卷2《城外南山分脉》，第26页。
⑪ 《武林梵志》卷4《北山分脉》，第93页。
⑫ 《武林梵志》卷2《城外南山分脉》，第33页。

10. 定心庵，在黄鹤山南海塘。万历三十二年（1604），越僧性海募建[①]。

11. 普门庵，在黄鹤山南马家埠。万历三十二年（1604），僧如山募建[②]。

12. 法华庵，在竹坞。万历三十二年（1604），僧悟真建[③]。

13. 圆通庵，在黄鹤山之阴青草坞。万历三十四年（1606），僧应堂建[④]。

14. 林雅庵，在黄鹤山之阳。万历三十五年（1607），僧义蘖建[⑤]。

15. 伽伽庵，在龙洞口。万历三十五年（1607），僧性月建。庵有石台，梧桐数株，前溪环带[⑥]。

16. 定慧庵，去城三十里，在桃花坞。万历三十五年（1607），僧容亮建[⑦]。

17. 卧龙庵，在黄鹤山之阴佛日坞。万历三十九年（1611），僧慧镜建。庵多怪石，"石下古有龙床"，故称"卧龙庵"[⑧]。

18. 普度亲庵，在南屏山西。古永阴寺基。万历年间，南京礼部侍郎葛寅亮"就建精舍，读书谈道其中"。万历四十八年（1620），"为报母恩，舍宅为庵"[⑨]。

19. 块庵，在西溪东，青芝坞内孤峰峭壁间。万历初，"武塘觉缘师结庵隐此"[⑩]。

20. 三生庵，在三生石侧。"方伯吴公捐赀赎地，属戒僧广昆守之，钱塘令杨万里助赀建庵"[⑪]。查杨万里于万历三十八年（1610）至四十一年任钱塘县令[⑫]。则万历后期建三生庵。

21. 长生庵，在溜水桥西城下，为昭庆下院。旧有冲静真人遗址，万历间，寺僧智礼"募金赎建正殿，掩关六载，装塑千佛罗汉"[⑬]。

22. 佛澄庵，在西溪之南，崇真院外。万历中，"西湖律宗僧"普清建，"楼居三楹，颇高敞"[⑭]。

23. 孝慈庵，在西溪道林居之东南。万历间建，洪瞻祖题额[⑮]。

24. 西方庵，在艮山门外五里余。万历年间，云栖寺僧广明卓锡于此，"饭僧

---

① 《武林梵志》卷 4《北山分脉》，第 90 页。
② 《武林梵志》卷 4《北山分脉》，第 90 页。
③ 《武林梵志》卷 4《北山分脉》，第 93 页。
④ 《武林梵志》卷 4《北山分脉》，第 91 页。
⑤ 《武林梵志》卷 4《北山分脉》，第 91 页。
⑥ 《武林梵志》卷 4《北山分脉》，第 93 页。
⑦ 《武林梵志》卷 4《北山分脉》，第 93 页。
⑧ 《武林梵志》卷 4《北山分脉》，第 93 页。
⑨ （清）翟灏《湖山便览》卷 7，第 184 页。
⑩ 《西溪梵隐志》卷 2《纪刹》，第 59 页。
⑪ 《武林梵志》卷 5《北山分脉》，第 123 页。
⑫ 民国《杭州府志》卷 102《职官四 · 钱塘县》。
⑬ 《武林梵志》卷 1《城内梵刹》，第 19 页。
⑭ 《西溪梵隐志》卷 2《纪刹》，第 27 页。
⑮ 《西溪梵隐志》卷 2《纪刹》，第 35-36 页。

十万，复舍己地以扩充之”[①]。

25. 比胜庙，在定安桥东三元坊巷（比胜庙巷）内。初建，“祀宋比胜将军，里人沈氏施宅拓建”[②]。万历间，宋应昌重建，袾宏弟子真玉“修净土其中”[③]。

26. 莲花庵，在西溪四方庙北。万历中，陈氏建[④]。

27. 最上庵，在南高峰顶畔。万历间，吴之鲸题，僧圆松建[⑤]。

28. 觉照庵，在南高峰顶畔最上庵之左。万历中，僧大继建[⑥]。

29. 波罗庵，在钱王湾。万历间，僧性桂建，独居苦修，境地幽胜[⑦]。

30. 永宁庵，在武林门北十里芳林乡沙河关。万历间，雪浪洪恩法师建，“接待十方云水”。檀越陆云“舍地”，宦官刘成为“护法”，里人沈文“助建”，翰林吴应宾题曰“慧海津梁”[⑧]。

31. 福清静室（复古福清院），在潘家坞。万历间，吴淞僧桂峰创，居名“复古福清院”[⑨]。

32. 省庵，在秋雪庵东里许。万历中，僧性禅“构精舍三楹”，号“省庵”。崇祯十二年（1639），僧智靖养母其中，云栖古德大贤法师为改庵名曰“慈觉”，“云间钱京兆士贵书额”[⑩]。

33. 道林居，在西溪方井路北。初名林家庵，万历中，林广炎妻郑广信皈礼云栖袾宏，“为近信众，倾囊以助，郑庵结茅于此，诸乡达题曰道林”。后造塔，“凡女众化者同窀穸焉”[⑪]。

34. 慈孝庵，在慧觉院侧。万历间，李如德建，“奉母清修”[⑫]。

35. 白莲庵，去郡城三十里，在黄鹤山之阴桃花坞。万历间，僧如莲焚修[⑬]。

36. 西向庵，在仁和县廿三都。万历年间，“江姓舍地创建”，延僧大澄于此，“十方云水时依栖焉，李流芳名其额”[⑭]。

---

① 《武林梵志》卷 4《北山分脉》，第 75 页。
② 民国《杭州府志》卷 11《祠祀三》。
③ 《武林梵志》卷 1《城内梵刹》，第 19 页。
④ 《西溪梵隐志》卷 2《纪刹》，第 34 页。
⑤ 《武林梵志》卷 3《城外南山分脉》，第 59 页。
⑥ 《武林梵志》卷 3《城外南山分脉》，第 59 页。
⑦ 《武林梵志》卷 3《城外南山分脉》，第 62 页。
⑧ 《武林梵志》卷 4《北山分脉》，第 75 页。
⑨ 《西溪梵隐志》卷 2《纪刹》，第 47 页。
⑩ 《西溪梵隐志》卷 2《纪刹》，第 39 页。
⑪ 《西溪梵隐志》卷 2《纪刹》，第 35 页。
⑫ 《武林梵志》卷 4《北山分脉》，第 92 页。
⑬ 《武林梵志》卷 4《北山分脉》，第 93 页。
⑭ 《武林梵志》卷 4《北山分脉》，第 94 页。

37. 碧漪莲社，在秦亭山下。万历间，孙克弘书，黄汝亨题曰“旃檀窟”[①]。

38. 蓦直庵，在仁和廿三都十图。万历间，僧大仙“童真入道，众信归仰，丁姓舍地募建，礼请焚修。给事洪瞻祖颜其额”[②]。

39. 永庆庵，在直坞。万历间，观音桥南小寺僧建[③]。

40. 石佛庵，在灵鹫山直指堂后。梁简文帝所造迦叶、维卫石佛二尊。万历间，僧如□“持准提咒，梦披荒莽中，见石佛像身如芒刺，募赀建庵，庵后建准提阁”[④]。

41. 大慈庵，在南山大仁院附近。万历间，司礼太监孙隆建[⑤]。

42. 永慈寺，亦名万寿庵，在乌盆桥路口。万历年间，僧宗宴、庆秀“募开义井，建茶亭、佛宇，以济往来，寒暑不辍”，杭严道费尧年题额。宗宴、庆秀赴京，“以慈忍坚苦闻于上，召对，赐渗金毗卢遮那十佛，宝莲座金像一尊，并千佛幡、紫衣袈裟、五佛冠”，敕赐“护国永慈寺”额以归。他们“建大殿供渗金佛，八角亭供大士像，并天王殿、山门、禅室”。庆秀“复拓基为永远之计云”[⑥]。

43. 且住庵，在九溪。万历间，僧契灵初建庵[⑦]。

44. 柏家庵，在花坞口大路北一里许。万历中，法昌寺僧创楼三间。“俄去之”。大苏林僧海云增前殿，“又去之”，授其徒净明居焉[⑧]。

45. 安庐院，在皋亭山。万历间建，董其昌撰碑[⑨]。

46. 蔷薇庵，在黄鹤山之阴蔷薇坞。万历间，僧明通建[⑩]。

47. 法华庵，为月明下院，近万缘桥。万历间，僧性广建[⑪]。

48. 双桐庵，在紫云山栖霞岭西侧。万历间，“新安许太史买山构庵，额曰‘双桐’。竹径迤里，岩窗幽寂可坐。僧性慈焚修于兹”[⑫]。

49. 净业堂，在秦亭山，为净性下院。万历间，僧圆礼“筑室数楹，饶竹函峰”，遂名“万竹净业堂”[⑬]。

50. 绿萝庵，在南高峰觉照庵左傍。万历间，僧大善建[⑭]。

---

① 《武林梵志》卷 5《北山分脉》，第 111 页。
② 《武林梵志》卷 4《北山分脉》，第 100 页。
③ 《西溪梵隐志》卷 2《纪刹》，第 34 页。
④ 《武林梵志》卷 5《北山分脉》，第 119 页。
⑤ 《武林梵志》卷 3《城外南山分脉》，第 57 页。
⑥ 《武林梵志》卷 4《北山分脉》，第 70 页。
⑦ （清）翟灏《湖山便览》卷 9，第 249 页。
⑧ 《西溪梵隐志》卷 2《纪刹》，第 45 页。
⑨ （清）陈棠、姚景瀛《临平记再续》卷 1，浙江省图书馆藏抄本。
⑩ 《武林梵志》卷 4《北山分脉》，第 92 页。
⑪ 《武林梵志》卷 4《北山分脉》，第 97 页。
⑫ 《武林梵志》卷 5《北山分脉》，第 110 页。
⑬ 《武林梵志》卷 5《北山分脉》，第 111 页。
⑭ 《武林梵志》卷 3《城外南山分脉》，第 59 页。

二、天启、崇祯年间杭州寺院的修建

天启、崇祯时期，明王朝面临西北农民军和东北后金（清）的夹攻，屡战屡败，中原地区天灾频仍，社会动荡萧条，终而灭亡。曾经发出夺目光芒的晚明佛教复兴至此也逐渐敛光晦晖，逐渐暗淡消退。但是，地处江南的杭州，虽然对王朝末世有所感受，政治、经济、文化均受到一定影响，终因远离中原和北京，王朝末世之象并不显明，官员士绅、普罗大众依然徜徉奔走于湖山之间，劳作于坊间地头，杭州佛教仍能维持一定程度的复兴态势，寺院修建不断。

（一）重建、重修寺院

这一时期，杭州重建、重修寺院 18 所：

1. 弥陀兴福教院，在杨梅坞，近上天竺处。宋淳熙初，僧若讷奉旨创建。绍熙年间，赐御书“弥陀兴福教院”额。宋末毁。天启四年（1624），僧德光“复建”①。

2. 大中祥符律寺，在祥符桥畔。梁大同二年（536），邑人鲍侃舍宅为寺。洪武年间，重建。天启七年（1627），僧海音重建大雄宝殿②。

3. 慧因寺，在赤山。后唐天成年间，吴越王建。正统、万历年间，先后重建。天启间，吕纯如倡募，僧宗相重修③。

4. 光明寺，在西溪之南，黄山深处。唐显庆年间，高宗敕赐寺额，善导和尚说法开山。正统年间，僧惠辨重建。崇祯改元，江云叟“复古中兴，延汝航禅师主之。金陵余中丞大成又建光明台于寺右”④。

5. 茭芦庵，在西溪。万历初，正等寺僧如觉迁建。崇祯元年（1628），如觉法嗣性圆拓庵成院，钱士升题额曰“复古正等院”⑤。

6. 上天竺寺，在灵隐寺南。晋天福间，僧道翊结庵山中，后吴越王建。洪武、成化年间，先后重建。崇祯元年（1628），寺僧寂芳重建延桂阁；二年秋，住持寂缨等募建遗爱堂；三年，迁经厨于两峰阁；十一年，住持照珍重建历代祖师殿。又崇祯年间，寺僧续元建准提阁⑥。

7. 妙行寺，在武林门北夹城巷西。宋徽宗时，僧思净（喻弥陀）舍宅为寺。宣德、

① 《天竺山志》卷 3《各房》，第 43 页。
② 《龙兴祥符戒坛寺志》卷 1《建置》，第 10 页。
③ 《慧因寺志》卷 4《檀那・益轩吕纯如》，第 18 页。
④ 《西溪梵隐志》卷 2《纪刹》，第 55 页。
⑤ 民国《杭州府志》卷 35《寺观二》。
⑥ 《天竺山志》卷 2《建置》，第 29-32 页。

正统、景泰、天顺年间，先后重建。崇祯九年（1636），雪关禅师“葺葺兹宇，以卫物土，大鼎新焉”[①]。

8. 秋雪庵，在蒹葭里。宋时为资寿岩禅师院，“宋潼军节度使所立”。后废，“遗址属沈氏，小构三楹”。崇祯七年（1634），灵寿寺僧智一、智洪应请驻锡。庵水周四隅，“蒹葭弥望，花时如雪”，陈继儒题额“秋雪”。十一年，士僧人等“庀材增构，拓庵为院”，“复古额曰‘资寿’，人仍以‘秋雪’名之”[②]。

9. 昭庆律寺，在钱塘门外溜水桥西。后晋天福间，吴越王建。洪武、成化、嘉靖、万历年间，先后重建。崇祯十六年（1643），冯洪业建戒坛，“觉海等渐次兴复”，岳石帆建藏经阁，张敞建伽蓝殿，姚继贤建祖师殿，装卢舍那佛[③]。

10. 广化寺（孤山寺），在孤山南。陈天嘉年间建，初名“永福”。洪武初，诚意伯刘基改建，后改“广化寺”。崇祯十七年（1644），“杭人即其外建数峰阁，祀明倪元璐、凌义渠、周凤翔、施邦耀、吴麟徵、陈良谟六人。水部陈调元廓而大之”[④]。

11. 曲水庵，在正等院左。古刹清化寺旧址。崇祯初，“云栖僧古德法师建”[⑤]。

12. 崇真院，在西溪之南。后晋天福年间，吴越王建，旧名“永福”。治平年间，“改今额”。崇祯间，龙门寺僧信起、心一重建[⑥]。

13. 我庵，在马家坞。《西溪梵隐志》记载，其前身为永福院、崇真院。崇祯间，昭庆寺僧真诠“重葺”[⑦]。

14. 小崇真庵，在西溪之东栅桥东。崇祯间“重建”[⑧]。

15. 下塔月明庵，在皋亭山。宋绍兴年间建。成化、万历年间，先后重建。崇祯间，“增置禅堂，旁有柳翠塔”[⑨]。

16. 室罗院，在圆通庵稍西北。始建不明，俗称“杨家庵”。崇祯中，僧海智，字慧明，从天台来，“重筑佛堂三楹、东西厢，约基圃十亩有奇”[⑩]。

17. 昭庆寺，在西溪之东。崇祯年间，僧我庵重建[⑪]。

18. 夕照庵，在雷峰塔下。旧有塔院，名“显严院”。岁久院圮。明末，于其故址

---

① 《圣因接待寺志》卷1《沿革》，第21页。
② 《西溪梵隐志》卷2《纪刹》，第39页。
③ 《大昭庆律寺志》卷1《兴建上》，第20-21页。
④ 《西湖寺院题韵沿革考》，第3页。
⑤ （清）梁诗正《西湖志纂》卷10《西溪胜迹》。
⑥ （清）梁诗正《西湖志纂》卷10《西溪胜迹》；民国《杭州府志》卷35《寺观二》。
⑦ 《西溪梵隐志》卷2《纪刹》，第30页。
⑧ 民国《杭州府志》卷35《寺观二》。
⑨ 《武林梵志》卷4《北山分脉》，第96页。
⑩ 《西溪梵隐志》卷2《纪刹》，第33页。
⑪ （清）李卫修、傅王露纂《西湖志》卷13《寺观四・北山路・崇真院》引（明）释大善《西溪百咏序》，清雍正刻本。

重建[①]。

（二）新建寺院

天启、崇祯年间，杭州新建寺院 15 所：

1. 法楞庵，在西溪正花坞之涧西。天启四年（1624）春，僧玉庵真金“自姑苏来，访友西溪，爱其山水窕窈，而驻锡焉”[②]。

2. 九莲居，在秦亭山下古荡街。“郡城包宪副侧室李为归丁女舍”。天启六年（1626），尼僧心量洎徒慧融价买焚修，“真寂老人”（疑为高僧闻谷广印）题额“九莲”[③]。

3. 灵瑞庵，在岳庙路外，俗称王庵。天启中，僧真静建[④]。

4. 毗尼庵，在花坞口大路北半里许。天启中，僧无能创[⑤]。

5. 指华庵，在龙归坞。崇祯二年（1629），杭州寿圣寺（祖山寺）僧智授建[⑥]。

6. 肯庵，在西溪涧西深处。“惟心观公结茆终老者也”，创建于崇祯三年（1630）秋[⑦]。

7. 翠岩居，在花坞四顾坪侧。崇祯九年（1636），僧普光建，亦名“普光庵”[⑧]。

8. 玉池庵，在塔坞内。崇祯十二年（1639）冬，僧洪远所葺[⑨]。

9. 乔松庵，在凤凰山，凤麓泉稍南。崇祯间，由凤麓庵分建[⑩]。

10. 新庵，在西溪之南。崇祯间，居士钱奉山、僧义修、慧白建[⑪]。

11. 净土庵，临西溪北向。崇祯中，僧鲜之购建[⑫]。

12. 梵天庵，在花坞口。崇祯中，“吴兴施氏为唐昌僧智满舍建堂三楹”，“复古额曰‘梵天’，江干有梵天寺退院”[⑬]。名为移建，实为新建。

13. 栖霞院，在塘栖镇北。明末，僧朗月结茅庐于此，俗呼为“草庵”[⑭]。

---

① （清）翟灏《湖山便览》卷 7，第 189 页。
② 《西溪梵隐志》卷 2《纪刹》，第 42 页。
③ 《西溪梵隐志》卷 2《纪刹》，第 27 页。
④ 《西溪梵隐志》卷 2《纪刹》，第 30 页。
⑤ 《西溪梵隐志》卷 2《纪刹》，第 45 页。
⑥ 《西溪梵隐志》卷 2《纪刹》，第 32 页。
⑦ 《西溪梵隐志》卷 4《纪文》，第 124 页。
⑧ 《西溪梵隐志》卷 2《纪刹》，第 44 页。
⑨ 《西溪梵隐志》卷 2《纪刹》，第 29 页。
⑩ （清）翟灏《湖山便览》卷 10《南山路》，第 278 页。
⑪ 《西溪梵隐志》卷 2《纪刹》，第 29 页。
⑫ 《西溪梵隐志》卷 2《纪刹》，第 34 页。
⑬ 《西溪梵隐志》卷 2《纪刹》，第 45 页。
⑭ （清）王同《唐栖志》卷 7，光绪十五年刊本。

14. 三昧禅林，在黄鹤山之阴。崇祯间建，“历有名僧住持，禅门法器称云集焉”[①]。

15. 南庵，在武林门内。《龙兴祥符戒坛寺志》记载：“会城武林门内，有僧庐曰南庵。南庵者，故明季沈泽民所舍宅也。”[②] 又据毛奇龄《西河集》记载：“崇祯七年，沈泽民先生舍其池为放生池。”[③] 则可推知，南庵为崇祯间沈泽民舍宅而建。

明代后期，杭州作为晚明佛教复兴的主要基地，修建寺院之风盛极一时。根据我们不完全统计，这一时期重建、重修寺院达到130所次，新建寺院达到65所，这是明代前期、中期都达不到的数量。尤其是万历年间，杭州云栖佛教声势浩大，影响广被，僧众汇聚，官绅士民崇信投礼，因而狂热地修建寺院，仅重建、重修者就达到112所，新建寺院50所。天启、崇祯年间，虽然明王朝已是末世，但杭州社会、佛教受到影响不大，重建、重修寺院18所，新建寺院15所，新建寺院数量仍超过此前除万历以外的各个朝代。总之，从修建寺院数量的角度，我们也可以看出明代后期杭州佛教复兴的图景。

第四节　明代杭州寺院的毁废

明代杭州寺院在大量修建的同时，也因明初佛寺归并运动、历任官府毁废寺院、豪右侵占、倭乱、火灾、僧人废弃，以及潮害、洪水、年久圮坏等各种原因，或并或毁，寺额不存，寺址荒芜，或改作他用。

一、明初杭州寺院的归并

明代初期，明太祖、明成祖曾推行寺院归并运动，杭州不少寺院也遭到归并。

（一）明初寺院归并运动

明太祖、明成祖对佛教实行既整顿和限制，又保护和提倡的政策。在整顿和限制方面，他们禁止私创寺院，控制寺院数量，抑制佛教势力。尤其是，当时还掀起了一场声势浩大、卓有成效的寺院归并运动。

---

① （清）张大昌《临平记补遗》卷2。
② 《龙兴祥符戒坛寺志》卷2《寺宇》，第23页。
③ （清）毛奇龄《西河集》卷70《碑记》，《文渊阁四库全书》本。

早在明朝开国前，吴王朱元璋已开始下令归并寺院。开国后，明太祖朱元璋将归并佛寺行动推及全国。洪武六年（1373）十一月，鉴于“释、老二教，近代崇尚太过，徒众日盛，安坐而食，蠹财耗民，莫甚于此”，明太祖下令，“府州县止存大寺观一所，并其徒而处之，择有戒行者领其事。若请给度牒，必考试精通经典者方许”，“著为令”[①]。这是洪武初年第一次颁布全面整顿和限制佛教、道教的诏令，其中对佛寺、道观的归并，命各府州县仅得存留一所，其余寺庵堂观毁废。从当时实际情况来看，这一诏令有所执行，但是执行力度不大。因为明朝开国以来所度僧人较多，如果严格遵行此令，大量僧人将无处安身，势不得不“杂处”民间，同时也必然要求拆毁大批已经建成的寺院，“在情理上说不过去，在实践中也难以执行”[②]。

到了洪武二十四年（1391）六月，明太祖又指责“今天下之僧，多与俗混淆，尤不如俗者甚多，是皈其教而败其行，理当清其事而成其宗”。他颁行《申明佛教榜册》，下令禅、讲、教僧须“各承宗派，集众为寺”[③]，加强对僧人、寺院的管理。如何“集众为寺”呢？七月，他再颁圣旨：“清理天下僧寺，凡僧人不许与民间杂处，务要三十人以上聚成一寺，二十人以下者听令归并成寺。其原非寺额，创立庵堂寺院名色并行革去”[④]。至此，对“集众为寺”、归并丛林作出进一步细化而可执行的规定。洪武二十七年正月，明太祖再颁《避趋条例》，其中重申归并寺院，“务要三十人以上聚成一寺，二十人以下者悉令归并”[⑤]。这次诏令，很多地区严格依照执行。如苏州府及各县共有丛林大寺131所，归并寺院庵达到558所[⑥]；湖州府及各县共有丛林大寺94所，归并寺院庵堂达到353所[⑦]。

建文四年（1402）十一月，明成祖“命礼部清理释、道二教，凡历代以来，若汉晋唐宋金元，及本朝洪武十五年以前，寺观有名额者不必归并，其新创者悉归并如旧”[⑧]。明成祖此令，将此前洪武年间以寺僧人数为寺院归并唯一指标废弃，宣布只要是历代以来直到洪武十五年（1382）有寺额的寺院都不再归并。这显然是对洪武丛林归并政策的调整，此前许多被归并拆毁的小寺小庵得以重新恢复和建立。因此，至永乐十五年（1417）闰五月，明成祖“以洪武年间天下寺院皆已归并，近有不务祖风者仍于僻处私建庵院，僧尼混处，屡犯宪章，乃命礼部榜示天下”，“禁僧尼私建

① 《明太祖实录》卷86，洪武六年十一月戊戌。
② 何孝荣《明代南京寺院研究》，中国社会科学出版社2000年版，第12页。
③ （明）葛寅亮《金陵梵刹志》卷2《钦录集》，洪武二十四年，何孝荣点校，南京出版社2017年版。
④ （明）葛寅亮《金陵梵刹志》卷2《钦录集》，洪武二十四年。
⑤ （明）葛寅亮《金陵梵刹志》卷2《钦录集》，洪武二十七年甲戌。
⑥ 正德《姑苏志》卷29《寺观上》，书目文献出版社2000年版。
⑦ 成化《湖州府志》卷12《寺观》，书目文献出版社1991年版。
⑧ 《明太宗实录》卷14，洪武三十五年十一月壬午。

庵院"，"俾守法规，违者必诛"[①]。将洪武年间"归并""天下寺院"的榜文等再次颁示全国，又一次掀起了归并寺院运动。这一次寺院归并运动主要在恢复和新建佛寺较多的江浙部分地区，也有不少寺院被强令归并[②]。

（二）明初杭州寺院的归并

明代以前，杭州拥有数量庞大的寺院，且多创于五代、两宋。所谓"杭州内外及湖山之间，唐已前为三百六十寺。及钱氏立国，宋朝南渡，增为四百八十。海内都会，未有加于此者也"[③]。这些寺院，有的在明初仍然存续，有的虽然毁废而被人以旧额重建，因此当时杭州寺院众多，远超朝廷规定的数额，故而洪武二十四年（1391）、永乐十五年（1417）的归并寺院运动均波及了杭州。

洪武二十四年（1391）杭州寺院的归并，如艮山门外定香寺，"皇朝洪武初重建，二十四年，并仙林寺"[④]；观桥西广慧寺，"洪武二十四年，归并羲同安谷坊仙林寺"[⑤]。杭州寺院洪武二十四年（1391）的归并，可能是由浙江布政使王钝推行。《云居圣水寺志》记载："明洪武二十四年，奉旨归并天下寺院，浙江布政使王钝遂将圣水寺并入云居庵，奏闻，赐额'云居圣水禅寺'"[⑥]。永乐十五年（1417）的归并，如梵天寺，"永乐十五年归并"[⑦]；胜果寺，"永乐十五年归并"[⑧]。

我们据成化《杭州府志》、嘉靖《仁和县志》《武林梵志》《西湖志纂》《西湖游览志》等记载，共辑得明代杭州寺院被归并者85所，其中明确记载"洪武二十四年"归并者62所，"洪武初"1所，洪武年间2所，另有18所寺院未记载归并时间，应多是洪武年间，因为它们多与洪武年间诸寺被归并到同一所寺院。如妙慧院，与水陆寺、明觉院都被归并到佛惠寺，而后二寺（水陆寺、明觉院）的归并时间在洪武二十四年（1391）；祇园寺，与宝梵寺均被归并到慈云寺，而宝梵寺的归并时间在洪武二十四年，等等，不一一列举。当然，它们也可能有永乐年间归并者，也不排除明代中后期被归并者。即使不把它们计算在内，根据我们不完全统计，有明确记载的洪武年间杭州归并寺院仍达到65所，永乐年间2所，说明了洪武年间、永乐年间寺院归并运动确实推及了杭州，明太祖的佛教政策得到雷厉风行的推行。而被归并寺院如

---

① 《明太宗实录》卷189，永乐十五年闰五月癸酉。
② 参阅何孝荣、李明阳《论明初的佛教寺院归并运动》，《南开学报》2018年第5期。
③ （明）田汝成《西湖游览志馀》卷14《方外玄踪》，第271页。
④ 成化《杭州府志》卷49《寺观・城外仁和县境内》。
⑤ 成化《杭州府志》卷13《公署》。
⑥ 《云居圣水寺志》卷1《建置》，第71页。
⑦ 成化《杭州府志》卷49《寺观・城外仁和县境内》。
⑧ 嘉靖《仁和县志》卷12《寺观・城外寺院》。

此之多，也仍反映出明初杭州寺院之多，佛教兴盛。

明初杭州寺院归并的详细情况，我们制成下表。需要说明的是，明代初期杭州寺院归并史料，主要见于成化《杭州府志》卷49《寺观·城外仁和县境内》，当然有的寺院归并的记载可能有二种、三种史料。我们为了简便，“资料出处”栏仅择一种标注。同时，为了避免太多成化《杭州府志》卷49而嫌重复，我们也会选第二种史籍标注。但不管标注哪一种史料，均以记载准确、明晰为标准。

明初杭州归并寺院统计表

寺　院	寺　址	并入寺院	归并时间	资料出处
圣水寺	在白马巷西	云居庵（云居圣水禅寺）	洪武二十四年	《西湖志纂》卷9
水陆寺	在华家池北	佛惠寺	洪武二十四年	成化《杭州府志》卷49
明觉院	在城北永和乡	佛惠寺	洪武二十四年	成化《杭州府志》卷49
宝梵寺	在镇海楼北	慈云寺	洪武二十四年	《武林梵志》卷1
善应总持庵[①]	在城南似兰隅尊胜巷	福田寺	洪武二十四年	成化《杭州府志》卷49
圆通庵（寺）	在城南似兰隅车子口	福田寺	洪武二十四年	成化《杭州府志》卷49
吉祥寺	在永昌门外，椤木营左	福田寺	洪武二十四年	成化《杭州府志》卷49
潮音庵	在候潮门外	福田寺	洪武二十四年	嘉靖《仁和县志》卷12
资教庵[②]	在候潮门外	延圣寺	洪武二十四年	成化《杭州府志》卷49
宝华院	在城东永昌门外椤木营东	延圣寺	洪武二十四年	成化《杭州府志》卷49
普陀庵	在城东永昌门外浙江塘右	仙林寺	洪武二十四年	成化《杭州府志》卷49
定香寺	艮山门外	仙林寺	洪武二十四年	成化《杭州府志》卷49
广慧寺	观桥西	仙林寺	洪武二十四年	成化《杭州府志》卷13
圣寿庵	在永昌门外灰团巷	报国寺	洪武二十四年	嘉靖《仁和县志》卷12
永庆寺	在清泰门外	报国寺	洪武二十四年	嘉靖《仁和县志》卷12
正定庵	在永昌门外陈铁巷	天长寺	洪武二十四年	成化《杭州府志》卷49
净信寺（庵）	在城东北六十余里亭溪	广严寺	洪武二十四年	成化《杭州府志》卷49
罗汉教寺	在城东北六十余里亭溪	广严寺	洪武二十四年	成化《杭州府志》卷49
寿宁院	在城东北临平山北	广严寺	洪武二十四年	嘉靖《仁和县志》卷12
迎峰庵	在城北临平山	广严寺	洪武二十四年	成化《杭州府志》卷49

① 成化《杭州府志》卷49《寺观·城外仁和县境内》作“善应总持院”。
② 成化《杭州府志》卷49《寺观·城外仁和县境内》作“火星资教院”。

寺　院	寺　址	并入寺院	归并时间	资料出处
月华庵	在城东北六十里临平长乐乡	广严寺	洪武二十四年	成化《杭州府志》卷49
宝月庵	在城东北六十里临平长乐乡	广严寺	洪武二十四年	成化《杭州府志》卷49
普济寺	在大云乡独山西	广严寺	洪武二十四年	成化《杭州府志》卷49
莲花院	在临平镇茅山下	广严寺	洪武二十四年	成化《杭州府志》卷49
大安寺（大慈院）	在城东北临平山北小林里	广严寺	洪武二十四年	成化《杭州府志》卷49
月轮寺	在城东北黄鹤山之阳	崇圣寺	洪武二十四年	成化《杭州府志》卷49
崇觉寺	在城西北泰溪村	崇圣寺	洪武二十四年	成化《杭州府志》卷49
留茨庵	在城西北三峰山大云乡	崇圣寺	洪武二十四年	成化《杭州府志》卷49
普宁院	在城西北大云乡姚巷村	崇圣寺	洪武二十四年	成化《杭州府志》卷49
宝华寺	在芳林乡会安村	崇圣寺	洪武二十四年	成化《杭州府志》卷49
金佛寺	在丰年乡	崇圣寺	洪武二十四年	成化《杭州府志》卷49
兴福庵①	在城西北仲溪镇北	崇圣寺	洪武二十四年	成化《杭州府志》卷49
寂然庵②	在城北临平山	安隐寺	洪武二十四年	成化《杭州府志》卷49
报慈圆满院③（惠济庵）	在城北超山之阳	安隐寺	洪武二十四年	成化《杭州府志》卷49
宝界寺	在临平	崇善寺	洪武二十四年	成化《杭州府志》卷49
龙王庵（长寿庵）	在东里坊	崇福寺	洪武二十四年	嘉靖《仁和县志》卷11
长寿院	在城东螺蛳桥	崇福寺	洪武二十四年	成化《杭州府志》卷49
无垢院	在城西北大云乡	崇福寺	洪武二十四年	成化《杭州府志》卷49
殊圣寺	在艮山门外三里	崇福寺	洪武二十四年	嘉靖《仁和县志》卷12
普宁庵	在鸿雁池南	万寿寺	洪武二十四年	《武林梵志》卷2
福济寺	在仁和县廉德乡横塘	白石寺	洪武二十四年	嘉靖《仁和县志》卷12
大觉庵	在城北一十里芳林乡	昭化寺	洪武二十四年	成化《杭州府志》卷49
崇先显孝华严教寺	在皋亭山之阳	崇兴寺	洪武二十四年	成化《杭州府志》卷49
真如福严寺	在仁和县义溪村	崇兴寺	洪武二十四年	成化《杭州府志》卷49
治平寺	在城北永和里	香积寺	洪武二十四年	成化《杭州府志》卷49
化度寺	在城北江涨桥东	香积寺	洪武二十四年	成化《杭州府志》卷49

① 成化《杭州府志》卷49《寺观·城外仁和县境内》作“兴福院”。
② 《武林梵志》卷4《北山分脉》（第98页）作“寂照庵”。
③ 《武林梵志》卷4《北山分脉》（第98页）作“报慈”“圆满院”两所。

寺　院	寺　址	并入寺院	归并时间	资料出处
广教寺	在武林门外北新桥东	香积寺	洪武二十四年	成化《杭州府志》卷49
兴教寺	在皋亭山西，马鞍山之阳	香积寺	洪武二十四年	成化《杭州府志》卷49
宝严寺	在肇原乡义溪村	香积寺	洪武二十四年	成化《杭州府志》卷49
兴化庵	在城西北谢溪村西	香积寺	洪武二十四年	成化《杭州府志》卷49
天王寺	在丰年乡博陆村东	慧日寺	洪武二十四年	嘉靖《仁和县志》卷12
时思庵	在城东北丰年乡城溪村	慧日寺	洪武二十四年	成化《杭州府志》卷49
观音庵	在塘栖镇北丰年乡	纯一庵	洪武二十四年	嘉靖《仁和县志》卷12
慧林禅庵	在城东北丰年乡前溪村	纯一庵	洪武二十四年	嘉靖《仁和县志》卷12
永清禅院	在城东北丰年乡	显忠寺	洪武二十四年	成化《杭州府志》卷49
福全寺	在丰年乡漳溪村北	显忠寺	洪武二十四年	成化《杭州府志》卷49
吉祥院	在城东北丰年乡青林村	显忠寺	洪武二十四年	成化《杭州府志》卷49
化成庵	在城北永和乡东	显忠寺	洪武二十四年	成化《杭州府志》卷49
聚秀庵	在超山之南	显忠寺	洪武二十四年	成化《杭州府志》卷49
大圆庵	在城北永和乡	显忠寺	洪武二十四年	成化《杭州府志》卷49
保江寺（院）	城东北丰年乡五行村	显忠寺	洪武二十四年	成化《杭州府志》卷49
资庆院	城东北丰年乡五行村东	显忠寺①	洪武二十四年	成化《杭州府志》卷49
净住寺	在观桥西北，报恩坊内	兴福寺	洪武初	《西湖游览志》卷21
广度院②	在城东	潮鸣寺	洪武年间	成化《杭州府志》卷49
普济寺	在候潮门外普济桥	福田寺	洪武年间	成化《杭州府志》卷49
梵天讲寺	在城南凤凰山	保庆院	永乐十五年	成化《杭州府志》卷49
胜果寺	在城南凤凰山右		永乐十五年	成化《杭州府志》卷49
妙慧院	在褚家塘	佛惠寺		《西湖游览志》卷18
栖禅雪洞院	在平安坊	慧云寺		《武林梵志》卷1
祇园寺	在东花园	慈云寺		成化《杭州府志》卷49
宝成寺	在吴山东南麓观音岩下	海会寺		成化《杭州府志》卷49
真如寺	在永昌门外真如巷（会保隅）	福田寺		嘉靖《仁和县志》卷12
清修院		天长寺		《武林梵志》卷1
九曲法济院	在钱塘门外	天长寺		《武林梵志》卷1
保福院	在西山之长耳巷	天长寺		《武林梵志》卷1

① 嘉靖《仁和县志》卷12《寺观・城外寺院》作“慧日寺”。
② 嘉靖《仁和县志》卷12《寺观・城外寺院》作“广陵院”。

寺　院	寺　址	并入寺院	归并时间	资料出处
隆（龙）兴寺	在城东六十里临平镇	广严寺		嘉靖《仁和县志》卷 12
因果寺	在艮山门外	崇福寺		嘉靖《仁和县志》卷 12
月塘寺	在艮山门外何衡店	白石寺		嘉靖《仁和县志》卷 12
定光寺	在城北芳林乡	昭化寺		嘉靖《仁和县志》卷 12
显教寺	在武林门外	昭化寺		成化《杭州府志》卷 49
觉圆寺	在武林门外五里	昭化寺		《武林梵志》卷 4
真如寺	在江涨桥东	香积寺		嘉靖《仁和县志》卷 12
梵天寺	在东乡芳梅村	保庆院		成化《杭州府志》卷 49
保和寺	在栅外龙山下闸	六和寺		成化《杭州府志》卷 49
胜相寺	在城南上隅雁台乡	真珠寺①		成化《杭州府志》卷 49

总的来说，明初杭州诸多寺院归并，城内及城东、城南寺院因离城较近，多并入城内及附郭大寺，而城北因地势平坦，幅员广阔，很多寺院离城较远，因而多就近归并。杭州寺院归并多集中在城北一带，城西诸寺则鲜有裁撤。究其原因，环西湖诸寺皆为历史悠久、影响巨大的名刹，寺内僧众人多，不符合二十人以下且为新近所创的拆毁条件，城北一带诸寺大多兴起于宋代以后，且多为规模较小寺庵，故而归并者多。

二、其他人为原因的毁废

在论及明代杭州佛寺毁废原因时，明人吴用先指出："武林梵宇之盛，载在谱牒者什五沿灭，大多因山水而存，因人而废"②。如果说，明初寺院归并运动导致杭州不少寺院寺额废弃、寺产合并，但其实那些被合并寺院的殿堂、佛像、僧人仍在，不少寺院当后来官府管制环境松弛即重新恢复重建（详见前文），因此并非严格意义上的毁废。对于明代杭州寺院来说，真正人为原因的毁废，则是官府毁寺、豪右侵占、倭乱以及僧人废弃等。

（一）官府毁寺

明代佛教政策将寺院完全置于皇权与行政权力支配之下，官方支持与否成为寺院

① 成化《杭州府志》卷 51《寺观·城外钱塘县》。
② 《武林梵志》卷 1《城内梵刹》，第 20、21 页。

兴废的主要外部因素。政府对于寺院占用和斥毁，在明代前期、中期较为常见。这一时期，经济发展处于上升期，官府机构功能完善优先于宗教信仰需求。官府废寺主要有以下几种情况：

1. 皇室、外戚占寺。明朝皇室一方面是杭州佛寺的重要檀越，另一方面皇权的触角所及，致使寺院在面对皇室时失去自主决定权利。如明宪宗妃邵氏，浙江昌化人，幼家贫，被鬻于杭州镇守太监，“由此入宫”，生兴献王朱祐杬，后朱祐杬之子朱厚熜入继大统，为明世宗，“尊为皇太后”[①]。明世宗不仅尊奉其亡父兴献王朱祐杬、生母蒋氏，掀起“大礼议”，尊为皇帝、皇太后，而且“尊崇外祖家，敕建［邵太］后父昌化伯［绍林］茔［于西］湖南，割净［慈］寺十之三及废法因院基为之，破帑金十余万，玉垣金槛，赫奕一时”[②]，部分寺基被占为外戚的坟茔与家庙。

2. 官府占寺。从史籍记载来看，明代杭州的废寺又被占用作三种用途。一是作军营、军库。如九曲法济院，在洪武二十四年（1391）被并入天长寺，而“旧址悉为军营”[③]；大中祥符律寺，明代以前“地广九里，子院有千佛阁、诸天阁、戒坛院”，“洪武间重建，其傍地尽为军民之居”[④]。二是占作官廨。如太平兴国传法寺，明正统三年（1438），“遣御史巡视两浙，催督盐课，遂改寺为行台”[⑤]；西天寺，在钱塘县镇海楼之南，先析为清军察院[⑥]，至正德年间“为巡抚府”[⑦]；柳洲寺，嘉靖二十年（1541），郡守陈仕贤毁而重建为宾使馆，题曰“柳洲别馆”[⑧]。三是用作书院等教育设施。如凤凰山报恩招提寺，弘治年间，“参知周公毁寺建院，祀先师孔子，配以四贤，令孔氏子孙世守之”[⑨]。

3. 因寺僧违反戒律、作奸犯科而遭官府斥毁。如凤凰山报恩寺，“弘治十年，参政周水以寺僧不检，废之”[⑩]。另，西湖中有湖心寺，弘治间，佥事阴子淑“秉宪甚厉，时寺僧倚怙镇守中官，杜门不容官长以酒肴入”，阴子淑“大怒，廉其奸事，立毁之，并去其塔”[⑪]。这种因僧人犯戒违法或得罪官员而遭官员拆毁寺院的情况较为鲜见。

① 《明史》卷153《孝惠邵太后传》。
② 《南屏净慈寺志》卷10《丛谈》，第305。
③ 成化《杭州府志》卷47《寺观·城内》。
④ 《武林梵志》卷1《城内梵刹》，第3页。
⑤ （明）田汝成《西湖游览志》卷15《南山分脉城内胜迹》，第198页。
⑥ （明）田汝成《西湖游览志》卷15《南山分脉城内胜迹》（第198页）载：“清军察院即今巡抚都察院也，旧为三皇庙废址。先是清军御史寓西天寺，正德间改建于此。”
⑦ 成化《杭州府志》卷47《寺观·城内》。
⑧ （明）田汝成《西湖游览志》卷8《北山胜迹·丰乐楼》，第92页。
⑨ 《武林梵志》卷2《城外南山分脉》，第26页。
⑩ （清）翟灏《湖山便览》卷10《南山路》，第260页。
⑪ 《武林梵志》卷3《城外南山分脉》，第53页。

（二）豪右侵占

寺院作为一个经济实体，拥有殿堂、寺基、田产、山林等财产，常为拥有权势的豪右势家所垂涎，从而强取阴夺。尤其到了明代中期，政府对于寺院的保护不力，很多佛寺“田产为势豪所占，而官府不之究。僧为俗人所辱，而官府不之护。产罄寺废，募缘度日”[①]。

检索史籍，明代被势豪侵占的杭州佛寺有多所。如崇福庵，在平安坊。嘉靖间，“僧苦徭役，乞庇于总戎万鹿园，称万氏宗祠，几为所据”[②]。所谓“总戎万鹿园”，即漕运总兵万表。万历十一年（1583），僧能惠谋求鼎新殿宇，不得已向万家付赀募赎。再如光明寺，在西溪之南，黄山深处。万历年间，“寺产俱为豪滑侵渔”[③]。再如慧因寺，在赤山。明初经玄中猷法师经营，稍有恢复。后寺“幅员悉为强有力者所据，仅存者如掌中黑子”[④]。再如烟霞寺，在城西隅二图烟霞洞口。万历初，“为豪右侵佃几尽”[⑤]。再如广寿慧云禅寺，在艮山门内三拔营畔。“岁久渐湮狭少，其额迤东，稍稍入军营，而所为南湖俗称白洋池者，亦不知何时并入民居”。万历年间，“复有豪依大珰，踞其寺之半，并没其所失额于军营者，即具宫室安处其上，为年且二十有余”[⑥]。

（三）倭患毁寺

从元代开始，倭寇即骚扰东南沿海一带。明代前期、中期，尤其是嘉靖年间，倭患尤张。浙江作为东南沿海财赋之区，首当其害。据陈懋恒《明代倭寇考略》统计，在嘉靖二年（1523）至万历十六年（1588）共六十余年间，倭寇来犯达六十六次。杭州府频遭倭寇袭扰，不少寺院毁于倭患。

嘉靖三十二年（1553），倭寇大举进攻杭州等地，明朝调集各省援兵，“精卒万余，屯御临湖大刹，而净慈［寺］亦屯三千人，皆狼兵也”[⑦]。附城大寺多被征用为军营，寺僧则奔散入山林。三十四年，“夏六月，倭夷寇杭，入湖墅，当事者恐其区广为贼薮，命火之”[⑧]。钱塘门外昭庆寺、西湖南岸净慈寺等附郭巨刹难逃厄运，昭庆寺立遭火焚，净慈寺则因住持了然道富“以寺敕顶泣于辕门得免”[⑨]。除因坚壁清野被焚

---

① （明）释圆澄《慨古录》，《卍新纂续藏经》第六十五册第1285号，第742页。
② 《武林梵志》卷1《城内梵刹》，第5页。
③ 《武林梵志》卷2《城外南山分脉》，第49页。
④ 《慧因寺志》卷1《原始》，第2页。
⑤ （明）释大壑《南屏净慈寺志》卷3《建置》，万历刻康熙增修本。
⑥ （明）吴用先《重复慧云寺建宣义张公祠碑》，《武林梵志》卷1《城内梵刹》，第6页。
⑦ 《南屏净慈寺志》卷10《丛谈》，第315页。
⑧ （明）徐渭《徐渭集》卷24《昭庆寺碑（代）》，中华书局1983年版，第613页。
⑨ 《南屏净慈寺志》卷4《法胤》，第89页。

外，倭寇烧杀焚掠亦造成很大破坏，如净慈寺前雷峰塔，倭寇经过，因“塔中有伏，纵火焚塔，故其檐级皆去，赤立童然”[①]，只剩残体。战乱之中，不但寺院被毁废，寺院周边环境亦遭巨大破坏，不少寺院成为废墟。

见于史籍记载的毁于倭乱的杭州寺院还有：

1. 广教寺，在武林门外北新桥东。嘉靖年间，“被倭患，日渐侵废”[②]。

2. 法云寺，在武林门北七里许，归锦桥西。嘉靖间，“倭夷入寇，兵毁”[③]。

3. 宝觉丰乐寺，在丰乐院西马塍内。嘉靖间，“兵毁”[④]。

4. 大觉禅院，去武林门北可十里，在北关德生巷。嘉靖间，“岛夷入寇，废”，“寺旧有东坡鼎，赵松雪手书‘十可山房’，参寥子手书‘觉路’，元僧柳塘手种长松百八株，并废于嘉靖间”[⑤]。

5. 龙居庵，在城东四十里黄鹤山。“面海临溪，舟骑络绎，云游荷担者尤多，庵毁于倭”[⑥]。

（四）火灾毁寺

杭州自宋以降，火灾频发。明人谓其缘由有五：“其一，民居稠比，灶突连绵。其二，板壁居多，砖垣特少。其三奉佛太盛，家作佛堂，彻夜烧灯，幡幢飘引。其四，夜饮无禁，童婢酣倦，烛烬乱抛。其五，妇女娇情，篝笼失检。”[⑦]由此可见，除却诱发火灾的一般性原因外，杭州有其地域性的原因导致大火的高发：经济发达，人烟密集，建筑密度大，尤其是城中及附郭市镇的寺院杂与氓廛贾区相接，一旦发生火灾，势必殃及。而建筑材料以竹木为主，少砖石，一旦火起，极易蔓延，演成大火。寺院更有其特殊性：殿堂中供奉佛像，内外供设香火，不少寺内收藏有大量佛教经卷，所以安全隐患更大，往往既是火灾受害者，又可能成为引发大范围火灾的火源。

据学者研究，明代杭州在成化十年（1474）以前大火灾较少，其后至明亡160年间火灾则频仍，且受灾面积大[⑧]。成化十年（1474）四月，望仙桥北蒋氏宅起火，延烧至镇海楼、伍公庙、宗阳宫方圆六七里之地，海会寺亦遭焚毁[⑨]。再如昭庆寺，“迨

① （清）陆次云《湖壖杂记》，《武林掌故丛编》本。
② 《武林梵志》卷4《北山分脉》，第75页。
③ 《武林梵志》卷4《北山分脉》，第68页。
④ 《武林梵志》卷4《北山分脉》，第71页。
⑤ 《武林梵志》卷4《北山分脉》，第73页。
⑥ 《武林梵志》卷4《北山分脉》，第91页。
⑦ （明）田汝成《西湖游览志馀》卷25《委巷丛谈》，第453页。
⑧ 参阅林正秋《明代时期杭州的火灾》，《浙江消防》1994年第5期。
⑨ 《武林梵志》卷1《城内梵刹》（第21页）载：“（海会寺）成化十年火，逾年，僧浩中重建。”

明洪武至成化，凡修而火者再”，嘉靖倭乱之后重建，为避火燹，使寺与周围民居隔绝，隆庆三年（1569）再遭焚毁，再重建，崇祯十三年（1640）又遭火魔，“烟焰障天，湖水为赤”[①]，焚荡殆尽。再如开化寺，嘉靖十二年（1533）“与［六和］塔俱火”[②]。再如铁佛普明寺，去西湖可四里许，在西马塍，“万历辛巳火”[③]。再如西胜安寺，在黄鹤山之阳，成化间火。

元代以前，杭州火灾多发生于城内，元明以后，出武林门、艮山门经北新关以至湖墅的区域，漕运、商业、手工业日益发达，生齿日繁，房舍如鳞，成为火灾新的高发区。这一带的寺院也多被延及。如城北七里德胜桥的昭化寺，毁于“永乐九年火”[④]。再如位于城北十五里北新关的崇兴寺，“灰烬于隆庆五年七月十八日”[⑤]。

（五）僧人弃毁

僧人弃毁寺院大体有三种情形。一是不堪忍受官府剥削而被迫离开。明朝中期，财政日益吃紧，统治者开始把触角伸向寺院，一方面通过鬻卖度牒来筹措财赋，另一方面频繁征发僧人服徭役，即使是出家之人按规定免除徭役。如慧因寺，在赤山，正德年间困于徭役征发，僧徒星散，“数区殿宇，风催雨淋，强半颓圮于荒烟断梗中。而所谓华严经阁者，并不知遗址所在久矣”[⑥]。昔日殿宇恢宏的华严道场，至此一派萧索之相。再如东莲寺，宋时建，入明，“迨值徭役繁重，缁衣染公府之尘，丛林苦胥吏之扰，产荡僧散，猿啼狖啸，风雨之所漂摇，仅见落叶荒苔，数椽朽屋而已”[⑦]。

二是因寺院艰困而弃寺。众所周知，寺院运营需要庞大的资源来维持，而绝大多数僧人不事生产，且明代寺院田产的占有规模远远少于前代，虽然农禅一度盛行，但仍不足以维持法事活动、日常生活、寺院维修等庞大开销，因此僧人需要大量的檀越施舍。如果没有得力住持，化缘不力，檀施者少，或遇重大变故而无法维持，则会迅速陷入萧条，从而导致寺废僧散的结局。如上方寺，景泰四年（1453），“僧以难事作散去，寺遂废，渐蚕食为民居，仅存者什一”。[⑧]

三是一些僧人毁卖寺院。如泗水庵，据胡胤嘉《重修泗水庵缘疏》载：“余往时

---

① （明）张岱《西湖梦寻》卷1《昭庆寺》，第127页。
② 《武林梵志》卷2《城外南山分脉》，第43页。
③ 《武林梵志》卷4《北山分脉》，第79页。
④ 成化《杭州府志》卷49《寺观·城外仁和县境内》。
⑤ 《武林梵志》卷4《北山分脉》，第77页。
⑥ 《慧因寺志》卷1《原始》，第2页。
⑦ 《武林梵志》卷4《北山分脉》，第84页。
⑧ 《武林梵志》卷1《城内梵刹》，第17页。

与卓去病兄弟捐资葺其圮楼，后为恶僧醉饱所败，废置逾时。”[①] 再者如黄鹤山黄龙庵，隆庆间圆澄禅师所构，迨其圆寂后，被僧人毁卖，“其徒无净毁卖于民家，古松翠竹，一时俱尽”[②]。

三、自然灾害的破坏

除了人为原因以外，自然灾害也是导致明代杭州寺院废毁的重要因素。

（一）潮害

自古以来，钱塘江大潮就是吴越地区地质地貌的重要塑造者，也具有巨大的破坏力，迅猛时江潮能冲破堤防，给生活在这一区域的民众造成极大的灾害。嘉靖《仁和县志》记载，洪武“季岁”即末年至永乐七年（1409），“江潮冲激，塘岸崩毁，历岁愈甚，官司督责修筑，民不聊生”。至十二年五月，“天降淫雨，烈风迅雷，江潮滔天，平地水深寻丈。南北约有千余里，东西五十余里，十九都、二十都居民，多遭陷溺，死者无数，存者流移，屋舍漂空，田土荡尽”[③]。永乐十八年，浙江仁和、海宁二县“夏、秋霖雨，风潮坏长隆等坝，淹于海者千五百余丈。东岸赭山、岩门山、蜀山有海道，近皆淤塞，故西岸潮势愈猛，为患滋大”[④]。易受潮害地区为沿江和江干一带，这一地区一些佛寺因潮水侵蚀而不得不内迁。如长寿寺，本在城东庆春门外，永乐十三年“潮坏，徙建今所，即寿圣院故址，遂名圣寿”[⑤]；法轮寺，永乐十八年潮啮殿基，僧至恂改建于观桥南[⑥]；吉祥寺，旧在城东四十里，唐中宗神龙年间建，永乐十三年“江潮冲去，迁黄山之阳”[⑦]；觉仁院，在城东三十里汤镇，永乐十四年“江潮冲没，移建皋亭山”[⑧]。在汹涌的潮患面前，这些寺院由城东、城南迁往内陆高地，实为不得已的选择。

（二）洪水

杭州濒海，气候湿润多雨，且夏秋常有台风来袭。高强度的降雨，伴之以丘陵地

① 《武林梵志》卷 4《北山分脉》，第 88 页。
② 《武林梵志》卷 4《北山分脉》，第 90 页。
③ 嘉靖《仁和县志》卷 6《水利》。
④ 《明太宗实录》卷 229，永乐十八年九月甲戌条。
⑤ 《武林梵志》卷 1《城内梵刹》，第 2 页。按，成化《杭州府志》卷 47《寺观・城内》谓此寺潮坏于永乐十二年。
⑥ 《武林梵志》卷 1《城内梵刹》，第 5 页。
⑦ 成化《杭州府志》卷 49《寺观・城外仁和县境内》。
⑧ 《武林梵志》卷 4《北山分脉》，第 94 页。

区松软的土质，极易诱发山洪，甚至是泥石流等自然灾害，这成为两山诸寺毁废的一个重要原因。如报恩寺，在万松岭西，明初“吴山崩，水坏，暂并海会寺”①。理安禅寺，在九溪十八涧，弘治四年（1491）六月廿四日，“寺废于洪水，颓崖深谷，无过问者”。②次年六月二十四日，“大风，西山水发，山崩地裂。西湖汛溢，坏天竺、灵隐诸刹及民庐数百家，死者数百人”；崇祯八年（1635）六月二十四日，西山风雨，山洪暴发，“崩坏僧俗庐舍及道路，惟天竺、灵隐、云栖、虎跑为甚，慈云、瑞光塔亦为冲损”③。可见，洪水对民众房屋和寺院殿堂像塔的巨大破坏。

（三）雷击

杭州夏季多雷雨，雷击火灾也往往引起寺院毁废。如荣国禅寺，即南高峰塔院，万历四十年（1612）六月二十四日申刻，“震雷绕击，砖石俱碎”④。灵隐寺，隆庆三年（1569）三月“毁于雷火”⑤，“止余直指一堂”⑥。

（四）虎患

杭州多山地，林木茂盛，明代仍有老虎出没。成化二十一年（1485），“有黄斑虎躯体雄伟，自南河游至”湖墅一带，邻居无不惊吓杜门⑦。弘治初，仁和县境频发虎患，知县陈荣“命猎人捕得之，缙绅多为诗歌以颂”⑧，足见老虎给县民带来的恐惧何等之深。山中诸寺，虎患更为频发。如云栖寺，在梵村，弘治年间遇水灾而废，“卫将军玉溪杨公”父子“雅向三宝，时募僧重修，而频苦虎患，居无何，即引去”⑨。

（五）自然圮坏

寺院为土木结构，常年累月的风吹雨淋、虫蛀蚁噬、自然风化等，也会导致殿堂像设圮坏朽废。若不及时修复重建，则多毁废。这是明代大部分杭州寺院面临的问题，故而也最常见诸记载。如定光寺，在城北芳林乡，万历间“水旱相仍，竟为荒墟”⑩；慧因寺，在赤山，天启年间“榱桷倾颓，瓦椽剥落”，遇雨天，则“文殊、千手观音

---

① 《武林梵志》卷3《城外南山分脉》，第63页。
② 《武林梵志》卷3《城外南山分脉》，第63页。
③ 《上天竺讲寺志》卷15《纪谈》，第266-267页。
④ 《武林梵志》卷3《城外南山分脉》，第58页。
⑤ 《灵隐寺志》卷2《梵宇》，第14页。
⑥ （明）张瀚《重修灵隐寺记》，《增修云林寺志》卷2《重兴》，第35页。
⑦ 民国《杭州府志》卷84《祥异三》。
⑧ （明）田汝成《西湖游览志馀》卷23《委巷丛谈》，第425页。
⑨ （明）释袾宏《重修云栖禅院记》，《云栖纪事·碑记》，第192页。
⑩ 《武林梵志》卷4《北山分脉》，第69页。

及东西罗汉诸像，则皆顶笠坐淫雨中，屋溜淋漓，或侵头额，或损肩臂，令人不忍竞视。遥望殿后僧舍，寥寥数楹，几不能蔽风雨”[①]；慈光寺，在钱塘芝松坊佑圣桥西，正统间重建，“第阛阓鳞次，湫隘嚣尘，门难旋马，殿亦渐圮”[②]；梵天讲寺，在城南凤凰山，“重创于永乐十五年，盖年久而倾圮矣”[③]；奉圣禅寺，在鸿雁池北，正统十四年（1449）僧广仁住持重建，“岁久倾圮”[④]；丰禾庵，在仁和县二十三都一图董公庄西，万历十五年（1587）“风雨倾圮”[⑤]；资庆院“由长寿村移博陆，不知何时，载复载圮，已没于蓁芜瓦砾矣”[⑥]；岣嵝山房，“郡人李居士因寺寮为栖隐处，即墓其上，遗诫并祭田俱归寺僧供祀事，子孙不得干预。第岁久荒圮”[⑦]；广化院，“明洪武初，诚意伯刘基建，岁久倾圮”[⑧]。

总之，人为原因、自然灾害共同导致了明代杭州寺院的毁废。

第五节 明代杭州寺院的地理分布及总数统计

明代杭州寺院究竟分布在杭州什么位置？哪些地区多，哪些地区少？明代杭州合计有多少寺院？这是我们接下来要讨论的问题。

一、地理分布

根据杭州一城一湖的城市布局特点，以及寺院分布情况，可将明代杭州寺院大致分为城内、城外南路、城外北路三部分，这一地理分布与附郭钱塘、仁和两县行政区划的城外辖区相交错，故而又可将杭州寺院城外南路、北路部分各分为东、西两部分。城南西路区域由涌金、清波二门，至九溪十八涧，大致为西湖南部诸山，位于杭城西南部；城南东路区域由城南凤山、候潮二门，上至风水洞，下至艮山门，大致相当于杭城东部及与南城山地相连诸山，一直从城垣延伸至钱塘江左岸；城北东路由湖墅至皋亭山，东北向远至临平镇，为杭城正北以及东北方向广大区域，地势较为平坦，河网密布；城北西路区域由钱塘门至三天竺，大致为西湖北部及西岸诸

① 《慧因寺志》卷9《重修慧因寺疏》，第65页。
② 《武林梵志》卷1《城内梵刹》，第20、21页。
③ 《武林梵志》卷2《城外南山分脉》，第27页。
④ 《武林梵志》卷2《城外南山分脉》，第35页。
⑤ 《武林梵志》卷4《北山分脉》，第82页。
⑥ 《武林梵志》卷4《北山分脉》，第86页。
⑦ 《武林梵志》卷4《北山分脉》，第120页。
⑧ 《西湖寺院题韵沿革考》，第3页。

山。下文主要依据明人吴之鲸《武林梵志》所载杭州寺院及其方位，佐之以其他文献史料，呈现明代杭州寺院的地理分布情况。

（一）城内

明代杭州城内部分寺院，据《武林梵志》所载，共有67所，除真教寺（凤凰寺）实为清真寺，故而佛寺应为66所。这些寺院多建立于元代以前，入明后次第重建。

1. 武林门至涌金门。由西北武林门入城，至斜桥而南，教场桥西有武林山，有寿圣寺。由教场桥东至祥符桥，桥畔有祥符寺，寺北则有戒坛院。祥符桥东至观桥，南有法轮寺，北有长寿庵、兴福禅院。观桥北至仓桥，为平安坊，有崇福庵、栖禅雪洞院、下水陆寺，西至宝带桥，有青莲寺①。观桥南至北桥，旋而往西至后洋街，有天长净心寺、永福寺（圣寿寺），东为安国坊，有仙林寺、吉祥律寺和止止庵②。由钱塘门入，至车桥，东过太学街，有菩提律寺。由涌金水门入，至曲阜桥，西有上方寺、长生庵，东有灵寿寺，继往东有比胜庙，北至井亭桥，桥西甘泉坊有安国罗汉寺（西井寺）。比胜庙东为三元坊巷，三元坊北有积善坊，有慈济院、宝觉寺。涌金门内有妙心寺。木子巷北有千顷广化院和明庆寺。

2. 艮山门至庆春门水门。艮山门内，三拔营畔有广寿慧云禅寺。过白洋池沿河而南至盐桥，桥北有普照院（报师庵），桥东有七宝寺，下八界巷有崇思延福院。由庆春门入，至蒲场巷有普慈寺，寺北有潮鸣寺，潮鸣寺东有水月庵。普慈寺西，过菜市桥有袾宏建孝义无碍庵，西有白莲寺，南有佛惠寺，继之而南至丰乐桥，东有觉苑寺。由庆春门南水门入，至土桥，东有莲居庵，西至横河桥，东有华藏寺。

3. 清泰门至候潮门。入清泰门，东花园狮子巷西北有祇园寺，崇新巷有灵芝崇福寺，西有长明寺，继往西至淳祐桥，东有悟空寺和相国寺，悟空寺东至蒲场巷有慧林寺。灵芝寺南至香饼子园有妙净庵，西至章家桥有金刚广福教寺。金刚寺南有崇宁万寿教寺（姚园寺），东至城垣下有慈云寺。姚园寺往南，狮子巷西有东冈寺，南有水陆寺。墓园巷有大慈庵。

4. 南城吴山等山地地带及周边。吴山前十三湾巷有惠安寺，东太平坊有金波禅院，继往东至芝松坊佑圣桥西有慈光寺（铁佛寺）。南至吴山脚下镇海楼，北有宝梵

① 康熙《仁和县志》与民国《杭州府志》皆谓宝带桥即旧志青莲寺桥，而青莲寺既在桥旁，与余官巷相对。

② 《武林梵志》卷1《城内梵刹》（第6页）谓止止庵“在羲同安谷坊”；成化《杭州府志》卷13《公署》则在记“僧纲司”条中谓洪武十五年开设僧纲司于广慧寺，“洪武二十四年，归并羲同安谷坊仙林寺”。而查成化《杭州府志》卷47《寺观一》、万历《杭州府志》卷97《寺观一》（中华书局2005年版），均记载仙林慈恩普济教寺（仙林寺）址在“安国坊”，则“安谷坊”当为“安国坊”之误。

寺，西有海会寺，南有百法寺，继南至吴山之阳有宝奎寺，东南麓有宝成寺。吴山南七宝山上有宝严院、云居圣水寺、广严寺及上方庵，南抵城垣，凤山门内有开元寺、定水寺和开宝仁王讲寺。

（二）城外南路

城外南路区域界于西湖与大江之间，地域窄狭，且多山地，却得以较早开发，尤其是凤凰山麓原为南宋皇宫所在，入元城垣北缩，名蓝望刹相望，成为浮屠之域，是宋元以降杭州寺院较为集中的地区之一。

1. 凤凰山及其周边。北麓为万松岭，城垣穿岭而过，有梅竹庵、般若院及报先庵。折而往东，经凤山门而南，过万松坊，有报国寺。又南折而西，有梵天讲寺。梵天讲寺北而西，有胜果禅寺。过凤凰山中峰而西，有栖云庵，其后方家峪有褒亲崇寿教寺。凤凰山南为包家山、山川坛，有正宗庵、大慈禅寺、六湛庵、普福庵、万寿庵。凤凰山西为慈云岭，有永寿禅寺、天龙寺。慈云岭北有观音庵、头陀庵。慈云岭旁为梯云岭，有香圆庵。

2. 龙山 - 大慈山 - 月轮山 - 五云山 - 定山。慈云岭西，龙山北有奉圣禅寺、普宁庵、道林寺、龙华禅寺及兜率庵等，山上及南麓有上天真寺、净明院、天华禅寺、胜相寺、下天真寺、妙因庵及保和寺。龙山稍北为玉厨山，有善慧禅寺、真觉院。龙山西南大慈山有虎跑定慧禅寺，大慈山北为钱粮司岭，西有广泽禅寺。大慈山西南樵歌岭有袭庆禅寺，月轮峰有六和塔及其塔院开化寺、朝阳庵。自此而南，以至县界，有五云山真际院、云栖寺、天柱寺、妙山庵、白沙庵、栖真寺、定安寺、定明寺、金莲寺、妙静寺、定南寺、慈岩院、龙门庵、光明寺等。

3. 南屏山 - 南高峰 - 九溪。出涌金门折而南，有两峰书院，又南有灵芝寺①。沿湖岸折而西，南屏山有净慈寺、普度亲庵，净慈寺前有雷峰塔，塔下有夕照庵，湖中有湖心寺。南屏山南为九曜山，有归云庵、烟霞寺、净心院。西为南高峰，有荣国禅寺、最上庵、觉照庵、绿萝庵、演福庵、大慈庵等。南高峰南满觉陇有满觉院、大仁院，北有高丽寺、六通律寺、法相寺。南高峰西为龙井，有延恩衍庆寺、老龙井②、方圆庵、波罗庵。九溪十八涧有理安禅寺。

4. 城外江干地带。凤山门外有净因寺。候潮门外有善应总持庵、圆通庵、福田

---

① （清）翟灏《湖山便览》卷 7 载“明洪武间，移寺额于城内东园。嘉靖间以其基建钱王祠”。

② （清）翟灏《湖山便览》卷 9 载此寺为后汉乾祐二年所建，初名报国看经院，宋熙宁中改寿圣院，“迄于明季，仅存小庵”，遂于“山阳井（龙井）旁，别建胜刹，世之称龙井者，皆指井旁之刹，而寿圣蔑矣”。

庆寿寺、延圣寺、普济寺、万寿寺、资教庵、潮音庵及黑庵等。永昌门外有吉祥寺、宝华院、圣寿禅寺、镇海禅院（海潮寺）、真如寺、正定庵及普陀庵。艮山门外有崇福寺、因果寺、宝界寺、定香寺及月塘寺。清泰门外有永庆寺，庆春门外有延寿白石寺。

（三）西湖北路与西路

西湖西岸与北岸作为杭州历史的起点，是杭州最早开发地区，源远流长的杭州佛教亦滥觞于湖西山中。

1. 出涌金门而北至柳洲寺，过钱塘门，折而西有昭庆律寺。继之而西，过石涵桥，为宝石山，上有保俶寺与保俶塔、金轮寺，山南麓有大佛寺，寺畔有相严院。宝石山西有智果禅寺，寺西为锦坞，有治平寺。继之而西为葛岭，有宝云寺、玛瑙讲寺、伴玄庵、寿星寺、招贤（律）寺、嘉德永寿教寺。又西为凤林禅寺。葛岭西为履泰山、栖霞岭，岭巅有紫云洞，去洞百步许有妙智庵。岭下有岳王坟，后有护国仁王寺。岭西有双桐庵、净性寺。履泰山西为仙姑山，继之而西为青芝坞，有玉泉讲寺、灵峰寺。坞北秦亭山有净业堂、碧漪莲社、普慈院、智胜庵及九莲居。

2. 自玉泉寺折而西南，为九里松。折而南为仙芝岭，有大普福教寺，寺西有圆觉天台教寺。继之而西，为黑观音堂。又西至集庆山，有集庆讲寺。又西南过合涧桥而西，为飞来峰，峰西呼猿洞与永福禅院相对。北为灵鹫山，山下为灵隐禅寺，寺西有韬光庵、岣嵝山房、郧公庵、白衲庵、大桐庵、荐福寺，寺内直指堂后有石佛庵。自合涧桥折而南，过佛国山门，有下天竺讲寺，寺后有三生庵，又南有中天竺寺，寺对为永清坞，中有心庵。中天竺又西南，有上天竺寺。

（四）城外北路

城外北路区域出武林、艮山二门，东接海宁，北达德清，西至武康、余杭县界，地势平缓开阔，河道纵横，市镇村圃星列，是城外人口最为密集的地区，寺院数量也较多，主要集中在以下区域。

1. 湖墅地区。以大运河为中心的运河水系网络舒张于此，为运河南端枢纽，因此是城北货物集散、商旅骈集之地。区别于西湖诸山的名蓝巨刹，这一地区的寺院发展得益于商贸经济、运输业的繁荣，经济因素是这一地区寺院集中最为重要的原因。香积寺是最具代表性的寺院，“寺在县芳林乡，接壤湖州市廛。官河之舟经其前者，日百千计。其阴其左，则草田衍土，居民散处”，自北宋建寺以来，数度兴废，入明之后得以迅速复兴，“而寺之胜轶前规而益侈”[1]。不同于山林寺院，以香积寺为中心寺院群汇集湖墅，钟鸣梵呗，响彻于喧嚣之地，别具意趣。以香积寺为中心，还有普化庵、治平寺、宝严寺、兴化庵、妙行寺、法云寺、观音寺、定光寺、永慈寺、化度寺、宝觉丰乐寺、显教寺、福寿寺、大觉禅院、智果院、永宁庵、西方庵、广教寺、昭化寺、觉圆寺、崇兴寺、西隐寺、普润寺、真如寺及铁佛普明寺等。

2. 皋亭山 - 黄鹤山 - 桐扣山 - 临平山。过湖墅，自皋亭山至临平，众山连绵，呈西南东北走向，横亘于杭北平野，也是城外寺院较为密集的地区。皋亭山有崇先显孝华严教寺、崇恩院、泰清庵、安庐院、滕泉庵、上塔伏虎禅院、中塔悟空禅院、下塔月明庵、法华庵、柳翠庵、胜安寺、华严庵。皋亭山西桃花坞有白莲庵、定慧庵、烟石居、翠微庵、崇恩院等，皋亭山西马鞍山阳有兴教寺，皋亭山北龙珠山有龙珠庵。黄鹤山及其周边有月轮寺、龙居寺、定心庵、资福庵、普门庵、黄龙庵、大觉庵、普慈庵、灵花庵、卧龙庵、慈荫院、秀水庵、吉祥庵、华藏庵、永福庵、般若庵、佛日寺、莲花窟、遍福寺、林雅庵、圆通庵、永庆禅寺、大悲妙心庵、蔷薇庵、慧觉院、慈孝庵、龙峰庵、大云庵、梅石庵、聚石庵、倻伽庵、功德院等。临平有圆教禅寺、迎峰庵、罗汉教寺、月华庵、隆兴寺、显院、明因寺、寿宁院、安隐（讲）寺及大安寺，临平镇西为鼎湖，周边有圆通庵、善昙寺、鼎湖寺、广严寺，临平山西桐扣山有观音大悲庵、显惠庵、净信寺，临平山北小林镇有大安寺。巧山有巧山庵，竹坞亦有一法华庵。

3. 塘栖镇 - 博陆村。位于仁和县北缘，距城五十里，毗邻德清县，京杭运河横穿而过，为苏、嘉、杭水陆要津。塘栖镇作为因运河而兴的商贸市镇，经济繁荣，明代设县佐驻此。塘栖地区寺院有清流禅院、普济院、德云庵、永清禅院、化城庵、广济庵、净土庵、绿野庵、浮梁院、栖霞院、大善寺，塘栖镇南白栗山有泗水庵，又南为马鞍山、龟山，大圆庵位于二山之间。博陆村在塘栖东，佛寺也较为密集，有慧日寺、天王寺、保江寺、西隐寺。此外，博陆及周边还有纯一院、万寿庵、资庆院等。

4. 西溪地区。西溪在北高峰后，与千年古杭不同，这一区域迟至宋代才有垦耕者结茅，经过元明时期的开发，成为山水秀丽、物产丰美、堪表里西湖的名区胜壤。宋代虽有僧人栖隐，然寺庵尚少。至明后期，这里已是寺庵相望，精庐棋布。明代西溪地区的寺庵，有永兴寺、佛慧寺、报先寺、真觉院。崇真院、小崇真庵、昭庆寺、曲水庵、佛澄庵、天竺庵、玉池庵、新庵、古法华庵、灵瑞庵、我庵、澧庵、指华庵、

① 成化《杭州府志》卷 49《寺观・城外仁和县境内》。

法华律院、室罗院、莲花庵、净土庵、道林居、孝慈庵、永庆庵、集福庵、秋雪庵、慈觉庵、开化庵、报劬庵、定慧庵、法楞庵、听松庵、翠岩居、梵天庵、毗尼庵、柏家庵、福清庵、福清静室（复古福清院）、夕照庵、福胜院、永乐庵、宝寿寺、隆庆寺、大苏林、空蕴庵、溪饮庵、由庵等。

5. 其他区域。钱塘县西南隅长寿乡有慈泉寺、广福寺、寂福寺。安吉乡云泉山下有慈严寺。钱塘县北孝女南乡有禅智寺、无净寺，孝女北乡有长庆寺。灵芝乡有重兴寺、荀山寺。调露乡有正等寺、仁寿寺、报福寺。钱塘县北端与武康相接的万松山、大遮山、凤泉山等山中，有广化寺、东明寺、宝慧寺、净安院等。钱塘县西界崇化乡，有宝林寺、东莲寺、法性寺等。

（五）小结

总的来说，明代杭州寺院的分布因区域不同，其所集聚佛寺的成因也各有不同。

城内、环西湖诸山是传统的佛寺集中区域，为名山福地，多历史悠久的古寺名刹，如净慈寺、灵隐寺、三天竺、昭庆寺、仙林寺等，它们大都占地面积广大，琳宫绀殿，建筑瑰丽且宏大，且具有非凡影响力。

作为后起之秀的西溪地区，在明代中后期得以深度开发，以一隅之地集中新建了四五十所寺庵。不过，与前述古刹名寺不同，这些寺庵普遍规模较小，但也风景绝美，优越的环境吸引着文人骚客前来游赏，及僧人前来建庵修行。其中有一些被冠之以某家庵之类的俗称，可知多由某姓舍地，然后由僧人与礼佛士绅所共建，是“居士佛教”“庶民佛教”等佛教“异化”潮流在明代深入推进的见证。

塘栖等新兴市镇也聚集了大量寺院，则主要源于交通、商贸等经济因素的驱动。南宋以前，塘栖之名不显于史志，“盖南宋以前南北往来取道临平，而塘栖为下塘僻处腹里，鲜问津者”。究其原因，此前塘栖至杭城区间有“有三里漾、十二里漾风波之险，而浅狭处几不通航”。元末，“张士诚使军士由五临港开至北新桥，而塘栖至杭始成大河”，“新开河水路通矣，而陆路犹未也”。迨明正统七年（1442），通判易靦、巡抚侍郎周忱“自北新桥起，迤北而东至崇德县界，修筑塘岸，建造桥梁，水陆通行，便于漕饷，而塘栖始为南北往来之孔道，于是驰驿者舍临平由塘栖，而塘栖之人烟以聚，风气以开”。其时，“若陈氏若卓氏若沈氏、吕氏皆以寓居，而蔚为巨族。即泉漳之丁氏、沈氏，孤林村之胡氏，绿溪之徐氏，博陆之钟氏，皆以文章科第炳耀一乡。别墅园亭，盖莫盛于前明”[①]。这些乡绅大族皆为塘栖佛刹的重要檀越。而塘栖下辖的博陆村也吸引一批寺庵迁建，“慧日、天王、保江、西隐诸刹，跂峙博陆，皆创于宋，毁于元，复兴于明。惟慧日则建自开运，然从孤山下迁易今名，亦自宋始也。资庆由长寿村移博陆，不知何时，载复载圮，已没于蓁芜瓦砾矣，而僧如圆改筑西水，俨如双林”[②]。明代这一地区梵刹兴盛，充分体现出都市佛教以积极接触社会、为民众提供宗教服务为导向的世俗化倾向。

二、总数统计

有明 270 余年，杭州寺院屡兴屡废，因时移世易，时人所载也仅仅是一个时代切面而已，注定不能全部囊括，而明代以后的府志、县志又多语焉未详，故而对明代杭州存在过的寺院作精确统计显然是不可能的。

我们所录明代杭州寺院主要依据明代万历年间杭州仁和人吴之鲸所撰《武林梵志》。此书博考乘牒，详细记载各寺创置始末，“搜剔幽隐，实多《武林遗事》《西湖游览志》所未载”[③]，于诸志中最为全面翔实，是一部明代杭州寺院总志。《武林梵志》分城内、城外南山、北山及诸属州县，共收录记载寺院 426 所。而我们统计和研究的明代杭州，是狭义的杭州，包括府城和附郭钱塘、仁和二县，《武林梵志》记载、收录的杭州城内寺院 67 所，其中真教寺实为清真寺，故而不在佛刹之列，城内梵刹计 66 处；府城外钱塘、仁和两县寺院共 293 所。则《武林梵志》收录记载的明代杭州寺院合计 359 所。此外，我们又参以《西湖游览志》《西溪梵隐志》《西湖题韵沿革考》《西湖梦寻》《湖山便览》以及在此前后的杭州府、钱塘县、仁和县方志，相关的寺志、山志、市镇志，以及文人笔记、文集中的相关记载，去除重复，另得寺院 131 所。总计，我们统计的明代杭州寺院有名可数者 490 所（详见下表）。

需要说明的是，一些清代著述中所载寺院，凡未明言明代修建或存续者未能计入。以《西溪梵隐志》为例，这种情况的寺院有 65 所。若按其成书于顺治年间估计，其中应有相当一部分为明代所建或存在于明代。单单西溪一隅的寺院就存在如此大变数，若扩大到仁和、钱塘二县范围，则数目可能更大。《武林梵志》中所收西溪寺院只有 4 处，而《西溪梵隐志》所录明代寺院则有 50 余所，可见在万历后期至明亡前

① （清）王同《唐栖志》卷 7。
② 《武林梵志》卷 4《北山分脉》，第 86 页。
③ （清）永瑢等《四库全书总目》卷 70《〈武林梵志〉提要》，中华书局 1965 年版。

的三十余年间，若非《武林梵志》缺漏，则应是西溪地区寺院数量出现了爆炸式的增长。吴之鲸在纂修《武林梵志》时，曾请其友人帮助搜采辑故，然而塘栖寺庵“遗者仍多”[①]，净土庵、绿野庵、浮梁院明确存在于明代的寺院未收入其中。另外，明代杭州寺院有名可数者490所，各寺院修建时间不同，兴废也不一样，并非同时存在，也不是明代初期到明末一直存在。如有的寺院明初存在，可能洪武二十四年（1391）就被归并了，或者其他时期毁废了，有的则是明代中后期才重建、重修或新建。

最后，我们对明代杭州寺院总数做一个估计。如前所述，明代杭州有名可数寺院490所，其中有归并者85所，但明代前期归并者在明代中后期大多重新分立为寺。这490所寺院，基本上是获得合法身份、登载于各种方志和笔记等史籍中的。因此，我们保守估计，明代后期杭州有500所以上寺院。而那些私创小寺小庵，大多不在其内。因为明代禁止私创寺院，各朝均曾反复诏令申明[②]，前述明代各朝寺院修建基本都是对前代寺院的重建、重修（或者打着重建、重修的旗号），新建者不多。各种史籍记载者，也主要是那些有合法身份的寺院。对于杭州的私创寺院，嘉靖年间有官员反映，“西湖寺观多私创者”[③]。万历初年编修成的万历《杭州府志》则称，“省城敝俗，最易惑人者，僧尼为甚。南北两山间，私创庵院以千百计，簧鼓愚民夫妇，礼拜为师”[④]。也就是说，明代后期“私创庵院”即以千百计。因此，我们估计，明代后期杭州寺院很可能达到1000所。

总之，明代杭州有名可数的寺院490所，明代后期总数当在500所以上。加上大量私创寺庵，明代杭州寺院总数可能达到1000所。这一数字，超过了此前号称最繁盛的“唐已前为三百六十寺，及钱氏立国，宋朝南渡，增为四百八十”[⑤]之数。毕竟时代不同了，杭州土地开发，社会经济发展，人口增长，佛教进一步世俗化、社会化，明代已远非吴越国、南宋可比拟，这是显而易见的。明代杭州寺院众多，刹竿林立，正如时人憨山德清所说：“杭之山水甲天下，古圣示迹，刹竿相望者如林，亦域内无两。”[⑥]吴用先也指出：“武林故称佛国，古刹精蓝，贲相望于山林城郭间。”[⑦]从寺院的数量一斑，也可以窥见明代杭州佛教的兴盛，不愧为全国的佛教中心。

---

① （清）王同《唐栖志》卷7。
② 参阅何孝荣《明代佛教政策述论》，《文史》2004年第3辑。
③ 《明世宗实录》卷91，嘉靖七年八月甲子。
④ 万历《杭州府志》卷19《风俗》。
⑤ （明）田汝成《西湖游览志馀》卷14《方外玄踪》，第271页。
⑥ （明）释德清《憨山老人梦游集》卷24《法相寺长耳定光佛缘起记》。
⑦ 《武林梵志》卷1《城内梵刹》，第10页。

明代杭州佛寺统计表

区　域	寺　名	具体寺址
城内梵刹	仙林慈恩普济教寺	在仁和安国坊
	天长（净心）寺	在仁和北壁后洋街
	龙华宝阁	在仁和东北隅
	龙王庵（长寿庵）	在仁和东里坊
	寿圣寺（祖山寺）	在武林门内虎林山（武林山）上
	吉祥律寺	在仁和安国坊
	大中祥符律寺	在祥符桥畔
	长寿庵	在天汉桥西，近兴福禅院
	青莲寺	在车桥北
	崇福庵	在平安坊
	法轮寺	在观桥南
	广慧寺	在观桥西
	净住寺	在观桥西北，报恩坊内
	栖禅雪洞院	在平安坊
	兴福寺	在斜桥南
	止止庵	在羲同安谷（国）坊
	广寿慧云禅寺	在艮山门内三拔营畔
	七宝寺	在盐桥东
	普照院（报师庵）	在盐桥北
	潮鸣寺	在庆春门内潮鸣寺巷
	悟空寺	在淳祐桥东，近相国寺
	相国寺	在淳祐桥东北百步许
	莲居庵	在土桥东
	水月庵	在庆春门内潮鸣寺东
	长明寺	在清泰门内

区　域	寺　名	具体寺址
	灵芝崇福律寺	在东花园崇新巷
	大慈庵	在墓园巷
	金刚广福教寺	在章家桥东
	妙净庵	在香饼子园
	祇园寺	在东花园狮子巷西北
	东冈寺	在保安坊狮子巷西
	惠林寺	在蒲场巷
	释迦宝觉禅寺	在仁和县羲和坊
	佛惠寺（寿火星庵）	在仁和县羲和坊
	崇宁万寿教寺（姚园寺）	在高阳间巷
	慈云寺	在高阳间巷
	水陆寺	在华家池北
	白莲寺	在仙林桥东
	下水陆寺	在平安坊
	孝义无碍庵	在菜市桥西
	崇恩延福院	在盐桥下八界
	圣寿寺（永福寺）	在后洋街
	觉苑寺（三圣庙）	在丰乐桥东
	千顷广化院	在木子巷北，近明庆寺
	明庆寺	在木子巷北
	菩提律寺	在宪司巽方太学街东
	安国罗汉寺（西井寺）	在井亭桥西甘泉坊内
	上方寺	在溜水桥西
	妙心寺	在涌金门内
	长生庵	在溜水桥西城下，为昭庆下院
	比胜庙	在定安桥东三元坊巷（比胜庙巷）内
	慈济院	在南壁积善坊，傍有宝觉寺
	慈光寺（铁佛寺）	在钱塘芝松坊佑圣桥西
	慧（惠）安寺	在十三湾巷
	宝梵寺	在镇海楼北
	海会寺（石佛寺）	在镇海楼西
	百法寺	在镇海楼南石龟巷
	宝奎寺	在吴山之阳
	宝成寺	在吴山东南麓观音岩下
	云居圣水寺	在七宝山
	上方庵（圣水下院）	在七宝山，近法华松
	金波禅院（金波庙）	在金波桥
	宝严院	在七宝山
	广严寺	在七宝山
	开元寺	在凤山门内馨如坊
	开宝仁王寺	在七宝山馨如坊，近定水寺

区　域	寺　名	具体寺址
	定水寺	在七宝山馨如坊
	戒坛院	在祥符桥
	普慈寺	在蒲场巷
	华藏寺	在横河桥东
	灵寿寺	在曲阜桥东
	太平兴国传法寺	在城东旧宗阳宫东，后废，为巡盐察院官署
	奉庆院	在钱塘西南隅修义巷，今西文锦坊之西
	九曲法济院	在钱塘门外
	法云院	在广丰仓前
	宝山院（华光庙）	在钱塘县泰和坊
	圣安寺	在钱塘县州桥之东
	普光庵	在吴山之阳，玉壶泉之北
	西天寺	在钱塘县镇海楼之南
	溥润禅庵（破衣庵）	在钱塘西南隅转运使门之东
	瑞云院	在吴山
	普慧院	在武林门里
	翔鸾院	在武林门里
	妙慧院	在褚家塘
	显法院	在旧大瓦北
	报国院	在荐桥东
	妙喜资福院	在水巷东
	安福寺	在武林坊
	慈顺庵	在羲同坊
	南庵	在武林门内
城外南路	梅竹庵	在万松岭
	般若院	在上梅竹左径
	报先庵	在凤凰山之阴，近万松书院
	报国寺	在凤凰山麓，即南宋大内垂拱殿基
	梵天讲寺	在城南凤凰山
	纯一庵	在南门外，凤山之阳
	栖云庵	在城南凤凰山，西可达龙华寺
	胜果寺	在城南凤凰山之右
	善应总持庵	在城南似兰隅尊胜巷
	圆通庵（寺）	在城南似兰隅车子巷口，去总持庵可百武
	福田庆寿寺	在候潮门外普济桥，距城垣约一里
	延圣寺	在候潮门外
	普济寺	在候潮门外普济桥
	万寿寺	在江口
	资教庵	在候潮门外
	潮音庵	在候潮门外大郎巷

区　域	寺　名	具体寺址
	黑庵	在跨浦桥
	吉祥寺	原在永昌门外，椤木营左．永乐十三年，迁黄山之阳
	宝华院	在城东永昌门外灰团巷口伏虎庙侧
	圣寿禅寺	在永昌门外椤木营东灰团巷
	镇海禅院（海潮寺）	在永昌门外仁和县会保四图，濒江
	真如寺	在永昌门外真如巷（会保隅）
	正定庵	在永昌门外陈铁巷
	普陀庵	在永昌门外近江塘右
	圣寿庵	在永昌门外
	永庆寺	在清泰门外
	延寿白石寺	在庆春门外
	崇福寺	在艮山门外（临江乡）
	因果寺	在艮山门外
	宝界寺	在艮山门外
	定香寺	在艮山门外
	月塘寺	在艮山门外何衡店
	正宗庵	在包家山山川坛北
	大慈禅寺（包山寺）	在包家山山川坛
	下天真寺	在龙山下，与包山联界
	六湛庵	在边家山
	善慧禅寺	在玉厨山
	真觉院	在玉厨山善慧禅寺旁
	净因寺（新寺）	在凤山门外和肃坊
	普福庵	在桃花岭下石井上
	万寿庵	在桃花岭普福庵附近
	奉圣禅寺	在龙山之北有鸿雁池，寺在池北
	普宁庵	在鸿雁池南
	道林寺	在鸿雁池南，普宁庵西
	龙华禅寺	在龙山上
	兜率庵	在四顾坪右
	永寿禅寺	在慈云岭
	上天真寺	在登云台
	天龙寺	在慈云岭之阳
	净明院	在龙山南麓，近郊坛
	天华禅寺	在龙山上
	胜相寺（五丈寺）	在城南工隅雁台乡，负钱塘龙山
	妙因庵	在妙因山
	保和寺	在龙山下闸
	九曜寺（安家堂）	在担水巷
	广泽禅寺（甘露寺）	在钱粮司岭与大慈山之间
	定慧禅寺（虎跑寺）	在大慈山

区　域	寺　名	具体寺址
	袭庆禅寺（真珠寺）	在樵歌岭
	开化寺	在月轮峰旁，为六和塔塔院
	朝阳庵	在六和塔左进龙浦右，近江小坞
	真际院	在城南二十里五云山
	云栖寺	在五云山之西梵村天柱寺旁
	天柱寺	在云栖三聚亭里许
	妙山庵	在妙山
	白沙庵	在白沙坞，通黄山天竺
	栖真寺	在钱塘县定山北四图
	定安寺	在定北二图
	定明寺	在定北三图
	金莲寺	在定北一图
	妙静寺	在定北二图
	定南寺	在公馆侧
	慈岩院	在杨村风水洞侧
	龙门庵	在龙门山顶
	光明寺	在西溪之南，黄山深处
	灵芝寺	在涌金门外
	褒亲崇寿教寺	在笔架山
	观音庵	在慈云岭北，有观音洞
	头陀庵	在慈云岭下华津洞侧，旁为梯云岭
	香圆庵	在梯云岭西
	净慈寺	在南屏山
	雷峰塔	在净慈寺前址
	湖心寺	在西湖中
	慧因寺	在玉岑山
	六通律寺	在长耳巷
	法相寺	在南高峰下，慧因寺之北
	大仁院（石屋寺）	在南山石屋洞
	大慈庵	在南山大仁院附近
	满觉院	在满觉陇
	归云庵（护云庵）	在九曜山水乐洞旁
	清修禅寺（烟霞寺）	在九曜山烟霞洞口
	净心院	在九曜山水乐洞
	荣国禅寺	在南高峰
	最上庵	在南高峰顶畔
	觉照庵	在南高峰最上庵左
	绿萝庵	在南高峰觉照庵稍下
	演福庵（南天竺）	在南高峰无门洞之阴
	延恩衍庆寺（龙井寺）	在龙井旁
	钵池庵	在龙井寺右山傍

区 域	寺 名	具体寺址
	老龙井	在凤凰岭下晖落坞，老龙井基侧
	方圆庵	在龙井山
	波罗庵	在钱王湾
	报恩寺（报恩庵）	在万松岭西（后迁建于南山杨梅岭下，名“报恩庵”）
	理安禅寺（涌泉寺）	在九溪十八涧
	六和塔	在月轮峰南麓
	普度亲庵	在南屏山之西
	夕照庵	在雷峰塔侧
	西莲瑞相院[①]	在方家峪
	且住庵	在九溪，近理安寺
	报恩（招提）寺	在凤凰山
	凤麓庵	在凤凰山，报国寺西半里
	乔松庵	在凤凰山，凤麓泉稍南
	映壁庵	在凤凰山左翅石壁下
	定光庵	在法相寺西
	新庵	在龙井
	长寿院	在城东螺蛳桥
	广度院	在城东
城外北路	香积寺	在城北八里，芳林乡江涨桥北
	普化庵	近香积寺
	治平寺	在城北永和里
	真如福严寺	在义溪村
	宝严寺	在肇原乡义溪村
	兴化庵	在城西北谢溪村西
	妙行寺	武林门北，夹城巷西，南为望佛桥
	法云寺	在武林门北七里，归锦桥西、余杭塘南草营巷
	定光寺	在城北芳林乡
	永慈寺	在乌盆桥路口
	化度寺	在城北江涨桥东
	宝觉丰乐寺	在丰乐院西马塍内
	显教寺	在武林门外东去里许清湖闸
	福寿寺	在西马塍望佛桥西南
	大觉禅院	在武林门北十里，北关德生巷
	智果院	在武林门外六里东关
	大觉庵	在城北一十里芳林乡
	永宁庵	在武林门北十里，芳林乡沙河关
	西方庵	在艮山门外五里余
	广教寺	在武林门外北新桥东

① 诸志皆言其久圮，据（明）虞淳熙《虞德园先生集文集》卷19《重建西湖凤山峪口西莲瑞相院疏》推测，此寺明季仍存。

区　域	寺　名	具体寺址
	昭化寺	在武林门北七里，潮王桥东南
	觉圆寺	在武林门外五里
	崇兴寺	在武林门北十五里，芳林乡北新关后
	崇先显孝华严教寺	在皋亭山之阳
	普润寺	在武林门外，西下扇一图
	真如寺	在江涨桥东
	铁佛普明寺	去西湖可四里许，在西马塍
	永兴寺	在西溪灵竺山后
	佛慧寺	在西溪履泰一图
	报先寺	在西溪履泰一图
	真觉院	在钱塘履泰三图，地名桃源岭
	丰禾庵	在仁和二十三都一图，董公庄西
	慈严寺	在安吉三图，云泉山下
	慈泉寺	在长寿一图
	广福寺	在长寿二图
	寂福寺	在长寿四图
	无净寺	在女南一图
	禅智寺	在女南四图，去县西北四十余里孝女乡
	法性寺	在崇化八都下九图
	真寂寺	在县西北四十里良渚西丘八都下九图，后迁建于瓶窑
	大云寺	在奉口
	重兴寺	在灵芝三都
	荀山寺	在灵芝三都八图
	广化寺	在安溪北乡万松山
	净安院	在金龙山
	正续寺	在常熟乡
	宝慧寺	在龙凤山、金龙山之阴
	圆觉庵	在游漾坞凤泉山北
	东明寺	在城西北五十余里，安溪大遮山前
	长庆寺	在孝女北乡
	宝林寺	在崇化七都四图
	东莲寺	在崇化七都五图
	妙智寺（杜甫庙）	在八都上四图
	知胜寺	在下扇三图
	广福寺	在北隅一图
	观音寺	在武林门外余杭塘北
	正等寺	在调露二图
	仁寿寺	在调露乡
	报福寺	在调露乡
	佛日寺	在黄鹤山之阴
	天王寺	在仁和县东一百里，丰年乡博陆村东

区　域	寺　名	具体寺址
	保江寺（院）	在城东北丰年乡五行村
	西隐寺	在西马塍乌盆桥畔
	慧日寺	在博陆村
	纯一院	在博陆村
	万寿庵	在博陆村万寿桥侧
	资庆院	在丰年乡五杭村，近博陆，万历三年十一年移建塘栖
	清流禅院	在塘西里仁桥北
	普济院	居栖水之西市
	德云庵	在塘西南介河，去市五里
	永清禅院	在塘西北三分村
	大圆庵	在城北永和乡
	化城庵	在塘栖马鞍山
	泗水庵	在白栗山
	广济庵	在塘栖长桥
	崇胜寺	在奉口峨眉山南
	宝华寺	在芳林乡会安村
	普济寺	在大云乡独山西
	崇觉寺	在城西北泰溪村
	兴福庵	在城西北仲溪镇北
	普宁寺（原普宁院）	在城西北大云乡姚巷村
	普济院	在城西北大云乡鸭栏桥北
	昇平庙	在横里保
	圆通庵	在鼎湖之南
	泰清庵	在皋亭山南丘家桥
	定心庵	在黄鹤山南海塘
	资福庵	在黄鹤山南张巷村
	普门庵	在黄鹤山南马家埠
	膝泉庵	在皋亭木坞左
	黄龙庵	在黄鹤山
	龙珠庵	在城北三十里，龙珠山之阳
	大觉庵	在黄鹤山之阴青草坞
	巧山庵	在城北三十里，巧山
	林雅庵	在黄鹤山之阳
	圆通庵	在黄鹤山之阴青草坞
	永庆禅寺	在城东北四十里，黄鹤山之阳龙居湾
	大悲妙心庵	在城东三十里，安仁乡
	蔷薇庵	在城东北四十里，黄鹤山之阴蔷薇坞
	慧觉院	在城东北四十里，黄鹤山之阴
	慈孝庵	在黄鹤山，慧觉院侧
	龙峰庵	在城东北四十里，黄鹤山之巅
	大云庵	在城东北四十里，黄鹤山苦竹坞

区　域	寺　名	具体寺址
	梅石庵	在城东北五十里，黄鹤山之阴
	聚石庵	在黄鹤山下莲花坞
	伽伽庵	在龙洞口
	功德院	在黄鹤山之阳
	圆教禅寺	在城东五十里，临平丘山之阳
	普慈庵	在黄鹤山之阳
	灵花庵	在城东三十里，黄鹤山之阴花桐坞
	卧龙庵	在黄鹤山之阴佛日坞
	白莲庵	在城东三十里，皋亭西桃花坞
	定慧庵	在城东三十里，桃花坞
	法华庵	在竹坞
	烟石居	在桃花坞山之巅
	翠微庵	在桃花坞三塔之上
	秀水庵	在黄鹤山之西花桥北
	吉祥庵	在黄鹤山褚坞
	观音大悲庵	在桐扣南王陵山顶
	西向庵	在仁和县廿三都横塘
	华藏庵	在城东五十里，黄鹤山右
	永福庵	在黄鹤山西首鲍家湾
	般若庵	在黄鹤山背面楮阳坞山上
	遍福寺（众善寺）	在城东北三十五里，赤岸
	觉仁院	在皋亭山
	长寿寺（留茨庵）	在城西北三峰山大云乡
	兴教寺	在皋亭山西，马鞍山之阳
	上塔伏虎禅院	在皋亭山，兴教寺后
	中塔悟空禅院	在皋亭山
	下塔月明庵	在皋亭山
	法华庵	为月明下院，近万缘桥
	柳翠庵	在皋亭山，下塔月明庵侧
	华严庵	在皋亭桃花坞
	金佛寺	在丰年乡
	无垢院	在城北大云乡
	善昙寺	在城东五十里，鼎湖西葡萄畈
	鼎湖寺	在城东六十里，鼎湖（东湖）
	安隐（讲）寺	在城东六十里，临平山南
	胜安寺	在皋亭山北
	广严寺	在城东六十里，临平镇。前挹鼎湖，后踞丘山
	净惠寺	在城东六十里，临平镇，广严寺附近
	莲花窟	在佛日坞莲花峰之左胁
	明觉院	在城北永和乡狮子山
	隆（龙）兴寺	在城东六十里临平镇

区　域	寺　名	具体寺址
	大慈院（大安寺）	在临平山北小林镇
	蓦直庵	在仁和廿三都十图
	弥陀庵	在履泰乡五图
	龙华庵	在履泰乡五图
	净土庵	在塘栖花园坟西
	绿野庵	在塘栖镇南
	浮梁院	在镇东北极尽处
	月轮寺	在城东北黄鹤山之阳
	福济寺	去城东北二十里，廉德乡横塘
	显忠寺	在丰年乡漳溪村
	崇善寺	在城东安仁西乡
	殊圣寺	在艮山门外三里
	崇果寺	在城北夹城巷
	广福教寺	武林门外半道红南
	梵天寺	在东乡芳梅村
	净信寺（庵）	在城东北桐扣山
	三昧禅林	在黄鹤山之阴
	罗汉教寺	在城东北六十余里亭溪
	福全寺	在丰年乡漳溪村北
	吉祥院	在城东北丰年乡青林村
	寿宁院	在城东北临平山北
	莲花院	在临平镇茅山下
	观音庵	在塘栖鎮北丰年乡
	慧林禅庵	在城东北丰年乡前溪村
	时思庵	在城东北丰年乡城溪村
	永清禅院	在城东北丰年乡
	聚秀庵	在超山之南
	报慈圆满院（惠济庵）	在城北超山之阳
	迎峰庵	在城北临平山
	寂然庵	在城北临平山
	月华庵	在城东北六十里临平镇长乐乡
	宝月庵	在城东北六十里临平镇长乐乡
	显惠庵	在桐扣山
	金仙寺	西北四十余里孝女北乡凤泉山
	大雄讲寺	去县西北四十里崇化乡
	显院	在临平
	明因寺	在临平
	龙居寺	在黄鹤山之阳
	慈荫院（宋家庵）	在黄鹤山麓
	崇恩院	在皋亭山桃花坞
	安庐院	在皋亭山

区　域	寺　名	具体寺址
	崇真院	在西溪之南
	小崇真庵	在西溪栅桥东
	昭庆寺（下院）	在西溪之东
	曲水庵	在正等院左
	佛澄庵	在西溪之南，崇真院侧
	天竺庵	在桃园岭下方井东南
	玉池庵	在塔坞内
	新庵	在西溪之南
	古法华庵	在庙坞深处
	灵瑞庵	在岳庙路外
	我庵	在马家坞
	澧庵	在素庵之内
	指华庵	在龙归坞
	法华律院（金家庵）	在小方井路北数百武
	室罗院（杨家庵）	在圆通庵稍西北
	莲花庵	在四方庙北
	净土庵	临（西）溪北向
	道林居（林家庵）	在方井路北
	孝慈庵	在道林居之东南
	永庆庵	在直坞
	集福庵	在西溪蒋庙北
	秋雪庵	在蒹葭里
	慈觉庵	在秋雪庵东里许
	开化庵	在花坞口辇道古法华亭旁
	定慧庵	居高甃石如篱
	法楞庵	在西溪正花坞之涧西
	听松庵	花坞之路东
	翠岩居（普光庵）	在花坞高深处，四顾坪侧
	梵天庵	在花坞口夕照西
	毗尼庵	在花坞口大路北半里许
	柏家庵	在路北一里许，毗尼庵北
	福清庵	在西溪辇路北，近安乐山
	福清静室（复古福清院）	在潘家坞，吴大帝石杵峰下
	夕照庵	在石人岭下
	古福胜院	在安乐山右冈之麓
	永乐庵	西溪之西南森罗坞
	宝寿寺	在上埠山崇岭桥
	隆庆寺	在西溪西北，同光山下
	瑞云庵	河渚芦庵旧址
	块庵	在青芝坞内孤峰峭壁间
	肯庵	在涧西深处

区　域	寺　名	具体寺址
	西方庵（古龙归院）	在西溪路南径三百武龙归坞
西湖北路与西湖西路	菩提院（菩提律寺）	在钱塘门外西与昭庆寺相连。迁入城中，即菩提律寺
	真觉院（隐净庵）	在钱塘门外
	法济院	在钱塘门外
	妙因院（慈光庵）	在钱塘门外
	宝严院（九曲院）	在钱塘门外
	昭庆律寺	在钱塘门外
	大佛寺（大石佛院）	在葛岭东宝石山前
	金轮寺	在崇寿院（保叔寺）山门之侧
	崇寿院（保叔寺）	在宝石山上
	相严院	在大佛寺旁
	智果禅寺	在葛岭上，宝云寺西
	治平寺	在锦坞西
	寿星寺	在葛岭上，智果寺侧
	宝云寺（千光王寺）	在宝云山下
	玛瑙寺	在葛岭东
	招贤（律）寺	在葛岭上，在玛瑙寺以西
	嘉德永寿教寺（毛寺）	在葛岭西
	凤林寺（喜鹊寺）	在葛岭西
	伴玄庵	在玛瑙寺侧
	妙智庵（报国观音院）	在栖霞岭上
	护国仁王讲寺	在无门洞
	双桐庵	在紫云山栖霞岭西侧
	净性寺	傍有青衣桥
	净业堂	在秦亭山
	碧漪莲社（旃檀窟）	在秦亭山下
	普慈院	在秦亭山下
	玉泉寺	青芝坞
	灵峰寺	在城西北山青芝坞
	大普福教寺（十方天台教院）	在九里松之仙芝岭，普福讲寺旁
	圆觉天台教寺	在九里松
	黑观音堂	在集庆寺东
	集庆讲寺	在集庆山
	灵隐禅寺	在灵隐山北高峰下
	石佛庵	在灵鹫山直指堂后
	峋嵝山房	在灵隐寺西
	韬光庵	在灵隐寺西
	永福禅院	在天圣寺侧，与呼猿洞相对
	郱公庵	在白沙泉旁
	白衲庵（永福禅林）	在灵隐西坞
	大桐庵	在大桐坞

区　域	寺　名	具体寺址
	荐福寺	在石人岭，建于下天竺基
	下天竺寺	在灵鹫山麓
	三生庵	在三生石侧
	中天竺寺	在稽留峰北，下天竺寺之西
	心庵	在永清坞之背
	上天竺寺	在灵隐寺南
	柳洲寺	在涌金门与钱塘门之间
	广化寺	在孤山之阳
	莲池庵	在孤山白沙堤
	定香寺	在艮山门外
	圆通接待庵（施水庵）	在苏堤第四桥
	归云庵	在灵隐寺东
	多福院	在普门琮老桥间
	弥陀兴福教院	在杨梅坞，近上天竺
	智胜庵	在秦亭山麓
	古法华寺（郑庵）	在西溪之东法华山下
	九莲居（尼庵）	在秦亭山下古荡街
	保尼庵	在灵隐西韬光山下
寺址不明	清修院	洪武二十四年并入天长（净心）寺

第五章　明代杭州寺院建筑

寺院建筑是佛教的物质载体，是供奉佛菩萨像设的场所，也是僧人日常修行生活所在。寺院建筑与僧人一起，构成佛教的形象。考察明代杭州寺院建筑，无疑是揭示明代杭州佛教不可或缺的一环。

第一节　明代杭州寺院建筑布局及影响因素

佛教自两汉之际传入中国之后，佛寺建筑也随之出现，其最初形态近似于印度形制，布局以塔为中心，四周围以僧房，而无殿堂，塔后建佛殿以供奉佛像。魏晋南北朝时代，随着佛教广布，佛教信仰加深，官员士人乃至民众舍宅为寺成为建寺的重要方期。在这一过程中，中国传统建筑形式开始融入佛寺建筑。舍宅为寺者，为区别于故有民宅，通常“改宅为寺，必在寺前造塔”[①]。

隋唐时期，中国佛教诸宗派形成，佛教逐渐完成中国化进程，中国佛寺的建筑形制随之开始了转换。佛寺的平面布局仍以殿堂门廊等组成以庭院为单元的组群方式，供奉佛像的佛殿开始成为佛寺的主体，佛塔移到佛殿的旁边，有的在寺旁建塔，另成塔院。寺院多有明显的纵中轴线，即从三门（亦作山门）开始，沿轴线纵列数重楼阁，中间连以横廊，分成几进院落，构成寺院的主体。佛寺中较大的寺院分布在主殿两侧，成廊院式布局，即对称排列若干较小的院。主院和各小院之间均绕以回廊，连接小殿、东西殿、讲堂和钟鼓楼等，廊内有壁画。寺中还有供僧众生活的僧舍、斋堂、库厨等。宋元时期，禅宗广泛传播，汉地佛教各宗派的寺院也深受禅宗“伽蓝七堂制”的影响而规范化，佛寺中宗教空间和生活空间严格分开，中轴线上依次排列山门、佛殿、讲堂、方丈等主体宗教设施，两侧分别设置斋堂、浴室、库司等起居生活设施，佛塔则被请出了寺院，中国佛寺在宏观空间上由过去的向心上升变为平坦舒展。至明代，“伽蓝七堂”的固定范式业已定型，演变为山门、天王殿、大雄宝殿、

① 白化文《汉化佛教与佛寺》，北京出版社2003年版，第40页。

后殿、法堂、罗汉堂、观音殿七堂。

一、杭州寺院的建筑配置与布局

杭州诸寺大都创于吴越国以及两宋时期，因而寺院形制演进也基本遵循中国寺院的发展规律。宋代以降，以杭州寺院为代表的江南寺院配置制度奠定了后世中国寺院的基本形制。明代杭州诸刹延续了宋元时代的布局，基本遵循“伽蓝七堂”之制，并在此基础上又增加了天王殿、毗卢殿（阁）等，殿宇设施更加完备。而西湖两山诸寺不但建筑更为宏大瑰丽，而且多则上千间。

据《武林梵志》以及诸寺志、山志所载，明代杭州寺院基本上呈现如下布局：入口处为山门，或为金刚殿（或二者兼而有之），后为天王殿，再者为大雄宝殿，殿后为法堂，堂后为方丈，这一系列建筑依次布列于中轴线上。天王殿左有钟楼，右有鼓楼，大雄宝殿之后或有毗卢殿（或曰毗卢遮那佛殿）。而大殿右侧则常常分布有藏经阁、轮藏殿、祖师殿，而左侧则常常置有观音殿、伽蓝殿等堂宇。主体佛殿两侧通常建有长廊，并中接佛殿，左右相通。而僧堂、库房、斋堂、厕所、浴室等僧人日常起居的功能区域，则分布于主体建筑左右。不过，只有财力尚可的大寺才能兴建如此规模的建筑群，中、小寺院往往在此基础上有所损益，而庵堂等则更为简化。

在明代杭州寺院中，净慈寺、灵隐寺两大刹的建筑布局最具代表性。

净慈寺作为南宋确立的禅宗“五山”之第三刹，南宋以来一直是杭州最重要的佛寺之一。它位于南屏山北麓，面对西湖，因此坐南朝北。寺前有牌坊两棹，以金刚殿为三门，金刚殿西有钟楼，东有鼓楼。其后为大雄宝殿，殿左有观音殿，右有藏经阁，后有毗卢殿，在大雄宝殿东北，有禅堂五楹，延接十方云水，大雄宝殿西有应真殿，即五百罗汉田字殿，应真殿后有大士殿三楹，奉观音、文殊、普贤三位菩萨，永乐间重建，“并塑三十二应于两壁”[①]。毗卢殿左有伽蓝殿，右有祖师殿。钟楼前有接引殿（玄武殿）三楹，即旧十方堂，玄武殿有香积厨五楹。毗卢殿后，有宗镜堂。堂外左阶为永明室，一名寿光室。左有楼五楹，乃历代住持所居处。法华台之阴有忏堂，旧在永明室南，万历三十八年（1610）大壑别迁建于此。香积厨西北有千佛阁五楹，高十余丈。另有众僧院，“具为诸祖退闲栖息之所，则有三庵，曰‘西隐’，曰‘净居’，曰‘堆云’；二居，曰‘藕花’，曰‘松月’，所以庵、居异称也。今则世远僧殊，

① 《南屏净慈寺志》卷2《建置》，第51页。

遂分房为二十八矣。其名凡十有九，今以方丈左右次第，所领如两序云”[①]。

灵隐寺坐落于灵鹫山南麓，“规模宏壮，为五山第二”[②]，也是杭州最重要佛刹之一。过山门，为天王殿，再后为大雄宝殿，名觉皇殿。“又进即旧铁塔，建[轮]藏（轮）殿三。又进，旧法堂五，僧玹理建，而易庵［如通］重修之也。又进，上坡为方丈、直指堂，元辅良所重建者，易庵以为法堂也。其余伽蓝殿之在左，祖师堂之在右，改安遇堂为莲峰堂，改千佛阁为三藏殿”[③]。

当然，明代杭州寺院的布局，也常因寺院不同特色而有所差异。我们再选取观音道场上天竺寺与律宗寺院大昭庆寺进行分析。

上天竺讲寺，在灵隐寺南，为教院“五山”之首，宋代以来已成为著名的观音道场。寺门有四天王殿，左隅有圆通门，再外有普门。正殿在天王殿后。与一般寺院以大雄宝殿为正殿不同，上天竺寺作为与普陀山并称海内的观音道场，以广大灵感观音菩萨殿为正殿，内奉白衣观音菩萨。万历二十年（1592），“范铜八百斤为角耑形置殿外，以代香炉”[④]。因寺处天竺群峰之间，地势狭促，中轴线非南北走向，而是呈西北东南斜向。通常置于中轴线上的护法韦驮殿，则在正殿左南向山阴一隅。正殿西隅有三官佑圣祠，正殿左西向为护法伽蓝神殿，正殿右东向有历代祖师殿，正殿左西向有鸣阳楼（钟楼），正殿右东向有振远楼（鼓楼），钟楼左偏北向有文昌祠。正殿之后为白云堂，堂后为大毗卢遮那佛殿，白云堂左隅有清晖楼。通常置于法堂后的方丈，被建于白云堂左。白云堂后有两峰堂，明成化间毁，嘉靖四十一年（1562）寺众即旧址为郡倅雷柏山建遗爱堂，万历间又毁，崇祯二年（1629）秋住持寂缨等募建为藏经阁。秋芳阁在祖师殿后，相对为延桂阁，寺僧寂芳建，“为精致修净业之所”[⑤]。禅堂位于两厢。同样受制于地形，殿宇多有修建于寺门外者，如阿弥陀佛殿，广三楹，在普门外路南面北；香山大士殿，广三楹，在圆通门外衢北户南[⑥]；准提阁，在普门外[⑦]。

大昭庆律寺，在钱塘门外溜水桥西，宋代以来成为知名的律宗寺院。大昭庆律寺

---

① 《南屏净慈寺志》卷2《建置》，第63页。

② （明）夏时正《湖山胜概记》，《灵隐寺志》卷6上《艺文》，第97页。

③ 《灵隐寺志》卷2《梵宇》，第18页。按，“轮藏殿”原作“藏轮殿”，查其底本即本志光绪刊本（“中国佛寺志汇刊”第23册影印）亦如此，误。因一来殿名一般作“轮藏殿”，而非“藏轮殿”；二来本志本卷卷首序介绍灵隐寺历代修建，称明代万历年间修建后，至清代修本志时，“越今六十余年，寺颓废，存者十无一二，大殿、直指堂、转轮殿亦仅存而已”，而紧接介绍各殿堂时该殿即作“轮藏殿”。本处介绍文字则为后附“《明万历癸未易庵建置附载》”条。故原文“藏轮殿”实为“轮藏殿”之误。

④ 《杭州上天竺讲寺志》卷7《建置》，第111、114页。

⑤ 《杭州上天竺讲寺志》卷7《建置》，第125页。

⑥ 《杭州上天竺讲寺志》卷7《建置》，第117页。

⑦ 《杭州上天竺讲寺志》卷7《建置》，第124页。

在明代屡废屡兴，“入明以来，四灾于火”，建筑屡有更易，但律寺特色一直保持不变。明人张瀚记载该寺于万历十六年（1588）至二十年重修殿宇曰：

前易阛阓，直辟天衢。树以双阙，表以朱幢。山色湖光，悉归睥睨。次葺天王殿，甃万善桥，潴放生池，下栽青莲，上植名花。祇树夹道，蓊翳缤纷。左浚义井，利用绠汲。中缮大雄宝殿，奉三世灵山圣像。寺阴为说戒坛，高一仞，广二寻，供舍那为戒主，藏五千贝叶于其中。隅列传道祖师，下斫昭灵护戒诸神。阳为普说殿，北面普门大士。左为绿野堂，供水陆像。右为白莲堂，续延云水。高殿崔巍，长廊诘曲。金轮现彩，朱阁凝霞。[①]

戒坛是律寺建筑配置的特色所在。文中对于戒坛的大小、形制作了详尽描述。昭庆寺戒坛每年三月开坛，为天下僧人授戒，故“二三月，天下游僧梯山航海而来，毕集于此，投名律师，咸受具足大戒”[②]。

此外，接待寺作为一种特殊的寺院形式，除了有普通寺院日常活动之外，还具有接待十方云水，为行脚僧以及其他来杭僧人提供便利的功能。因而在建筑形式上也有其特殊之处。如圣因接待寺建筑配置与布局如下：

初为大门……高广四尺。……次为三门。次为宝藏殿，行瑫师建，天顺二年雪禅师重建，内设轮藏一座。……次为大雄宝殿，洪武十二年永福禅师建佛殿三间，永乐十六年无方禅师折去旧殿，复建大雄宝殿五间。……次为法堂五间。……次为无量寿千佛宝阁。……大门之西为角门，为寮舍，为浴院；大门之东内为长生库。藏殿之西为鼓楼，东为钟楼。……藏殿之左右曰东廊，曰西廊。东廓之东曰库院，由库院折而北曰行堂。西廊之西曰观音阁[③]。

大殿之西偏为僧堂，为栴檀林，有堂三十二间。……法堂之东偏曰方丈……法堂之西偏曰祖师堂。又西北为水陆堂，堂之前有池。……角门之西侧为左侯祠，祠之后为菜园，园之中立庵，曰园庵。伽蓝堂，明洪武十三年永福禅师建，仍奉左侯为伽蓝神。……山居，永乐六年牧庵禅师建。忏堂、斋堂、施茶堂，俱永乐年无方禅师建。塔院，正统元年无碍禅师建，藏远师骨[④]。

不同于一般寺院将藏殿建于两翼或法堂后，圣因接待寺将轮藏殿建于大雄宝殿之前，且将钟鼓楼置于藏殿的东西两侧。另一特别之处是圣因寺建有僧堂三十二间，相较于其他中等寺院的僧房规模，数量庞大，体现了圣因寺的接待十方云水的特点。

① 《大昭庆律寺志》卷 1《兴建上》，第 17 页。
② 《大昭庆律寺志》卷 1《兴建上》，第 10 页。
③ 《圣因接待寺志》卷 1《沿革》，第 22 页。
④ 《圣因接待寺志》卷 1《沿革》，第 23 页。

一些规模相对较小的寺院，殿堂建筑之全备难以与大寺巨刹比拟，但也都是根据自身特点和财力，在“伽蓝七堂”基础上损益，保持寺院面貌。

如广化寺，在万松山，万历年间云栖弟子、金龙山净安院僧广随应请来住持，在绅民檀助下重建，“次创法堂、禅堂、斋堂、方丈、庖湢，稍稍建置，浸假而增益其所未备焉”①。

智果禅寺，在葛岭上，洪武初重建，“中作宝殿，塑观音大士像，珠缨宝鬘，庄严端好。翼以两廊，绘七难二求三十二应于壁，极幻化之态。前为三门，而执金刚神列于两旁。石泉之上，仍为祠堂以奉公与参寥子。至于庖湢等室，亦无不具”②。

东莲寺，在崇化七都五图，万历三十五年（1607）重建，“庀材鸠工，鼎建佛殿。前为山门，左斋堂，右禅室，厨库湢浴，鳞次一新”③。

永慈寺，在乌盆桥路口，万历年间重建，“建大殿供渗金佛，八角亭供大士像，并天王殿、山门、禅室”④。

崇兴寺，在城北十五里芳林乡北新关后，正统四年（1439）本地居士盛本忠“施财修建大雄宝殿、大藏经阁、普慧法堂、钟鼓楼，并假山一座，在寺殿后”。万历十三年（1585）六月僧真宣再重建佛殿、山门；四十年黄汝亨倡缘，真宣、海云复建大雄宝殿、天王殿并普慧法堂⑤。

古法华寺，在西溪之东法华山下，“寺前为序，中为殿，后为堂。两翼有厢；左为庖，为寝，为库斋；右为藏，为忏堂，为宾寮”⑥。

通过以上的佛寺建筑布局，我们可以发现，或因财力有限，或因寺基狭小，其布局相较于大寺已大为简化，但是诸如大雄宝殿、寺门、观音殿等大都具备，而僧人日常焚修的法堂、庖湢之所则必不可少。

一些规模更小的庵、堂的殿堂布局则更为简化，如：

西方庵（古龙归院），在西溪路南径三百武龙归坞，万历年间僧真一结庵，“前为庭，奉伽叶维卫像；后为堂，奉释迦旃檀像，庄严妙好。左右为寮，门外为草亭一，俱朴而韵”⑦。

秋雪庵，在蒹葭里，崇祯年间僧道宗智一等重建，“前龛普门，中忏堂，左右为

---

① 《武林梵志》卷 4《北山分脉》，第 83 页。
② （明）徐一夔《始丰稿》卷 7《重建智果院记》，浙江古籍出版社 2008 年版。
③ 《武林梵志》卷 4《北山分脉》，第 84 页。
④ 《武林梵志》卷 4《北山分脉》，第 70 页。
⑤ 《武林梵志》卷 4《北山分脉》，第 77 页。
⑥ 《西溪梵隐志》卷 2《纪刹》，第 24-25 页。
⑦ 《西溪梵隐志》卷 2《纪刹》，第 32 页。

斋庑，为宾寮，庖湢具备。上为楼，贮方册藏经。傍列普度亲位，董宗伯傍曰‘弹指楼’，开四围圃以蔬茹，樊以薝蔔。梵呗钟鱼，响出林杪”①。

净业堂，在秦亭山，万历年间僧圆礼筑室数楹，“饶竹函峰”②。

集福庵，在西溪蒋庙北，俗称观音堂，旧三楹。万历中，僧明斋增构佛殿像饰③。

茭芦庵，在西溪，“前为忏堂三楹”，“中设释尊像及大悲千手眼睟容”，“后为观堂三楹”，“两厢蜂房，燕寝粗具”④。

毗尼庵，在花坞口大路北半里许，天启年间僧无能创，庵三楹，中设香像，“律堂阒如也”⑤。

明代后期杭州新建的寺院绝大部分是这类庵、堂等小型寺院，建筑规模小，多则数堂，少者则只有一楹。这些数量众多的庵、堂，或为个体僧人所辟，或由信众所建，除少数如袾宏所建而发展成云栖寺那样的规模较大寺院外，大多数勉强维持规模，且存废无常。与寺、院相比，庵、堂在布局与规制上有很大的灵活性，殿堂不多，像设也不齐备，可随处而建，数量最多。

二、杭州寺院建筑布局的影响因素

明代杭州寺院建筑布局，总体上遵循伽蓝七堂制，佛教规制无疑是其设计、建造的根本出发点，不用赘述。此外，风水观念、佛教世俗化以及士绅审美意趣等也影响着明代杭州寺院的建筑布局。

（一）风水观念的影响

风水作为一种“相地”之术，体现了古人对于地理环境的认知水平，是影响中国古代建筑规划的重要方法论。寺院作为宗教建筑，是除宫殿建筑之外最能全面反映建筑技术与建筑理论发展的载体，故而中国佛寺建筑与布局不可避免地受到风水观念影响。而杭州作为山水秀美之地，星罗棋布于山林河湖、城邑乡村间的寺院无不体现道法自然的风水意识。风水理论被广泛应用于寺院基址的选择以及对于寺院所存在问题的应对之中。

---

① （清）吴本泰《秋雪庵碑记》，《西溪秋雪庵志》卷4《艺文》，第108页。
② 《西溪梵隐志》卷2《纪刹》，第25页。
③ 《西溪梵隐志》卷2《纪刹》，第37页。
④ 《西溪梵隐志》卷2《纪刹》，第38-39页。
⑤ 《西溪梵隐志》卷2《纪刹》，第45页。

佛教传入中国后，在寺址选择上，其原有的安宅观念结合中国本土的风水信仰，并杂糅了神煞思想，将有关择址、建屋禁忌纳入佛教的宗教仪式，诞生了《佛说安宅神咒经》这种汉地伪经。僧人之中也开始出现精于风水的堪舆家，最著者如唐代司马头陀，与百丈怀海交厚，曾“得无心之妙用，合无心之阴阳，权指沩山之寺基，堪安海众”①。宋代以后，其择址之法风行于江南。明代杭州寺院的修建，仍多遵其说。如西溪桃源岭下方井东南天竺庵，“户西向，万历间，僧觉空善司马头陀之术，重建”②。那些名刹大寺多沿山麓而建，背依青山，抑或是群山环抱，正是堪舆家眼中的风水宝地。

风水术中最为核心者首推“地理五诀”，即龙、穴、砂、水、向，而其中又以标识地理脉络的“龙脉”尤为重要。杭州多山，名蓝麇集，因此在明人看来，龙脉的辨识在杭州寺院风水中的作用尤为重要。如昭庆寺，其脉自狮子峰屯霞石来，堪舆家谓之“火龙”，“迨明洪武至成化，凡修而火者再”，嘉靖三十四年（1555）、隆庆三年（1569）、崇祯十三年（1640）又三毁于火。因此，时人将昭庆寺火灾频发原因归结于风水选址。其间，嘉靖年间重建，“遂用堪舆家说，辟除民舍，使寺门见水，以厌火灾”③。再如净慈寺，万历三十五年（1607）住持释大壑拟迁祖塔于慧日阁址，“寺众咸以有伤龙脉，尼之”④。再如云居圣水寺，旧有寺墙“周数百丈，以近阃司署，历任都师惑于形家言，禁不使筑”⑤，毗邻的地方军政机关因担忧风水受妨，故不许圣水寺兴建围墙。再如上方寺，“背倚城垣，左右掖涌金、钱塘二门”，为门取幽寂，旋所向面城，为“向明正位，以别为回廊”⑥，既规避了寺门临街嘈杂不利修习的弊端，又通过回廊的设置解决了寺门向城垣于风水不正的问题。可见风水之学是时人理解与应对自然，并改造人居环境的重要理论依据。

另一方面，佛教建筑本身即是其所处区域“大风水”的重要组成部分。兴建于前代的雷峰塔与六和塔即为其中的典型代表。雷峰塔，传说其为“镇青鱼、白蛇”⑦，而鱼、蛇多与水患相关；六和塔的兴建则出于潮患考量，江潮“掠堤突岸，摧陷田庐，为临安患”，建塔“以镇江潮”⑧。至明代，再如塘栖镇里仁千佛阁的修建，“塘西为天目、明圣诸水之汇，下流并刷，广济、里仁二虹跨之，厄束其势，使不得暴泄，踦

① （宋）释印肃《普庵录》卷2《普庵风水禅》，《卍新纂续藏经》第六十九册第1356号，第394页。
② 《西溪梵隐志》卷2《纪刹》，第27页。
③ （明）张岱《西湖梦寻》卷1《昭庆寺》，中华书局2007年版，第127页。
④ 《南屏净慈寺志》卷2《建置》，第58页。
⑤ 《云居圣水寺志》卷1《建置》，第72页。
⑥ 《武林梵志》卷1《城内梵刹》，第17页。
⑦ 《武林梵志》卷3《城外南山分脉》，第52页。
⑧ 《武林梵志》卷2《城外南山分脉》，第41页。

虹而祠，各有神以镇压之。神祠之翼，里仁为华严阁”[①]，所谓华严阁又称千佛阁、大悲阁，在里仁桥西，“正德元年，郡人邵端峰锐暨沈廷器璋重建，移博陆慧日寺千佛阁于此，为全镇扞蔽。阁中供千手千眼大悲观音像”[②]。通过将千佛阁迁来，以改良塘栖镇风水。

（二）晚明佛教复兴与寺院建筑

晚明佛教复兴是一个异常复杂的社会现象。就佛教自身发展来看，明代佛教在明代后期的推进不止于融通禅净、摄禅归净的命题，而是在更广大的范围上实现了义学的复兴以及在此基础之上各宗的深度融合。诸如久已没落的唐密，经明末丛林硕德的提倡而复受重视，如准提法门的流行即是一例。准提法修持于诸法门中最为简便，“不简出家在家饮酒食肉有妻子，不简净秽，但依我法，无不成就”，特别适合广大信众习修。正因为如此，晚明复兴的缁门宗匠大都提倡此法，如憨山德清曾著有《示颜仲先持准提咒》《准提菩萨赞》等文；蕅益智旭著有《准提持法》一卷、《持准提咒愿文》等著作；云栖袾宏也相当重视传授准提法。反映在建筑领域即是准提阁的修建，这一现象在明后期开始大量出现。如石佛庵，在灵鹫山直指堂后，万历年间僧如□“持准提咒，梦披荒莽中，见石佛像身如芒刺，募赀建庵，庵后建准提阁”[③]。再如上天竺寺，崇祯间寺僧建准提阁[④]。慧因寺，在赤山，万历三十八年（1610）僧起阁于古华严阁旧址，阁成，“吴用先捐俸造准提像于下，恐出庸手，托莲池大师命良工为之”[⑤]。可见，明代杭州寺院间关于准提阁的修建以及准提佛像的制作是声气互通的，无论是鼓吹准提法的高僧大德，抑或是热心于此的士绅，都是这一潮流的推动者。

晚明四大师所引领的佛教复兴浪潮，“其重要表现就是积极实践大乘佛教精神，关注佛教发展乃至整个民生社会，这无疑是佛教世俗化的另一个发展方向”[⑥]。云栖袾宏作为杭州丛林领袖，引领了晚明杭州佛教复兴，其一生最重杀戒，组织了有杭州社会各阶层信众参加的放生社，对于晚明乃至清代杭州、全国社会影响甚大。他在杭州囊括名士、两山耆宿。“缁素结放生社，每月间举行，远迩云集”[⑦]，袾宏为众生说

① （明）胡胤嘉《重修广济庵募缘疏》，（清）张之鼎《栖里景物略》卷3，《武林掌故丛编》本。
② （清）王同《唐栖志》卷7《梵刹》，光绪十五年刊本。
③ 《武林梵志》卷5《北山分脉》，第119页。
④ 《天竺山志》卷2《建置》，第29页。
⑤ 《慧因寺志》卷4《檀那》，第17页。
⑥ 何孝荣《论明朝宗教的特点》，《福建论坛》2014年第1期。
⑦ 《西溪梵隐志》卷2《纪刹》，第25页。

法，竟至“木鱼一响，万鸟无声”，一时东南大为震动。在这一潮流影响下，放生池开始成为寺院布局的重要方面。据《武林梵志》等记载，明代杭州寺院设放生池者有净慈寺、上方寺、奉圣禅寺、资庆院、圆教禅寺、遍福寺、下塔月明庵、昭庆律寺、嘉德永寿讲寺、曲水庵等，净慈寺、崇先显孝华严教寺放生池因规模较大，被称为万工池。放生池通常设于寺院前部，如净慈寺、昭庆寺，也有设于寺院中部者，如上方寺、秋雪庵。

（三）士绅群体审美意趣与寺院布局

明代中期以后，修筑“别业”成为士人群体追求的重要旨趣，尤其是江南一带兴造私家园林蔚然成风。而园林的设计、规划问题，也为一些文人所关注，相关著述如文震亨《长物志》、计成《园冶》等，林有鳞《素园石谱》、陈继儒《岩栖幽事》等也涉及一些造园制景的内容。园林相关著作的出现，标志着园林实践普遍存在的事实。就杭州来看，西湖及两山即是一最大的开放性园林，湖中及四周寺观、楼台、亭榭、史迹皆为景致组成部分。明代杭州的私家别业甚多，一带湖庄如“涌金门商氏之楼外楼、祁氏之偶居、钱氏之别墅及余家之寄园”[①]，即使在远离西湖、杭城的塘栖镇亦有吕园、丁氏别业等私家园林，“盖名流聚会之所也”[②]。而明后期士人群体通过舍宅为寺、倡建新寺庵等方式，广泛参与到寺院修建，将其在营建别业时持有的理念与审美意趣带入建寺过程中，从而使得寺庵建筑有别于先前严整的建筑风格，而别具一番意趣。于是，这些寺庵同别业私园一样，都成为这一群体“自我隔离自我放逐自我消磨从而自我肯定自我实现自我超越的空间”，在价值观念领域激起了文人们“对于生命更为圆熟的体验，塑造出另一种超越了生死边界的诗意人生”[③]。这一意识与审美观念的形成，又有着佛教思想深深的烙印，是士人们思维禅化的结果，而它又反过来指导晚明杭州地区的建寺实践。

士绅群体所主导的新建寺庵，与传统的佛寺强调建筑布局的几何对称与规整以突出寺院的威严与仪式性不同，他们一般能摆脱旧有的宗教威严式的整齐划一，赋予新建庵、堂、院以极大的灵活性、自由度。西溪及周边地区成为士人阶层特别瞩目的地区，“多高士晦养岩扉，每花晨月夕，杖笠往来，商道无倦”[④]，因而也成为明代后期隐士、山人荟萃之地。一些同样具有隐逸倾向的僧人亦迁隐于此，如万历初武塘觉

---

① （明）张岱《西湖梦寻》自序，中华书局 2007 年版，第 119 页。
② （清）何琪《唐栖志略》卷下《园圃》，《武林掌故丛编》本。
③ 王耘《江南古代都会建筑与生态美学》，社会科学文献出版社 2012 年版，第 111 页。
④ 《西溪梵隐志》卷 2《纪刹》，第 60 页。

缘禅师结庵隐于块庵，此地位于西溪东青芝坞内孤峰峭壁间，人迹罕至，后天童静远亦曾隐居于此。再如万历时僧大善于安乐山右冈之麓古福胜院旧址构庵三楹。僧人结庵隐居的目的主要是为寻求幽静之地以为修习，西溪永兴寺因靠近大道，“车马络绎，觞俎喧阗，烦混净地，主僧患苦之”①。虽然西溪“间有一二崇严表刹，亦复荒落不振。惟诵室禅龛，周流错杂，多在梅花竹树间，特为幽胜”②。可见，西溪寺庵具有典型的江南园林小而精致的特点。如秋雪庵，为沈应潮、应科兄弟舍建，“小构三楹”，后“庀材增构，拓庵为院”，其忏堂有吴本泰所题“圆修”，而楼上有董其昌所书“弹指楼开”匾。后轩，匐山掌石印和尚取王子安秋水句所题曰“一色”。“前庭杂莳花木，际水开扉，一泓清湛，鲦鱼游泳，为随社放生所”③，溪后别构七净华台。庵外“水周四隅，蒹葭弥望，花时如雪”。陈继儒取唐人“秋雪蒙钓船”之句，题曰“秋雪”④。优美的自然风景，加之以文人墨客的艺术加工，共同构造“秋雪庵”这一胜景，寺庵建筑与周围的环境完全融为一体。

寺庵建筑本身也因多为士人所构，因而结构、样式皆近于士人别业，两层阁楼为常见样式。如秋雪庵“弹指楼”即是如此。再如永兴寺“二雪堂”，为冯梦祯重建，“池左高榆修竹间，碧琅绿雪，翛然可人。池右种梅百本，霏霏晴雪，芳馥林表”⑤，冯梦祯“手植绿萼梅二本”，登楼凭眺，“花时绿雪交柯，满庭芬馥”⑥。与别业一样，这些庵院主体建筑虽然为起居所在，却并非整体布局的几何中心，门扉亦因势而设，且建筑面积所占比重甚小。如龙归坞福清庵，“围址可二十余亩，皆老梅花丛竹，曲径环篱。篱外凿池，扉从左入，翳如也，又豁如也”，风景殊胜，成为明代赏梅的重要去处，宰官陆光祖、冯梦祯、严澂、袁黄俱为其檀护，常赏玩于此⑦。再如室罗院，有“佛堂三楹、东西厢，约基圃十亩有奇。前后多竹”⑧。再如佛慧寺别院白业堂，“大约亩三十，而微剪棘夷块，中为堂五楹，左右净翼之，后为斋厨、浴湢。四周高墉，旷洁靓深，竹树匝列，阴森蔽亏，结夏解夏，无非安地”⑨。又如指华庵，“园址可六十余亩，多竹树，可以避喧课静”⑩，兼得清幽之美与习禅之静。造景的手法充分体现在寺庵规划布局中。如古福胜院，“空庭寻丈，美箭贞篁，森密无罅，仅通一曲径，

① 《西溪梵隐志》卷2《纪刹》，第49页。
② 《西溪梵隐志》卷2《纪刹》，第24页。
③ 《西溪梵隐志》卷2《纪刹》，第39页。
④ 《西溪梵隐志》卷2《纪刹》，第39页。
⑤ 《武林梵志》卷4《北山分脉》，第80页。
⑥ 《西溪梵隐志》卷2《纪刹》，第49页。
⑦ 《西溪梵隐志》卷2《纪刹》，第47页。
⑧ 《西溪梵隐志》卷2《纪刹》，第33页。
⑨ 《武林梵志》卷4《北山分脉》，第81页。
⑩ 《西溪梵隐志》卷2《纪刹》，第32页。

如委巷焉"，"白沙涧从穆坞右来，绕院如带，左注入溪。临涧设篱门，门悬略彴，丛筱蔽亏，初过者不知是中有院也"[①]，竹林掩映，溪水环绕，营造出虽由人作，宛自天开的境界。

第二节　明代杭州寺院建筑与功能

寺院的每一座单体建筑都各具功能，有安置佛菩萨罗汉者，如大雄宝殿、天王殿、毗卢阁、观音殿、韦驮殿、地藏殿、祖师殿、伽蓝殿、罗汉堂等，有供贮经、修行者，如藏经阁、轮藏殿、法堂、忏堂，有供僧众日常起居、生活者，如僧堂、方丈、斋堂、库房、西净（厕所）、浴室、客堂等，与山门、钟楼、鼓楼、塔等建筑共同构成寺院综合功能建筑群。下面我们以明代杭州寺院规范齐备的殿堂为准，介绍其供奉和功能。

一、佛殿

明代杭州寺院佛殿主要有天王殿、大雄宝殿、伽蓝殿、祖师殿、观音殿等。

（一）天王殿

入寺门，第一重佛殿即为天王殿。殿中供弥勒菩萨，又称为弥勒殿。弥勒源于梵文 Maitrī，早期来华译家由吐火罗文转译而来，意为慈氏，是佛陀释迦牟尼之后的未来佛。中国佛寺所供弥勒菩萨多为抚膝袒胸的欢喜相，形象来源于五代梁时浙籍僧人契此，俗称布袋和尚。弥勒像身后供韦驮，又称为韦驮天、护法韦驮尊天菩萨，原为婆罗门教天神，后归化成佛教护法神。其造像为持降魔金刚杵。也有寺院另立殿以供者，如上天竺寺即建有韦驮殿，"广三楹"[②]，奉韦驮尊天坐像，高四尺五寸。天王殿内两侧分别塑有四大天王，出自婆罗门教印度神话中的二十诸天，分别是东方持国天王、西方广目天王、南方增长天王和北方多闻天王，是佛教伽蓝中最为常见的护法神。

明代杭州佛寺中，天王殿与金刚殿常常混用，弥勒、韦驮、金刚同供于天王殿（或为金刚殿）。如净慈寺金刚殿，"中龛弥勒铜佛像一尊，后绘制韦驮像一尊，左右

---

① 《西溪梵隐志》卷2《纪刹》，第50页。
② 《天竺山志》卷2《建置》，第29页。

两壁绘灵山净土二会，塑执金刚神二尊”[①]，所奉为二金刚而非四天王。究其原因，净慈寺以金刚殿为三门，故而内塑金刚。再如上天竺寺，因另辟有韦驮殿，故而天王殿只奉“四天王天神”，“又弥勒应身坐像”[②]。灵隐寺天王殿，亦是“金刚四列峙，中弥勒”[③]。

明代杭州寺院中建有天王殿者较多，如梵天讲寺、天龙寺、妙行寺、永慈寺、福寿寺、崇兴寺、云居圣水寺、上天竺寺等，“明代寺院以禅院布局为基本空间构架，又为净土宗的弥勒佛增设天王殿，反映出中国佛教的禅、净一体化”[④]，这一格局为后世中国汉传佛寺所沿袭。

（二）大殿

位于天王殿之后，为寺院最为核心的建筑，也是僧人朝暮集中修持的地方，又称为“正殿”“宝殿”“大雄宝殿”。明代杭州诸寺因底蕴深厚且各具特色，因而诸寺正殿也各有其名。如灵隐寺正殿名“觉皇殿”，万历间始易名“大雄宝殿”；上天竺寺因是观音菩萨道场，其正殿为“灵感观音菩萨殿”，所供为白衣观音；智果禅寺亦如此，“中作宝殿，塑观音大士像，珠缨宝鬘，庄严端好”[⑤]。

一般寺院的正殿多为大雄宝殿，所奉为释迦牟尼佛。大雄，既筏驮摩耶，是释氏之德号，佛教宣扬释迦牟尼佛具足圆觉智慧，能雄镇大千世界。佛像有各种不同姿势，主要有成道相和说法相两种。宋代以后，一些寺院也有供奉三佛、五佛乃至七佛者。从各种相关记载来看，明代杭州寺院大殿有供三身佛者，即中为法身佛毗卢遮那佛，左为报身佛卢舍那佛，右为应身佛释迦牟尼佛。如净慈寺大雄殿五楹，高十三丈，“中奉大如来像三身，青螺绀目，趺坐宝莲，金色晃耀，焰网腾煜，妙相无比。迦叶、阿难立侍左右，梵王帝释旁列其前”[⑥]。除三身佛外，左右还配以迦叶、阿难二位尊者。有的寺院大殿则供三世佛，其中又分为横三世佛、竖三世佛两种，横三世佛中间为娑婆世界教主释迦牟尼佛，左为东方琉璃世界教主药师佛，右为西方极乐世界教主弥陀佛；而竖三世佛，中为释迦牟尼佛，左为过去佛燃灯佛，右为未来佛弥勒佛。如灵隐寺正殿，“中奉三世尊佛。后为五百罗汉，涌壁后列十二圆觉菩萨、梵

---

① 《南屏净慈寺志》卷 2《建置》，第 48 页。
② 《杭州上天竺讲寺志》卷 9《像设》，第 145-146 页。
③ 《灵隐寺志》卷 2《梵宇》，第 18 页。
④ 何孝荣《明代南京寺院研究》，中国社会科学出版社 2000 年版，第 163 页。
⑤ （明）徐一夔《始丰稿》卷 7《重建智果院记》，浙江古籍出版社 2008 年版。
⑥ 《南屏净慈寺志》卷 2《建置》，第 37-38 页。

王帝释、十八尊天”[①]。

与禅宗寺院不同，华严宗寺院大殿中所供为华严三圣。如慧因寺，正殿原独存毗卢佛一尊及座下侍托塔毗沙门、护法韦驮，左有大行普贤菩萨，右有大智文殊菩萨，四旁周围前立二十天，后坐十八应真，营造出有主有伴的华严境界。

（三）伽蓝殿

伽蓝殿所供伽蓝神为伽蓝保护神。伽蓝是僧伽蓝摩，意译为众园，原指修建僧舍的基地，延伸为寺院的总称。此处的伽蓝，特指祇树给孤独园。伽蓝殿正中供波斯匿王，左方是祇陀太子，右方是给孤独长者，这三位是最早护持佛法建立伽蓝的善士，供奉他们以示后人对其功德的崇敬。

伽蓝殿一般置于大殿左侧，与祖师殿相对。如上天竺寺伽蓝殿，广三楹，阔六丈六尺，深五丈二尺，在灵感正殿左向。随着佛教世俗化的加深及信仰的日益融合，道教神祇及其他民间信仰神祇等逐渐被纳入佛教护法神体系，成为天竺伽蓝神的配祀神祇。明代杭州寺院伽蓝神祇中，以道教华光神为伽蓝神的情况较为常见。如慧因寺，“左建伽蓝殿，礼华光神”[②]。华光神，又称华光大帝、马天君，与关羽同为道教护法四圣之一。再如净慈寺伽蓝殿，“内供护教明王华光修利及六甲诸神”[③]。六甲神亦为道教神祇。

明代杭州寺院建有伽蓝殿者有慧因讲寺、灵隐寺、龙兴祥符寺、昭庆律寺、上天竺寺等。

（四）祖师殿

祖师殿为禅宗道场中的常见殿宇，所供为禅宗历代祖师，后亦为其他丛林所效仿。禅宗寺院祖师殿，中间供奉南朝来华的禅宗初祖达摩，他是禅宗理论的输入者；左侧供六祖慧能，他是禅宗的实际创立者；右侧供百丈怀海，他是禅宗清规的制定者。不过，明代杭州寺院还供有其他与本寺有关的名僧古德，如净慈寺祖师殿，“三楹，在毗卢阁右，内供达摩及清凉益、天台韶、定慧潜、智觉寿五祖佛像”[④]，表明净慈寺所传为清凉文益—天台德韶—永明延寿一系。

《武林梵志》等记载的明代杭州寺院建有祖师殿的寺院，有慧因讲寺、灵隐寺、

① 《灵隐寺志》卷 2《梵宇》，第 18 页。
② （明）潘晟《重修慧因讲寺碑记》，《慧因寺志》卷 6《碑记》，第 30 页。
③ 《南屏净慈寺志》卷 2《建置》，第 52 页。
④ 《南屏净慈寺志》卷 2《建置》，第 52 页。

圣因接待寺、昭庆律寺、上天竺寺、净慈寺等。

（五）观音殿

观音殿为供奉观音菩萨的殿宇，又称妙应殿、大悲殿，常位于大殿之后。观音殿像设常为观音居中，文殊在左，普贤在右。也有专供观音的，称圆通殿，因为观音有“圆通”美名。观音是观世音的略称，从梵文意译而来。据《妙法莲华经》“普门品”称，观世音菩萨大慈大悲，能现三十三化身，救十二种大难。遇难众生只要念诵他的名号，“菩萨即时观其音声”，前往拯救解脱。南北朝时，观音已逐渐获得社会上的普遍信仰，唐代以后更为盛行，且形象逐渐变为女相。

明代杭州不但有三天竺观音道场，有观音殿的寺院亦不在少数，而冠之以“观音”“大悲”“妙应”“圆通”的寺院建筑则是随处可见，足见观音信仰之盛。据《武林梵志》记载，明代杭州有观音殿的寺院有菩提律寺、海会寺、云居圣水寺、梵天讲寺、奉圣禅寺、智果院、清流禅院、普济院、大圆庵、上天竺寺、中天竺寺、龙兴祥符寺、圣果寺、圣因接待寺等，有大悲阁的寺院有报国寺、天龙寺、慧因讲寺等。

此外，一些寺院还建有地藏殿、弥勒殿、文殊殿、普贤殿、药师殿等殿堂，分别供奉地藏菩萨、弥勒佛、文殊菩萨、普贤菩萨、药师佛，律宗寺院还建有戒坛等设施。

二、讲修堂

寺院中讲修堂类建筑包括法堂（讲堂）、禅堂等。

（一）法堂、讲堂

法堂为演说佛法、皈戒集会之处，禅宗寺院称为法堂，他宗则谓之讲堂。法堂通常位于大殿之后，在寺中地位仅次于大殿，是僧人日常活动的中心。法堂正中设有法座为讲席，法座后挂象征释迦牟尼说法传道的图像，座前置讲台，上供小佛坐像，下设香案，听众席布列两侧，堂上设法鼓等法器，上堂说法时鸣之。

《武林梵志》所载明代杭州寺院中，设法堂者有智果院、净慈寺、灵隐寺、崇兴寺、广化寺、智果禅寺、集庆讲寺、龙兴祥符寺、圣果寺等。

明代杭州寺院中设讲堂者如上天竺寺，元末东溟慧日募缘建寺，“凡大殿、三门、钟楼、讲堂、诸寮宇，寺制所宜有者，无不具焉”[①]。大昭庆律寺，屠隆碑记称“登讲堂而说戒，愿受者，何止嵩岳之神？律严则慧剑高悬，群邪立退；尘净则心珠活现，众妙聿臻”[②]。龙兴祥符戒坛寺有“众善讲堂”[③]。袾宏弟子古德大贤创曲水庵，“禅室左为楼，奉普门像，下为讲堂”[④]。袾宏弟子新伊大真住莲居庵，亦有讲堂。故宝雨德壉传称其出家后，“赴新伊、古德两法师讲堂数年，得提示之要”[⑤]。

（二）禅堂

禅堂，亦作僧堂，为众僧打坐习静之所，亦可居人，与佛殿、法堂同为禅宗丛林的主要堂宇。百丈立制，裒所学众，无论多少高下，尽入僧堂，依夏次（受戒前后）安排。设长连床，施椸架以挂道具。堂中设一圆龛，正中安奉圣僧像。古时禅堂本兼食堂，后世于禅堂外另设斋堂（食堂）。洪武三十年（1397），明太祖曾规定，“凡有寺院处所，俱建禅堂，安禅集众”[⑥]。名刹大寺，僧人众多，故禅堂规模也颇大。如上天竺寺禅堂，万历间“拓充燕寝之所，两厢堪居千指”[⑦]。又如净慈寺，禅堂五楹，延接十方云水。

《武林梵志》所载明代杭州寺院建有禅堂者，还有水月庵、慧因讲寺、理安禅寺、定光寺、永慈寺、永兴寺、佛慧寺、广化寺、永福禅院、圣果寺、云居圣水寺、灵隐寺等。

三、藏殿

藏殿为寺院庋藏佛教典籍的建筑，包括毗卢阁、藏经殿、轮藏殿等。宋代以后，官方热衷刻藏并颁予寺院。至明代，官刻《洪武南藏》《永乐南藏》《永乐北藏》《续藏经》，后期私刻《武林藏》《嘉兴藏》等，呈现出前所未有的刊印《大藏经》热潮。最高统治者往往大范围颁赐官刻《大藏经》于各名山大寺，各地大小寺院也热衷于请、印整部《大藏经》，和单部以及多部佛经。当然，很多寺院规模小，或没有大量佛经需要庋藏，开始可能不会兴建藏殿。如净慈寺，正统十年（1445）朝廷颁赐《永乐

① 《杭州上天竺讲寺志》卷4《列传·皇明东溟日法师》，第69页。
② 《大昭庆律寺志》卷1《兴建上》，第16页。
③ 《龙兴祥符戒坛寺志》卷2《寺宇》，第16页。
④ 《西溪梵隐志》卷2《纪刹》，第38页。
⑤ （明）吕章成《宝雨禅师传》，《云居圣水寺志》卷4《法谱》，第146页。
⑥ （明）葛寅亮《金陵梵刹志》卷2《钦录集》，洪武三十年丙午，何孝荣点校，南京出版社2017年版。
⑦ 《杭州上天竺讲寺志》卷7《建置》，第124页。

北藏》，因无藏经殿，敕存于方丈。万历二十三年（1595），僧圆清修大殿下庑左右翼，遂设经藏四龛，以贮赐藏[①]。再如上天竺寺，同时获赐《永乐北藏》，被供奉于大殿之内。至崇祯二年（1629）秋，住持寂缨等募建两峰堂，“为藏经阁，凡五楹，高三十二尺，深四十尺，上贮正统赐藏。四龛下设禅单，以为阅藏者晏息焉”[②]，才别建藏阁以贮赐藏。

一般说来，毗卢阁、藏经殿为固定式壁藏贮经，殿阁供奉万佛之像和庋置大藏，又称为万佛楼及藏经阁。轮藏殿是一座两三层高的殿阁，通贯其中，在地下设一大转轴，轴上安装一个八面或六面大龛，龛上每面安抽屉储经。因大龛可以推转，所以此殿称转轮藏殿，省称轮藏殿。以其费工，只有少数寺院才有。

据《武林梵志》所载，明代杭州寺院建有藏经殿的寺院，有慧因讲寺、妙行寺、崇兴寺、昭庆律寺等，而灵隐寺、慧因讲寺、龙兴祥符寺、圣因接待寺等藏殿明确为转轮藏形式。如灵隐寺转轮藏，“中置转轮以奉法，计六百三十八函，左药师灯藏宝计四十九灯，右水陆像藏总一百二十五轴”[③]。再如圣因接待寺宝藏殿，“天顺二年大雪禅师重建，内设轮藏一座，正德四年南宗禅师复修”[④]。

四、僧众日常生活场所

方丈、庖湢、寮舍、库房是僧人日常生活、起居的场所，无论寺院大小皆不可或缺，通常这一区域位于佛殿之后，即寺院的后半部分，或分布于殿堂两侧，具体因寺院大小、地势而异。

（一）方丈

方丈为寺院住持居所或公所，亦称正堂、丈室、堂头，抑或有其专名，如灵隐寺方丈号“直指堂”。明代寺院的方丈通常位于中轴线上，也有例外，如净慈寺方丈位于宗镜堂之左，而宗镜堂在中轴线上，为寺院后半部建筑的布局核心。顾名思义，方丈为一丈四方之室，印度僧房及后来维摩禅室皆依此制，中国方丈一般也不会过大。但明代杭州有些寺院方丈则大逾制。如净慈寺方丈，“可三十笏，方一丈者三之，具

① 《南屏净慈寺志》卷2《建置》，第38页。
② 《天竺山志》卷2《建置》，第30页。
③ 《灵隐寺志》卷5上《累朝檀越》，第76页。
④ 《圣因接待寺志》卷1《建置》，第22页。

楼台之形”，“其左有楼五楹，乃历代住持所居处”[①]。

（二）香积厨

香积厨通常设于寺院左侧。一般寺院的厨房称之为厨、庖，而规模较大的寺院才称香积厨。明代杭州寺院中，净慈寺香积厨有五楹，“在玄武殿后。万历甲寅清杰修，内奉监斋神像，有大灶三，大铁锅三，重数千斤，可炊米十石”[②]。僧厨内常有井，以便取汲炊饭。如净慈寺香积厨内即有神运井，“泉极甘冽，皎焉冲照，其下纵广约二丈余，窥深悸魂，内外引汲不竭”[③]。有些斋、厨常并作一处，而有些厨房与斋堂则分开。如广化寺有斋堂、庖厨。

（三）浴室

浴室（“湢”）为僧人沐浴之所，宋代定为“伽蓝七堂”之一，内供跋陀罗尊者。寺院中常以“庖湢”并称，足见浴室与斋厨一样，也是僧人日常生活重要场所，不可或缺。明代杭州寺院中，如佛慧寺，“中为堂五楹，左右净翼之，后为斋厨、浴湢”[④]。再如万松山广化寺，万历间重建，浴室即与法堂、禅堂、斋堂、方丈等同时创建。

除此之外，寺院中还有府司专为贮“十方常住资财”，以及亭台、厕所、病堂、老堂等生活类建筑设置。

五、佛塔

塔为梵文 Stupa 的音译，原系安置、保存释迦牟尼舍利等物的建筑，以示佛法不灭，后渐适用于安葬僧徒的遗骨、遗物。传入中国后与中国楼阁建筑相结合，形成一种特有的建筑形式。佛教传入之初，寺院布局以塔为中心，隋唐以后塔的重要性日渐降低，高塔建筑开始减少，寺塔也渐渐远离寺院中心，甚至迁至寺外。塔的建筑形式多样，形态各异。

明代杭州大型佛塔多为前代所建，最为有名者当为保俶塔、雷峰塔、六和塔。保俶塔，吴越国时期建，又名宝所塔，初为九级，多次兴废。明代，保俶塔又于正德、

① 《南屏净慈寺志》卷 2《建置》，第 63 页。
② 《南屏净慈寺志》卷 2《建置》，第 62 页。
③ 《南屏净慈寺志》卷 1《形胜》，第 33 页。
④ 《武林梵志》卷 4《北山分脉》，第 81 页。

嘉靖、万历年间三次重修[①]。塔建于宝石山顶，晴时浮屠撑天，金碧排空，七宝玲珑，且因塔身为实心砖塔，外部为木制外廊和飞檐结构，较雷峰塔楼阁式的塔身“纤瘦”，故有“保俶如美人，雷峰如老衲”之说[②]。雷峰塔，亦为吴越国时期所建，七级，内部为砖石塔心结构，外建木构楼廊，内壁嵌有《华严经》，塔下奉十六罗汉像，嘉靖三十四年（1555）为倭寇所焚，仅存砖结构的塔身，雷峰夕照为西湖十景之一。六和塔，北宋开宝年间僧智元禅师为镇压江潮建于月轮山麓，取佛教“六和敬”之义命名，高九级，五十余丈，“撑空突兀，跨陆俯川”。宣和中，毁于方腊之乱。南宋隆兴间，重建为七层。嘉靖十二年（1533），毁于劫火。万历间，云栖祩宏重建顶层和塔刹，并调换塔身部分中心木柱下面的磉石构件。

另一类为寺院僧人墓塔，内供僧人舍利或遗物，数量最多，体积相对较小，多为石质实心结构。最著者当为理公塔，一名灵鹫塔，在龙洞口，相传旧为灵隐、天竺开山祖师慧理和尚墓塔，万历十五年（1587）倾圮，十八年僧如通与信众程理重建。首层中空，六面皆辟拱门，第二层，镌刻有“理公之塔”碑记并慧理塔铭一方，四层至七层则刻有佛像，塔顶置葫芦形塔刹。一般骨塔、墓塔多为住持或在丛林有一定影响力的名僧所立，而对于寺院有重大贡献的僧人且寺院规模较大者则会为之兴建塔院，构成以其墓塔为中心的封闭式建筑群。如净慈寺宗镜堂，本旧法堂，万历年间僧大壑迁永明延寿灵骨，建塔于宗镜堂后，“因更葺堂，崇敞严固，肖祖像供奉其中，以标宗镜法脉。又旁设禅床，甲乙两行，以栖禅定，至库庾庖湢，无不庀具”，额曰“永明塔院”，“世永其传”[③]。一般僧人对于寺院贡献颇大者亦可立塔，但无论是规模还是塔的位置都无法与前者相提并论。如圣因接待寺诸塔，为历代住持所建。而职事有功僧塔，如蔚然禅师塔、清水禅师塔、慧鉴禅师塔、墨因禅师塔、颖庵禅师塔，也建于寺外别院附近。

明代中期以后，普同塔的修建开始流行。普同塔，也称普同堂、普通塔或海会塔，为僧众合葬墓塔。内设有普同生基，很多僧人将自己俗衣（剃度出家时的俗装）、发（剃度时剪下的头发及胡须）放置于此，以之为一种修行之法，待往生后再将其舍利、骨灰等放入该普同生基之内，这一做法在明代江南僧人之间颇为流行。明代杭州寺院建有普同塔者，有净慈寺、般若院、妙因庵、理安禅寺、资庆院、广济庵、灵隐寺等。

---

① （明）张岱《西湖梦寻》卷1《保俶塔》，第131页。
② （明）张岱《西湖梦寻》卷4《雷峰塔》，第192页。
③ 《南屏净慈寺志》卷2《建置》，第53页。

六、其他功能性建筑

除以上几类以外，还有山门、钟鼓楼、戒坛等建筑也颇有特色。

（一）山门

寺院的大门称为“山门”。山门一般为三门并立，象征“三解脱门”，即空门、无相门、无作门，所以常称为三门。又因这三座门常盖成殿堂式，或至少将中间的一座盖成殿堂，故而叫作山门殿或三门殿。三门殿内塑两大金刚力士像。金刚力士是手执金刚杵守护佛法的护法神。一些规模较大的寺院常常不止一门，山门、寺门俱存，寺门为寺院主体建筑群的入口，而山门则常常与寺门有一段距离，其间有属于寺院的别院、塔、亭、山林等产业，故而山门又具有界定寺院边界的作用，处于寺院势力范围的边缘。如明代以前，三天竺与灵隐寺共一门，旧在飞来峰，即白居易所谓“一山门作两山门”。入明，“诸寺始划地分疆，[上天竺寺] 其门迁在中竺寺桥之右、永清石桥之东”①。上天竺寺于寺基外有三座门，分别为山门、圆通门、普门，圆通门“四柱重檐，飞甍斗角”，山门、普门则“制似圆通”②。过此三座门，才至“三门”，故上天竺寺实际上有四座门。三门殿内常塑那罗延金刚、密执金刚，但是也有山门内塑“四大法王”即四天王者，如慧因寺③。有些寺院则将三门置于寺院之内。如永慈寺，“始为释迦殿，次三门”④。

（二）钟鼓楼

钟鼓楼是中国传统的报时建筑，后被引入佛教，元、明时期发展为依中轴线两侧钟楼、鼓楼相对而建，“左钟右鼓”成为一些大中寺院的标准配置，通常位于山门之后，或在大殿之前。二者制式相同，一般为飞檐歇山式，或为三檐庑殿式。钟楼上挂洪钟，钟以金属铸成，用以报时或召集僧众，“晓击则破长夜警睡眠，暮击则觉昏衢疏冥昧”，为“丛林号令资始”⑤，是寺院最为重要的报时工具。晨昏连击三通，每通紧缓各十八槌，共计击钟一百零八下，意指可消除人间一百零八种烦恼，故有“百八钟”之说。有些寺院钟楼的作用与影响还不仅仅局限于一寺。如杭州城内仙林寺，洪

① 《杭州上天竺讲寺志》卷 7《建置》，第 130 页。
② 《天竺山志》卷 2《建置》，第 34 页。
③ 《慧因寺志》卷 6《重修慧因讲寺碑记》，第 30 页。
④ 成化《杭州府志》卷 49《寺观·城外仁和县境内》，明成化刻本。
⑤ （元）释德辉《敕修百丈清规》卷 8《法器章第九·钟》，《大正大藏经》第四十八册第 2025 号，第 1115 页。

武四年（1371）重建，置僧纲司，“有司即其钟楼为郡城昏昕之节”[①]，即为全城提供报时服务。再如净慈寺钟楼，洪武十一年（1377）住持夷简复建，“以旧钟小，仍聚铜二万余斤，铸巨钟，悬其上，撞之声闻远壑，‘西湖十景’之一所谓‘南屏晚钟’者也”[②]，成为西湖周边重要的景观。鼓楼则内置大鼓，更鼓早晚平击三通。而对一些小型寺院来说，往往只有钟楼而无鼓楼。如天长净心寺、慧因讲寺、妙行寺、定光寺、龙兴祥符寺等。钟楼、鼓楼皆具者，有上天竺寺、圣因接待寺等。

（三）戒坛

戒坛为僧徒传戒之坛，主要是律宗寺院建设。如大昭庆律寺有万善戒坛，“高一仞，广二寻，供舍那为戒主，藏五千贝叶于其中，隅列传道祖师，下斫昭灵护戒诸神”[③]。

总之，各类殿堂建筑发挥着各自不同的作用，构成明代杭州佛教的外在物质形态。

第三节　明代杭州寺院中的神祠

明代佛寺中，除了供奉佛陀、菩萨、天王等殿堂建筑外，往往还有供奉道教、民间信仰神祇的殿堂建筑。民间信仰作为中国最重要的宗教传统之一，无论对佛教强有力的渗透，还是佛教积极接纳民间信仰为佛教的传播服务，都彰显了二者之间密切的内在关系。这种内在联系既有冲突与斗争，又存在相互间的妥协与融合。随着历史演进，佛教作为完备的系统宗教对于民间信仰的吸纳与整合成为二者关系的主要方面。而且这一联系随着佛教世俗化的推进，日渐彰显。到了明代，中国本土的民间神祇大规模进入寺院系统，神祠、神祇在寺院中大量出现。

明代杭州寺院供祀的世俗神祇，主要包括三种类型：

一是国家神。中国古代王朝皆为世俗政权，官方始终充当着宗教管理者的角色。在儒释道三教之外，尚有庞大的地方神体系存在，常常游离于政府的管制之外，或有被纳入官方信仰体系者，或为官方所默许者，或为国家所竭力斥毁却又生生不息的淫祠俗神。其中，被纳入官方认可体系且推广至全国者则称之为“国家神”，为官

① 《武林梵志》卷1《城内梵刹》，第1页。
② 《南屏净慈寺志》卷2《建置》，第56页。
③ 《大昭庆律寺志》卷1《兴建上》，第17页。

方祭祀的对象。如关帝即为最典型的国家神之一。两宋时期，关羽得到官方多次加封，在国家祭祀体系中的地位急剧抬升，释、道皆奉其为护法神。至明代万历年间，加封关羽为“三界伏魔大帝神威远震天尊关圣帝君”，定为武庙主神，与孔子并称为文、武二圣，将关公崇拜推广到全国城乡。在国家提倡下，明代“禅林道院中有护法神，曰伽蓝。或当户而立，或拱侍于旁。神不拘一，而以关帝作伽蓝者大概十之八九”[①]，关帝神像常常被置于伽蓝殿之中。如上天竺寺伽蓝殿，“左奉大权、修利、华广、周宣、关圣诸神”[②]。国家神之中的道教神祇亦被大量引入寺院之中。如净慈寺、六和塔中供有真武帝君。三官大帝也是杭州地区非常流行的道教神祇，其又名“三元大帝”“三元帝君”，包括天官、地官、水官，掌人间校戒罪福，供奉建筑名为“三官佑圣祠”。上天竺正殿西隅，即有三官祠，广三楹，规制与普通佛殿相当。明代杭州地区科举发达，人文荟萃，文昌信仰兴盛，文昌阁（祠）遍布各处。文昌阁奉文昌帝君，又名梓潼帝君、文昌君，为掌管文运与科考的神祇。每逢二月初三，为文昌帝君诞辰，官方与地方文人士子皆往供奉文昌帝君的祠宇奉祀，并吟诗作赋，号文昌之会。明代杭州寺院中，慧因讲寺、上天竺寺、净慈寺等皆建有文昌阁。

二是杭州历史上祠祀的官员将领、忠善有德者。官员将领类神祇多为官方敕封，其中不少在杭州寺院中供奉祭祀。如上天竺寺灵卫祠，供祀东汉余杭令陈浑，后唐长兴年间封为“太平灵卫王”，俗称“陈明大王”[③]。九曜寺供奉曹彬神主，相传宋曹彬下江南时建，“至今奉彬为土神”[④]。觉苑寺奉“三圣”为伽蓝神，分别是宋朝战死的将领高永能、景思谊、程博古，据说后来“屡以阴功助顺讨贼”，加封立庙，南宋时移入觉苑寺。宣德间，“重建觉苑寺，奉神为寺土神”[⑤]。这类神祇地位为国家所确立，又与杭州本地存在联系，由此而兼具国家与地方神祇的双重属性。

也有一些忠善之人，杭民感其恩德而供祀。如圣因接待寺，“奉左侯为伽蓝神”[⑥]。左侯名左光裕，南宋时人，乐善好施，为便民建“左家桥”，被尊称为“左善人”，死后杭民建庙以祀，朝廷亦追封其为“庇民侯”，成为杭州本地民间神祇之一。再如上天竺寺，以周宣灵王为伽蓝神。周宣灵王本名周雄，南宋时人，“能御大灾，捍大患，列在祀典，皇朝累封翊应侯”[⑦]，有功于民而受祠祀者，香火遂盛。这些前代神祇，入

①　（清）张萱《伽蓝辨》，《古今图书集成·神异典》卷37，中华书局、巴蜀书社1986年版。
②　《杭州上天竺讲寺志》卷7《建置》，第146页。
③　《天竺山志》卷2《建置》，第33页。
④　《武林梵志》卷2《城外南山分脉》，第39页。
⑤　成化《杭州府志》卷34《坛庙·城内旧有祠庙》。
⑥　《圣因接待寺志》卷1《沿革》，第23页。
⑦　（宋）汪绩《翊应将军庙记》，万历《新城县志》卷4，万历四年刊本。

明以后仍然为民众所信仰。而明代亦出现新的供奉对象。如龙兴祥符寺同仁祠，监察御史周汝员立祀明代对于平定宁王朱宸濠有功的官员孙燧、胡世宁、王守仁等三人，“故合祠之”[①]。此外，也有寺院伽蓝神为所在地神祇。如上天竺寺福祐灵济公祠，供祀灵济公，即为天竺山山神。

明代杭州寺院中供祀此类神祇，一方面反映了寺院作为民间信仰的承载者对国家所建构的价值体系的回应，另一方面则是寺院作为宗教资源的拥有者对纷繁芜杂的民间信仰的容纳、统合乃至实际操作层面的管理。

三是地域性民间俗神。民间俗神为民间信仰所奉神祇的总称，而民间信仰是指没有教义、教团组织，且属于地方社会共同体的庶民信仰。但中国的民间信仰并非游离于儒家以及释、道等正统宗教之外，而是共生关系，如流行于东南沿海的妈祖信仰即得到官方的册封，而晋升国家神行列，但同时又兼具有地域神的特色。妈祖，又称天妃、天后等，本为北宋时湄州林氏女，据说“少能言人祸福”，为一女巫，死后被立庙祭祀。其后，传说她屡现于海上，镇海护航。两宋时期，开始得到朝廷册封，道教将其纳入神仙谱系，元世祖时加封为“护国明著天妃”，各地尤其是东南沿海地区普遍兴建天妃庙。佛教也先后将其塑造为龙女、观音，试图纳入佛教神灵谱系。杭州濒临大海，对外贸易发达，妈祖信仰亦流行于此。如延圣寺，“嘉定年间，御带陈玉节于寺侧建天妃殿，崇奉海神。元元统乙亥重建”[②]。明代延圣寺仍作为祭祀海神妈祖之所，“凡有风潮，官僚祈祷屡应。及有出师、防海，必致祭而后发”[③]。再如龙王，常常作为民间祈雨的对象，唐代以后日渐普及，也是中国重要的传统信仰神祇之一。明代杭州寺院中，荣国禅寺建有白龙王祠，报慈圆满院有海云龙王神祠。另外，作为河网密布的水乡，明代杭州地区的河神信仰亦非常发达。如崇果寺建有晏公庙，内奉晏公神像[④]。湖心寺供三潭护境明王，以其为伽蓝神，“土人创庙以祀之”[⑤]。

除民间俗神进入寺院、寺院供祀民间俗神以外，明代杭州民间信仰的佛教化还表现在大量寺院外的祠堂、庙观为僧人所住持、管理，且多建有附属的佛教设施。如西溪市杪土谷庙，“俗称上庙，祀永福、永安二神。前为堂，奉观音大士。古松一本，大数合抱，盘旋飞翥，为诸祠冠”[⑥]。又如三方土谷庙，在木亭桥，法华寺背，“祠附

① 《龙兴祥符戒坛寺志》卷2《建置》，第20页。
② 《武林梵志》卷2《城外南山分脉》，第33页。
③ 成化《杭州府志》卷51《寺观·城外钱塘县》，第3页。
④ 成化《杭州府志》卷49《寺观·城外仁和县境内》，明成化刻本。
⑤ 《南屏净慈寺志》卷10《灵异》，第304页。
⑥ 《西溪梵隐志》卷2《纪刹》，第45页。

有佛庐，有寝楼，以居缁众”①。再如位于西溪蒋庙东北的圣庙，“祀北极玄天佑圣之神。万历中，僧白云重新”②。宫观庙宇的维护与修建亦由僧人来完成，而非道士。这从另一个角度反映出，明代杭州佛教势力之大，佛教也更加世俗化了。明代杭州寺院中供奉道教、民间各神祇情况，我们制成下表。

明代杭州寺院神祠统计表

寺　名	所祀神主	殿祠名	备　注
上天竺寺	周雄（周宣灵王）	伽蓝殿	钱塘江水运保护神
	关帝	伽蓝殿	
	三官大帝	三官佑圣祠	
	福祐灵济公	福祐灵济公祠	
	陈浑（陈明大王）	土地神祠	东汉余杭令
	朱跸	灵卫祠	南宋钱塘令
	雷鸣阳	雷公遗爱祠	嘉靖间杭州府同知
	梁瑶（保定伯）	梁公祠	正德间镇守于杭
		张仙祠	
	文昌帝君	文昌祠	
净慈寺	真武帝君	香积厨	
	文昌帝君	文昌祠	
觉苑寺	高永能、景思谊、程博古	三圣庙	以阴功助讨方腊获封
延圣寺	妈祖	天妃殿	海神
九曜寺	曹彬	土地神祠	土地神
荣国禅寺	龙王	白龙王祠	水神
	五显神	五显祠	财神
崇果寺	晏公	晏公庙	河神
报慈圆满院	龙王	海云龙王神祠	水神
柏家庵	五大明王		
大中祥符寺	孙燧、胡世宁、王守仁	同仁祠	平定或死于宁王之乱
六和塔	真武帝君	供像	道教水神
慧因寺	文昌帝君	文昌阁	
	苏轼		伽蓝神
	高丽王	高丽王祠	檀越
水月庄	英济侯		
湖心寺	三潭护境明王		伽蓝神

① 《西溪梵隐志》卷2《纪刹》，第35页。
② 《西溪梵隐志》卷2《纪刹》，第37页。

第六章　明代杭州佛教管理制度与佛事活动制度

佛教的传承，僧团的共处，寺院的运行，无疑都需要一整套完备的制度来维系和约束。明代杭州佛教管理制度和佛事活动制度也很完备，颇有特色，从而保障了杭州佛教的传承和发展。

第一节　明代杭州佛教的戒律清规

“戒”，梵语“尸罗”，指防非止恶的戒法。律，梵语“优婆罗叉”或“毗尼”，指生活上的规律。佛教将“戒律”并称，意指维持教团道德性、法律性的规范。戒律的出现，源于佛陀因弟子随犯而制，结为条文。随着僧团的扩大和弟子犯过者增多，佛陀于是制定出系统的戒律。佛教传入中国后，自魏晋《僧祇戒心》《四分羯磨》传入并译出始，其后南北朝《十诵律》《四分律》《摩诃僧祇律》《五分律》等先后译出，至唐代中期各本戒律大部已翻译完成，而以大乘菩萨戒渐渐风行汉地。

戒律作为界定僧人的行为规范诞生自古代印度，传入中国之后，原有部分戒律并不能完全适应中国的社会情况。而且随着佛教中国化的推进，佛教、寺院也日益具有中国特色，客观上对于僧人规范也必须做出改变与完善，以适应中国佛教发展和社会的需要。于是，中国本土的丛林清规应运而生。这种改变，在中国本土宗派禅宗之中最先产生，唐代僧人百丈怀海依据禅宗的特性以及中国社会的特殊状况，制《百丈清规》，“于大小乘中，博约折中，设规务归于善焉，乃创意不循律制、别立禅居”[①]。《百丈清规》在强调僧众平等精神的同时，建立一套以住持为中心，其下设“十务”来统辖寺众的管理体制。随着此后寺院规模的不断扩大，僧团组织结构日益复杂，这一体系日渐等级化。对于僧人犯戒行为，清规规定了相应的惩罚措施，其谓有四方面的益处：“一、不污清众，生恭信故。二、不毁僧形，循佛制故。三、不扰公门，省狱讼故。四、不泄于外，护宗纲故。”通过设立详细惩罚条目，“量事区分，且立法防

① （宋）释赞宁《宋高僧传》卷10《怀海传》，范祥雍点校，中华书局1987年版。

奸，不为贤士。然宁可有格无犯，不可有犯无教”[①]，规范和约束僧人行为。

《百丈清规》的规条是以印度戒律为基础，很好地结合了中国佛教、社会的实际情况而制定，颇有利于禅宗的存续传播，因此迅速为各丛林效仿采用，不但风行于各山禅刹，律宗、教门寺院莫不随之而定制，用以作为僧团组织模式与寺院管理范式。《百丈清规》广为流传，后世各宗诸派、寺院往往据之修订删改，版本冗杂。元朝元统三年（1335），元顺帝命释德辉采各种清规加以删补，重新编刊，成《敕修百丈清规》，颁天下丛林通行，“标志着中国化的佛教寺院僧团管理制度的最终确立”[②]。入明以后，前期诸帝十分重视对于丛林的管控，而《敕修百丈清规》则是其重要工具。洪武十五年（1382）四月，明太祖下令“诸山僧行，不入《清规》者，以法绳之”[③]。永乐十年（1412）五月，明成祖敕令“僧人务要遵依旧制，各务祖风，谨守《清规》，严洁身心”。明仁宗时，鉴于僧众“不守规矩”，再申令“照依《清规》料治他”。至正统七年（1442）四月，因“后学僧徒多有未见《清规》体例，罔知轨度，不谙戒律，甚辱祖风，深为未便”，遂重新刊刻《敕修百丈清规》，颁行天下，并令“住持首僧，督众讲习，各慕祖风，严持戒律”[④]。元明时期，丛林清规的修订、颁行由原来寺院事宜而变成国家行为，体现了官方对于寺院、僧众的控制，是行政权力渗透至寺院和僧团管理的重要体现。尤其是明代帝王多次颁诏申谕《敕修百丈清规》，客观上强化了清规的法律效力，明代杭州两山诸寺基本上以之为寺院运行与维护僧团秩序的准则。

明代后期，“象教荒夷，古制几绝”[⑤]，戒律清规松弛导致了丛林种种乱象。为此，杭州云栖寺袾宏作出诸多努力：一是申明戒律。其谓佛设戒、定、慧三学，以戒为本，本不立，定、慧何依？强调僧人守戒的重要性。他认为，《梵网经》菩萨戒于诸戒品中最为重要，遂命寺众诵读《梵网经》与比丘诸戒品，并亲为《梵网经》注疏。他还指出，比丘受诸戒应有次第，“菩萨摩诃萨先当具足学优婆塞戒、沙弥戒、比丘戒，若言不具优婆塞戒，得沙弥戒者无有是处；不具沙弥戒，得比丘戒者无有是处。不具如是三种戒，得菩萨戒者亦无有是处”[⑥]，故而不可未经沙弥戒、比丘戒而直受菩萨戒。二是针对明后期佛教发展的趋势与特点，制订《云栖共住规约》，并以云栖寺为实践场，纠治寺院风气，示范丛林。袾宏认为，《敕修百丈清规》过于繁复，对其

① （宋）杨亿《古清规序》，（元）释德辉《敕修百丈清规》卷 8 附，《大正大藏经》第 48 册第 2025 号，第 1158 页。
② 王永会《禅宗清规与中国佛教寺院僧团管理制度》，《四川大学学报》2001 年第 1 期。
③ （明）葛寅亮《金陵梵刹志》卷 2《钦录集》，洪武十五年，何孝荣点校，南京出版社 2017 年版。
④ （元）释德辉《敕修百丈清规》卷首，第 1109-1110 页。
⑤ 《南屏净慈寺志》卷 9《僧制》，第 275 页。
⑥ （明）释袾宏《梵网菩萨戒经义疏发隐》卷 5，（明）释袾宏《莲池大师全集》，台湾佛陀教育基金会 2009 年版。

过分重视导致了戒律隐晦不明，有矫枉过正之嫌，故而应在重整戒律的基础上，辅以简略易行的规约，才能使丛林恢复清素，其《云栖共住规约》既是《清规》的继承与发展，又是对《清规》弊端的反制与修正。《云栖共住规约》删除了《敕修百丈清规》浓重的官方印记，强调寺院、僧人的自主性。另一方面，《云栖共住规约》也在与儒家、社会交涉中受到社会主流思想的影响，增加了包括对“孝”的鼓吹与融通。如称“戒虽万行，以孝为宗”[①]，把“孝”上升到统摄一切法门的高度，将行孝视为往生净土的必要途径。晚明时期，袾宏在杭州等地“以匡庐莲社宗风，大振东南”[②]，杭州各宗望风归附，净土信仰成为杭城丛林的共同归宿，与此同时，袾宏所订《云栖共住规约》由一寺之规进而推广至整个杭州丛林，成为两山诸寺所共同尊奉的丛林规范。

第二节 明代杭州寺院管理制度及僧众修行、生活制度

寺院作为僧团聚居之所，需要一套相应的管理制度及组织架构，来保障僧团存续和弘传佛教。虽然唐代以来的清规都主张在僧团集体生活中僧众平等，“所裒学众，无多少，无高下，尽入僧堂”，并“行普请法，上下均力”[③]，然而事实情况是唐宋以降丛林的组织形式成为一个日益完善的等级结构，而非扁平化形态。方丈为寺院最高机构，以住持主之，是寺院最高僧职。方丈之下，分为东、西两序，各有攸司，为众办事，提唱宗猷，分掌丛林具体事务。《敕修百丈清规》中将寺众分为三层：住持、两序（管理层）、普通僧众三类，各个层级都有相应仪规。

一、住持选任制度及日常职责

住持作为一寺执掌，其戒行、佛学水平对于僧众具有示范作用，其人选关乎寺院兴衰，故而住持选任制度显得尤为重要。南宋以后，政府开始参与名山大寺住持的选任，清规之中即规定“凡十方寺院住持虚席，必闻于所司”[④]。及入明代，明太祖十分重视诸寺住持选任，在设立僧司衙门的诏令中规定：“凡各处寺、观住持有缺，从僧、道官举有戒行、通经典者，送僧录、道录司考中，具申礼部，奏闻方许。”[⑤]

① （明）释袾宏《梵网菩萨戒经义疏发隐》卷2。
② 《西溪梵隐志》卷2《纪刹》，第24页。
③ （宋）杨亿《古清规序》，（元）释德辉《敕修百丈清规》卷8附。
④ （元）释德辉《敕修百丈清规》卷3《请新住持》，第1123页。
⑤ 《明太祖实录》卷144，洪武十五年四月辛巳。

明代前期，“十方选贤制”在杭州丛林中较为流行。通常情况下，“选贤”过程由杭州丛林自身承担，确定人选之后再报于官府，获得官府许可即可。如释迦宝觉寺，洪武十六年（1383）春，住持僧德果“耄而无为，惧道场之芜没，非有力有德者莫能起之”，遂与众僧商议，择请余杭县吉祥山无相寺住持叔琦禅师来为住持，“而易律为禅矣”[①]。此外，也存在官府为寺院选择贤能之僧为住持的情况。如洪武六年（1373），禅宗高僧无旨可授“以府侯之命，请主［中天竺］寺事”。不过，可授迅即被净慈寺僧众强请住持本寺，“邀于道，拥居其位”[②]。这个事例，不管是官府选可授主中天竺寺，还是净慈寺众强请可授住持本寺，体现的都是“十方选贤”方式。当然，对于一些中小寺院来说，更多的是采用甲乙制住持，由本寺住持僧所度弟子及其裔孙接续住持，实行世袭制，称为子孙丛林。

明代中期，杭州仍有一些寺院住持实行“十方选贤”制。如慧因寺，正统三年（1438）方丈久虚，诸山佥谓“慧因冠华严之首刹，非硕德不足以当之”。时玄中猷法师先已兴复另一座华严名刹嘉兴东塔寺，大振宗风。于是，众僧合议，择请其为住持。玄中猷到寺，“兴废起弊之功，不减在东塔时”[③]，一振颓宗。也有官府保举住持者。如直隶苏州府吴县上方寺僧如瓛，“狡诈无籍”，天顺初年因与受到明英宗信用的锦衣卫指挥门达“有旧”，“来京冒僧官职名进本”，“保为杭州净慈寺住持”。天顺三年（1459）二月，他奏报说：“臣谨集徒众，看诵《大藏经》一藏，祝延圣寿已满”，诣杭州万寿寺“参礼诸佛，经过钱塘江，忽见江潮中流出异竹”，被人指为“万寿竹”，因此“谨备香、茶同竹上进”。英宗“知其诳，令送礼部”，后门达“事败”，如瓛“以请托受赂下锦衣卫狱，坐罪为民”[④]。不管如瓛佛学、人品如何，此事说明存在官府为大寺名刹选任贤能住持之例还是存在的。

但是，如前所述，明代中期杭州佛教衰微，僧人素质低劣，寺院制度颓废，因此寺院住持选任甲乙制盛行。这些子孙丛林之中，法嗣裔孙众多，再各自不断传授，聚居占分，互不相下，逐渐形成一个个所谓的“房头”，于是“分房制”开始取代“十方选贤制”，成为杭州寺院选举住持的主流。正德六年（1511），径山寺僧惠诚等提出实行“分房制”，即将寺院分为十八房，各由房头负责，住持无权过问各房事务，各房独立性大大加强，而住持也多于各房头中产生。当时杭州诸寺也均无异议，遂多改此制。实行“分房制”以后，寺内分房渐众。如净慈寺，本来只有三庵二居。至万

① （明）姚广孝《逃虚类稿》卷 1《释迦宝觉禅寺记》，《四库全书存目丛书》本。
② 《南屏净慈寺志》卷 4《法胤》，第 83-84 页。
③ （明）释明河《补续高僧传》卷 25《明玄中猷法师传》，上海古籍出版社 1991 年版。
④ 《明英宗实录》卷 300，天顺三年二月壬戌。

历以前，已经分为二十八房。

那么，“分房制”如何影响住持选任呢？明人即指出：“凡天下丛林，至宗风不振，乃循甲乙相承。”[①]以慧因寺为例，明初住持大都由佛教耆宿共同推举，前述玄中猷法师即是此例，或由杭州僧纲司任命，采用“十方选贤”制。嘉靖间，万松慧林担任住持，慧因寺重兴，其门下高足有千松明得、妙空悟玄、易庵如通、无际明慧等，其中悟玄、如通、明慧三人均留住慧因寺，慧因寺之后的寺僧主体也多为三人嗣裔，住持一职也由此三房房头轮流充任。分房制虽然确保了寺院法脉传承的稳定性，尤其是对一些中小寺院来说可防止其传承断绝所导致的寺院废弃，但是对于名山大寺来说则产生了非常严重的后果。分房过滥，世远僧疏，各房头独立性抬升，削弱了寺院的凝聚力。

明代后期，随着晚明佛教复兴，杭州佛教也得到复兴，佛学水平提升，寺院重建修复，尤其是一些官绅名士参与到寺院事务，许多高僧名僧被推选为住持，十方选贤制得到一定程度的恢复，这在我们前文的名僧小传中有较多反映。但是，一些寺院中仍然推行甲乙制、分房制。如上天竺寺，万历初“自月楼宪公，不惟甲乙，且增正副矣。迨云池逸公，不惟正副，又叁鼎足矣”，住持权力一分为二，再而一分为三，不断削弱，造成管理混乱，“香火之利养丧天，使山门之风规扫地耳”[②]。住持之位于各房头之间往来传递，不能选聘外寺高僧、能僧住持，失去外来新鲜血液注入，寺僧佛学水平大幅下降，致使一些名山大寺一蹶不振。

住持的日常活动，《清规》规定有上堂、晚参、小参、告香、普说、入室、念诵、巡寮、肃众、训童行、为行者普说、受法衣、迎待尊宿、施主请升座斋僧、受嗣法人煎点等事务。明代杭州寺院虽然仍沿袭前代清规，但是也出现了一些变化。如巡寮一事，古规规定住持以“旦望巡行”，询问老病，检点缺乏。元代《敕修百丈清规》已规定：“今惟以四节报礼为巡寮，余日不讲”，“能复古者，当行之”[③]。至明后期，杭州净慈寺则简化为“元旦巡各寮，于前代住持炷香”[④]。住持作为寺院的最高僧职，还有任免寺中典职的权力，并定期于堂中行茶时问讯寺事，详审寺务。此外寺中举行重大法会时候亦由住持出面主持。

---

① 《杭州上天竺讲寺志》卷3《尊宿住持品·题名》，第55页。
② 《杭州上天竺讲寺志》卷3《尊宿住持品·题名》，第55页。
③ （元）释德辉《敕修百丈清规》卷2《住持章第五》，第1121页。
④ 《南屏净慈寺志》卷9《僧制》，第280页。

二、两序执事及其职责

住持之下，一般设置西序、东序诸僧职，辅助住持，管理僧众和寺院，传播佛教。《南屏净慈寺志》卷九《僧制・典职》详细记载了该寺明代两序执事及其职能，一定程度上代表和反映了明代杭州寺院的两序管理制度。下面，我们以《南屏净慈寺志》记载为依据（引本志文不再注释），结合元代《敕修百丈清规》，来看看明代杭州寺院的两序职能。

（一）西序头首

西序选学德兼修者担任，称为头首。西序主要僧职有：

（1）首座，又名上座、禅头，“表率丛林，人天眼目”[①]，“分座说法，为众轨范，即律称上座、轨范师，所谓续佛慧命者也”。首座通常选僧人中德业最高且为众所服者任之，主要负责僧伽教育，如为僧众说法、指导禅修、开示后学等，在寺中地位仅次于住持。古规有前堂首座、后堂首座，至明代净慈寺为西堂首座、后堂首座。

（2）藏主，又名知藏，“职掌藏经，兼通义学。函帙目录，常加对点。缺者补，润者焙，残断者粘缀。若大众请阅，藏主当置簿列名，逐函交付。看毕，照簿收入”。藏主负责寺院经藏事宜，因明代中期僧人多冗滥不学，因此明代后期净慈寺“此职久废，往往借阅无考”。

（3）书记，“执掌文翰，凡山门榜疏、书问、祈祷词语，悉属之”，掌管与常住有关的文字工作，发挥住持秘书的职能。

（4）知客，“职典宾客，凡官员、檀越、尊宿、诸方名德之士相过者，香茶食宿迎待，皆摄之”[②]。知客负责接待事宜。尤其是在明代后期僧人与士人群体互动频繁的状况下，这一职务显得尤为重要。

（5）知殿，又称殿主，“掌诸殿堂香灯钟鼓，时时洒扫尘埃，严净几案。或遇风起，须息炉内香火，及结起幡脚防顾，使勿近灯烛。施主香钱不得互用。朔望节序、诸佛诞辰，宜开殿门，以便往来瞻礼”。即掌管殿堂香灯燃点、钟鼓敲击、几案洁净、殿堂开关等事宜。与元代《敕修百丈清规》相比，净慈寺知殿增加了“钟鼓”敲击职责。

（6）侍者，“司近侍，总细务，衣钵各有所宜”，为侍奉住持的执事。《敕修百丈清规》记载分为烧香、书状、请客、衣钵、汤药、圣僧几类。如“凡住持上堂、小参、

① （元）释德辉《敕修百丈清规》卷4《两序章第六・西序头首》，第1130页
② （元）释德辉《敕修百丈清规》卷4《两序章第六・西序头首》，第1131页。

普说、开室、念诵、放参、节腊，特为通覆相看挂搭烧香行礼，记录法语，烧香侍者职之”；如果书记职缺，“山门一应文翰，书状侍者职之”[①]。《南屏净慈寺志》则未记其详，当是种类、人数不多。

（二）东序知事

与西序相对应者则为东序，多择精通世事者担任，称为知事。东序僧职主要有：

（1）都监寺，又称监院、户主、当家等，“总众务，掌丛林，接来往，应官长，应钱谷岁计，皆属司之”，为全寺行政事务总管。《敕修百丈清规》记载，古代往往与西序首座、书记互相充任，“昔丛林盛时，多请西堂首座、书记以充此职，而都监寺亦充首座、书记，否则必腊高历事、廉能公谨、素为众服者充之”[②]。一些大寺院僧徒众多，寺务繁忙，还常设副寺，又称库头、柜头，管辖寺中库司，协助都监寺清点保管、分配调拨寺院财物。明代净慈寺即设有副寺，“又以副贰于监寺云”。

（2）维那，又称悦众，“调和大众，祈祷首唱，掌规矩，司念诵，所谓纲维众僧者也”。维那主管寺中人事，及合僧众事，纲维众僧。堂僧挂搭，辨度牒真伪等，亦为维那职责所在。

（3）典座，“掌斋厨，司饮食，所以护惜常住，调养众僧”，不但负责僧众斋粥及一切供应，还负责饮食纪律，训导众行者遵守规矩，勿使浪费。

（4）化主，“凡住持修葺殿宇，官长茶汤，寺众斋设，皆赖。租入有限，必藉化主劝化檀越，随力施与，添助供众”，即负责寺院募化檀越事宜。《敕修百丈清规》列“化主”于“列职杂务”，而非“东序知事”中。

以上就是明代净慈寺东、西两序十类执事僧名目及其职责，所谓“长老其下，复列十局，以辅翼之，分为东、西两序”。它基本上是根据《敕修百丈清规》规定，结合了明代净慈寺寺务实际而稍作损益。如《敕修百丈清规》西序中有知浴以司僧众洗浴事，而《南屏净慈寺志》中则阙如，再者如《敕修百丈清规》将化主列入杂务，而《南屏净慈寺志》则以之位列“十务”。

当然，一些寺院的两序名目也会有所不同。如袾宏所执掌云栖寺所设典职，除两序外还有：知库，负责出纳常住钱米什物；知众，专司人众，“牌面进退，上名销名，忘误下罚，失事加罚”；知山，负责管理山场地段；直板，职责日夜巡行寺内各处；另外还有饭头、菜头、火头、茶头、柴头、碗头、磨头、园头、净头、担力、

① （元）释德辉《敕修百丈清规》卷4《两序章第六·西序头首》，第1131页。
② （元）释德辉《敕修百丈清规》卷4《两序章第六·东序知事》，第1132页。

铺堂、香灯、看病、看老等各种名目的僧人执事[①]。

显然，净慈寺、云栖寺都是明代杭州的巨刹，寺僧众多，寺务繁杂，所以寺院才会设置如此周全众多的僧人执事。

而大多数寺院都是十人八人的中寺，两序执事要大为减省。至于占相当大比例的三两人甚至一人的小寺小庵，则无用分别，基本上要共理寺务。

三、僧众修行制度

明代杭州寺院还有包括受戒、讲经说法等一整套的僧众修行制度。

(一)受戒制度

受戒是由普通佛教信众成为一名僧人的必经过程，共分为三个阶段，分别为沙弥（尼）戒、比丘（尼）戒、菩萨戒，并称三坛大戒。

即将出家者称“行童”，须于寺中系统学习经文，晨昏所课经忏由主坛宗师所推择高行僧为羯磨师、教授师教之，而“诵持毗尼日用等法典，引礼教之”，佛经典籍与日常仪规法度并重。受沙弥（尼）戒之日，先谒羯磨寮问难，通过之后方可剃度并受十戒，成为沙弥（尼），明代此项仪式通常在本寺大殿或法堂中举行。

沙弥（尼）进而受“具足戒”则成为比丘（尼），故亦称比丘（尼）戒，此戒于三坛大戒中最为重要，受此戒方可成为正式僧人，受此戒者必须年满二十岁。大昭庆律寺是明代杭州府及其周边地区最为重要的授具足戒之处，亦是律宗巨刹，颇受政府重视，“自宋至明，昭庆每岁三月三日放戒”[②]，开说戒法，海内缁流云集，民间信众亦可往听，“坛上设法座，推其能通经典、戒行高洁者升座谈经，陈具足戒。僧徒俯听，或参究疑难，从问条解”，符合条件者，受戒牒一纸，“若士人之应举中式云”[③]。

戒牒作为寺院颁发给公度僧尼以证明其合法性的凭证，具有一定的式样。明代的牒文格式包括训谕、戒条、受戒僧人的信息以及授戒诸师姓名等。《大昭庆律寺志》收录了明代戒牒文内容如下：

> 洪武十一年正月二十一日，钦奉圣旨事谕：如今为僧的，多不通晓佛法，都

---

① （明）释袾宏《云栖共住规约·附集·各执事条约》，（明）释袾宏《莲池大师全集》。
② 《大昭庆律寺志》卷7《轨仪》，第88页。
③ （明）田汝成《西湖游览志馀》卷14《方外玄踪》，陈志明编校，东方出版社2012年版，第272页。

要学习《心经》《金刚》《楞伽经》，昼则讲说，夜则禅定。以深通佛法为长，其次依戒腊行坐，违者论罪。钦此！钦遵。又于洪武十五年，钦依开设僧道衙门，照得礼部榜文内一件道：务要恪守戒律，阐扬教法。奉此。遵依律范，传授戒法。原夫佛法三藏，以经为首，以戒为先。戒者是三宝之舟航，众圣之街衢也。论其行相，则有二百五十之殊；究其轨仪，则有三千八百之别。佛佛相授，祖祖相传。持之则为三乘证圣之基，犯之则为六道沉沦之本。三世诸佛，因此戒而证涅槃；一切菩萨，由此戒而成正觉。是知究佛心者谓之禅，非戒不明；宣佛语者谓之教，非戒不尊，故戒为万行之首、众德之源者也。今钦圣旨，昼则讲说，夜则禅定。故经云：依因此戒，得生诸禅定，及灭苦智慧[①]。圣旨以深通佛法的为长，其次依戒腊行坐。故经云：先受戒者在前坐，后受戒者次第而坐。莫如外道痴人，若老若少，无前无后，坐无次第。由是观之，诚所谓王化与佛化并行不相悖也。兹于诵经之次，恭遵律范，圆授具足戒法，使奉而行之。于一切境上，断一切恶，修一切善，誓度一切众生，由坚固金刚之志，超济宝觉之场有日矣。今准律文，略具法相于后：

五戒：（一）不杀生，（二）不偷盗，（三）不邪淫，（四）不妄语，（五）不饮酒。

十戒：（一）不杀生，（二）不偷盗，（三）不邪淫，（四）不妄语，（五）不饮酒，（六）不着花鬘璎珞，不香油涂身，（七）不歌舞伎乐作倡，故往观听，（八）不坐高广大床，（九）不非时食，（十）不捉生像及金银钱宝。

具足戒二百五十条：（一）四波罗夷法，（二）十三僧伽婆尸沙法，（三）二不定法，（四）三十尼萨耆波逸提法，（五）九十婆逸提法，（六）四波罗提提舍尼法，（七）一百突吉罗法，（八）七灭诤法。

六念法：（一）念白月十四日，黑月十五日；（二）念我无请处食僧食，或云我有请处云赴；（三）念我因年月日时受具足戒；（四）念我与三衣钵具长依我清净；（五）念不别众食，若有，得别众食；（六）念我今无病堪行，我今有病瘳治之。

五观法：（一）观计功多少，量彼来处；（二）观忖己德行，全亏应供；（三）观防心离过，贪等为宗；（四）观正事良药，为疗形枯；（五）观为成道业，应受此食。

① “智慧”前原衍“生”，据（后秦）鸠摩罗什译《佛垂般涅槃略说教诫经》（《大正大藏经》第十二册第389号，第1110页）、（唐）释道宣《四分律删繁补阙行事钞》卷2《随戒释相篇第十四》（《大正大藏经》第四十册第1804号，第50页）、（唐）释定宾《四分比丘戒本疏》卷上（《大正大藏经》第四十册第1807号，第463页）等各经疏文删。

如上戒法，乃诸佛之因地，自性之本源，贵胜璎珞之珠，当乘坚固之志，光逾日月之鉴，用符禀受之心，转不退轮，成无上果，绍隆佛种，答报皇恩。法界有情，均沾上善者。第一坛，第 引 中 末 。

右牒付某甲收执。 年 月 日。

娑婆世界毗尼大教主本师释迦牟尼万德世尊，

疏经弘法、筑坛授戒、南山教主澄照法慧圣师菩萨，

《会正》《僧辉记》主真悟智圆律师菩萨，

《资持记》主戒光大智圆鉴律师菩萨，

杭州传南山教观、西湖万善戒坛、昭庆寺住持沙门某。[①]

牒文中措辞“俱依傍朝旨，和会而说诗为之”。文首集中体现了官方意志，宣扬持戒的重要性。除录所遵戒律之外，还将六念法、五观法列入牒文。六念法，为僧人行持必须熟知的六件要事，五观法出自宋黄庭坚所作《食时五观》倡导的士君子所应遵循的饮食观念，宋以后被引入佛门，补充了僧人的饮食规范，反映了中国丛林仪规深受儒家思想观念影响的事实。

受具足戒后，进可受菩萨戒。据《大昭庆律寺志》，菩萨戒仪式以释迦牟尼为本师和尚，文殊菩萨为羯磨，弥勒菩萨为教授，十方诸佛为尊证，十方菩萨为同学，故现实中以主戒宗师（得戒和尚）侧坐而代佛说戒，羯磨和尚、教授和尚二师旁立。“凡欲受菩萨大戒者，先发大愿，燃顶以誓，然后受戒”[②]。即菩萨戒须焚香烧戒疤于头顶。此仪式出自《梵网经》所言烧身、烧臂、烧指以供养诸佛之说，兴起于元代。

明代中期以后，戒律松弛，授戒如同儿戏，时人慨叹：“近来游衲，往往败群”。随着僧人尤其是传戒师素质的下降，导致审核不严，缁门冗滥，时谓昭庆寺有“真戒坛、假宗师”之说，“以致官府崇禁”[③]。嘉靖年间，明世宗多次下令停止开度僧人，昭庆寺戒坛因此而荒废。丛林有识之士意识到门禁不严的严重后果，开始采取措施，力图扭转这一趋势。如，万历十四年（1586），大昭庆律寺住持僧就针对受度行童登记混乱，“命工刊其都图、籍贯、年月、名字，去亡则削之，不能施其旁注涂抹之私，示人以皆知皆闻，不敢改名增报，真者显露而奸伪销。然后上下前后，适居于应住之序，而争端绝矣”，以解决行童受沙弥戒“漫不加察，始之不慎”之弊[④]。

① （清）吴树虚《大昭庆律寺志》卷7《轨仪・戒轨仪》，《中国佛寺志汇刊》本。按，（清）吴树虚《大昭庆律寺志》卷7《轨仪・戒轨仪》（曹中孚标点，杭州出版社2007年版）此段点校多讹误。

② 《大昭庆律寺志》卷7《轨仪・戒轨仪》。

③ （明）田汝成《西湖游览志馀》卷14《方外玄踪》，第260页。

④ 《大昭庆律寺志》卷7《轨仪》，第89-90页。

云栖袾宏则将强化对僧人尤其是行童教育作为整肃戒仪的前提。鉴于佛经卷帙浩繁，他将经书划分为法字号、报字号、化字号，令次第修习，“学完一经，再进一经，课经不完，不得剃头。《要略》不知，不得进具戒。具戒不知，不得受菩萨戒”。另一方面则严格受戒程序，规定受戒“一月前常住具威仪、俵礼、香烛，同合山大众执香诣方丈求请授戒。求受大戒者，备《菩萨戒经》《四分戒本》《沙弥要略》，各出香烛、小食、拜席银三分，付常住办用。求受具戒者，备《四分戒本》《沙弥要略》，出香烛等银三分。求受戒者，必须衣服等项件件皆新方可。如实无办，浣洗亦可。小衣、草蒲鞋等必须要新，三衣、经书不得苟简。求受戒者，预于知客处报名，知客引进堂中书记处登簿，不得疏慢失记，临时有误”[①]。严格的考选程序，保障了僧众的佛学水平，极大地提高它在杭州乃至全国丛林中的声望。

（二）修行制度

寺院之中，为提高僧众的佛学水平，住持会经常集众开示，讲经说法。有时为加强交流，则从寺外择有名望的高僧入寺说法。如万历十年（1582），灵隐寺“僧德明、圆辅、圆宁延法师易庵［如］通公主席”；万历四十年（1612），又“延介如石公讲《楞严义海》于寺”[②]。云栖袾宏在杭州丛林中有着重大影响，各大寺争相延请。如万历二十二年（1594），净慈寺邀请他讲《圆觉经》，轰动杭城。得道高僧的直接开示，有助于僧人快速提高佛学水平。

就僧人个体而言，修行进益主要通过习经、坐禅来进行。明代杭州僧人重视学习佛教经典，日常有晨昏课诵，以增业果。僧人依次学习诸经，尤其是晚明丛林，僧众力图以强化诵读经典及高僧著作等来提高整体佛学水平，达到振兴佛教的目的。如云栖寺规定“《遗教》《警策》《崇行》等，皆应熟记力行，半月抽考数人”[③]。其中“《遗教》《警策》《崇行》”分别指袾宏所著《遗教节要》《警策》《缁门崇行录》。一般寺院都设有法堂，为僧众听讲、习经之所。除随众参学外，僧人还可以单独向住持请教，谓之“请益”。

坐禅也是一项重要的修行方式，以顿悟为法门的禅宗对于坐禅尤为看重，认为“诸修行中，禅定为最”[④]。净慈寺演法堂——宗镜堂，明代万历年间重修后，“崇敞严固，肖祖像供奉其中，以标宗镜法脉。又旁设禅床，甲乙两行，以栖禅定。至库庾庖

① （明）释袾宏《云栖共住规约·附集·受戒式》，（明）释袾宏《莲池大师全集》。
② 《武林梵志》卷4《北山分脉》，第117页。
③ （明）释袾宏《云栖共住规约·上集·法堂》，（明）释袾宏《莲池大师全集》。
④ （元）释德辉《敕修百丈清规》卷5《坐禅仪》，第153页。

湢，无不庀具”[①]。又有禅堂五楹，“延接十方云水”[②]。坐禅的具体制度，《敕修百丈清规》规定，每日粥罢，僧堂前、众寮前挂坐禅牌，以报知僧众。先是于众僧寮前鸣板一声，集大众归僧堂。鸣板至三声，住持入堂中，烧香巡堂，归位向里坐定。久之，方可次第抽解起身离定。禅定时，须“休息万念，身心一如”，“厚敷坐物，结跏趺坐，或半跏趺。以左掌安右掌上，两大拇指相拄。正身端坐，令耳与肩对，鼻与脐对，舌拄上腭，唇齿相着，目须微开，免致昏睡”，“一切善恶，都莫思量”[③]。

游方参学也是僧人修行的一种重要方式。暂离本寺，四处游历，参学求证，称为游方、参学、行脚。游方僧至求访寺院，入内修习，由寺内供给食宿，并且提供力所能及的帮助，谓之挂搭，为外僧挂籍参学之意。通过游方参学，入寺挂搭求学，可以拓展僧人的眼界，丰富其学识，通过交流、决难来提高佛学水平。明代杭州高僧多有游方参学的经历，如僧袛园圆果，“少而离俗，负大智慧，三藏经论，总持若囊。复相与参五台、伏牛诸耆宿，为秀法师上足，寻驻锡于杭之碧峰山”[④]，“阐扬宗教，皈依云集”[⑤]。僧玉庵真金，“遍参知识，朝四大名山，游历九省，旋叩三吴巨刹，皆顶笠荷瓢，不惮寒暑跋涉也。至四十八后还虎跑，圆菩萨大戒”。后于西溪建法楞庵，“影不出山者三十许年”，“道俗皆尊称耆宿云”[⑥]。

明代杭州僧人的修行活动涵盖范围很广，其中尤以禅宗最注重实践，提倡农禅结合，行普请法。普请奉行“一日不作，一日不食”之诫，讲求上下均力，遇有劳作，“除守寮、直堂、老病外，并宜齐赴”[⑦]。在云栖寺的寺院生活中，无论是柴头忙时，还是在照料重病老僧方面，皆需僧众普请发心[⑧]，抵力施助。

四、僧众日常生活制度

僧人的衣食住、老病死等日常生活行为，在满足僧人生存需要的同时，也被赋予了与佛教义理契合的象征性意义，融合了与佛教戒律相符合的仪式性要求，有一整套制度。

① 《南屏净慈寺志》卷2《建置》，第53页。
② 《南屏净慈寺志》卷2《建置》，第56页。
③ （元）释德辉《敕修百丈清规》卷5《坐禅仪》，第153页。
④ 《武林梵志》卷4《北山分脉》，第81页。
⑤ 《西溪梵隐志》卷2《纪刹》，第28页。
⑥ 《西溪梵隐志》卷2《纪刹》，第41-42页。
⑦ （元）释德辉《敕修百丈清规》卷6《普请》，第157-158页。
⑧ （明）释袾宏《云栖共住规约·附集·各执事条约》，（明）释袾宏《莲池大师全集》。

（一）僧人衣食住制度

僧人日常衣着有法衣三，一曰“僧伽黎”，为诸衣中最大者，只有在出入宫廷、乞化及作法事、升座说法时才穿用，其品次有上中下三位九品之异，故而又被称为“九品大衣”；二曰“郁多罗僧”，为僧人所着上衣，参会、礼诵、说戒时所穿；三曰“安陀会”，为内衣、里衣，作务、就寝时穿。三衣之外，还有左肩衣，为偏衫，名“僧祇支”，作覆膊掩腋之用。另有云圔衣、直裰等。僧衣具有较强的象征性，谓以形养命，《增辉记》将其比之田苗：“田畦贮水，生长嘉苗，以养形命。法衣之田，润以四利之水，增其三善之苗，以养身法慧命也。”[①]虽然僧衣被赋予很强的形式意义，但是明代缁门衣着仍强调简朴为要，如《云栖共住规约》即规定：“穿着过分鲜好衣服者，罚钱一百文。裙幅太长者，割取作衣带，施与十方。”[②]

明代杭州僧人的饮食，一般分为早、午二餐。早饭称“粥”，午饭称“斋”，佛教制度“过午不食”，因此没有晚餐。晚间不得进食，偶尔进食则称为“药石”，意为治疗疾症之药，而非为满足食欲。云栖寺规约说：“僧食二时，晚餐非理，权名药石”[③]。其“药石”，也仅是如“大寒月止可作姜枣汤而已”[④]。明代中期以后，随着社会经济日益发展，僧人饮食也逐渐丰富，以米所造粥、饭等主食之外，尚有糕饼、水果等茶品以及蔬菜等佐食，但是佛门饮食仍以清素、简省为要。《云栖共住规约》对僧人饮食规制有严格规定：“设斋以四果四菜为常，五果五菜为极。过五，每一品罚钱三十文”；可生吃的食物，不得费柴汤煎煮，否则“计价罚钱”；不可过分用油、酱，否则“计价罚钱”；茶品由山物、炒米、盐豆、白果、杨梅、油灼之类，间或市买，“止可枣、栗、糕饼之类”；买米时，有白米、黄米，应凑买黄米；平时斋饭，“二日菜，一日腐，有斋不论”，凡生菜、干菜、干瓜、干茄、干羊豆、干刀豆、干萝卜之类皆可置办，设斋时也只用豆腐等常见食材，不得购买“贵物如香菌、蘑菇之类”[⑤]，违者罚钱。用餐礼仪，在遵守“五观法”之外，就食仪规更加细致。僧众由寺内各处至斋堂用餐，称过堂，规制历来为丛林所重。袾宏在《梵网菩萨戒经义疏发隐》中将“随大众食”作为“净命”之一。用斋之时，需随量受食，不得浪费、喧哗。云栖寺规约就规定：“临斋杂话，铺堂人夺碗收箸。”[⑥]

---

① （元）释德辉《敕修百丈清规》卷5《大众章第七・三衣》，第134页。
② （明）释袾宏《云栖共住规约・下集・节省财费》，（明）释袾宏《莲池大师全集》。
③ （明）释袾宏《云栖共住规约・附集・各执事条约》，（明）释袾宏《莲池大师全集》。
④ （明）释袾宏《云栖共住规约・下集・节省财费》，（明）释袾宏《莲池大师全集》。
⑤ （明）释袾宏《云栖共住规约・下集・节省财费》，（明）释袾宏《莲池大师全集》。
⑥ （明）释袾宏《云栖共住规约・附集・各执事条约》，（明）释袾宏《莲池大师全集》。

茶汤礼仪在杭州禅刹的日常生活中具有相当重要的地位。僧人饮茶，古已有之。禅与茶文化的交融，发端于唐末从谂“吃茶去”公案。至宋代，圆悟克勤悟弘“禅茶一味”之道，迅速风靡江南禅林，并东传日本。明代，茶成为杭州僧人的日常饮品。如《云栖共住规约》说：“客至，［知客负责］茶汤、点心单次，一一调停”[①]。寺院之中还常常举行专以茶开筵的“茶汤会”，“赴茶汤”成为丛林重要的集体礼仪活动。此外，清规中还规定每日供茶于佛、祖师像前，茶汤也成为各种法事活动中的必备物品。禅刹多设有茶头，司理茶汤。如《云栖共住规约》中规定：茶头“五更烧锅，不得便倾水下，须先赶起虫蚁，乱倾水者下罚”，“茶锅内不可容人煮杂物等，不举下罚”，“凡入寮取茶汤者，须径入径出，摄心念佛，其有迟延语笑者，许茶头举罚，阿容不举同罚”[②]。云栖寺对于茶汤事务的严格规定，从侧面反映了茶汤在明代杭州寺院生活中的重要性。

清洁之事历来是僧人生活中的要事。佛教认为，僧众通过洗浴，不单纯是去除身体上的污垢，亦要洗涤灵魂上的尘埃，去除心中的执念、烦恼。因此《无量寿经》曰：“洗濯垢污，显明清白。”[③]寺院之中，洗浴作为僧众集体行为，不但具有“内外双修”的信仰功能，而且也深深影响了中国社会的卫生观念。通常寺院之中，每月逢三、八“施浴”，即每月六次。就杭州地区而言，因地处湿热之地，洗浴则较为频繁。如《云栖共住规约》规定，平日公共洗浴次数为一月八浴，夏至至秋分“方日日大众普浴”，如平日入浴，则须至库房付款讨“筹”方可。此外，水陆道场等法事仪规中亦规定诵经人须于先日沐浴。浴事由知浴（“浴头”）管理，非施浴时缴浴费，“用筹不用钱”，浴头只得收取筹码，而不能直接收钱，“浴头收钱，罚钱五文”[④]，杜绝浴头从中攫利。对于洗浴纪律要求亦颇为严格，“浴室杂话喧嚷者，罚钱十文，浴头不举，罚钱二十文”[⑤]。

（二）僧人老病死制度

僧人日常生活中，老、病、死皆不可避免，寺院也建立了一套完善的应对处理制度。其中，以明代后期云栖寺《云栖共住规约》规定最为详细、系统，且保存至今，为我们了解明代杭州僧人老、病、死相关制度提供了史料。

① （明）释袾宏《云栖共住规约·附集·各执事条约》，（明）释袾宏《莲池大师全集》。
② （明）释袾宏《云栖共住规约·附集·各执事条约》，（明）释袾宏《莲池大师全集》。
③ （曹魏）康僧铠译《佛说无量寿经》卷上，《大正大藏经》第十二册第360号，第266页。
④ （明）释袾宏《云栖共住规约·下集·节省财费》，（明）释袾宏《莲池大师全集》。
⑤ （明）释袾宏《云栖共住规约·下集·节省财费》，（明）释袾宏《莲池大师全集》。

云栖寺设老堂，以安置僧人老者。入居住老堂者，必须年满七十，“在寺慎修无过”，“八十者量处，九十者不论”；老人所需汤、药、饮食等，库头、饭头、典座应积极配合提供，否则罚钱；七十老人无齿者，若饮食中有生硬者不能随众，“宜另与软熟者”；老人衰颓，“早课来否不论，晚课必须随众。不至，依例罚”，但“八十者量处，九十者径免”；若老僧“在众屡屡斗争，及外游生事者，出堂”，但仍每月给钱十文，“作浆粉用”[①]。老堂服务僧人，称“看老”，每早燃灯进房，天明而熄。主要负责：备齐面汤、小食、火缸、滚水；为老僧准备宜软适口的粥饭菜蔬；打扫房地、拭桌；佛前烧香换水，三时随堂课诵；对待老僧要态度恭谨，“应答不得发瞋，应当忍辱，敬之至也”[②]。

云栖寺设有病堂，为僧众治疗疾患。堂中床铺分长单、独单，长单为通铺，“安轻病”，独单为单人床，“安重病”。重病进堂者，佛前先备香烛，由院外书记、后堂悦众等送入，读嘱讫，即须写下“板帐”即公证文书：

抱病（比丘、沙弥）某，字某，年几十几岁，系某府某县人，姓某氏，于某年某月某日（出家、挂搭）本寺，在众办道。于某年某月某日偶值病缘，恐风火不停，于某月某日入涅槃堂。所有随身衣钵，请公界抄录板帐，以便后事，伏幸众悉。[③]

重病患入堂便须“嘱咐后事，放下万缘，依警策语，一心正念”，由寺院安排二至三人照料。照料者称之为“看病”，“依戒轮看，三日一换”。轻病者不必书写“板帐”，但同样要求入堂后应上佛前香烛。“立诚实一人为堂主”，记录病僧进堂日期、治疗状况。僧众中有明晓医理者，考试通过后“立为执事”，称“看病”。看病“须发大慈悲心，莫憎嫌病人，莫违逆病人，当如孝子奉侍父母”。病人所需汤药、饭食，库头、饭头、典座要及时给予，否则罚钱[④]。

圆寂是僧人世间生命的终结。由于僧人已经断绝尘缘，故而葬礼仪式与世俗葬仪相比有较大不同。《云栖共住规约》规定，僧人圆寂后首先要举行“殡送”（“津送”）仪式，曾经担任寺院两序僧职和有贤行的僧人圆寂，“多众送”，“散众及无贤行者随便送，其在众多过、人所厌恶者不送，惟扛抬及读祝人而已”[⑤]。僧人遗体入龛后，众僧“诵《弥陀经》一卷，《往生咒》三遍”，留龛满七七四十九天，前往化坛火化。在

① （明）释袾宏《云栖共住规约·上集·老堂》，（明）释袾宏《莲池大师全集》。
② （明）释袾宏《云栖共住规约·附集·各执事条约》，（明）释袾宏《莲池大师全集》。
③ （明）释袾宏《云栖共住规约·附集·板帐清式》，（明）释袾宏《莲池大师全集》。
④ （明）释袾宏《云栖共住规约·上集·老堂》，（明）释袾宏《莲池大师全集》。
⑤ （明）释袾宏《云栖共住规约·上集·老堂》，（明）释袾宏《莲池大师全集》。

此期间，寺众须轮流于龛前念诵，每日挨单四人。诵《心经》一卷，《往生咒》三遍，念佛百声，观音、势至、清净海众各三声”。期满起龛，“诵《弥陀经》一卷，《往生咒》三遍，《变食真言》《甘露真言》《普供养真言》各三遍”。然后，在维那主持下，赴荼毗即火化。僧众仍念佛百声，观音、势至、清净海众各三声。通过众僧念诵之功，资亡僧觉灵，助其往生西天净土。火化完毕，“茶倾三奠，香爇一炉，奉送云程”①。僧人遗体火化后，起骨入塔，对寺院有较大贡献者专建骨塔以葬，普通僧众则归葬普同塔。

以上简单介绍了明代后期云栖寺针对僧众衣食住、老病死等日常生活的制度，由此也可以管窥明代杭州僧人的日常生活制度，以及杭州佛教状况。

第三节　明代杭州寺院佛事活动制度

佛事是指佛教信徒依规所行供佛、斋僧、拜忏、诵经、追福、荐亡等活动，包括节日佛事活动与专门的法会，前者多为沿袭传统的佛事活动，后者则有很强的目的性，是佛教彰显社会功能的重要方式。

一、节腊佛事

佛诞日和盂兰盆会是佛教最为重要的两大节日。佛诞日于每年四月初八举行，相传为佛祖释迦牟尼诞辰。届时，各寺院都会集众诵经，并举行盛大的浴佛法会，以名香浸水灌洗释迦之太子诞生像，以示纪念，故而又称之为浴佛节。宋代杭州各寺院于佛诞日各有浴佛会，“僧尼辈竞以小盆贮铜像，浸以糖水，覆以花棚，铙钹交迎，遍往邸第富室，以小杓浇灌，以求施利”，“是日，西湖作放生会，舟楫甚盛，略如春时，小舟竞卖龟鱼螺蚌放生”②。至元、明时期，此风依然。明代杭州各寺院，佛诞日“僧尼各建龙华会，以小盆坐铜佛，浸以糖水，覆以花亭，铙鼓迎往富家，以小杓浇佛，提唱偈诵，布施财物”③。净慈寺佛诞日佛事活动大同小异：

> 四月初八日，为释迦佛降诞日。库司严设花亭，中奉太子降生像，于香汤盆内。住持领众，上殿祝香，维那举浴佛偈，众和，行道灌沐毕，讽咒回向。是日，

① （明）释祩宏《云栖共住规约·附集·津送式》，（明）释祩宏《莲池大师全集》。
② （宋）周密《武林旧事》卷3《浴佛》，《知不足斋丛书》本。
③ （明）田汝成《西湖游览志馀》卷20《熙朝乐事》，第371页。

库司旧炊大锅，造青精饭斋僧。今方丈备斋[①]。

万历年间，织造太监孙隆曾“铸舍四月初八浴佛古铜盆一”于上天竺讲寺[②]。

七月十五日有盂兰盆会，又称盂兰盆斋、盂兰盆节、盂兰盆供。根据《佛说盂兰盆经》记载，佛弟子目犍连尊者以天眼通见其母堕饿鬼道，受倒悬之苦，遂向佛陀请教救济之法。佛陀为说救济之法，即于七月十五日，集百味饭食，安盂兰盆中，供养十方自恣僧，为现世父母祈福延寿，并使七世父母得以脱离恶道，这是盂兰盆会缘起。中国盂兰盆会佛事，创始于梁武帝。由于它以恩报孝德为旨归，暗合中国追先悼远的世俗信仰，因此广为普及，成为汉地佛教的重要节日和民间习俗。但是，宋代以后，盂兰盆会富丽庄严和供佛及僧的意义减少，而主要体现的是荐亡色彩。如《梦粱录》载，宋代杭州僧众于七月十五日“建盂兰盆会，率施主钱米，与之荐亡”[③]。明代杭州，七月十五日“僧家建盂兰盆会，放灯西湖及塔上、河中，谓之照冥。官府亦祭郡厉邑厉坛”[④]。净慈寺，七月十五日“集众讽经施食，建盂兰盆会”[⑤]。这一法事影响巨大，甚至整个秋季民间都在以此追荐亡魂，“杭俗信鬼，冥镪从丰，每遇秋期，兰盆充塞，所祭者皆无主孤魂，各户舍财不吝”[⑥]。

由于僧人、民人皆将盂兰盆会用于施食荐亡，而忽视了其初旨在于供佛斋僧，因此袾宏批评说：“世人以七月十五日施鬼神食为盂兰盆大斋之会，此讹也。兰盆缘起目连，谓七月十五日，众僧解夏自恣，九旬参学，多得道者，此日修供，其福百倍，非施鬼神食也。施食自缘起阿难，不限七月十五。所用之器，是摩竭国斛，亦非兰盆。盖一则上奉贤圣，一则下济饿鬼，悲敬异田，恶可等混？”[⑦]这从侧面也可见明代杭州各寺院盂兰盆会佛事活动的面相。

夏安居亦是僧家重要的佛事之一。据《四分律》所述，佛陀在舍卫国祇树给孤独园，六群比丘于夏月游化时，为暴雨漂失衣钵、坐具、针筒，故世人咸共讥嫌，佛陀遂制夏时三月应结夏安居。据说这是佛教安居的滥觞。或说夏季草木繁盛，虫蚁繁衍，佛陀恐僧众外出乞食时误踩蹈、伤害生灵，一说夏季妇女穿衣不严，僧人外出乞食，恐为世人讥嫌，故佛陀定制夏安居。夏安居的时间，始自四月十六日，终于七月十五日，也称“结制”。其间，僧众安居寺院，禁止外出，接受饮食卧具的供

① 《南屏净慈寺志》卷9《僧制·节腊》，第283页。
② 《杭州上天竺讲寺志》卷9《供具》，第148页。
③ （宋）吴自牧《梦粱录》卷4《解制日》，浙江人民出版社1980年版。
④ （明）田汝成《西湖游览志馀》卷20《熙朝乐事》，第372页。
⑤ 《南屏净慈寺志》卷9《僧制·节腊》，第283页。
⑥ （清）刘声木《苌楚斋随笔五笔》卷5，中华书局1998年版，第980页。
⑦ （明）释袾宏《正讹集·盂兰盆》，（明）释袾宏《莲池大师全集》。

养，忏悔罪业。三月期尽，七月十六日，寺众齐聚，检讨自己是否有违戒法，并互举过失，犯戒者当众忏悔，故称自恣日、佛欢喜日，也称“解制”。而僧人的出家年岁，所谓戒腊、法腊，也以此为准，即比丘（尼）受具足戒后，度过一个夏安居，即为戒腊（法腊）增长一岁。明代杭州各寺院也举行夏安居活动。但净慈寺以四月十三日结制，七月十三日解制：“[四月]十三日结制，建楞严会，禁足九旬，谓之坐夏”；“七月十三日解制，散楞严会，谓之休夏”[①]。

此外，一年之中还有许多佛教节日。如二月十九日为观音圣诞日，上天竺寺“建观音会，倾城士女皆往”[②]，为僧俗两界每岁共襄盛事。十二月初八为佛成道日，净慈寺“库司旧炊大釜，造红粥斋僧”[③]。每逢汉俗传统佳节，寺院亦常常举行佛事活动，如春分、秋分，净慈寺“众集伽蓝殿，讽经一日，谓之春、秋伽蓝会”[④]。当然，这些节日佛事活动并非是上天竺寺、净慈寺所独有，而是各寺院多举办。

二、忏法

忏法是佛教信徒悔除罪业的仪则与行法。大乘佛教认为，通过行忏法可以消除以往无量劫中所造罪业，是修行成佛、挣脱轮回的必由之路，故而忏法历来为中国佛教所重视。中国悔罪之仪，初兴于两晋之时，“道安、慧远之俦，命驾而行兹术”[⑤]。此后，盛行于南朝，梁、陈之际尤盛。天监年间，梁武帝制成《慈悲道场忏法》(《梁皇忏》)。陈、隋之际，智顗依《法华经·劝发品》和《普贤观经》，作《法华三昧忏仪》，作为修习止观的助道行法之一，意谓通过忏法来实现法华三昧，同时也是忏悔的仪式。其内容从严净道场至实相正观共十科。至唐代僧人知玄抄略《圆觉经道场修证仪》而成《慈悲水忏》，宣传善恶因果报应，归命诸佛菩萨，以三昧水洗冤业为义，一直流行后世。宋僧知礼集《千手千眼大悲心咒行法》(世称《大悲忏》)，内容为严道场、净三业、结界、修供养、请三宝诸天、赞叹伸诚、作礼、发愿持咒、忏悔和观行十科，前九科主要是仪则虔修，后一科为天台宗的止观正行，与智顗所撰《法华三昧忏仪》同类，并宣扬修此忏法不但可以消灾祈福，死后还可往生净土，流行最广，影响最大。

---

① 《南屏净慈寺志》卷9《僧制·节腊》，第283页。
② （明）田汝成《西湖游览志馀》卷20《熙朝乐事》，第369页。
③ 《南屏净慈寺志》卷9《僧制·节腊》，第284页。
④ 《南屏净慈寺志》卷9《僧制·节腊》，第283页。
⑤ （唐）释道宣《广弘明集》卷28《悔罪篇序》，《大正大藏经》第五十二册第2103号，第330页。

明代忏法盛行。明初太祖在南京多次举办佛教法会，命僧人行经忏法事，超度元末战争中的亡魂。其后，明太祖下令将全国寺院、僧人分为禅、讲、教三类，“教”僧（瑜伽僧、应付僧）即专门学习显密法事，为民间超度亡亲、祈福禳灾。在国家提倡下，明代中期以后教僧占到僧众半数以上。杭州佛教盛行，百姓请僧念诵经忏法事者尤多，所谓“水陆头尾相连，经忏接续不断”，而负责寺院财会的“库头终夜计算，不过是分派应付钱财”[①]。“生意”如此兴隆，说明明代杭州僧人通过经忏法事获得的经济报酬相当丰厚。杭州寺院中，天台忏、大悲忏等忏法尤为流行。虞淳熙称《法华经》“为极圆，为醍醐之味，为经中之王”，修法华忏“以证圆果，亦忏中之王也”。但后世更改忏仪，变更古制。万历十四年（1586），虞淳熙“始导大觉[圆珑]、绍觉[广承]二人行之胜莲居，而辄逢魔。后同冯开之延无尽［传灯］、闻谷［广印］辈十人行之胜果，而乌龙君凭语护法，冥获感应”，他得出“则是古式宜遵之一验也”[②]。

明代后期，云栖袾宏非常重视忏法，对天台忏法倍加推崇，重订宋代释志磐《法界圣凡水陆胜会修斋仪轨》，修订《瑜伽集要施食仪轨》，并作《施食补注》，以广流传。袾宏不仅规范化忏仪，曾多次亲作法事。如这一时期，“杭州属县多虎患”[③]。万历二十四年（1596）十月，钱塘县定北五图乃至各乡村“虎兽为灾，伤人及畜甚众，本乡某等来求禳解”，袾宏“于是云集僧伽，就于本境黄山妙净寺中启建禳解道场五昼夜，至某日圆满”。其仪式及所用忏法是：“于中谨备香烛茗果之仪，命僧翘勤顶礼《梁皇忏》法一十二部，终宵设放瑜伽焰口。……又复祈祷自古伏虎圣贤，牒至诸方山神土地，承斯善利，伏愿前生负虎之命者，悉皆解释怨瞋，不相酬报。”继而追荐虎患中罹难之人，再诵“今日为虎所噬者，俱得早生善趣，不堕伤亡。人无害虎之心，发慈悲而永除杀业；虎绝伤人之意，尽此报而速脱苦轮。下至微类含灵咸蒙护庇，远及多生滞魄俱获超升。人人植菩提因，处处成安乐土”[④]。再如，袾宏曾应杭州太守余良枢等人之请，率僧团入城作法，以禳旱灾疾疫。其《禳灾疏》称，“谨请云栖僧伽二十四员，恭就在城灵芝寺，启建祈禳灾患、福国祐民焰口普利道场一期，越七昼夜”，“备陈香供，云集僧伽，就坛看念《金刚般若波罗密经》《梵网经菩萨戒心地品》《药师琉璃光如来本愿功德经》《妙法莲华经》《普贤行愿品》，加讽咒章。所集功德，伏愿佛慈普被，雨旸时若，而五谷丰盈；法力冥资，气运调和，而三灾顿息。百职弘

① （明）释袾宏《云栖大师遗稿》卷21《示直院等（三条）》，（明）释袾宏《莲池大师全集》。
② （明）虞淳熙《虞德园先生集文集》卷6《法华忏仪安乐行义感应记序》，明末刻本。
③ 万历《杭州府志》卷7《国朝郡事纪下》，中华书局2005年版。
④ （明）释袾宏《山房杂录》卷1《禳虎疏》，（明）释袾宏《莲池大师全集》。

太平之治，万民庆安乐之年，积善慈以答天恩，行忠孝专祈国祚”①。此后，据说虎患消减，灾情缓解。作为现代人，尽管我们知道这些并不是袾宏做法行忏所致，但在当时官民僧俗人等心目中是大有效果的，因而由此而更生礼敬之心。

忏法的流行也影响着勤修净业的在俗士人。时人谓“今之士大夫托名逃禅，往往修斋诵经，事佛甚虔”②。居士虞淳熙即是一例。他中乡举后，“与同社（胜莲社）友诵《梁皇忏》”。万历十一年（1583）中进士后，居京不久，他即丁父忧归杭。为报父恩，他“居山日以籑饭施诸獐兔”③。修忏法已经成为虞淳熙日常信仰生活的一部分，其竺释之路无疑在奉佛居士当中具有相当的代表性。

三、法会

法会又称佛会、法事，是为供佛施僧及讲说佛法而举行的集会。明代杭州法会中，主要有水陆法会、放生法会。

（一）水陆法会

水陆法会全称为“法界圣凡水陆普度大斋胜会”，又称“水陆道场”“悲济会”，是中国佛教经忏法事中最隆重的一种。水陆是六道众生（天、人、阿修罗、地狱、饿鬼、畜生）轮回生死的地界，水陆法会即在水陆施斋，僧人通过符牒召请六道一切众生，行施食法，“诸仙致食于流水，鬼致食于净地”④，追荐和超度其亡灵，同时将这种功德再回向给施主，为施主及其眷属祈福。相传，梁武帝于天监年间在镇江金山寺举行了中国佛教史上第一次水陆法会。至宋绍圣年间，僧宗颐删补详定多个版本的仪文，作《水陆仪文》四卷，水陆法会开始在社会各阶层间流行。南宋乾道年间，史浩施田百亩，于四明月波山建水陆道场，分春夏秋冬四季举行，称“四时水陆”。后僧志磐著《水陆新仪》六卷，有别于金山寺所行法会仪文，称“南水陆”，一时浙地奉之者众。宋代以后，水陆法会渐为朝野超度战争亡灵盛大佛会的主要形式。法会一般由施主出钱资助，富者独营，贫者则集资修举（“众姓水陆”），以七日为期。

明初，太祖在南京多次举办水陆法会，“为死者超生，为生者解冤”⑤，使水陆法

① （明）释袾宏《山房杂录》卷 1《禳灾疏（代余太守）》。
② （明）田艺蘅《留青日札》卷 27《儒者奉佛》，明万历重刻本。
③ （清）彭希涑《净土圣贤录》卷 7《往生王臣第六・虞淳熙》，清刻本。
④ （宋）释遵式《金园集》卷 2《施食正名》，《卍新纂续藏经》第五十七册第 950 号，第 10 页。
⑤ 明太祖《御制蒋山寺广荐佛会文》，（明）葛寅亮《金陵梵刹志》卷 3《钟山灵谷寺》。

会在明代社会更为盛行。不过，与盛大的国家法会相比，明代杭州的水陆法会则以私家举办为主，在仪则上则“南北水陆”兼有。不过，宋元以来，“北水陆”被“附会添杂，但事热闹，用供流俗士女耳目”。明代后期，袾宏不满于此，弃北法而择“南水陆”，并对《水陆新仪》加以修订，作《水陆修斋仪轨》六卷，杭州丛林风行效仿。对此，后人评价说：袾宏“具择法眼，故不从北，从南，每设供结界密护，除主坛一人、表白二人、斋主一人、香灯五人外，余人例于幕外瞻礼，不得入内坛。坛内人出入，必皆易衣澡浴，所以得名如法供养，不似诸方滥张圣像，任男女杂沓游观，致使饮酒食肉、吞烟噉蒜之人，皆得熏蔑尊仪也”①。袾宏还对水陆道场“频作”导致的种种问题进行反思，提出“止于冬三月中一举二举，余月断乎不可，余日断乎不可”②。这反映了晚明杭州僧人群体对于元明以来丛林过于重视瑜伽法事的现象持有的警惕谨慎的态度，也反映出晚明佛教复兴的标的不在于法事弘盛，而是在于义理的提升与戒规的整肃。

（二）放生法会

放生之俗，古已有之。佛教传入之后，慈悲戒杀的思想渐成放生之由，《梵网经》《金光明最胜王经·流水长者子品》为佛教放生提供了理论依据。汉地佛教大规模的放生活动始于隋代，至唐代盛行。北宋天禧三年（1019），从杭僧慈云遵式之请，宋真宗准以西湖为放生池，且每逢佛诞日举行放生法会，为天子祝圣。宋仁宗时期，每年四月八日大行放生会成为定制。

明代僧人及信佛之人放生已很普遍，寺院也经常举行放生法会。明代后期，杭州云栖寺袾宏成立了有僧俗两界参与的放生会，并著《上方善会约》，对放生会运作诸事项作了详细的规定。他将放生法会定为每月一次，会期为月晦前一日，在上方寺举行。在原有放生仪规的基础上，袾宏在保留《梵网经》所倡导的戒杀思想的同时，又加入净土念佛内容，将《往生净土神咒》《十方华严经·十回向品》增入法会念诵经目中，强调放生是以回向众生为意图、以往生净土为旨归的。时人称袾宏“极意戒杀生，崇放生，著文久行于世，海内多奉尊之”③，袾宏所订放生仪轨走向全国，放生法会成为明末僧俗两界的盛事。

① （清）释智旭《灵峰蕅益大师宗论》卷7《水陆大斋疏》，《嘉兴大藏经》第三十六册第B348号，第387页。
② （明）释袾宏《云栖共住规约·附集·水陆道场议》，（明）释袾宏《莲池大师全集》。
③ （明）释德清《憨山老人梦游集》卷27《云栖莲池宏大师塔铭》，台湾高雄净宗学会1998年版。

第七章　明代杭州佛教与社会

明代杭州佛教兴盛，高僧名僧汇聚，名刹寺庵林立，对政治、文化、经济以及民众生活等都产生了很大影响。

第一节　明代杭州佛教与皇权统治

明代杭州佛教通过归附皇权，大肆劝导教化僧俗，积极维护明王朝统治，“阴翊王度”，对明代政治发挥了一定影响。

一、明代前期杭州佛教参与皇权统治

明代前期，杭州佛教兴盛，高僧名僧汇聚，不少人应召赴京，直接参与皇权统治，对政局发挥了重要影响。

明太祖确立了对佛教实行既整顿和限制，又保护和提倡的国家政策。就保护和提倡佛教而言，明太祖主要是出于佛教能够“暗助王纲，益世无穷”[①]，发挥“阴翊王度”的作用。因此，他崇佛的出发点并非在于复兴佛教，而是基于巩固明王朝统治的考量，其佛教政策对于佛教、僧人和寺院的管理具有浓厚的实用主义色彩，其整肃教团用力之深、管控之严及政策之细密皆远逾前代，而杭州僧人在其中发挥了重要作用。

洪武元年（1368）至五年，明太祖几乎每年都在首都南京举行大规模法会，追荐死于战乱的军将兵士和孤鬼亡魂[②]，同时为了备顾问，充任僧官，充实南京寺院，提振南京佛教，他征召了大批江浙高僧至首都南京。其中，杭州僧人占有很大比例。根据史籍不完全的记载，应明太祖之召进京的杭州高僧，有楚石梵琦、东溟慧日、见

① 明太祖《明太祖文集》卷10《三教论》，《文渊阁四库全书》本。
② 参阅何孝荣《明代南京寺院研究》，中国社会科学出版社2000年版，第360-361页。

心来复、愚庵智及、方舟友奎、用章廷俊、清远怀渭、原璞士璋、季潭宗泐、白云智度、日章祖偁、逆川智顺、竺隐弘道、朴隐原瀞、幻隐慧朗、同庵夷简、一初守仁、止庵德祥、斯道道衍、太璞如玘、相庵子实、南洲溥洽、古春如兰等二十余位。这些杭州入京高僧，不少人对于明朝政治产生了一定影响。兹择其大者言。

宗泐，洪武五年（1372）举行钟山广荐法会，太祖“服皮弁，搢玉圭，上殿面大雄氏行拜献礼者三，诏集幽爽，引入殿，致参佛之礼”，宗泐“升座说法”[①]。法会后不久，宗泐被推荐为南京国家首刹天界寺住持。后任右善世，为国家僧官之次官。宗泐“识儒书，知礼义”，深得太祖赏识，时与“精于释”的宋濂并称，太祖分别称为“泐秀才”“宋和尚”[②]。宗泐对明代佛教乃至社会都有着重要的影响：（1）受命制法会乐章。洪武五年（1372）广荐法会前，太祖“命宗泐撰《献佛乐章》，既成进呈，御署曲名”，“凡八章”[③]。此后奏《献佛乐章》成为国家法会的重要事项。（2）受命与如玘等注释《心经》《金刚经》《楞伽经》，颁行全国。太祖评价“此经之注，诚为精确，可流布海内，使学者讲习焉”[④]，促进了明代佛教诸宗的融合[⑤]。（3）洪武十五年（1382），太祖挑选高僧随侍诸王，宗泐举荐僧道衍侍从燕王朱棣，道衍后与朱棣策划了“靖难之役”。

来复，洪武四年（1371）、十二年两诣京师，升座说法，太祖“赐食内廷，慰劳优渥”[⑥]。后任僧录司左觉义，职掌检束僧人行为。因其精通儒、释之学，又富文才，太祖命其教导自己钟爱的蜀王朱椿，“与之讲道论文，殆无虚日”[⑦]。

溥洽，洪武年间历官右讲经、左善世。明初“国家建法会，一切科仪文字，皆师定，以贻范于后”[⑧]，是洪武后期至建文年间最有名、官位最高的僧人。据说，他也为建文帝倚信，“靖难兵起，为建文君设药师灯忏，诅长陵（即燕王朱棣，引者注）。金川门开，又为建文君削发”[⑨]，助其出逃。

道衍，帮助燕王朱棣策划和指挥了“靖难之役”，推翻了建文帝统治，建立了永乐朝，改变了明朝政局。明成祖“用兵有天下，道衍力为多，论功以为第一”[⑩]。明成祖即位后，道衍先任左善世，后迁太子少师，赐复姓姚名广孝。永乐年间，他又辅导

---

① （明）释明河《补续高僧传》卷14《季潭泐传》，上海古籍出版社1991年版。
② （明）都穆《都公谈纂》卷上，清抄本。
③ （明）葛寅亮《金陵梵刹志》卷2《钦录集》，洪武五年壬子，何孝荣点校，南京出版社2017年版。
④ （明）宋濂《宋学士文集》卷62《新注楞伽经后序》，《四部丛刊初编》本。
⑤ 参阅何孝荣《元末明初名僧宗泐事迹考》，《江西社会科学》2012年12期。
⑥ （明）宋濂《宋学士文集》卷27《蒲庵禅师画像赞》。
⑦ （明）沈国元《皇明从信录》卷8，明末刻本。
⑧ （明）杨士奇《东里文集》卷25《僧录司右善世南洲法师塔铭》，刘伯涵、朱海点校，中华书局1998年版。
⑨ （明）郑晓《今言》卷3，中华书局1984年版。
⑩ 《明史》卷145《姚广孝传》，中华书局1997年版。

太子朱高炽、太孙朱瞻基，赈济苏湖，主持重修《永乐大典》《明太祖实录》，荐举贤能官员，以僧人身份传承和弘扬佛教，多有劳绩。明朝由衰弱失败的建文朝进入强盛发展的永宣盛世，杭州僧人道衍（姚广孝）发挥了重要作用，他是“新明朝”的重要缔造者，对“新明朝”的巩固也作出了贡献[①]。因此，洪熙年间，他以文臣、僧人身份“配享”明成祖，入祀太庙，这是空前的。

永乐年间，杭州僧人亦广为明成祖征召。明成祖为了塑造自己圣君形象和地位，大兴文治武功。他下令侍读学士解缙编撰一部包罗万象的类书，但解缙是一位正统而激进的儒臣，主张对佛、道、方术等加以禁绝，因此其编成的《文献大成》“多未备”[②]。姚广孝（道衍）受命主持重编，以博大开阔的胸襟和态度，广征儒释道各色人才，遍收经史子集百家之书，最终编成一部中国古代最大类书和重要文化巨著——《永乐大典》，成为明朝繁盛文明的代表。在编修《永乐大典》时，杭州不少高僧名僧入京参与其事。净慈寺祖芳道联、希古师颐以及灵芝寺僧能守参与其事。道联，先后两次受召编纂《永乐大典》，因其博通经典，纂集有方，第二次入京后被任命为“释教总裁”[③]。师颐，被征修《永乐大典》，“总持释宗，蜚声黼座”。永乐十五年（1417），僧录司“挹其清誉，檄住中天竺”。十九年，应请住持净慈寺[④]。明成祖又先后编刻《永乐南藏》《永乐北藏》，择擅长典籍的教门硕德总其事，上天竺僧一如成为不二人选[⑤]。

总之，明代前期杭州高僧云集，统治者大量征召入京，加以充分利用，举办国家佛教法会，追荐亡灵，沟通神佛和人间，目的是神道设教，构建和歌颂现实政权的合法性；充为僧官和京寺住持，帮助创制、推行朝廷佛教政策，教化僧俗；编修《永乐大典》《大藏经》等，也是塑造皇帝文治武功，收拢僧俗人心，打造皇权统治的合法性，因此都发挥了维护明王朝统治的作用。尤其是道衍（姚广孝）策动、指挥“靖难之役”，帮助建立和巩固“新明朝”，重塑了明朝政局。因此，明代前期，杭州高僧直接参与了明朝皇权统治，对明朝政治发挥了重要影响。

---

① 参阅何孝荣《论姚广孝与“新明朝”的建立》，《史学集刊》2019 年第 3 期。
② 《明太宗实录》卷 36，永乐二年十一月丁巳。
③ 《南屏净慈寺志》卷 4《法胤》，第 85 页。
④ （民国）喻谦《新续高僧传四集》卷 52《明杭州净慈寺沙门释师颐传》，上海古籍出版社 1991 年版。
⑤ 《杭州上天竺讲寺志》卷 5，第 85 页。

二、明代杭州佛教维护皇权统治

明代中期以后，随着政治中心的北移，杭州佛教与朝廷的直接联系逐渐弱化，杭州僧人已经很难直接参与皇权统治。不过，有明一代，杭州佛教在杭州等地传播，劝化僧俗，一直发挥着维护和稳定明朝统治的作用。

明代杭州有多少僧人，当时没有统计，现在也很难说清。如明代后期云栖寺，“缁流骈集，茧足传食者，始以百计，终以千计”[①]。仅云栖一寺，明代后期僧人就有千人。当然，云栖寺是个大寺，一般寺院难以匹敌。不过，有明270余年，每天数百所寺院，杭州总共有上百万僧人（次）当不为过。具体僧人数目确实并不重要，我们可以用“众多”来指代更为准确，“恒河沙数”也可形容。明代杭州的众多僧人，不管虔信佛教与否，佛教都在教化、约束他们。大体说来，佛教对他们的教化、约束主要表现在以下几个方面：

第一是佛法教化。佛教创始人释迦牟尼的创教学说，主要内容包括四圣谛说、十二因缘说、业力说、无常说与无我说等。佛教认为，包括人在内的众生的生命就是苦，生存包含着烦恼、不安、困惑、痛苦，苦有二苦、三苦、四苦、五苦、八苦乃至一百一十种苦等无量诸苦。佛教宣扬，世间一切事物和现象都是变化无常的，世界上没有湛然常住、永恒不变的事物和现象（“诸行无常”）；一切存在都没有独立的不变的实体或主宰者，一切事物都没有起着主宰作用的“我”或灵魂，它们都是因缘合成的、相对的和暂时的（“诸法无我”）。“无明”即不懂得人生“无常”“无我”的道理，是人生痛苦的最后根源。佛教指出，众生的行为和支配行为的意志即“业力”决定着其死后所得果报，从而分别在地狱、鬼、畜生、阿修罗、人、天六道中轮回，在苦海中沉浮，永无了期。众生如果能认识到“无常”“无我”的道理，就会产生厌世之苦，追求出离世间，舍弃我执，离弃一切爱欲，摆脱一切烦恼，终而无所依止，归结于灭（“涅槃解脱”）。或者说，只有皈依佛教，弃恶从善，虔诚修持，才能跳出六道樊笼，求得超出生死的解脱。[②]

佛教还大肆宣扬因果报应，要求人们行善积德，念佛往生西方极乐世界。《阿弥陀经》描述西方极乐世界图景说：“舍利弗，彼土何故，名为极乐？其国众生，无有众苦，但受诸乐，故名极乐。又舍利弗，极乐国土，七重栏楯，七重罗网，七重行树，皆是四宝，周匝围绕，是故彼国，名为极乐。又舍利弗，极乐国土，有七宝池，

---

① （明）刘梦谦《云栖免役碑记》，万历《钱塘县志·纪文》，光绪十九年刻本。

② 参阅方立天《佛教哲学》，中国人民大学出版社1991年版，第73-141页。

八功德水，充满其中，池底纯以，金沙布地，四边阶道，金银琉璃，玻璃合成。上有楼阁，亦以金银琉璃，玻璃砗磲，赤珠玛瑙，而严饰之。池中莲华，大如车轮，青色青光，黄色黄光，赤色赤光，白色白光，微妙香洁。舍利弗，极乐国土，成就如是，功德庄严。又舍利弗，彼佛国土，常作天乐，黄金为地，昼夜六时，雨曼陀罗华。其土众生，常以清旦，各以衣诫，盛众妙华，供养他方，十万亿佛。即以食时，还到本国，饭食经行。舍利弗，极乐国土，成就如是，功德庄严。复次，舍利弗，彼国常有，种种奇妙，杂色之鸟，白鹤孔雀，鹦鹉舍利，迦陵频伽，共命之鸟。是诸众鸟，昼夜六时，出和雅音，其音演畅，五根五力，七菩提分，八圣道分，如是等法。其土众生，闻是音已，皆悉念佛，念法念僧。舍利弗，汝勿谓此鸟实是，罪报所生。所以者何？彼佛国土，无三恶道。舍利弗，其佛国土，尚无恶道之名，何况有实？是诸众鸟，皆是阿弥陀欲令，法音宣流，变化所作"[①]。如此繁华、富足、宁静、美妙的世界，对于当时生活于水深火热之中、饱受苦难煎熬的广大信众来说，实在是具有极大的诱惑。

《无量寿庄严清净平等觉经》也说，愿生净土者可以分为三辈，一是上辈，凡出家沙门，一心专念阿弥陀佛，修诸功德，愿生彼国。此辈死时，阿弥陀佛亲率大众迎接，生彼国中，得不退转，乃至成佛。二是中辈，虽不能出家作沙门，但能大修功德，奉持斋戒，向寺院布施。此辈死时，阿弥陀佛化身前往迎接。三是下辈，不能作诸功德，但能一心持念阿弥陀佛，不生疑惑。至其死时，梦中见佛，也得往生。总之，佛教宣传，众生只要行善积德，不作恶事，并皈依佛教，死后就可往生净土，享无尽之福。

佛教的这套教义，具有相当大的欺骗性和诱惑力。绝大多数僧人，不管是因为什么原因出家，多不可能正确认识自己苦难的原因，而受其欺骗和诱惑，在寺院中一心修持，追求解脱，以达到所谓的常、乐、我、静的涅槃境界。不管修行哪一宗，僧人们也多归心净土，以念佛而祈求死后往生极乐世界。这样，他们就脱离了社会现实生活，不再把自己的苦难归于社会秩序的不合理，进而采取与社会秩序格格不入的方式来摆脱苦难，改造社会，从而有利于现实政治统治。

第二是戒律清规约束。关于戒律清规，前文已经有所述及。这里再作简单补充。佛教规定，信佛者有三皈戒，即皈依佛、皈依法、皈依僧。出家之初有沙弥（尼）戒（十条），即不杀生戒、不偷盗戒、不淫戒、不妄语戒、不饮酒戒、不涂饰香鬘戒、

① （后秦）鸠摩罗什译《佛说阿弥陀经》，《大正大藏经》第十二册第366号，第346-347页。

不歌舞观听戒、不坐高广大床戒、不非时食戒、不蓄金银宝戒。而要正式出家，成为比丘（尼），则需受具足戒，《四分律》称比丘戒有250戒，比丘尼戒有348戒。其中有绝对不可犯的“极重”戒，即杀生、不与取、淫行、大妄语。在僧团中，如有人犯重戒，就逐出僧团，取消他的出家资格。这些规条，无疑要把僧众塑造成遵纪守法的出家人。

中国的清规不少，都是以戒律为基础，结合中国具体实际而制定的僧人行为规范。元代编定的《敕修百丈清规》，明代国家仍反复强调，杭州各寺院也遵行通用，已为人所熟知。我们这里再以明代后期影响最大的杭州云栖寺《云栖共住规约》中的《僧约》为例说明。《僧约》小序明言：“舍俗入山，单求何事？远离尘阓，专为修行。如或不然，来此何益！今与众约，能相体悉，乃可同居。不肯遵行，毋劳共住！”《僧约》共十条，即“第一敦尚戒德约”“第二安贫乐道约”“第三省缘务本约”“第四奉公守正约”“第五柔和忍辱约”“第六威仪整肃约”“第七勤修行业约”“第八直心处众约”“第九安分小心约”“第十随顺规制约”。其中，“第一敦尚戒德约”明确规定：“破根本大戒者出院，诵戒无故不随众者出院，不孝父母者出院，欺陵师长者出院，故违朝廷公府禁令者出院，习近女人者出院，受戒经年不知戒相者出院，亲近邪师者出院。”① 除了要遵守佛教戒律以外，再次强调“故违朝廷公府禁令者出院”，僧人必须遵守朝廷法令制度，这显然是维护现行明王朝统治。

第三是僧人赞颂皇权而劝导。在中国古代皇权专制社会，皇权高于一切。僧人虽然自称出离世俗社会，但宋代以后，仍须拜跪王者。僧人说法，除了宣讲佛法以外，还大力赞颂皇权。如人们熟知的杭州僧人、明初“第一等宗师”楚石梵琦，两次参与蒋山法会，升座说法，不仅歌颂明太祖“英武仁圣，削平海内，子育兆民”，自称皆为“臣僧梵琦”，并擅将《楞严经》卷三“将此深心奉尘刹，是则名报佛恩”改为“将此深心奉尘刹，是则名报国恩”②。他视“国”重于“佛”，皇帝在佛祖之上，佛教、法会都是为封建统治服务的。梵琦在南京说法如此，在杭州也并无异样。

《杭州上天竺讲寺志》收录了该寺每月朔望住持领众焚修，先“祝圣”云：“月朔望之辰，谨集臣僧，恭趋宝殿，持讽秘章，称扬圣号。所萃洪因，端为祝延，今上皇帝，圣躬万安，皇后齐年，太子千秋，文武官班，同增禄算。伏愿尧风荡荡，舜日巍巍，八方歌有道之君，四海乐无为之化”。每年正月初一至初二，“合寺僧众，顶礼

① （明）释祩宏《云栖共住规约四集·别集·僧约》，（明）释祩宏《莲池大师全集》，台湾佛陀教育基金会2009年版。

② （明）释梵琦《佛日普照慧辩楚石禅师语录》卷20《水陆升座》，《卍新纂续藏经》第七十一册第1420号，第658页。

《金光明忏》三日”，也首先“上祝圣帝明王，慈临无际，群臣眷属，常享尊荣，兆姓四民，永安富乐，佛法檀越，父母师生，平等熏修，普皆利益”[①]。因此，我们说，明代杭州佛教赞颂皇权，祈福明朝，这也对僧人有巨大的劝导教化作用。

第四是寺院经济保障。如前所述，明代绝大部分僧人还是因为穷苦无依而出家。万历时大臣叶向高指出，“民生日众，朘削日甚，饥不得食，寒不得衣，壮不得有室，鳏寡孤独不得自存者，不知何限。而其人又率自私自利，同室之内，漠如胡越，民有穷困以死，无复之耳。于是，佛氏得以其教，群天下之穷民，而养育其中。其稍有赀财者，又夺以福田利益之说，损其有余，以补不足，庶几于古者相收相恤之义。故自王政废而佛教行，虽其清言渺论足以入人，亦以为教之便利，势有必趋而不能止也”[②]。叶向高说明百姓因为穷苦而遁入佛教，确实解释出僧人出家的主要原因。杭州古刹名蓝众多，或有寺田可耕种收租，或有商业经营得利，或有檀越施舍捐助。这些穷苦无依之人入寺为僧，不仅免除了个人原来在俗间要负担的徭役等，而且可以有寺院经济做生活保障。因此，寺院为他们提供了衣食等生活来源，避免他们在社会中不能聊生，四处流浪，从而“作奸犯科”，甚至揭起造反大旗。

由于佛教大肆劝导教化，寺院经济保障生活，因此明代杭州僧人多能遵纪守法，安心弘法修行。我们在《明实录》中发现一例杭州道士造反者：景泰年间，杭州钱塘县民、火居道士李珍，“闻苗贼作乱，欲往从之”，路遇山东即墨县民、武当山道士魏玄冲，“同至苗贼执银寨”，为苗人信从，李珍“伪称皇帝，及书天顺年号，作诏书封苗头等为侯及都司等官，率兵三万至天柱，欲与镇守等官战”。最后，二人被官兵擒获，械至京。景泰七年（1456）七月，“法司坐凌迟处死”[③]。但是，我们没有发现明代杭州僧人造反起事、破坏社会秩序的事例。

当然，明代杭州佛教也同时在劝导教化官员士绅、普通民众。明代杭州官民俗众大多受到佛教影响，或多或少信仰佛教，有的则成为虔诚信众、居士，有的甚至出家为僧，这也是杭州檀越众多、佛教兴盛的根本原因。如上天竺寺为知名的观音道场，官民信奉，“十方万众，填山谷、蹈湖海而礼拜，称念观世音者无算”[④]。在浓厚的佛教氛围中，官民俗众也多遵纪守法，安于社会现实，不会萌生造反起义之念。万历《杭州府志》记载风俗说，“省城敝俗最易惑人者，僧尼为甚。南北两山间，私创庵院以千百计”，“簧鼓愚民夫妇，礼拜为师。其中真心学道者，千百之一。而为奸为

① 《杭州上天竺讲寺志》卷6《清规》，第98-99页。
② （明）叶向高《八大寺定租碑记》，（明）葛寅亮《金陵梵刹志》卷16《聚宝山报恩寺》。
③ 《明英宗实录》卷268，景泰七年七月壬申。
④ （明）黄汝亨《寓林集》卷2《观世音菩萨普门品经备解序》，天启四年刻本。

盗，藏身其间则什九也"[1]。完全是万历初年杭州地方官员、士人纂修府志者站在正统和保守的儒学立场，将佛教和信佛僧俗视作"异端"的歧见。但该志同时说："杭俗崇尚释、老，其来已久"，百姓烧香拜佛，"皆香灯丛拥，声乐喧阗""官府不为严禁者，亦因俗导民之意，使果畏报应，而事焚修，则力善之心，于此亦为一助"[2]。这还是承认了和透露出杭州佛教劝导教化民众的强大力量和影响。

总之，明代二百七十余年，杭州经济发展，社会安定，统治稳固，杭州佛教发挥了一定的作用。

第二节　明代杭州佛教与士人

明代杭州经济、文化发达，士子云集，为文人渊薮，而杭州佛教又十分兴盛，僧人、寺院众多，士林与丛林互动频繁，兼有山水之美的杭州寺院成为儒释交涉的重要场域空间。因此，明代杭州文化的繁荣既是士林兴盛的结果，佛教在其中亦贡献颇巨。士、僧频繁交往，丛林与世俗社会界限日益模糊，陈垣形容为"鸠居鹊巢"，"固一时风习使然，亦佛教与社会接近之一征也"[3]。此即"庶民佛教"潮流的一个重要断面。

一、士人"仕隐"文化心理结构契合的方外之地

自古以来，居庙堂之高还是处江湖之远都是士人所面临的重要抉择。士人进退选择取决于时局盛衰与个人条件、机遇，以及价值观是否契合。随着时代的发展，许多士人在名教纲常框架内，追求个体身心闲适，亦官亦隐，徘徊于朝野之间。"仕隐"看似是一对矛盾，实则成为士大夫调适自身的有效方法。而佛教对于士人这一心态的形成有着重要的影响，"《维摩诘经》的不二法荡相遣执，消除各种差别；禅宗进一步发挥般若之'空'，涤除出仕与归隐之间的对立；生活禅则将'空'之否定转化为对日常生活之'有'的肯定，士人通过日常生活的艺术化建构，最终消融了出处的矛盾，使身心得以安顿"[4]，白居易、苏轼即是最为典型的实践者。

明代杭州寺院罗列湖山之间，大都环境清净雅致，尤其是山林中的佛刹，幽僻而

① 万历《杭州府志》卷19《风俗》，中华书局2005年版。
② 万历《杭州府志》卷19《风俗》。
③ 陈垣《明季滇黔佛教考》，中华书局1962年版，第120页。
④ 李昌舒《中古隐逸文化的佛学基础》，《南京大学学报》2014年第6期。

少喧嚣，是士人理想的读书、静养、讲学之处。元末明初，宋濂曾久寓净慈寺，并“自构有萝山石室”[①]。明代中期，大儒王守仁一生多次寓居于杭，乡举时即读书南屏山后，弘治十六年（1503）时曾至净慈寺养病。正德十四年（1519）九月，平定“宁王之乱”后，王守仁“称病西湖净慈寺”[②]。居杭州期间，西湖周边的佛寺“不仅为其思想创设提供了极佳的场所，而且提供了丰富的思想资源，这也是他决意要在杭州建书院、兴讲会的重要原因”[③]。后嘉靖九年（1530），其门人薛侃所建天真书院就位于城南山中，毗邻天真寺。万历间，陶望龄、袁宏道亦曾寓居于净慈寺，王亹、陈洪绶尝读书于烟霞洞新庵[④]。《武林梵志》的作者吴之鲸曾于万历十九年（1591）“与俞似宗读书兴教寺”[⑤]，并时常前往附近的下塔月明庵参访雪峰禅师。

文人入寺，原因种种，但其中以仕途不顺，或对官场心灰意冷者最为常见。明后期朝廷党争激烈，政治黑暗腐朽，许多士人视官场为畏途，遂寄情于山水，参禅问道，“隆万以后，运趋末造，风气日偷，道学侈称卓老，务讲禅宗”[⑥]，入寺者渐多。如嘉靖末年，“有邑诸生张少岳万言者，隐于［灵峰］寺中，四十年不入城市”[⑦]。士人入寺更多是于方外寻求精神寄托。如冯梦祯，“自秀水移家武林，以高旷绝俗，不容于时。为祭酒时，有厄之者，遂飘然归隐西湖，筑快雪堂孤山上，啸咏其中。……公精心内教，弘护法门，性喜延接僧伽，无贤不肖，率欣然引见。尝至净慈，与寺僧大壑辈登慧日峰，憩莲花洞，语话终日”[⑧]。终日出入佛刹，与杭州高僧及礼佛士人往来结纳，于山水禅林间追寻人生意趣所在。“仁者乐山，智者乐水”。杭州兼有二者之美，又有丰富的人文史迹，素来为士子寻幽、探胜、访古、乐游之地。而明代杭州又远离政治中心，且有水陆交通之便，为士人群体交际活动的开展提供了自由的空间及便利条件。由是，江浙名士常燕集于杭，从而渐形成声气互通的交际网络，僧人群体亦是这一网络中的组成部分，他们在寺院中结社放生、诗歌唱酬、往来冶游等，频繁举行各种活动。

元代，江南士大夫或逃禅归佛，或隐逸山林，使得儒、释二道互动加强。明代延续了这一趋势。宋濂即是诠释明初儒佛关系的典型案例。宋氏喜究释典，好以文辞为佛事，自谓“予本章逢之流，四库书颇尝习读，逮至壮龄，又极潜心于内典，往往

① 《南屏净慈寺志》卷 6《檀护・宰官》，第 164 页。
② （明）王守仁《王阳明全集》卷 34《年谱二》，吴光、钱明等编校，上海古籍出版社 2011 年版，第 1400 页。
③ 钱明《王阳明与杭州》，《杭州研究》2009 年第 2 期。
④ （明）张岱《西湖梦寻》卷 4《烟霞石屋》，中华书局 2007 年版，第 195 页。
⑤ 《武林梵志》卷 4《北山分脉》，第 96 页。
⑥ （清）永瑢等《四库全书总目》卷 132《〈续说郛〉提要》，中华书局 1965 年版，第 1124 页。
⑦ 《武林梵志》卷 4《北山分脉》，第 114 页。
⑧ 《南屏净慈寺志》卷 6《檀护・宰官》第，170 页。

见其说广博殊胜，方信柳宗元所谓‘与《易》《论语》合者’不妄”[①]，恰切地描述了其由儒入佛的学路历程。宋濂与杭州佛教界过从甚密，护教甚力，有“佞佛”之名。他得法于千岩元长，“尝为无旨授、竹庵渭、逆川顺、德隐仁公辈撰塔铭、钟铭”。明初士林显达中与杭州僧人交厚者还有刘基、高启，刘基与净慈寺僧惠崇常同游西湖，而高启则“尝泛舟西湖，望南屏山，并和来复，简净慈泐公，俱有诗”[②]。杭州名儒中亦不乏礼佛者，如徐一夔，为杭州府学教授，“与净慈同庵简、止庵祥结方外之好”[③]。当僧人、寺院遭到诬陷、损毁时，一些官员士人还加以护持。如洪武二十五年（1392），“净慈毁，且以监寺智嶅负于国税，并擅披剃，坐法逮及住持道联，联以例谪五台”。时礼部尚书赵瑁与道联“有道交之亲”，“遂以联名奏闻，上命驿诏至京，加慰劳顾问，至再奏对称旨，敕住大佑国云”[④]。得赵瑁之助，道联不但洗刷了罪名，反而获得提拔，入京寺任住持。

明代中期以后，缙绅士大夫“佞佛”者日众，以致时人批评：“捧咒念佛，奉僧膜拜。手持数珠以为戒律，室悬妙像以为皈依。不知遵孔子家法，而溺意于禅教沙门”[⑤]，儒释交涉进入另一个高潮，此亦为推动士林礼佛之风盛行以及晚明佛教复兴的重要推动力。士大夫礼佛，一方面是出于自身信仰的需要，如黄汝亨《普门品序》所载：“余少不识佛事，第见先慈严，晨朝礼拜慈悲观世音，则必焚香合掌，称《观世音普门品经》，余从耳入，以至从口而出，颇能成诵，无异诵习吾师孔孟齐鲁之篇。已而读书灵鹫山，与天竺密邻，则见十方万众，填山谷、蹈湖海而礼拜，称念观世音者无算。”[⑥]正是有少年时代的耳濡目染，才使其将佛教内化为笃信的内在追求，而在这一过程中杭州地区浓厚的佛教氛围无疑起到了至关重要的作用。“万历而后，禅风寖盛，士大夫无不谈禅，僧亦无不欲与士大夫结纳”[⑦]。这说的是京师的情况。而杭州亦复如是，士大夫出入佛刹是为常事。如袁宏道《西湖游记》中记载了其至杭州后的行程：“午刻入昭庆，茶毕，即棹小舟入湖。山色如娥，花光如颊，温风如酒，波纹如绫，才一举头，已不觉目酣神醉。此时欲下一语描写不得，大约如东阿王梦中初遇洛神时也。余游西湖始此，时万历丁酉二月十四日也。晚同子公渡净寺，觅阿宾旧住僧房。取道由六桥、岳坟、石径塘而归。草草领略，未及遍赏。次早得陶石篑帖子，至

① （明）宋濂《宋学士文集》卷20《夹辅教编序》，《四部丛刊初编》本。
② 《南屏净慈寺志》卷6《檀护》，第165页。
③ 《南屏净慈寺志》卷6《檀护》，第165页。
④ 《南屏净慈寺志》卷6《檀护》，第166页。
⑤ 《明神宗实录》卷369，万历三十年闰二月乙卯。
⑥ （明）黄汝亨《寓林集》卷2《观世音菩萨普门品经备解序》，天启四年刻本。
⑦ 陈垣《明季滇黔佛教考》，中华书局1962年版，第129页。

十九日，石篑兄弟同学佛人王静虚至，湖山好友，一时凑集矣。”[①] 可见，无论是入昭庆寺品茗，还是往净慈寺游览，及会礼佛参友，皆围绕佛教而展开，寺院则是其交游活动的重要场域。

二、士人笃崇净业的时代选择

杭州士人的结社活动宋代已有之。元代杭州“有清吟社、白云社、孤山社、武林社、武林九友会，儒雅云集，分曹比偶，相睹切磋，何其盛也”。明初，“犹有余风，士人以诗学相尚”[②]。万历《杭州府志》载：“士大夫之里居者，十数为群，选胜为乐，咏景赋志，优游自如。在正统时有耆德会，有会文社；天顺时有恩荣会，有朋寿会；弘治时有归田乐会，人物皆一时之选，乡里至今侈为美谈。”[③] 至嘉靖间，则有方九叙西湖社、张文宿西湖书社、李奎孤山吟社及祝时泰等西湖八社，士人结社日盛。如前述西湖八社，史载“明嘉靖壬戌，闽人祝时泰游于杭州，与其友结诗社西湖上，凡会吟者八，曰紫阳社，曰湖心社，曰玉岑社，曰飞来社，曰月岩社，曰南屏社，曰紫云社，曰洞霄社。时泰与光州知州仁和高应冕、承天府知府钱塘方九叙、江西副使钱塘童汉臣、诸生徽州王寅、仁和刘子伯、布衣仁和沈仕等分主之”[④]。这些士人的结社，主要还是诗社、怡老社等性质。

万历以至明亡，西湖胜莲社、南屏社、西湖月会、小筑社、读书社、登楼社等相继而起。士人的结社，则因应了晚明士风之变，一方面超脱出诗社、怡老等范畴，政治诉求日益彰显，与声动东南的东林、复社等相呼应；另一方面，晚明杭州士人结社，大都掺入佛事，与佛教相联系。我们知道，僧俗两界以净土念佛为主旨的结社古已有之，东晋时慧远与刘遗民等僧俗十八贤人兴莲社于庐山，为僧俗结社嚆矢。北宋淳化间，净土宗第七祖僧省常于昭庆寺兴白莲社，后更名净行社，专修净业，宰臣士子入会者百余人，复有往昔庐山莲社盛况。明代后期，云栖袾宏及杭州众礼佛士绅所立胜莲社，实为前代净土结社之赓续，同时又受到晚明文人结社的影响。

明代后期的居士佛教运动是中国佛教文化史上的重要事件。隆庆、万历年间，东南地区崇佛士大夫较之前代数量有了巨大增长，对于佛教事务的涉入达到新的深度，士人崇奉净土是其中的重要内容。士人藉由风靡晚明社会的心学为中介，由儒入佛，

① （明）袁宏道《袁中郎全集》卷10《解脱集之三·西湖一》，钱伯城笺校，上海古籍出版社2008年版，第422页。
② （明）田汝成《西湖游览志馀》卷21《委巷丛谈》，陈志明编校，东方出版社2012年版，第387页。
③ 万历《杭州府志》卷94《杂志二》。
④ （清）永瑢等《四库全书总目》卷192《〈西湖八社诗帖〉提要》。

并呼应江南社会各阶层崇奉净土风潮，这一群体的竺释之路发生了由参禅求道至笃崇净业的转向。士人由禅入净的信仰转向，一方面既是士人追求往生净土终极关怀的个体需求，另一方面也是江南文人居士的群体行为。

在明代后期杭州以及江南僧俗两界共同掀起的崇佛文化运动中，云栖袾宏无疑是核心人物。袾宏虽然认同禅宗、净土殊途同归，但基于其对明末社会的深刻洞察，他认为值此衰世，对于广大民众来说阔论高深佛理未切时宜，反而念佛法门是“专一心而向往，历三界以横超”的修行要津。他以云栖寺为中心，弘传净土法门，声誉日隆，名公巨儒，从者如流，邑民更是视之如佛，趋之若鹜，成为社会各阶层共同的文化偶像。原本悦禅问道士人群体的信仰倾向，也为这一风潮所扭转，甚至出现“今之学佛者，语之以参禅则掉臂以去，语之以净业则喜从之”[①]的社会氛围。士人对于佛事活动的参与程度相当频繁，如冯梦祯参与的杭城放生会在其《快雪堂日记》中所载有二十二次之多，其中袾宏所主持的有六次[②]。

袾宏的净土思想在行持上以念佛戒杀为宗旨，普劝戒杀，倡导放生，受之感召，从其受法的士绅于万历二十二年（1594）建立放生社，又名胜莲社。入社者皆“一时硕德名流，若严阁学讷、陆大宗伯树声、汪少司马道昆、陆太宰光祖、宋大司马应昌、张宫谕元忭、汪少司马可受、董大宗伯其昌、王大司空舜鼎、黄祭酒辉、金中丞学曾、陈方伯善、黄学宪汝亨辈，皆刳心咨决。而海内称十戒五戒弟子者无虑千万，激扬心要，助转法轮，则虞司勋淳熙、冯司成梦祯、陶祭酒望龄、王大行尔康、葛玺卿寅亮、翁大参汝进、洪太仆瞻祖、钱臬宪养庶、罗太守大冠、王郡丞在功、谢二守于教、宋胄子守一、王文学宇春、顾文学若群、及吾家司马用先，皆栋之隆也”[③]。其中以宋应昌、汪可受二人为首事，具体事务则由虞淳熙、冯梦祯、陶望龄、葛寅亮等负责，而袾宏则为放生社精神领袖。万历二十三年（1595），逢贺袾宏六十大寿，时净慈寺前有万工池，冯梦祯、虞淳熙及司礼太监孙隆等“主会诸名公，捐赀赎而出之，植莲其中，断渔人业”[④]，作放生池。二十八年，放生社又募款重建城内上方寺，于寺内凿上方池，以为放生之所，同年又购得城内长寿庵及放生池，至此城内已有二处放生池，而上方寺、长寿庵亦成为云栖下院，因云栖寺在西南山中，去城甚远，故而此二处成为放生会的主要活动据点。

① （明）冯梦祯《快雪堂集》卷30《刻净土三经缘始》，《四库全书存目丛书》本。
② 丁小明《真实居士的真实言》，（明）冯梦祯《快雪堂日记》附，丁小明点校，凤凰出版社2010年版，第15页。
③ （明）吴应宾《莲宗八祖杭州古云栖寺中兴尊宿莲池大师塔铭并序》，（明）释袾宏《莲池大师全集》附，台湾佛陀教育基金会2009年版。
④ 《云栖纪事·北门长寿庵放生池记》，第196页。

为规范放生会活动，经会中诸士绅共同商订，由虞淳熙执笔作《胜莲社约》，对于放生地点、放生会期、放生法会程序、会资用途以及会众行为规范等诸多方面都作了细致规定。可见，胜莲社与诗社等松散的文人社团相比，具有严密的组织程序及明确的活动宗旨。固定社员以杭城士绅为主，约有十余人，此外亦包括其他州府士大夫。如"祠部屠隆，字长卿，四明人，岁岁来湖上，入放生社，赋咏甚富"[①]。足见放生社的地域范围已经超出杭州一府，辐射浙东等地。放生社的活动，也不仅局限于放生法会，亦涉及其他地方公共事务。如万历三十五年（1607）重建西湖中"三潭印月"景观即是一例，"莲池大师欲继永明［延寿］之志，而方伯吴用先、乡先生虞德园槃［淳熙］、黄贞甫［汝亨］、葛水鉴［寅亮］、罗元甫诸先生，筑三潭于西湖之上"[②]。此外，放生社还曾为云栖寺所在的梵村修建石桥，袾宏"请无贵贱，人输八十钱"，"桥用速成"[③]。秉承了袾宏无论是在教团还是僧俗社团中所一贯秉持的均等以为永久计的原则，同时以放生社来汇聚大众的力量，从而造福一方。

由于袾宏巨大的影响力，又订立了严备的制度，因此即使在袾宏去世后，放生社集仍能持续不废。如湖心寺放生会，"大师虽示寂，而其大弟子闻谷［广印］、古德［大贤］，同闻子将［启祥］、严印持［调御］诸居士，每月一集，放生于兹地，则云栖之未坠也"。放生活动也为杭城士民争相仿效，演为风俗。明末战乱，湖心寺放生会"一切寝阁"。清初，"居士严忍公［武顺］、江道闇［浩］诸道友感云栖之弘誓，悼永明之遗迹，延禅师新伊、汝航、彻因诸上人，振其坠绪，扩其始愿"[④]，恢复举行放生会。由此可见袾宏在杭州提倡放生的影响，以及云栖佛教在明代后期杭州的影响。

三、晚明士绅实现自我价值的重要场域

在晚明士绅社会形成与佛教复兴浪潮交织的过程中，士绅群体开始更多的涉入公共佛教事业与寺院内部事务，参与寺院建设、管理等，来实现地方精英歌颂皇权、安辑人心和地方社会，为国家统治民众服务的价值追求和取向。

就寺院修建来说，明代前、中期，杭州寺院的修建主要由僧人群体倡议、募缘，发挥主导作用。明代后期，士绅群体开始更多的参与其中，成为寺院修建倡议、募缘的重要力量。下文即以慧因寺为例来一窥士人参与兴复寺院的过程。

① 《南屏净慈寺志》卷6《檀护》，第170页。
② （清）唐时《如来香》卷14《武林西湖湖心寺净业放生疏》，清康熙刻本。
③ （明）吴应宾《莲宗八祖杭州古云栖寺中兴尊宿莲池大师塔铭并序》。
④ （清）唐时《如来香》卷14《武林西湖湖心寺净业放生疏》。

慧因寺始建于后唐天成年间，宋元祐年间改为“华严教寺”，又称“高丽寺”，是一座著名的华严宗古刹。元至正末，遭兵燹之厄，慧因寺毁坏严重。明初，有华严宗高僧玄中猷法师住持嘉禾东塔寺，大振宗风。正统三年（1438），因“慧因冠华严之首刹，非硕德不足以当之”[①]，诸山共举玄中猷来为住持。此后，慧因寺稍有恢复。不久，因势豪侵夺及徭役征发，僧散寺废。嘉靖中，寺僧仅遗一二，寺院破败不堪，难以为继。时径山寺万松慧林法师行高望隆，被延请入寺，讲《华严》秘义，听者云集，日以千记，引起很大反响。

嘉靖末，钱塘方九叙以承天府知府致仕归，“感寺之废坠，延滇僧悟玄入寺，意图修举”[②]。但因方九叙突然去世，悟玄势单力孤，未竟修缮之事。隆庆年间，仁和陈洪濛请僧易庵如通住寺，“爰命悟玄慎举同参僧如通，如通亦举僧明慧共典佛事，一乃心力，对佛矢言，笃务谋成。三僧者，皆万松法子也”[③]。此后慧因寺皆三人法嗣，形成妙空悟玄派、易庵如通派、无际明慧派三脉。“时殿宇崩圮，僧徒流落”[④]，于是捐施者争先恐后。万历二年（1574），慧因寺开始重修，至六年完成。工程未完，明慧示寂，如通、悟玄率其徒与徒孙获修于斯，终成万松慧林未竟之志。如通在修寺过程中，交游士绅如仁和陈洪濛、敬亭陈善、元洲张瀚、胥峰陆杲等，助力颇多。明慧交厚者则有平泉陆树声，明慧有意移普门殿（后改为妙应殿）于千佛阁故址，陆树声遂捐赀若干助之。

万历二十九年（1601），钱塘洪瞻祖悯慧因寺大殿将倾，施百金，由僧东泉性贤主持修葺。洪瞻祖倡议重建华严阁，杭城士绅黄汝亨、黄允谦、葛寅亮、李事道等，官员吴用先、李煜然等，纷纷捐资。华严阁于元末毁于战乱，万历三十八年（1610），寺僧月印照微主持重建于旧址。阁成，吴用先捐俸造准提像，托云栖袾宏命良工为之。至天启间，寺院又逐渐倾圮，遇雨则“文殊、千手观音及东西罗汉诸像，则皆顶笠坐淫雨中，屋溜淋漓，或侵头额，或损肩臂，令人不忍竟视。遥望殿后僧舍，寥寥数楹，几不能蔽风雨。其僧皆黄面癯形”[⑤]。时兵部侍郎吕纯如进香天竺，途经该寺，志图兴复，遂手书捐赀倡议以授寺僧，使遍乞诸贵官士绅及善男信女。此次大规模修缮，由妙空派第七世存白宗相主持，“一时若宪长王公在晋、藩参胡公世赏、臬副陆公完学、郡守姚公之兰、郡丞唐公学仁、榷使宋公良翰，闻吕公感梦事奇，咸捐

① （明）释明河《补续高僧传》卷25《明玄中猷法师传》，上海古籍出版社1991年版。
② 《慧因寺志》卷4《檀那·十洲方九叙》，第16页。
③ 《慧因寺志》卷6《重修慧因讲寺碑记》，第30页。
④ 《慧因寺志》卷3《祖德》，第12页。
⑤ 《慧因寺志》卷9《重修慧因寺疏》，第65页。

俸以助”[①]。后吕纯如又延请水部郎中杨师孔手书“潮音”为额，钱塘人葛寅亮也贡献颇多。

纵观明代慧因寺的兴复过程，士绅在嘉靖间即已开始发挥作用。无论是决定住持人选、出资修建寺院或亲为寺院募捐，都活跃着士人群体的影子。与此前士绅只是为寺庵书额、为僧撰塔铭的交涉程度相比，明代中期以后士绅群体无疑在寺院事务中承担了更为积极的角色。士绅群体对于寺院的捐助，对于其他阶层具有广泛的影响。寺院的修建往往工程浩大，尤其是大寺的修建，非个人或某个团体所能独立完成。士绅作为地方有文化、有资财、有地位的群体，可以动员强大的社会力量，投入寺院建设。

加拿大学者卜正民在《为权力祈祷——佛教与晚明士绅社会的形成》中提出，晚明士绅通过对寺院修建的捐助，“一方面使他们在一种公共的环境中互相交往，另一方面又宣扬他们作为享有地方社会特权的精英的共同身份”，“寺院是精英能聚会并讨论共同关心的问题、远离地方官公共权威的唯一地点。某种程度上，寺院默认了它扮演的这种角色，因为没有其他的不在国家权限的控制之内的遍在的公共机构”[②]。即晚明士绅通过捐助佛教寺院，藉以突出精英地位，对公共权威加以评论，争取自身利益，以反对和危害皇权，晚明寺院成为“公共领域”。卜正民的著作因其“公共领域”“士绅社会”的结论在中国相对新奇，又来自海外，因而其著作在中国广受追捧，学界、民间多予赞许。

我们不同意卜正民有关士绅捐赠寺院为凸显自己在地方的精英地位的论断，而认为他们捐助的主要原因还是对佛教的信仰，所谓“做功德”；也不认可他的士绅利用捐赠突出自己的精英地位，追求与国家权威相对立的自治状态，主张晚明士绅对寺院的捐赠，除了强调自己的信仰、做功德以外，他们追求的恰恰是资助佛教，歌颂皇权，安辑人心和地方社会，为国家统治民众服务。这一点，正是晚明士绅这个精英群体普遍的价值取向和追求。毕竟，中国社会与同时代的欧洲不同，晚明不存在一个西方意义上的供士绅阶层对公共权威加以评论，来争取自身利益，以反对和危害皇权的“公共领域”。卜正民的“公共领域”“士绅社会”，是对晚明士绅的价值取向和追求以及寺院的角色和作用的误读。

虽然寻求士绅支持可以获得有力外护，但士绅过度的涉入寺院日常事务，使寺院

---

① 《慧因寺志》卷4《檀那·益轩吕纯如》，第18页。

② ［加］卜正民《为权力祈祷——佛教与晚明中国士绅社会的形成》，张华译，江苏人民出版社2005年版，第217、122页。

存在自主性丧失的风险。如李金庭，名东瀛，萧山人。曾流寓上天竺寺，利用寺内子房众多、事权分散的情况，操控寺务，“凡事必至为处分，寿文、号轴、挽诗，皆出其手”，甚至编修寺志时，“以时文之学，剿窃禅文。诗才庸腐，以学究本色，造家谱手段，伪撰皮日休、李纲碑文，及岳武穆、宋元诸贤之作。至太祖撰《竺隐》之文，因本寺失之，而亦伪撰一篇。盖事不考古，笔不秉直，徇情逐意，造幻诬灵。……遂使所载真赝混淆，玉石难别，不疑而疑”，但是因“杭有数乡绅皆其故人，藉其势”①，寺僧亦无可奈何，时人讽其“嚼尽三天竺，吃过五云峰”②。

第三节 明代杭州佛教与民众生活

明代杭州佛教也对民众生活产生了重要影响。

一、参与经济活动

佛教作为一个宗教组织，僧团、寺院作为经济实体而参与经济活动，以此来取得经济收入，用以供养僧人、修建寺院以及维持寺院日常运营。而僧团、寺院的经济来源主要由田亩等农业收入、檀施财物以及其他经营性收入组成。

明人葛寅亮指出：“僧续佛慧命，食亦僧慧命所资也”③。故而在中国古代，为僧置田，田土岁收成为僧团和寺院收入中最为稳定的经济来源。历代如魏晋南北朝、唐、元，寺院经济十分强大发达。明代统治者奉行严格的抑制寺院经济政策，禁止僧团寺院占有大量土田，又对寺院土地不断瓜分，并严格征收赋税。如建文年间，杭州知府虞谦奏请，“天下僧、道，每人止令蓄田五亩，无田者官给之。余有常住田悉归官，以给无田之民”。建文帝从其“所言行之”④。景泰年间，令寺观土地“每留六十亩为业，余以给民佃种”⑤。这一法令，若以僧均五亩土地计算，每寺仅可容许十二人，而一般稍大寺院的僧人都不在十人以下，有的甚至成百上千，可见其限田之严厉。成化年间，福建僧寺田“有多至万亩者”。于是，政府下令“查寺田，除五百亩以下，余取其给之贫民”⑥。因此，明朝对寺院土地不断瓜分和限制，使它们很难占有大量土

① 《上天竺讲寺志》卷13《风范隆污品》，第219页。
② 《上天竺讲寺志》卷15《纪谈》，第266页。
③ （明）葛寅亮《永明塔院田记》，《南屏净慈寺志》卷8《著述》，第269页。
④ 《明太宗实录》卷12下，洪武三十五年九月乙巳。
⑤ 《明世宗实录》卷83，嘉靖六年十二月戊申。
⑥ 《明宪宗实录》卷210，成化十六年十二月己未。

地。同时，政府对寺院土地严格征收赋税。洪武年间颁布僧人《避趋条例》，规定寺院的“钦赐田地”，“税粮全免”，“常住田地”虽免杂派差役，但仍有“税粮”[①]。对此，各朝都能严格执行。明代中期以后，即使是“钦赐田地”也不能幸免，“税则由无而有，甚至与民间一则”[②]，免税特权也被剥夺了。这样，明代僧团寺院很难迅速扩充和占有大量土地，其他阶层包括地主、农民等没有必要同时也不可能将大批土地投献于寺院，从而使明代寺院很少可能发展成为大土地所有者，寺院经济得到有效抑制。[③]

正是在这样的大背景下，加上明代杭州只是浙江首府和政治中心，缺少如两京大批皇亲贵戚和高官富绅作为坚强的檀越群体，因此其僧团寺院经济尤其得到抑制。甚至明初开始，自宋元以来原本占有大量土田的一些杭州寺院就被明朝政府大肆瓜分剥夺。如净慈寺，明代以前本有“历代赐赡僧田百余顷”，明初住持祖芳道联“以田瘠赋重，白有司，铲其赢者，只存二十顷，给常住僧及供王赋。又超山亭子一顷有奇，仅供方丈斋”。田亩减少使得净慈寺寺院经济收入捉襟见肘，以至“其远方行脚来者废焉而返”[④]。再者如灵隐寺，明初住持独孤淳朋以宋时所赐田13000亩，献还朝，明太祖复赐3000亩，较之宋、元时期已不可同日而语。而前述建文年间杭州知府虞谦奏请“天下僧、道，每人止令蓄田五亩，无田者官给之。余有常住田悉归官，以给无田之民”，显然是眼见当时杭州各寺占有大量寺田而上奏。其奏请得建文帝批准，杭州那些占有大量寺田的寺院肯定首当其冲地遭到官府瓜分。不过，明成祖即位初，“有旨：凡在建文中上言改旧制者悉令面陈”。因此，建文四年（1402）九月，已升任大理寺少卿的虞谦“有战惧之色”，上疏自陈“当坐改旧制之罪”。明成祖笑曰：“此秀才辟老、佛也，已在赦前。”随后“命以奏牍付科复之”。这样，朝廷限制僧、道田之令暂时取消，杭州各寺被瓜分的土田肯定又被归还恢复。

明代中期以后，随着最高统治者崇佛多于抑佛，皇权弱化，寺院经济得到一些发展[⑤]。杭州寺院由于得到一些官绅施舍，土地和寺院经济也有一些扩张和发展。不过，直至明代杭州佛教最为兴盛的万历中后期，寺田的增加仍相当有限。如云栖寺，直到袾宏去世数十年，“无业，向无一人疏募于外。日用斋供，皆资于四方诸绅士及檀护”。后来一些绅士“共捐资鬻山一十七顷余，舍寺以供爨给”[⑥]。净慈寺，万历三十五

① （明）释幻轮《释氏稽古略续集》卷2，广陵古籍刻印社1992年版。
② （明）葛寅亮《金陵梵刹志》卷50《各寺租额条例》。
③ 参阅何孝荣《明代寺院经济研究——以南京八大寺公田租税纠纷与诉讼为中心的考察》，《暨南学报》2019年第9期。
④ （明）葛寅亮《永明塔院田记》，《南屏净慈寺志》卷8《著述》，第269页。
⑤ 参阅何孝荣《明代佛教政策述论》，《文史》2004年第3辑。
⑥ （明）刘梦谦《云栖寺免役碑记》，万历《钱塘县志·纪文》。

年（1607）寺僧大壑创永明塔院，虞淳熙、黄汝亨、王穉登各作《募田疏》，后由“吏部虞公、水部黄公、中秘吴公及僧性莲，各捐资赎赐田之在富阳者九十余亩，地在寺右者十余亩，助其劳薪，虽不足复寺额之旧，而不令宗镜堂前草三尺矣”[①]。另外，僧团寺院经济也常遭到一些官绅势豪以及无赖的侵夺。如上天竺寺，有南宋六朝所赐庄田约 20000 亩，至明代大概被瓜分，“尽皆迷失，惟仁和十八都田五百三十亩为郎珠辈占”。隆庆四年（1570），寺僧道梁等“具告军门谷中虚，累经按院二司，凡更县父母三”。直至万历三年（1575），“方结判还本寺”[②]。这也从杭州佛教的角度，印证了我们有关明代寺院经济衰微的结论[③]。如果我们翻阅明清时期编修的各部杭州寺志，可以发现它们记载本寺（主要是名寺巨刹）寺田、租税者极少。

有限的寺田收入使得僧团不得不更为主动融入世俗社会，开展一些商业等经营，更多地参与经济活动之中。《上天竺讲寺志》即记载了一则故事：寺有一僧，初甚贫，后颇温饱，人问致此之术，曰：“余少年无一钱，取溪中砺石，往城换木鱼。持以西溪化茶，以茶易米豆延客，遂致此耳。”[④]可见参与世俗经济生活的确改善了部分僧人的生活水平。

随着明代社会经济的不断发展，和佛教的传播，杭州诸寺香火旺盛，寺院亦通过为行香礼佛者提供住宿而赚取收入。一些具有一定规模的古刹名寺通常都建有客房。如灵隐寺“闳阁精蓝，凡九进，客房僧舍百十余间，棐几藤床，铺陈器皿，皆不移而具”[⑤]。甚至寺院附近的山民皆赖香客、游者为生。如天启四年（1624），张岱游至灵隐岣嵝山房，见“邻人以山房为市，蓏果、羽族日致之，而独无鱼。乃潴溪为壑，系巨鱼数十头。有客至，辄取鱼给鲜”[⑥]。倚寺而营生成为山中居民的重要谋生之道，皆因“灵竺既无沃壤，山浅附郭，不容故家。居民止以香客为活，谓之锅头种田。交易三春，为一年之计，谓之柜上田”。为规避利益冲突，“往年僧俗相约，俗不宿客，僧不香纸”，各有所专营。至明末，僧、俗“惟利各兼之，而俗尤甚。揖轿牵裾，殊可笑矣”[⑦]。

与山中诸寺相比，位于市廛的寺院参与商业经济的程度则更深。最典型者莫过于昭庆寺。每年从正月初花朝节至端午节，“山东进香普陀者”与嘉、湖进香天竺者交

① （明）葛寅亮《永明塔院田记》，《南屏净慈寺志》卷 8《著述》，第 270 页。
② 《上天竺讲寺志》卷 10《清理》，第 176 页。
③ 参阅何孝荣《明代寺院经济研究——以南京八大寺公田租税纠纷与诉讼为中心的考察》，《暨南学报》2019 年第 9 期。
④ 《上天竺讲寺志》卷 13《风范隆污品》，第 215 页。
⑤ （明）张岱《西湖梦寻》卷 2《灵隐寺》，中华书局 2007 年版，第 147 页。
⑥ （明）张岱《西湖梦寻》卷 2《岣嵝山房》，第 153 页。
⑦ 《上天竺讲寺志》卷 13《风范隆污品》，第 216-217 页。

汇于杭城，“舟楫相衔，络绎不绝，杭城内外，人山人海，市列百货，争相贸易，形成了全国独特的、声势规模巨大的城乡物资交流盛会”[①]，即是西湖香市。届时，“香之人市于三天竺，市于岳王坟，市于湖心亭，市于陆宣公祠，无不市，而独凑集于昭庆寺”，昭庆寺成为香市中最大的贸易市场，“昭庆寺两廊故无日不市者，三代八朝之骨董，蛮夷闽貊之珍异，皆集焉。至香市，则殿中边、甬道上下、池左右、山门内外，有屋则摊，无屋则厂，厂外又棚，棚外又摊，节节寸寸”，交易区域遍及寺院内外，名蓝古刹已成喧嚣之地。售卖的货物也是琳琅满目，种类繁多，“凡胭脂簪珥、牙尺剪刀，以至经典木鱼、伢儿嬉具之类，无不集”[②]。西湖香市规模之大，已经超出了一寺一地范畴，从昭庆寺至上天竺十余里皆成市肆，而西湖香市的繁荣正是建立在杭州佛教深厚的文化积淀与杭州浓厚的佛教信仰氛围之上的，成为明代杭州佛教兴盛和世俗化的最好例证。

二、“庶民佛教”的重要场域

明代佛教世俗化程度不断加深，更加迎合俗信的信仰需求，日益成为“庶民佛教”[③]。这一时期，佛教本身义理不彰，更多的是在三教融合的大背景下吸纳适应世俗社会的内容，使之更加走向社会。对于普通民众来说，所信奉的多为一种较为模糊的道教迷信式的佛教[④]，相比于士大夫阶层更加青睐佛教，佛道二教在普通民众心目中并无二致。

明代杭州“庶民佛教”、佛教世俗化主要体现在以下两方面：一是佛教更加积极的回应民间的宗教诉求。道教以及民间俗信神祇开始大举被引入寺院，神佛杂糅、共处一室为民众所供奉，成为明代杭州寺院内神祇配置的常态。而民众对于寺院佛像的崇拜也多出自功利性的需求。如法相寺，五代后唐时，有僧法真，“耳长九寸，上过于顶，下可结颐，号长耳和尚”。天成年间，法真“自天台国清寒岩来游，钱武肃王待以宾礼，居法相院”。至宋乾祐年间，无疾而逝，“弟子辈漆其真身，供佛龛，谓是定光佛后身”，“妇女祈求子嗣者，悬幡设供无虚日”。至明代，法真香火更盛。万历间，有人指出，“法相寺不甚丽，而香火骈集，定光禅师长耳遗蜕，妇人谒之以为

① 吴振华《明清时期杭州西湖香市贸易》，《杭州商学院学报》1984 年第 2 期。
② （明）张岱《陶庵梦忆》卷 7《西湖香市》，中华书局 2007 年版，第 82 页。
③ 参阅何孝荣《论明朝宗教的特点》，《福建论坛》2014 年第 1 期。
④ ［日］塚本善隆《中国の佛教》，东京隆文馆 1989 年版，第 337 页。

宜男，争摩顶"[①]，遂致真身像漆光可鉴。二是高僧大德乃至普通僧众日益重视向下层庶民大众传播佛教信仰。由于基层民众知识水平低，僧人传法亦用俗信易于理解的方式进行。如袾宏即将道教功过格融于佛法说教，更为有效地传达善恶因果报应等佛教观念。一些高僧对于社会的积极融入，使得自身成为民众崇拜的对象。如洪武初，照庵慧炬律师因"海潮冲岸，坏民庐舍"，据说他"为潮神说三皈戒，杨枝撒处，即止不崩，时称炬菩萨"[②]。晚明时期，高僧对于世俗社会有着巨大的影响力与号召力，丛林领袖袾宏不但为士大夫阶层所敬仰，亦是广大民众所崇拜的对象。他每至市廛，常常引起轰动。如他曾"一诣余杭，为王督抚谈义，邑民观者塞路，屋极皆满。凡师游行所至，瞻礼填咽，每如此"[③]。再如憨山德清来吊袾宏，也是在杭州引发轰动，僧俗人等争往亲近听法。高僧大德走向社会的举动，扩大了信徒的数量，为寺院争取到了更多的檀施，"时亦有富家大姓喜佛事而慕僧行者，往往舍泉货粟帛之赢，以资福利"[④]。

明代杭州"庶民佛教"、佛教世俗化加剧的另一个体现，是民众的进香活动和由此形成香市。吴越国时期，上天竺寺即以白衣观音灵应而闻名，宋代寺中观音受到上至皇室贵族，下至布衣百姓的普遍崇信，成为江南地区最负盛名的观音道场。"奉佛者有上天竺寺光明会，俱是富豪之家，及大街铺席，施以大烛巨香，助斋赀供米，广设胜会，斋僧礼忏三日，作大福田"[⑤]，可见进香活动早在宋代即初具雏形。至明代，观音信仰扩大至全国，"敬信崇奉遍于天下"[⑥]，进香群体亦扩大至江南一带的广大普通民众。明代小说《型世言》有一则故事记叙了苏州昆山县妇陈周氏进香天竺一事："当日因怀雉儿时，曾许下杭州上天竺香愿，经今七年，不是没工夫，便是没钱。今年私己攒下得两匹布、五七百铜钱，不若去走一遭，也完了心愿"[⑦]。这反映了进香天竺在普通民众信仰生活中的重要地位。每至进香之日，上天竺寺一带人满为患，"二月十九日，男女宿山之多，殿内外无下足处"[⑧]。除杭州民众外，苏松嘉湖府民男女，以舟楫梯航，至于钱塘门外松木场，登岸沿昭庆至天竺一线进香于上天竺寺，往往迁延月余。供奉的物品大都产自杭州，"今女人即以杭城女子之饰事之，男子即以杭

① （清）张岱《西湖梦寻》卷4《西湖南路·法相寺》，第150页。
② 《灵隐寺志》卷3下《住持禅祖》，第53页。
③ 《南屏净慈寺志》卷5《法胤》，第116页。
④ 《南屏净慈寺志》卷2《建置·殿堂》，第44-45页。
⑤ （宋）吴自牧《梦粱录》卷19《社会》，浙江人民出版社1980年版。
⑥ （明）徐师曾《湖上集》卷10《吴江黄墓村观音庵新建像阁记》，明万历刻本。
⑦ （明）陆人龙《型世言》第十回《烈妇忍死殉夫 贤媪割爱成女》，中华书局1993年版。
⑧ （明）张岱《西湖梦寻》卷2《西湖西路·上天竺》，第158页。

产锦缟金银之物事之。故龙女则献珠，匿王夫人则献香缨，难陀牧女则以乳糜”[①]。除杭州上天竺外，普陀山作为另一观音道场亦是江南民众进香目的地之一，而杭民凡进香普陀者必先聚足于城东南之镇海禅院，是为进香普陀的一转节点[②]。杭州进香作为一项规模宏大的民间俗信活动，不但影响着明代江南民众的信仰生活与精神世界，还“因着各方面条件的作用，成为江浙地区各阶层民众日常生活的一个有机组成部分并保持其强大生命力”[③]，在明代江南社会生活史上具有重要的地位。

三、提供公共服务

明代杭州佛教僧团寺院除了发挥和体现经济功能、宗教职能外，还提供各种公共服务，也影响着民众生活。

首先，僧团寺院为民众日常生活提供部分公共服务。这有诸多表现：

其一，僧团寺院内钟声不但引导着僧人有规律的修行生活，还可以为周边民众提供报时。如城内仙林寺，“洪武四年重建，置僧纲司，有司即其钟楼为郡城昏昕之节”[④]。万历年间仁和令樊良枢所作《钟楼记》记载，胜果禅寺“旧有巨钟，每晨鸣如凤应朝阳。岁久，钟从楼圮，寸莛不发，道场岑寂，郡邑风会，若或缺焉”，寺内钟楼的颓坏使得郡邑民众的生活受到影响，所以“谋兴道场，首议三亟，而凫氏之钟为最”[⑤]，成为修建寺院诸事中的首务。

其二，僧团寺院水井供民众取汲。杭州常有海潮倒灌之患，故而隔绝于河道的水井在民众日常生活中占有重要地位。而僧团居于寺院，一般都会凿井取水，民众一家一户则不易凿井，因此附近居民亦可使用寺院水井，这在人口稠密、海潮倒灌严重的江干地区尤为多见。如奉庆院，“在钱塘西南隅修义巷，今西文锦坊之西。……有沈公井迄今利于民汲”[⑥]。西井寺，有郿侯井，“故名井，员径七八尺，甃以石，水深二丈，许居民往来行汲。或育金鱼其中，上为石栏，可凭而数也”[⑦]。妙行寺，在武林门北夹城巷西，“寺前有双井，覆以亭，名志书泉。泉甚甘寒，里万家赖以汲焉”[⑧]。慈光寺，在钱塘芝松坊佑圣桥西，“井甚甘洌，给数百家，大旱不涸，咸称为慈光甘

① 《杭州上天竺讲寺志》卷2《女身说》，第48页。
② 《武林梵志》卷2《城外南山分脉》，第33页。
③ 王健《明清以来杭州进香史初探—以上天竺为中心》，《史林》2012年第4期。
④ 《武林梵志》卷1《城内梵刹》，第1页。
⑤ 《武林梵志》卷2《城外南山分脉》，第10、11页。
⑥ 成化《杭州府志》卷47《寺观・城内》，明成化刻本。
⑦ （明）王立道《具茨集文集》卷3《游西湖日月记》，《文渊阁四库全书》本。
⑧ 成化《杭州府志》卷50《寺观・城外钱塘县》。

露泉云”[①]。寺井还供百家之用，可见造福之广。西溪智胜寺左有白兔泉，“甃石方坎”，被改造为泉井，“一泓清洌，内泛白星，汲者朝暮不绝”[②]。鉴于水井利民便民的作用，凿井常常被列入寺院修建的工程项目之中。如万历年间僧宗宴、庆秀募开义井于永慈寺内[③]，昭庆寺僧成圆、智礼等募劝修寺，织造太监孙隆捐资，“左浚义井，利用绠汲”[④]。

其次，僧人修桥筑路，救灾施舍，热心慈善事业。

江南地区，河道密布，桥梁之设不可或缺，架桥修路是一项重要的公共事务，僧人亦常参与其中。云栖寺所在梵村有朱桥，因江潮而坏，阻断交通，后由袾宏提议，僧人组织，附近居民，无论贫富，每人出银八分用以筑桥。昭庆律寺，万历十八年（1590）重修，即“甃万善桥”[⑤]。普济院，僧海理于寺旁河道南岸修造鸭栏桥，于桥下建庵饭僧，往来便之[⑥]。广教寺，景泰间僧觉征“以钵资筑江涨桥、华光桥、塘栖跨塘桥”[⑦]。灵隐寺，万历三十九年（1611）僧证重建回龙桥，“方伯浮渡吴公复捐俸百余金建桥亭，题曰‘觉路津梁’”[⑧]。

一些地处交通要道的寺院之僧还设置施茶处，服务往来行人。如万历间永慈寺僧人在寺外乌盆桥路口“建茶亭、佛宇，以济往来，寒暑不辍”[⑨]。万历二十年（1592），大昭庆寺僧人于寺前东街建甘露亭，“亭中寒暑给施茶汤”[⑩]。再如报先寺，僧人在寺南大路旁设茶亭，以施茗饮[⑪]。

明代杭州僧人积极参与救灾和慈善事业，救济穷苦。救苦救难，普度众生，是大乘佛法基本精神的体现。明代杭州佛教常能践行大乘佛法精神，在社会救度机制中发挥重要作用。首先遇有天灾，地方政府通常将救济机构置于大寺之内，一来大寺房屋众多，方便安置，二来大寺皆有庞大的厨斋系统，能够炊煮出众多灾民的饭食。如弘治五年（1492）六月，西山爆发泥石流，西湖汛溢，坏天竺、灵隐诸刹及民庐数百家，死者数百人，城墙坍圮，街市乘舟而行，是岁大饥，灾民相当一部分被安置于杭州诸刹中。再如，万历十六年（1588），“杭州大荒，米价涌贵，树无完肤，殍死

① 《武林梵志》卷 1《城内梵刹》，第 20、21 页。
② 《西溪梵隐志》卷 2《纪刹》，第 28-29 页。
③ 《武林梵志》卷 4《北山分脉》，第 70 页。
④ 《大昭庆律寺志》卷 1《兴建上》，第 17 页。
⑤ 《大昭庆律寺志》卷 1《兴建上》，第 17 页。
⑥ 《武林梵志》卷 4《北山分脉》，第 90 页。
⑦ 《武林梵志》卷 4《北山分脉》，第 75 页。
⑧ 《武林梵志》卷 4《北山分脉》，第 117 页。
⑨ 《武林梵志》卷 4《北山分脉》，第 70 页。
⑩ 《大昭庆律寺志》卷 1《兴建上》，第 15 页。
⑪ 《西溪梵隐志》卷 2《纪刹》，第 28 页。

者以泽量矣”。太监孙隆“贸粟赈之，乃命净慈住持及好善而有力者数十人，就寺炊香积大釜作粥，夜贮大瓮中。明旦，饥民麇至，由左翼门入，环列两墀行。粥用二人舁，一人执杓，以注器中。食毕，以次由右翼门出。日施粥米可十石。始六月，讫八月，饥民半藉以存活云”[①]。另一方面，有行高僧也常常被推举为主持救灾的人选，如袾宏因其在僧俗两界的巨大号召力，“饥荒疫疠，饿殍载道，当道发储赈济，命医救疗，举师董其事”[②]。

四、更化民俗

明代杭州的民间风气受到佛教多方面的影响，主要体现在民众冶游之风以及节腊习俗两个方面。

明代前期，社会经济处于恢复、发展中，官府对民众管控也比较严厉，民风俭朴淳厚，因此民众冶游之风尚微。明代中期以后，随着社会经济的发展，皇权、官府对民众控制逐渐松弛，民风日渐侈靡，官绅民众冶游之风转盛[③]。尤其是杭州，“杭俗儇巧繁华，恶拘检而乐游旷，大都渐染南渡盘游余习，而山川又足以鼓舞之”[④]，冶游之风更盛。

西湖及诸山风景秀丽，古刹林立，成为民众出游的首选地。其中环湖为风景最胜处，同时也是商业交易的重要场所，每至香会，游客纷至沓来。尤其是昭庆寺因为市场所在，故而人流量最大，“此时春暖，桃柳明媚，鼓吹清和，岸无留船，寓无留客，肆无留酿。袁石公所谓‘山色如娥，花光如颊，波纹如绫，温风如酒’，已画出西湖三月。而此以香客杂来，光景又别。士女闲都，不胜其村妆野妇之乔画；芳兰芗泽，不胜其合香芫荽之薰蒸；丝竹管弦，不胜其摇鼓欲笙之聒帐；鼎彝光怪，不胜其泥人竹马之行情；宋元名画，不胜其湖景佛图之纸贵。如逃如逐，如奔如追，撩扑不开，牵挽不住。数百十万，男男女女，老老少少，日簇拥于寺之前后左右者，凡四阅月方罢。恐大江以东，断无此二地矣”[⑤]。昭庆寺西，临湖则有孤山寺、断桥，远则有北山顶保俶塔，亭亭如美人。西至玉泉寺，春时，游人甚众，“各携果饵到寺观

---

① 《南屏净慈寺志》卷 10《丛谈》，第 315 页。
② （清）释性统《续灯正统》卷 41《杭州府云栖莲池袾宏大师》，《卍新纂续藏经》第八十四册第 1583 号，第 645 页。
③ 参阅徐泓《明清社会史论集》，北京大学出版社 2020 年版，第 9-48 页。
④ （明）王士性《广志绎》卷 4《江南诸省》，中华书局 1981 年版，第 69 页。
⑤ （明）张岱《陶庵梦忆》卷 7《西湖香市》，第 82 页。

鱼”[①]。灵竺一区，“群山屏绕，湖水镜涵”[②]，为湖西胜境，游杭者所必至。南畔则有“雷峰夕照”“南屏晚钟”等胜景，构景皆与佛寺有关。净慈寺“宏丽靓深，崇饰高旷，名列五山，实诸山之宗。去湖不百步而近，来游来观者月无虚日，繁华之境，此其最胜者欤”[③]。湖心寺，万历二十八年（1600）太监孙隆建清喜阁，“金碧辉煌，规模壮丽，游人望之如海市蜃楼。烟云吞吐，恐滕王阁、岳阳楼俱无其伟观也。春时，山景睽罗，书画古董，盈砌盈阶，喧阗扰嚷，声息不辨”[④]，既是游地，又为交易市场。

西湖外围亦有颇多寺院，因各有特色，而为游人所眷顾。如月轮峰六和塔，是观钱塘江潮的绝佳地点。满觉陇满觉院，有法华泉、金莲池，深涧茂竹，渐与世远，“八月桂花盛时，游人甚盛”[⑤]。而西溪诸刹，因“多在梅花竹树间，特为幽胜”[⑥]，成为民众赏梅的好去处。如报劬庵，“梅竹交加，溪桥环绕”，有“幽胜”[⑦]；福清庵“围址可二十余亩，皆老梅丛竹，曲径环篱”[⑧]。西溪又多河汊水滩，得湖山之胜。如芦庵，“构芦中”，董其昌题曰“交芦”，取佛经中“根尘识三，都无实性，同于交芦”之义[⑨]；秋雪庵，“水周四隅，蒹葭弥望，花时如雪”，陈继儒取唐人“秋雪蒙钓船”之句题额“秋雪”[⑩]；翠岩居，在花坞高深处，“层峦在望，尽眺览之胜”[⑪]。这些寺院，不仅有自然景致，更有人文塑造，为士绅民众所乐游，吟咏品评。

不仅如此，一些古刹名寺因为自然、人文风景，还被官吏作为接待宴客之所。如《南屏净慈寺志》记载，该寺地处省会，“官长轩车骈集，舆皂需索酒食，啮哜无厌。而住持首僧撞钟率众，以候迎送，无论晨夕风雨，寒暑晦冥，扶服道傍。稍失候，则褫辱及之”[⑫]。也就是说，净慈寺还要经常性接待地方官员、皂隶来礼佛、赏景、吃喝。净慈寺如此，其他一些名寺也难以避免。

明代杭州人的节俗活动很多都与佛教有密切的联系。据《西湖游览志馀》记载：迎春日，“仁和县于仙林寺，钱塘县于灵芝寺”，举办造土牛迎春活动，两县“轮年递办”；正月十五日上元节，“为天官赐福之辰，亦有诵经持斋、不御荤酒者”；二月十五日为花朝节，“是日，宋时有扑蝶之戏”，明代“虽不举，而寺院启涅槃会，

① （明）张岱《西湖梦寻》卷2《西湖西路·玉泉寺》，第141页。
② （明）张岱《西湖梦寻》卷2《西湖西路·北高峰》，第149页。
③ 《南屏净慈寺志》卷2《建置》，第44-45页。
④ （明）张岱《西湖梦寻》卷3《西湖中路·湖心亭》，第179页。
⑤ 《武林梵志》卷3《城外南山分脉》，第57页。
⑥ 《西溪梵隐志》卷2《纪刹》，第24页。
⑦ 《西溪梵隐志》卷2《纪刹》，第40页。
⑧ 《西溪梵隐志》卷2《纪刹》，第47页。
⑨ 《西溪梵隐志》卷2《纪刹》，第38页。
⑩ 《西溪梵隐志》卷2《纪刹》，第39页。
⑪ 《西溪梵隐志》卷2《纪刹》，第44页。
⑫ 《南屏净慈寺志》卷10《丛谈》，第316页。

谈《孔雀经》，拈香者麇至，犹其遗俗也”；清明，“僧道采杨桐叶染饭，谓之青粳饭，以馈施主”；端午为天中节，“僧道以经筒轮子、辟恶灵符，分送檀越”；七月十五日为中元节，“俗传地官赦罪之辰，人家多持斋诵经，荐奠祖考，摄孤判斛。屠门罢市，僧家建盂兰盆会，放灯西湖及塔上、河中，谓之照冥”，中元节与盂兰盆会二者日期交叠，赋予中元节浓厚的佛教色彩；十月十五日下元节，“俗传水官解厄之辰，亦有持斋诵经者”；十二月二十四日为交年，“僧道作交年疏、仙术汤，以送檀越”[①]。即使是除夕活动，也离不开佛教。据明代《南屏净慈寺志》记载，“元夕，有司张筵寺中，装放烟火架，男女来观者，肩摩踵接，不下数万人。或有无赖子拉土妓，扮充贵官良眷，于人丛中肆狂闯闹，甚有喧挤蹂躏而死者，往往波及寺僧”[②]。

总之，明代杭州佛教对民众生活有重要影响。湖山之间星罗棋布的梵刹是明代杭州社会浮世繁华的长卷上不可或缺的场景，而氤氲于西湖之上的浓厚佛教氛围则装点了明代杭人世俗生活的迷梦。

① （明）田汝成《西湖游览志馀》卷20《熙朝乐事》，第365-374页。
② 《南屏净慈寺志》卷10《丛谈》，第316页。

结语：明代杭州佛教的特点和地位

在对明代杭州佛教研究的基础上，我们来总结其特点和地位。

一、明代杭州佛教的特点

总的来说，明代杭州佛教发展、兴盛，进一步世俗化，佛学则更为衰微。这可以从以下几个方面来分析。

第一，明代杭州高僧、名僧汇集，佛学水平高。

经历元代统治和元末战乱，中国汉地佛教一片萧条，寺院毁废，僧人死亡流徙，所谓“海内兵变，三教之厄，浮屠氏为甚，坛塔资为烽燎，幸存者宿为戊舍。沙门之桀，至有易庐改服以从，山台野色毁去，几与会昌之厄等”[①]。当明朝建立后，明太祖崇奉佛教，大量征召高僧入京，或作国家法事，或备顾问，或充任僧官、京寺住持，或使讲经说法。而这些高僧主要就来自于受战火影响相对较小、佛教又一直发达的江南地区，所谓“江南高僧”[②]“江南有道浮图”[③]“两浙有行学僧”[④]。杭州地处江南，五代宋以来号称“东南佛国”，佛教底蕴深厚，因此虽然也曾遭遇元末农民战争，不少寺焚僧散，但总体上战火不烈，明初杭州寺院、僧人保存较好，成为朝廷征召江南高僧的主要地区。

如前所述，明初洪武年间，杭州高僧被征召赴京者包括楚石梵琦、东溟慧日、见心来复、愚庵智及、方舟友奎、用章廷俊、清远怀渭、原璞士璋、季潭宗泐、白云智度、日章祖偁、逆川智顺、竺隐弘道、朴隐原瀞、幻隐慧朗、同庵夷简、一初守仁、止庵德祥、斯道道衍、太璞如玘、相庵子实、南洲溥洽、古春如兰等二十余人。虽然由于资料缺乏，我们无法统计出明太祖究竟征召了多少名江南高僧到南京，但

① （明）杨维桢《东维子文集》卷10《送仪沙弥还山序》，《四部丛刊初编》本。
② （清）释纪荫《宗统编年》卷28《临济第二十一世祖》，《卍新纂续藏经》第八十六册第1600号，第271页。
③ （明）宋濂《宋学士文集》卷11《蒋山广荐佛会记》，《四部丛刊初编》本。
④ （明）释文琇《增集续传灯录》卷5《大鉴下第二十二世·龙翔笑隐䜣禅师法嗣·应天府天界季潭全室宗泐禅师》，《卍新纂续藏经》第八十三册第1574号，第324页。

根据我们对明代南京佛教的研究[①]，明初杭州高僧在其中占有相当比例。此外，还有一些高僧未被召至南京，而在杭州各寺住持讲说，也扬名于时，如仲龄大山、静庵元镇、用贞辅良、无旨可授、德隐普仁、定岩净戒、空叟忻悟、荆山良玉、大慧等。永乐年间，杭州高僧又有简庵师颐、思扩性空、月江宗净等被召往京师。这些高僧，以禅宗、天台宗为主。

学者列举明代前期禅宗高僧，包括梦堂昙噩、愚庵智及、斯道道衍、楚石梵琦、觉原慧昙、季潭宗泐、恕中无愠、呆庵普庄诸人[②]，其中愚庵智及、斯道道衍、楚石梵琦、季潭宗泐皆为杭州僧人。还有学者列举明代前期所谓"佛教三大禅僧"，分别为楚石梵琦、季潭宗泐和斯道道衍（姚广孝）[③]，全部是明初杭州禅僧出身。至于天台宗，"宋元两代盛传于江浙"[④]，杭州上天竺寺成为天台宗系统的至高寺院。明代前期的天台宗，"只有东溟慧日、原璞士璋、白庵力金（一作万金）等数家"[⑤]，东溟慧日、原璞士璋即是杭州高僧。还有学者详列明初天台宗高僧，有东溟慧日、用拙祖偁、竺隐弘道、方舟友奎、太璞如玘、独庵自朋、仲龄大山、荆山良玉、静庵元镇、慈感绍宗[⑥]，也基本是杭州僧人。尤其是慧日门庭兴旺，所度弟子甚众，明代天台宗传承主要在其系统中。可见，明代前期杭州高僧汇聚，是全国重要的佛教中心。

明代中期，中国佛教整体陷入衰微，高僧不多，宗派传承艰难。但杭州仍有不少高僧，如智淳朴原、觉庵宗妙、空谷景隆、无相智住、古渊智源、照庵宗静、南宗广衍、毒峰季善、性庵永顾、朽庵宗林、万松慧林等。学者称，明代中期禅宗高僧主要有楚山绍琦、空谷景隆等[⑦]。其中，空谷景隆为杭州禅僧。还有学者列举明代中期"著名禅僧"，包括空谷景隆、楚山绍琦、毒峰季善[⑧]。空谷景隆、毒峰季善都是杭州僧人。至于天台宗，主要有无碍普智和万松慧林[⑨]，而万松慧林则是杭州僧人。因此，明代中期虽然杭州佛教衰微，但仍是全国重要佛教中心。

明代后期，值晚明佛教复兴，不仅涌现出"晚明四大师"等佛教高僧、名僧，而且还出现了佛教宗派、佛教文化等领域的全面复兴景象。晚明佛教复兴的浪潮，在杭州体现最为明显、全面。作为"晚明四大师"之一的云栖袾宏，提倡禅教合一、禅

① 参阅何孝荣《明代南京寺院研究》，中国社会科学出版社 2000 年版，第 190-194 页。
② 参阅杜继文、魏道儒《中国禅宗通史》，江苏人民出版社 1993 年版，第 521-528 页。
③ 赖永海《中国佛教通史》第十二卷，江苏人民出版社 2010 年版，第 48-63 页。
④ 中国佛教协会《中国佛教》第一辑，知识出版社 1980 年版，第 116 页。
⑤ 中国佛教协会《中国佛教》第一辑，第 116 页。
⑥ 参阅潘桂明、吴忠伟《中国天台宗通史》，江苏人民出版社 2001 年版，第 714-717 页。
⑦ 中国佛教协会《中国佛教》第一辑，第 114 页。
⑧ 赖永海《中国佛教通史》第十二卷，第 83-97 页。
⑨ 参阅中国佛教协会《中国佛教》第一辑，第 116 页；潘桂明、吴忠伟《中国天台宗通史》，第 717 页。

净同归，鼓唱念佛法门，对明末佛教改革和复兴做出了重要贡献，被誉为“法门之周孔”[①]，影响超过其他三位大师，“云栖以丛林冠国中”[②]。袾宏弟子众多，龙象毕集，在杭州以及各地传播其教，影响巨大。不仅如此，另一位“晚明四大师”憨山德清，华严宗、慈恩宗主要僧人雪浪洪恩，天台宗中兴之祖传灯以及千松明得、百松真觉，律宗中兴之祖古心如馨，曹洞宗高僧无异元来等，都曾来杭州说法。临济宗高僧汉月法藏、曹洞宗高僧永觉元贤均担任过杭州寺院住持。明代后期的杭州，高僧、名僧更多，居士佛教兴盛，在全国首屈一指。晚明佛教复兴的“两股潮流”，即以“晚明四大师”为代表的“佛教综合复兴运动”和以临济、曹洞为主体的“禅宗复兴运动”[③]，都在杭州汇流奔涌，而袾宏的云栖佛教则以杭州为基地，影响也最大。因此，明代后期杭州是全国佛教中心。

第二，明代前期的杭州佛教是元末杭州佛教的余绪，明代后期杭州佛教的主体是云栖佛教。

如前所述，明代前期，杭州高僧汇聚，禅宗、天台宗龙象云集。这些高僧，基本上来自元末，是元末佛教的余绪。但是，随着明太祖佛教政策的推行，导致僧人不再专注于研读各宗经典注疏以振兴宗派，而孜孜于做法事以营生。因此，历经洪武三十余年，杭州佛教乃至中国佛教培养出来的高僧屈指可数。永乐年间的简庵师颐、思扩性空、月江宗净，洪熙、宣德年间的伐石良玠、觉庵宗妙、大章如圭，大概勉强可称为洪武年间培养出来的高僧、名僧。等到自元末而来的高僧在洪武年间、永乐年间或被征召入京，或在杭弘教，三四十年后陆续示寂往生，则明代中期杭州包括全国的佛教皆陷入衰微。因此，我们认为，明代前期的杭州佛教实为元末杭州佛教的余绪。

明代后期，袾宏在杭州云栖寺传承佛教。他宣扬禅教合一，同归净土，三教合一，佛教高于儒、道等思想。他积极指导参禅，提倡净土，主张老实念佛，大力弘扬戒杀和放生思想，并制定各项丛林规约，规范水陆仪轨、戒杀放生仪轨等佛教仪礼。袾宏的佛教，深受缁素僧俗各界的欢迎和遵行，“宗风大振东南”[④]。袾宏法嗣法孙众多，著名者如仁安广莫、绍觉广承、慧文、寓安广寄、广随、法振大铎、心宗大善、古德大贤、灵源大惠、新伊大真、净光等，或住于杭州，或其后又传于外地。不管在杭州还是外地，弟子们遵其教而不逾。在云栖寺，袾宏“虽逝数十年，诸佛子遵之弗谖，

---

① （明）释德清《憨山老人梦游集》卷19《云栖老人全集序》，台湾高雄净宗学会1998年版。
② （明）刘梦谦《云栖寺免役碑记》，万历《钱塘县志·纪文》，光绪十九年刻本。
③ 魏道儒《中华佛教史·宋元明清佛教史卷》，山西教育出版社2014年版，第270页。
④ 《西溪梵隐志》卷2《纪刹》，第24页。

故人人钦之”[①]。他所提倡的放生，其后僧俗弟子仍然遵行，在湖心寺“每月一集，放生于兹地，则云栖之未坠也”[②]，直至清代。另外，袾宏俗家弟子也很庞大，“缙绅士君子及门者亦以千计，而私淑者无与焉”[③]，其门下拥有最多的居士弟子。

总之，袾宏的佛学思想以及实践独具特色，而与达观真可、憨山德清、蕅益智旭都不尽相同，更与以临济、曹洞为主体的“禅宗复兴运动”诸禅德有别，因此我们称之为云栖佛教。明代后期，袾宏及其僧俗弟子在杭州乃至全国各地弘传其教，影响最大。时人称，“出家得戒，众累百千，甚多开士。扬师化者，广心弘范于鹅湖，广印开宗于真寂。而江阴广寂，解郡相组，着苾刍衣，纯一念佛，不系徒众，傥终及于绝尘之奔。博山大舣，虽亲见寿昌，而化法化仪，触目云栖意旨”[④]。云栖佛教成为明代后期杭州佛教的主体，僧俗“莫不重趼而走云栖者，非独其刹胜也，禅、教、律争取宗焉。四十年来，法嗣棋布区中”[⑤]。虽然当时杭州还有其他佛教大师、各宗高僧住坐讲说，但佛学地位和影响均无法匹敌袾宏及其弟子们。因此我们说，明代后期杭州佛教的主体是云栖佛教。

第三，明代杭州寺院大量修建，名蓝望刹林立，是五代以来寺院最多的时期。

杭州佛教初传于东晋，慧理“连建五刹”。历南朝隋唐，杭州佛教迅速发展，寺院不断修建，有“三百六十寺”之说，杭州佛教奠定基础。吴越国以杭州为政治中心，南宋以杭州为首都，统治者皆礼遇名僧，大量建寺，厚加赏赐，杭州寺院“增为四百八十”[⑥]，杭州佛教达到极盛。明代重建、重修的寺院，正是对东晋南朝至吴越国宋元时期所建的大量寺院的恢复修建。

有明一代，统治者禁止私建寺院，因此杭州建寺多为对前代寺院的重建、重修，存者重修，废者重建。明代前期，杭州重建、重修、迁建寺院 146 所次，实计有 136 所，新建 1 所。明代中期，杭州重建、重修寺院 71 所次，实计 63 所，新建寺院达到 10 所。明代后期，杭州作为晚明佛教复兴的主要基地，重建、重修寺院达到 130 所次，新建寺院达到 65 所。

总计明代杭州寺院有名可数者 490 所，明代后期总数当在 500 所以上。加上大量私创寺庵，明代杭州寺院总数可能达到 1000 所。这些 500 以至 1000 所寺院，城内、

① （明）刘梦谦《云栖寺免役碑记》，万历《钱塘县志·纪文》。
② （清）唐时《如来香》卷 14《武林西湖湖心寺净业放生疏》，清康熙刻本。
③ （明）释明河《补续高僧传》卷 5《云栖莲池宏师传》，上海古籍出版社 1991 年版。
④ （明）吴应宾《莲宗八祖杭州古云栖寺中兴尊宿莲池大师塔铭并序》，（明）释袾宏《莲池大师全集》附，台湾佛陀教育基金会 2009 年版。
⑤ 《武林梵志》卷 1《城内梵刹》，第 10 页。
⑥ （明）田汝成《西湖游览志馀》卷 14《方外玄踪》，陈志明编校，东方出版社 2012 年版，第 271 页。

环西湖诸山为集中分布区域，且多名蓝望刹，如净慈寺、灵隐寺、三天竺、昭庆律寺、仙林寺等。可以说，东晋以来至吴越国、南宋时期的那些名蓝望刹，在明代基本都得到了重修、重建。西溪地区在明代中后期得以深度开发，也新建了四五十所以上寺庵。因此，时人称杭州“刹竿相望者如林，亦域内无两”[①]，“吾杭之寺观独甲于海内”[②]。明代杭州寺院的数量超过吴越国、南宋时期，为宋元以来最高数值。明代杭州庞大的寺院数量，反映出其地佛教兴盛，不愧为全国的佛教中心。

第四，明代杭州佛教进一步世俗化，成为“庶民佛教”。

宗教世俗化是相对于宗教神圣性而言的。我们知道，宗教一般把人的生活分为此岸和彼岸两个世界，前者指人间世俗生活，后者则是神的世界。宗教以侍奉神为神圣事业，神圣性是其特有属性。宗教世俗化，通行理解是宗教日益关心此岸人类事务，而不再专门以服务和向往神的世界为旨归，即“宗教为了适应历史的进步和发展，被迫扬弃一些传统形式，开始关心人们的世俗需要，重视人们的世俗利益，更深入地介入社会事务，发挥其独特的影响和作用”[③]。

明代杭州佛教日益世俗化。其明显表现是僧人多做瑜伽法事。明太祖下令分天下寺院为禅、讲、教三类，严令“禅者禅、讲者讲、瑜伽者瑜伽”，“各承宗派，集众为寺”，“清其事而成其宗”[④]。这使佛教内部各宗僧人振兴宗派意识淡薄，而着意于瑜伽法事。日本学者通过对苏州、湖州寺院的研究，指出到了明代中期以后，“教寺在寺院总数中所占比率达到四成乃至六成，由此推定，教僧占到整个僧侣总数的将近半数”[⑤]。虽然我们在明代杭州寺院名称中，看不到“教寺”占到“四成乃至六成”表面现象，但明代杭州僧人多从事瑜伽法事是不争的史实。如洪武初，照庵慧炬律师因“海潮冲岸，坏民庐舍”，据说他“为潮神说三皈戒，杨枝撒处，即止不崩，时称炬菩萨”[⑥]。万松慧林于弘治、正德年间出家于杭州法轮寺，“寺在省城中，诸僧所习瑜伽荐亡之教，罔知出世大法”[⑦]，也反映了这种状况。

以袾宏为代表的“晚明四大师”掀起晚明佛教复兴的浪潮，“他们重振佛教的重要表现，就是积极实践大乘佛教精神，关注佛教发展乃至民生社会，这无疑是佛教世俗化的另一发展方向”[⑧]。袾宏重视举办各类法事，力图造福于民。早在他创立云栖

① （明）释德清《憨山老人梦游集》卷24《法相寺长耳定光佛缘起记》。
② 嘉靖《仁和县志》卷11《寺观》，《武林掌故丛编》本。
③ 邓碧波《宗教世俗化与伊斯兰原教旨主义的产生》，《阿拉伯世界》2004年第2期。
④ （明）释幻轮《释氏稽古略续集》卷2，广陵古籍刻印社1992年版。
⑤ ［日］龙池清《明代の瑜伽教僧》，日本东京《东方学报》第11册第1期，1940年。
⑥ 《灵隐寺志》卷3下《住持禅祖》，第53页。
⑦ （明）方九叙《双径林禅师塔铭》，（明）宋奎光《径山志》卷6《塔铭》，《中华大藏经（汉文部分）续编》本。
⑧ 何孝荣等《明朝宗教》，南京出版社2013年版，第9页。

寺之初，附近村庄多虎，“环山四十里，岁伤不下数十人，居民最苦之”。袾宏“发悲悬，为讽经施食”，据说“虎患遂宁”。“岁亢旱，村民乞师祷雨”，袾宏“不得已出，乃击木鱼，循田念佛”[①]，据说“时雨如注”，缓解了旱情。他后来全力倡导举办法事，指出：“僧人弃应院而归禅门，譬之儒人弃举业而谈道学也。二俱美事，然归而不修，谈而不行，竟有何益！”[②]他大力强调佛教法事活动，把它“作为佛教存在的最重要的表现”[③]。当然，袾宏提倡的佛教法事，与佛教发展乃至民生社会密切相关，而与明代中期以来僧人们纯粹荐亡营生、沦为“经忏佛教”和“死人佛教”的法事有明显区别。他提倡戒杀放生，举办放生法会等，并一生行之不辍。放生活动也为杭城士民争相仿效，演为风俗。

明代杭州佛教进一步世俗化的另一显著表现，是僧人将道教以及民间俗信神祇引入寺院供奉，神佛杂糅、共处一室成为寺院内神祇配置的常态。明代杭州佛寺中供奉的世俗神祇，主要包括国家神，如关羽常被作为伽蓝神在各寺院中供奉，许多寺院建有文昌阁供奉文昌帝君；杭州历史上的知名官员将领、忠善有德者，如东汉余杭令陈浑，宋朝将领曹彬、高永能等，乐善好施左光裕、御灾捍患周雄，以及明代预见、平定宁王朱宸濠叛乱的官员孙燧、胡世宁、王守仁等，均被作为神祇供奉于寺院；地域性民间俗神，如妈祖、龙王、晏公、护境明王等，也被一些寺院供奉。还有一些寺院供奉传说神异的高僧。如法相寺供奉的五代时长耳和尚（法真），被称为“定光佛后身”。这些道教及民间俗信神祇，有的在前代已经塑立于寺中，也有的是明代增立。但不管是前代规制和风俗，还是明代之俗信，这些寺院、殿堂、佛神之像都经过明代重建、重修乃至新建，反映出明代杭州僧人的世俗化倾向。

明代杭州佛教世俗化的另一表现是民众的进香活动和由此形成香市。宋代开始，上天竺寺白衣观音灵应即已闻名，民众进香活动初具雏形。至明代，观音信仰扩大至全国，进香群体亦扩大至江南一带的广大普通民众。除杭州民众外，苏松嘉湖府民男女也纷纷前来，沿昭庆至天竺一线进香于上天竺寺，往往迁延月余，形成著名的香市。除杭州上天竺外，杭州民众也多进香普陀山，先聚足于城东南镇海禅院，形成为香市[④]。杭州进香以民众对上天竺寺、普陀山观音菩萨道场礼拜为主线，“成为了江浙地区各阶层民众日常生活的一个有机组成部分并保持其强大的生命力”[⑤]，在明代江南

① （明）释德清《憨山老人梦游集》卷27《云栖莲池宏大师塔铭》。
② （明）释袾宏《云栖大师遗稿》卷3《示定庵上人》，（明）释袾宏《莲池大师全集》。
③ 魏道儒《中华佛教史·宋元明清佛教史卷》，第277页。
④ 《武林梵志》卷2《城外南山分脉》，第33页。
⑤ 王健《明清以来杭州进香史初探——以上天竺为中心》，《史林》2012年第4期。

社会生活史上具有重要的地位。

明代杭州佛教世俗化程度不断加深，更加迎合俗信的信仰需求，日益成为“庶民佛教”。所谓“庶民佛教”，“或指流布社会底部，广受信仰之佛教而言，足见所指为非正统之佛教，是含迷信化、低俗化意识之佛教”[①]。明代杭州佛教发展的诸多面相，表明它已成为“庶民佛教”。其实，不独杭州，宋代以来中国佛教就整体走在世俗化的道路上，越发成为“庶民佛教”。到了明代，佛教进一步世俗化，“庶民佛教”特征更为明显。

早在20世纪六七十年代，日本学者就肯定明朝佛教的世俗化和庶民佛教特征：“中国近二千年的佛教史发展，考虑其推动中国佛教史的因素，假如无法确实了解仅有极少数的僧侣在指导，而实际靠无数的庶民大众以其信仰之力护持佛教的这一事实，真正的中国佛教史是无法成立的”[②]。因此，他们很早就提出，明朝佛教为“庶民佛教”，并肯定其地位和价值：“按历来之见解，皆指明代佛教几无一顾价值。若单就教学方面而言，明代三百年的佛学发展或可如此批评。然若转就当时佛教如何弘布于社会，及时人如何实践之观点以言‘明代之庶民佛教’，则彼虽属外来宗教，实已同化于中国内部，呈后世所见之佛教实态。”[③]我们赞同对明代“庶民佛教”的肯定，毕竟佛教是用来教化民众所谓摆脱各种痛苦、追求解脱愉悦的，而不是供少数僧人自娱自乐的经院哲学，“佛教不是并且也从未自称为一种‘理论’，一种对世界的阐释：它是一种救世之道，一朵生命之花”[④]。因此，我们认为，“世俗化的佛教、信仰的佛教、庶民的佛教与神圣性的佛教、教理的佛教、僧侣的佛教一起构成为中国佛教史的整体，其地位、价值不应被忽视和否定”[⑤]。明代杭州佛教体现出的进一步世俗化、“庶民佛教”特色，也是明代佛教的共性，其地位值得肯定。

第五，明代杭州佛教义理缺乏创新，宗派没有发展，佛学更为衰微。

虽然明代杭州高僧汇聚，明代后期云栖佛教盛于一时，寺院大量重建、重修、新建，刹竿林立，民众普遍信奉佛教，杭州佛教呈现出繁盛之象。但是，明代杭州佛教教理并无创新，宗派日渐凋零，佛教实质上进一步衰微。

“会昌法难”以后，诸宗融合会通成为中国佛教发展的基本趋势。虽然杭州佛教

① ［日］牧田谛亮：《明代の庶民佛教》，日本《历史教育》第十七卷第3号，1969年；［日］中村元：《中国佛教发展史》，余万居译，台湾天华出版事业股份有限公司1984年版，第476页。
② ［日］牧田谛亮《谢肇淛の佛教观》，日本《东洋学术研究》第十四卷第5号，1975年。
③ ［日］牧田谛亮《明代の庶民佛教》，日本《历史教育》第十七卷第3号，1969年；［日］中村元《中国佛教发展史》，第476页。
④ ［荷］许理和《佛教征服中国》，李四龙译，江苏人民出版社1998年版，第2页。
⑤ 何孝荣等《明朝宗教》，第10页。

在明代前期，主要是洪武、永乐年间，高僧汇聚，禅宗、天台宗传承有人，但禅宗只有临济派未能断绪，其他分派难觅僧人，华严宗、慈恩宗等则不见传承。以禅宗言，元末明初，“南方是临济宗的活动区域，尽管寺院星罗棋布，却没有什么值得一提的影响”①。迨明代佛教政策施行，讲僧振兴唐代旧宗派的意识淡薄，专弘某一派或某一经的人极少”，禅僧也多兼习讲门，“攀附”义学。在这种情况下，明代中期佛教各宗衰微加剧。禅宗“处于有史以来最缺乏生机的阶段。既没有形成有影响全国能力的传教基地，也没有出现众望所归的禅师，更没有什么新的禅思潮兴起”②。华严宗，“从晚唐五代到清代，以杭州为主的个别地区出现过数次‘华严宗中兴’运动”，但并没有“对以往的华严哲学添加了什么新的内容”，“中兴”的高僧大德“是华严宗理论的可靠传播者，而不是继往开来的创新者”③。天台宗、慈恩宗、律宗等无不如此。因此，明代中期杭州佛教高僧难寻，宗派传承艰难，佛教也极为衰微。

明代后期，云栖佛教成为杭州佛教的主体。袾宏对禅宗、华严宗、净土宗都有弘传，“他的思想背景是属于华严宗的，但他极力主张参究念佛，原则是禅和净土并重并修，但仍侧重于念佛法门”④，因此被推为“莲宗八祖”和华严宗圭峰宗密下第二十二世。但是，袾宏在佛教教理上并没有创新，“他不是一位做研究工作的佛教学者，而是一位涉猎三藏经典并且兼通儒道之学的修行者”⑤。他推崇和弘传的也是融合的佛教、实践修行的佛教。袾宏的法嗣法孙遵其教而行，皆越不出诸宗融合、重视念佛放生、缺乏教理创新的局限。作为明代后期杭州佛教主体的云栖佛教如此，其他来杭说法、在杭住坐的僧人也无不如此。因为，诸宗融合会通、佛学衰微是明代佛教的整体趋势⑥。明代杭州佛教也难以走出这个宿命。因此，我们说，明代杭州佛教实质上更为衰微。

二、明代杭州佛教的地位

明代杭州佛教的地位，可以从两个方面考察，一是纵向上，也就是明代杭州佛教与此前的历代佛教相比地位如何，二是横向上，即杭州佛教在明代佛教版图中能够占多大分量。

---

① 杜继文、魏道儒《中国禅宗通史》，第 530 页。
② 杜继文、魏道儒《中国禅宗通史》，第 529 页。
③ 魏道儒《中国华严宗通史》，江苏古籍出版社 2001 年版，第 10 页。
④ 释圣严《明末佛教研究》，法鼓文化事业股份有限公司 2000 年版，第 265 页。
⑤ 释圣严《明末佛教研究》，第 280 页。
⑥ 参阅何孝荣《明代佛教政策述论》，《文史》2004 年第 3 辑。

首先，与前代杭州佛教相比，明代杭州佛教表面上发展、繁盛，而实质上进一步衰微。

在杭州佛教史上，东晋至唐代为佛教初传和奠基阶段。东晋时印度僧人慧理来驻杭州，是杭州佛教的源头。南朝时期，传说神僧宝掌禅师曾到过杭州，杭州修建了近10所寺院。隋唐时期，杭州也有了天台宗、华严宗及禅宗流传，修建寺院计29所。吴越国时期，法眼宗得到统治者提倡而大盛，法眼宗二祖德韶被尊为吴越国师。德韶并推动吴越王遣使高丽，取回天台宗典籍，使天台宗得以复兴。德韶弟子众多，著名者为永明延寿，主张禅教合一，提倡禅净双修，将禅、天台、净土、华严结合起来，“造成吴越国佛教的特色，并且影响了全国，使中国的佛教产生了巨大的变化”[①]。吴越王室带头修建寺院173所，总计杭州寺院达到230所，杭州逐渐成为南方佛教中心。北宋时期，延寿住持慧日永明院，作《宗镜录》，继续弘传禅（法眼宗）、净、教等。云门宗僧有灵隐寺契嵩，作《辅教编》，与辟佛者相抗。不少禅僧通过文字来悟入禅理、诠释禅意，催生了“文字禅”的形成。慈云遵式居下天竺寺，发扬天台忏法，所撰忏仪甚多，称“百本忏主”。净源住持慧因寺，弘传华严宗，并得朝鲜送回经书，宗风大振。允堪专律部，在昭庆寺创立戒坛，广阐毗尼，使昭庆戒坛天下闻名。北宋时期，在官方支持下，灵隐寺、慧日永明院、众善寺等名蓝望刹都得以扩建，规制更为宏丽。南宋时期，禅宗临济宗杨岐派在杭州一家独大，法席最盛，高僧有瞎堂慧远、圆悟克勤、大慧宗杲等，宗杲唱“看话禅”，风靡禅林。曹洞宗有真歇清了，兼涉华严、净土。师会、义和等在慧因寺弘传华严。南宋诸帝在杭州出资建寺，官民纷从，杭州城内外寺院达到490所。南宋朝廷还品定江南寺院等级，无论是禅林“五山十刹”，还是教院“五山十刹”，杭州寺院寺格、数量都名列前茅，佛学兴盛，杭州成为全国的佛教中心。元代杭州佛教逐渐衰微。杭州禅宗仍以临济宗独盛，杨岐派宗匠辈出，元叟行端、笑隐大訢培养了不少弟子，明太祖所征召江南高僧多出此二人门下。元代杭州传天台宗高僧有湛堂性澄、玉岗蒙润、浮休允若、大用必才等。华严宗仍以慧因寺为江南中心，慧福、盘谷等先后传教其中。元代杭州寺院修建不多，杨琏真伽等在杭州建造了一些藏传佛教寺院和佛像。可见，前代，尤其是吴越国、南宋时期，杭州高僧众多，一些高僧都能对佛学有所贡献，佛教宗派也较为全备。元代各宗虽然逐渐衰微，但仍能维持一定规模。寺院的数量，在五代得到爆发式修建和增长，南宋时达到极盛。

---

① 陈荣富《浙江佛教史》，华夏出版社2001年版，第327页。

与前代相比，明代杭州高僧不多，尤其是对佛教义理作出发展者基本没有，传承宗派者也微乎其微。明代前期，杭州虽然高僧汇聚，但皆为元代佛教余绪，禅风、宗学缺乏创新。宗派仅剩禅宗临济派和天台宗有可称述的高僧。如果说元代临济宗元叟行端门下还能有无梦昙噩、愚庵智及、楚石梵琦等，笑隐大䜣门下有觉原慧昙、季潭宗泐，都是明初知名禅僧，但等到他们的法嗣昙噩、智及、梵琦、慧昙、宗泐等明初弘传于杭州、南京等地，嗣法子孙已经基本上寂寂无闻，没有在佛教史上知名者。天台宗、华严宗无不如此。因此，当这批由元代而来的各宗高僧陆续示寂往生后，明代中期的杭州佛教陷入极度衰微境地，各宗传承乏人。即使是明代后期崛起的云栖袾宏，其佛教思想也是禅教一致、禅净一致，提倡念佛，归心净土，实际上还是对永明延寿理论的弘扬，并没有多少理论的创新，更遑论宗派的创建。因此，从杭州佛教史来看，明代是杭州佛教衰微的时代。

从僧人数量、寺院修建来看，明代又是杭州佛教发展、繁盛时期。虽然明代杭州僧人没有数量的统计，但从当时全国情况来看，杭州僧人应该也是众多冗杂。如，宣德年间，许多民众“妄从异端，私自落发，贿求僧司文凭，以游方化缘为名，遍历市井乡村”①。英宗初即位，又有官员上疏说：“近年军民之家逋逃规免税徭，冒为僧、道，累以万计。”② 明代中期，朝廷大量发放度牒，尤其是景泰年间开始鬻卖度牒，使僧人数量剧增。成化元年（1465）二月，巡抚湖广左佥都御史王俭上言八事，其中说道：“游手之徒，冒名僧、道，动计万千”③。成化年间三次开度僧、道，发放度牒至三十七万张，“以前各年所度僧、道不下二十万，共该五十余万”④。这五十万僧、道，大体是“十僧一道”比例，可见僧人之多⑤。弘治年间，工科给事中柴昇因此指斥说：“今之僧、道，几与军民相半”⑥。有度牒者如此，私度者更多，因此明代中期僧团庞大冗杂。杭州作为佛教兴盛之地，僧人众多冗杂自不必说。如明代后期，袾宏“及门授戒得度者，不下数千计”⑦。云栖寺住僧，“始以百计，终以千计”⑧。明代杭州有500所以上至1000所寺院，明代统治历时270余年，人口以及佛教世俗化大大超过五代、南宋，因此其僧人队伍肯定也远超前代。再从寺院数量来说，吴越国时期杭州寺院

① 《明宣宗实录》卷100，宣德八年三月戊寅。
② 《明英宗实录》卷4，宣德十年四月丁卯。
③ 《明宪宗实录》卷14，成化元年二月己卯。
④ （明）倪岳《青溪漫稿》卷13《止给度疏》，《文渊阁四库全书》本。
⑤ 参阅何孝荣《论明代的度僧》，《世界宗教研究》2004年第1期；《论明朝中后期的鬻牒度僧》，《南开学报》2005年第5期。
⑥ 《明孝宗实录》卷113，弘治九年五月辛亥。
⑦ （明）释德清《憨山老人梦游集》卷27《栖莲池宏大师塔铭》。
⑧ （明）刘梦谦《云栖免役碑记》，万历《钱塘县志·纪文》。

230 所，南宋达到 490 所，这与我们统计的明代杭州有名可数寺院 490 所、总数在 500 所以上勉强持平。但若加上私创寺庵，明代杭州寺院可能达到 1000 所，这恐怕是前代所不及的。总之，从僧人数量、寺院修建、民众信佛来说，明代杭州佛教仍获得发展，繁盛超过此前任何一朝。

第二，与同时代的其他城市相比，明代杭州佛教繁盛，明代前期、中期是重要的佛教中心，明末则是佛教中心。

明代两京十三布政使司中的城市佛教，从政治地位、经济状况、佛教样貌的角度，大概可与杭州作比较者主要就是两京——南京和北京。先看南京。明代初期以南京为首都，明太祖、明成祖大量召集各宗高僧入京，当时“中国佛教各宗派的名僧几乎齐集南京”，南京是“全国的佛学中心”[①]。永乐以后，明朝迁都北京，南京佛教罕见名僧，多数寺院难以为继，南京佛教也陷于衰微的境地，所谓“时江南佛法、禅道绝然无闻”[②]。明代后期，南京佛教得到恢复，知名高僧有云谷法会中兴禅宗，曹洞宗无异元来住天界寺，素庵真节、雪浪洪恩弘传华严学，古心如馨为“中兴律祖”，“南京除天台宗以外，其他各宗均有在全国知名的僧人”，“佛学水平在全国保持着领先地位”[③]。明代南京有名可数的寺院近 210 所，明代后期总数应在 600 所以上[④]。

北京在元代称大都，盛行藏传佛教。明代建立后，改为北平，永乐年间改称北京。明代初期，藏传佛教基本退出北平，汉传佛教未见名僧在此传教。直到洪武十五年（1382）十月，杭州临济宗高僧斯道道衍来到北平，担任庆寿寺住持，才使北平佛教得以恢复发展[⑤]。永乐后期，明成祖迁都北京，大量征召各宗高僧名僧来北京，或任僧录司官，或为京寺住持，或主、助编刻《永乐北藏》。因此，明代中期北京成为全国佛教中心。其时，高僧、名僧、普通僧众以及行童、私度者大量汇聚北京，“蚕食不下万数”[⑥]。皇帝、后妃以及宦官带头修建佛寺，“成化十七年以前，京城内外敕赐寺观至六百三十九所。后复增建，以至西山等处相望不绝”[⑦]。万历前、中期，李太后、明神宗狂热地崇奉佛教，礼僧建寺，刻藏建斋，促进了晚明佛教的复兴[⑧]。时京师“名蓝精刹甲宇内，三民居而一之，而香火之盛，赡养之腆，则又十边储而三之”，各地

① 何孝荣《明代南京寺院研究》，第 193-194 页。
② （民国）喻谦《新续高僧传四集》卷 20《明摄山栖霞寺沙门释法会传》。
③ 何孝荣《明代南京寺院研究》，第 197 页。
④ 何孝荣《明代南京寺院研究》，第 142-145 页。
⑤ 参阅何孝荣《论姚广孝与“新明朝”的建立》，《史学集刊》2019 年第 3 期。
⑥ 《明宪宗实录》卷 86，成化六年十二月庚午。
⑦ 《明宪宗实录》卷 260，成化二十一年正月己丑。
⑧ 参阅何孝荣《论孝定李太后崇佛与晚明佛教复兴——以福建宁德支提寺为例的考察》，《安徽师范大学学报》2021 年第 3 期。

僧人纷纷“走京师”，到北京参访听法，弘传佛教，京师成为“僧海”[①]。甚至如北城日忠坊不起眼的龙华寺，也多“致天下古德”：“万历之初、中，遍融［真圆］大师自蜀，达观［真可］大师自吴，憨山［德清］大师自金陵，月川［镇澄］大师自五台，云栖［袾宏］大师自武林，锡先后止焉”[②]。这一时期，北京仍是全国佛教中心。至万历三十年（1602）、三十一年，号称“二大教主”的李贽、达观真可先后因政治原因被逮捕，逝于狱中[③]，北京出现“排禅”运动。佛教界“两年间丧二导师，宗风顿坠”[④]，“法门一变，京师丛林震惊，人人自危，即素称师匠者，皆鸟惊鱼散”[⑤]。天启、崇祯年间，国势日危，北京更是罕有高僧。明代北京有名可数的寺院 810 所，总数超过 1400 所[⑥]。

明代杭州和南京、北京相比，明代前期南京是全国首都，南京作为佛教中心，正是基于明太祖、明成祖先后征召大批以杭州为中心的江南地区高僧而打造；北京佛教在明代前期处于由空白逐渐恢复阶段，难有地位。因此，明代前期杭州可称为当时全国重要的佛教中心，甚至是仅次于南京的佛教中心。明代中期，各地均佛教衰微，但北京以其首都地位，仍能聚集高僧、名僧，大量修建寺院，成为全国佛教中心，南京、杭州则皆为当时重要的佛教中心。明代后期，万历前、中期，北京仍是全国佛教中心，杭州、南京为当时重要的佛教中心。明末，北京佛教日渐衰落，南京虽有众多高僧住持、说法，但远不能与杭州云栖佛教相提并论，杭州各宗高僧汇聚，寺院修建众多，是当时全国佛教中心。

总之，通过研究，我们认为，明代杭州佛教表面上发展、繁盛超过前代，为清代以前最繁盛时期，但实质上佛学进一步衰微，佛教进一步世俗化，日益成为“庶民佛教”，其地位和价值仍值得肯定；明代前期、中期的杭州是中国重要的佛教中心，明末则是全国佛教中心。

通过研究，我们也认识到，明代杭州佛教无论在杭州城市史上，还是中国佛教史上，都有重要地位，值得我们继续深入探究。其中的经验、教训、历史价值和现实借鉴意义，“东南佛国”的内涵外延，一直持续地散发着巨大的学术魅力，吸引一代一代学者不断研究和探索。我们对明代杭州佛教的研究，也绝不会就此驻足停步！

---

① （明）王元翰《王谏议全集·书湛然僧卷》，清嘉庆刻本。
② （明）刘侗、于奕正《帝京景物略》卷 1《龙华寺》，北京古籍出版社 1982 年版。
③ （明）沈德符《万历野获编》卷 27《二大教主》，中华书局 1959 年版。
④ （明）沈德符《万历野获编》卷 27《二大教主》。
⑤ （明）释德清《憨山老人梦游集》卷 30《皖城浮山大华严寺中兴住山朗目禅师智公传》。
⑥ 参阅何孝荣《明代北京佛教寺院修建研究》，南开大学出版社 2007 年版，第 582-610、683-684 页。

参考文献

一、佛教文献

1.（曹魏）康僧铠译《佛说无量寿经》,《大正大藏经》第十二册第 360 号。

2.（后秦）鸠摩罗什译《佛说阿弥陀经》,《大正大藏经》第十二册第 366 号。

3.（后秦）鸠摩罗什译《佛垂般涅槃略说教诫经》,《大正大藏经》第十二册第 389 号。

4.（唐）释道宣《四分律删繁补阙行事钞》,《大正大藏经》第四十册第 1804 号。

5.（唐）释定宾《四分比丘戒本疏》,《大正大藏经》第四十册第 1807 号。

6.（元）释德辉《敕修百丈清规》,《大正大藏经》第四十八册第 2025 号。

7.（明）释元贤《律学发轫》,《卍新纂续藏经》第六十册第 1125 号。

8.（清）释智旭《灵峰蕅益大师宗论》,《嘉兴大藏经》第三十六册第 B348 号。

9.（唐）释道宣《广弘明集》,《大正大藏经》第五十二册第 2103 号。

10.（元）释普度《莲宗宝鉴》,《大正大藏经》第四十七册第 1973 号。

11.（明）唐时《如来香》，清康熙刻本。

12.（清）周克复《法华经持验记》,《卍新纂续藏经》第七十八册第 1541 号。

13.（宋）释志磐《佛祖统纪》,《大正大藏经》第四十九册第 2035 号。

14.（明）佚名《续佛祖统纪》,《卍新纂续藏经》第七十五册第 1515 号。

15.（明）释幻轮《释氏稽古略续集》，广陵古籍刻印社 1992 年版。

16.（清）释纪荫《宗统编年》,《卍新纂续藏经》第八十六册第 1600 号。

17.（梁）释慧皎《高僧传》，汤用彤校注，中华书局 1992 年版。

18.（宋）释赞宁《宋高僧传》，范祥雍点校，中华书局 1987 年版。

19.（明）释如惺《大明高僧传》，上海古籍出版社 1991 年版。

20.（明）释明河《补续高僧传》，上海古籍出版社 1991 年版。

21.（民国）喻谦《新续高僧传四集》，上海古籍出版社 1991 年版。

22.（清）释自融《南宋元明禅林僧宝传》，《卍新纂续藏经》第七十九册第 1562 号。
23.（明）释袾宏《皇明名僧辑略》，《卍新纂续藏经》第八十四册第 1581 号。
24.（清）彭绍升《居士传》，江苏广陵古籍刻印社 1991 年版。
25.（宋）释普济《五灯会元》，中华书局 1984 年版
26.（明）释文琇《增集续传灯录》，《卍新纂续藏经》第八十三册第 1574 号。
27.（明）释通问《续灯存稿》，《卍新纂续藏经》第八十四册第 1585 号。
28.（清）释超永《五灯全书》，《卍新纂续藏经》第八十二册第 1571 号。
29.（清）释通容《五灯严统》，《卍新纂续藏经》第八十一册第 1568 号。
30.（明）释元贤《继灯录》，《卍新纂续藏经》第八十六册第 1605 号。
31.（清）释净柱《五灯会元续略》，《卍新纂续藏经》第八十册第 1566 号。
32.（清）释性统《续灯正统》，《卍新纂续藏经》第八十四册第 1583 号。
33.（清）彭希涑《净土圣贤录》，清刻本。
34.（明）释福徵《憨山大事年谱疏》，河北省虚云印经功德藏 1993 年版。
35.（民国）释仁友《金陵马鞍山中兴律祖事迹考》，民国刻本。
36.（宋）释遵式《金园集》，《卍新纂续藏经》第五十七册第 950 号。
37.（宋）释印肃《普庵录》，《卍新纂续藏经》第六十九册第 1356 号。
38.（宋）释宗晓《乐邦文类》，《大正大藏经》第四十七册第 1969A 号。
39.（明）释梵琦《佛日普照慧辩楚石禅师语录》，《卍新纂续藏经》第七十一册第 1420 号。
40.（明）姚广孝《逃虚子集、类稿、补遗》，《四库全书存目丛书》本。
41.（明）释文琇《南石文琇禅师语录》，《卍新纂续藏经》第 82 册第 1571 号。
42.（明）释袾宏《莲池大师全集》，台湾佛陀教育基金会 2009 年版。
43.（明）释德清《憨山老人梦游集》，台湾高雄净宗学会 1998 年版。
44.（明）法藏《三峰藏和尚语录》，《嘉兴大藏经》第三十四册第 B299 号。
45.（清）释元贤《净慈要语》，《卍新纂续藏经》第六十一册第 1166 号。
46.（清）释元贤《永觉元贤禅师广录》，《卍新纂续藏经》第七十二册第 1437 号。
47.（明）释圆澄《慨古录》，《卍新纂续藏经》第六十五册第 1285 号。
48.（明）释道开《密藏开禅师遗稿》，《嘉兴大藏经》第二十三册第 B118 号。
49.（清）释道忞《布水台集》，清康熙刻本。

二、寺志、山志

1.（明）吴之鲸《武林梵志》，魏得良标点，赵一新总编《杭州佛教文献丛刊》第一册，杭州出版社2006年版。

2.（宋）释元敬、释元复《武林西湖高僧事略》，魏得良标点，赵一新总编《杭州佛教文献丛刊》第二册，杭州出版社2006年版。

3.（明）释祩宏《续武林西湖高僧事略》，魏得良标点，赵一新总编《杭州佛教文献丛刊》第二册，杭州出版社2006年版。

4. 徐映璞《杭州山水寺院名胜志》，王其煌标点，赵一新总编《杭州佛教文献丛刊》第二册，杭州出版社2006年版。

5.（明）虞淳熙《胜莲社约》，顾希佳标点，赵一新总编《杭州佛教文献丛刊》第二册，杭州出版社2006年版。

6.（明）佚名《云栖纪事》，曹中孚标点，赵一新总编《杭州佛教文献丛刊》第二册，杭州出版社2006年版。

7.（明）佚名《孝义无碍庵录》，曹中孚标点，赵一新总编《杭州佛教文献丛刊》第二册，杭州出版社2006年版。

8.（明）傅岩《护国寺元人诸天画像赞》，曹中孚标点，赵一新总编《杭州佛教文献丛刊》第二册，杭州出版社2006年版。

9.（清）释与楷《小云栖放生录》，顾希佳标点”，赵一新总编《杭州佛教文献丛刊》第二册，杭州出版社2006年版。

10.（清）孙治初辑，徐增重辑《灵隐寺志》，魏得良标点，赵一新总编《杭州佛教文献丛刊》第三册，杭州出版社2006年版。

11.（清）厉鹗《增修云林寺志》，魏得良标点，赵一新总编《杭州佛教文献丛刊》第四册，杭州出版社2006年版。

12.（清）沈镕彪《续修云林寺志》，魏得良标点，赵一新总编《杭州佛教文献丛刊》第五册，杭州出版社2006年版。

13.（清）释际祥《净慈寺志》，刘士华、袁令兰标点，赵一新总编《杭州佛教文献丛刊》第六、七册，杭州出版社2006年版。

14.（明）释大壑《南屏净慈寺志》，刘士华、袁令兰标点，赵一新总编《杭州佛教文献丛刊》第八册，杭州出版社2006年版；明万历刻清康熙增修本。

15.（清）杭世骏《理安寺志》，曹中孚标点，赵一新总编《杭州佛教文献丛刊》

第九册，杭州出版社 2007 年版。

16.（清）吴本泰《西溪梵隐志》，褚树青等标点，赵一新总编《杭州佛教文献丛刊》第十册，杭州出版社 2006 年版。

17.（民国）周庆云《西溪秋雪庵志》，褚树青等标点，赵一新总编《杭州佛教文献丛刊》第十册，杭州出版社 2006 年版。

18.（民国）庄绍周《西溪永兴寺志略》，褚树青等标点，赵一新总编《杭州佛教文献丛刊》第十册，杭州出版社 2006 年版。

19.（民国）莲西居士《西溪永兴寺题咏录》，褚树青等标点，赵一新总编《杭州佛教文献丛刊》第十册，杭州出版社 2006 年版。

20.（民国）姚悔盦《西溪寺院题韵沿革考》，钱登科标点，赵一新总编《杭州佛教文献丛刊》第十一册，杭州出版社 2007 年版。

21.（清）吴树虚《大昭庆律寺志》，曹中孚标点，赵一新总编《杭州佛教文献丛刊》第十二册，杭州出版社 2007 年版。

22.（清）释圣光《虎跑定慧寺志》，曹中孚标点，赵一新总编《杭州佛教文献丛刊》第十三册，杭州出版社 2007 年版。

23. 虎跑纂志处《虎跑佛祖藏殿志》，曹中孚标点，赵一新总编《杭州佛教文献丛刊》第十三册，杭州出版社 2007 年版。

24.（明）释广宾《杭州上天竺讲寺志》，曹中孚标点，赵一新总编《杭州佛教文献丛刊》第十四册，杭州出版社 2007 年版。

25.（清）管庭芬等《天竺山志》，曹中孚标点，赵一新总编《杭州佛教文献丛刊》第十五、十六册，杭州出版社 2007 年版。

26.（清）释超乾《凤凰山圣果寺志》，曹中孚标点，赵一新总编《杭州佛教文献丛刊》第十七册，杭州出版社 2007 年版。

27.（清）释諴湛、释明伦等《云居圣水寺志》，曹中孚标点，赵一新总编《杭州佛教文献丛刊》第十七册，杭州出版社 2007 年版。

28.（清）张大昌《龙兴祥符戒坛寺志》，曹中孚标点，赵一新总编《杭州佛教文献丛刊》第十八册，杭州出版社 2007 年版。

29.（清）李翥《慧因寺志》，曹中孚标点，赵一新总编《杭州佛教文献丛刊》第十九册，杭州出版社 2007 年版。

30.（清）邱峻《圣因接待寺志》，曹中孚标点，赵一新总编《杭州佛教文献丛刊》第二十册，杭州出版社 2007 年版。

31.（民国）佚名《招贤寺略记》，曹中孚标点，赵一新总编《杭州佛教文献丛刊》第二十册，杭州出版社 2007 年版。

32.（清）周庆云《灵峰志》，邵群标点，赵一新总编《杭州佛教文献丛刊》第二十册，杭州出版社 2007 年版。

33.（民国）孙峻辑、释瞻明增订《莲居庵志》，《中国佛寺史志丛刊》第 70 册，广陵书社 2005 年版。

34.（清）湛潜《东明寺志》，黄金贵、曾华强点校，上海古籍出版社 2012 年版。

35.（明）宋奎光《径山志》，《中华大藏经（汉文部分）续编》本。

36.（明）释传灯撰、释受教增补《幽溪别志》，《中华大藏经（汉文部分）续编》本。

37.（明）周永年《吴都法乘》，《文渊阁四库全书》本。

38.（明）葛寅亮《金陵梵刹志》，何孝荣点校，南京出版社 2017 年版。

39.（清）谢元福《灵谷禅林志》，何孝荣点校，南京出版社 2019 年版。

40.（民国）释仁友《金陵马鞍山古林律寺祖庭汇志》，民国刻本。

41.（民国）张惠衣《金陵大报恩寺塔志》，何孝荣点校，南京出版社 2020 年版。

三、方志

1.（明）李贤《明一统志》，《文渊阁四库全书》本。

2.（清）顾炎武《肇域志》，清钞本。

3. 雍正《浙江通志》，《文渊阁四库全书》本。

4.《淳祐临安志》，清嘉庆宛委别藏本。

5.《咸淳临安志》，《文渊阁四库全书》本。

6. 成化《杭州府志》，明成化刻本。

7. 万历《杭州府志》，中华书局 2005 年版。

8. 乾隆《杭州府志》，乾隆四十九年刻本。

9. 民国《杭州府志》，民国十一年本。

10. 嘉靖《仁和县志》，《武林掌故丛编》本。

11. 康熙《仁和县志》，西泠印社 2011 年版。

12. 万历《钱塘县志》，光绪十九年刊本。

13.（清）丁丙《武林坊巷志》，浙江人民出版社 1987 年版。

14. 光绪《唐栖志》，《武林掌故丛编》本。

15.（清）王同《唐栖志》，光绪十五年手稿本影印本。
16.（清）何琪《唐栖志略》，《武林掌故丛编》本。
17.（清）张之鼎《栖里景物略》，《武林掌故丛编》本。
18.（清）张大昌《临平记补遗》，杭州出版社 2014 年版。
19.（清）陈棠、姚景瀛《临平记再续》，浙江省图书馆藏抄本。
20. 成化《湖州府志》，书目文献出版社 1991 年版
21. 正德《姑苏志》，书目文献出版社 2000 年版。
22. 万历《新城县志》，万历四年刊本。
23. 乾隆《上饶县志》，乾隆四十九年刻本。

四、其他史部文献

1.《旧唐书》，中华书局 1997 年版。
2.《旧五代史》，中华书局 1997 年版。
3.《宋史》，中华书局 1997 年版。
4.《元史》，中华书局 1997 年版。
5.《明史》，中华书局 1997 年版。
6.（宋）钱俨《吴越备史》，《四部丛刊续编》本。
7.（清）吴任臣《十国春秋》，《文渊阁四库全书》本。
8.（清）邵远平《元史类编》，清康熙三十八年原刻本。
9.（清）查继佐《罪惟录》，《四部丛刊三编》本。
10.（宋）李焘《续资治通鉴长编》，《文渊阁四库全书》本。
11.（宋）李心传《建炎以来系年要录》，中华书局 1988 年版。
12.《明太祖实录》，中华书局 2016 年版。
13.《明太宗实录》，中华书局 2016 年版。
14.《明仁宗实录》，中华书局 2016 年版。
15.《明宣宗实录》，中华书局 2016 年版。
16.《明英宗实录》，中华书局 2016 年版。
17.《明宪宗实录》，中华书局 2016 年版。
18.《明孝宗实录》，中华书局 2016 年版。
19.《明武宗实录》，中华书局 2016 年版。

20.《明世宗实录》，中华书局 2016 年版。
21.《明穆宗实录》，中华书局 2016 年版。
22.《明神宗实录》，中华书局 2016 年版。
23.《明熹宗实录》，中华书局 2016 年版。
24.《崇祯长编》，台湾“中央研究院”史语所校印本。
25.（明）沈国元《皇明从信录》，明末刻本。
26.（清）夏燮《明通鉴》，中华书局 1959 年版。
27. 万历《明会典》，中华书局 1989 年版。
28.（清）钱谦益《列朝诗集小传》，上海古籍出版社 1959 年版。
29.（清）黄宗羲《明儒学案》，沈芝盈点校，中华书局 1986 年版。
30.（明）徐光启《农政全书》，《文渊阁四库全书》本。
31.（明）陶宗仪《书史会要》，《文渊阁四库全书》本。
32.（明）朱谋垔《续书史会要》，《文渊阁四库全书》本。
33.（明）汪砢玉《珊瑚网》，《文渊阁四库全书》本。
34.（清）彭蕴璨《历代画史汇传》，《续修四库全书》本。
35.（宋）周密《武林旧事》，《知不足斋丛书》本。
36.（宋）吴自牧《梦粱录》，浙江人民出版社 1980 年版。
37.（宋）周密《癸辛杂识》，《文渊阁四库全书》本。
38.（宋）耐得翁《都城纪胜》，《武林掌故丛编》本。
39.（元）郭畀《客杭日记》，清厉鹗抄本。
40.（元）杨瑀《山居新话》，《知不足斋丛书》本。
41.（明）陶宗仪《南村辍耕录》，上海古籍出版社 2012 年版。
42.（明）高濂《四时幽赏录》（外十种），上海古籍出版社 1999 年版。
43.（明）郑晓《今言》，中华书局 1984 年版。
44.（明）都穆《都公谈纂》，清抄本。
45.（明）郭子章《六语》，明万历刻本。
46.（明）王士性《广志绎》，中华书局 1981 年版。
47.（明）胡应麟《少室山房笔丛》，《文渊阁四库全书》本。
48.（明）王在晋《越镌》，万历三十九年刻本。
49.（明）张瀚《松窗梦语》，中华书局 1985 年版。
50.（明）田汝成《西湖游览志》，陈志明编校，东方出版社 2012 年版。

51.（明）田汝成《西湖游览志馀》，陈志明编校，东方出版社 2012 年版。
52.（明）季婴《西湖手镜》，清道光四年刻本。
53.（明）张岱《西湖梦寻》，中华书局 2007 年版。
54.（明）张岱《陶庵梦忆》，中华书局 2007 年版，
55.（明）沈德符《万历野获编》，中华书局 1959 年版。
56.（明）田艺蘅《留青日札》，明万历重刻本。
57.（明）刘侗、于奕正《帝京景物略》，北京古籍出版社 1982 年版。
58.（清）翟灏《湖山便览》，上海古籍出版社 1998 年版。
59.（清）梁诗正《西湖志纂》，《文渊阁四库全书》本。
60.（清）陆次云《湖壖杂记》，《武林掌故丛编》本。
61.（清）刘声木《苌楚斋随笔五笔》，中华书局 1998 年版。
62.（清）徐崧、（清）张大纯《百城烟水》，清康熙二十九年刻本。
63.（明）陆人龙《型世言》，中华书局 1993 年版。
64.《古今图书集成》，中华书局、巴蜀书社 1986 年版。
65.（清）黄虞稷《千顷堂书目》，《文渊阁四库全书》本。
66.（清）永瑢等《四库全书总目》，中华书局 1965 年版。

五、文集

1.（唐）李华《李遐叔文集》，《文渊阁四库全书》本。
2.（唐）白居易《白氏长庆集》，《四部丛刊初编》本。
3.（宋）王禹偁《小畜集》，《文渊阁四库全书》本。
4.（宋）欧阳修《欧阳文忠公集》，《四部丛刊初编》本。
5.（宋）苏轼《苏文忠公全集》，明成化刻本。
6.（宋）曹勋《松隐集》，《文渊阁四库全书》本。
7.（明）杨维桢《东维子文集》，《四部丛刊初编》本。
8.（明）宋濂《宋学士文集》，《四部丛刊初编》本。
9.（明）徐一夔《始丰稿》，浙江古籍出版社 2008 年版。
10.（明）高启《高太史凫藻集》，《四部丛刊初编》本。
11. 明太祖《明太祖文集》，《文渊阁四库全书》本。
12.（明）杨士奇《东里文集》，刘伯涵、朱海点校，中华书局 1998 年版。

13.（明）倪岳《青溪漫稿》,《文渊阁四库全书》本。

14.（明）王直《抑庵文后集》,《文渊阁四库全书》本。

15.（明）胡应麟《诗薮续编》，明刻本。

16.（明）王守仁《王阳明全集》，吴光、钱明等编校，上海古籍出版社 2011 年版。

17.（明）徐渭《徐渭集》，中华书局 1983 年版

18.（明）凌云翰《柘轩集》,《武林往哲遗著》本。

19.（明）邹守益《邹守益集》，凤凰出版社 2007 年版。

20.（明）陆楫《蒹葭堂稿》，嘉靖四十五年刻本。

21.（明）虞淳熙《虞德园先生集》，明末刻本。

22.（明）萧士玮《春浮园集》,《四库禁毁书丛刊》本。

23.（明）黄汝亨《寓林集》，天启四年刻本。

24.（明）袁宏道《袁中郎全集》，钱伯城笺校，上海古籍出版社 2008 年版。

25.（明）冯梦祯《快雪堂集》,《四库全书存目丛书》本。

26.（明）王立道《具茨集》,《文渊阁四库全书》本。

27.（清）黄宗羲《南雷文案》,《四部丛刊初编》本。

28.（清）毛奇龄《西河集》,《文渊阁四库全书》本。

29.（清）钱谦益《牧斋初学集》，上海古籍出版社 2009 年版。

30.［日］绝海中津《蕉坚稿》，日本文化十二年（1815）刻本。

31. 李修生《全元文》，凤凰出版社 2004 年版。

32.（清）张豫章《四朝诗》,《文渊阁四库全书》本。

33.（清）沈辰垣《历代诗余》,《文渊阁四库全书》本

六、碑刻、档案

1. 北京图书馆金石组《北京图书馆藏中国历代石刻拓本汇编》第 51 册，中州古籍出版社 1989 年版。

2.（民国）“中央研究院”历史语言研究所《明清史料》丙编，北京图书馆出版社 2008 年版。

七、今人著作

1. 白化文《汉化佛教与佛寺》，北京出版社 2003 年版

2. 陈高华等《元代文化史》，广东教育出版社 2009 年版。

3. 陈荣富《浙江佛教史》，华夏出版社 2001 年版。

4. 陈扬炯《中国净土宗通史》，江苏古籍出版社 2000 年版。

5. 陈永革《晚明佛教思想研究》，宗教文化出版社 2007 年版。

6. 陈玉女《明代佛门内外僧俗交涉的场域》，台湾稻乡出版社 2010 年版。

7. 陈玉女《明代的佛教与社会》，北京大学出版社 2011 年版。

8. 陈垣《明季滇黔佛教考》，中华书局 1962 年版。

9. 杜继文、魏道儒《中国禅宗通史》，江苏人民出版社 1993 年版。

10. 方立天《佛教哲学》，中国人民大学出版社 1991 年版。

11. 顾希佳、何玉芳、袁瑾《杭州社会生活史》，中国社会科学出版社 2011 年版。

12. 韩大成《明代城市研究》，中华书局 2009 年版。

13. 杭州文史研究会《明代杭州研究》，杭州出版社 2009 年版。

14. 何其敏《中国明代佛教史》，人民出版社 1994 年版。

15. 何孝荣《明代南京寺院研究》，中国社会科学出版社 2000 年版；故宫出版社 2013 年版。

16. 何孝荣《明代北京佛教寺院修建研究》，南开大学出版社 2007 年版。

17. 何孝荣等《明朝宗教》，南京出版社 2013 年版。

18. 何孝荣《明清宫廷宗教与政治活动研究》，故宫出版社 2021 年版。

19. 江灿腾《晚明佛教丛林改革与佛学诤辩之研究》，台湾新文丰出版股份有限公司 1990 年版。

20. 蒋兆成《明清杭嘉湖社会经济研究》，浙江大学出版社 2002 年版。

21. 赖永海《中国佛教通史》，江苏人民出版社 2010 年版。

22. 冷晓《杭州佛教史》，杭州市佛教协会 1993 年版。

23. 冷晓《杭州佛教通史》，杭州市佛教协会 2002 年版。

24. 李伯重《江南的早期工业化（1550-1850）》，社会科学文献出版社 2000 年版。

25. 林正秋《南宋都城临安》，西泠印社 1986 年版。

26. 林正秋《杭州古代城市史》，浙江人民出版社 2013 年版。

27. 南炳文《佛道秘密宗教与明代社会》，天津古籍出版社 2002 年版。

28. 潘桂明《中国居士佛教史》，中国社会科学出版社 2000 年版。

29. 潘桂明、吴忠伟《中国天台宗通史》，江苏人民出版社 2001 年版

30. 潘桂明《中国佛教思想史稿》第三卷，江苏人民出版社 2009 年版。

31. 任宜敏《中国佛教史：明代》，人民出版社 2009 年版。

32. 沈金华、辛薇《杭州史话》，社会科学文献出版社 2014 年版。

33. 释圣严《明末中国佛教之研究》，关世谦译，台湾学生书局 1988 年版。

34. 释圣严《明末佛教研究》，法鼓文化事业股份有限公司 2000 年版。

35. 汤用彤《汉魏两晋南北朝佛教史》，北京大学出版社 1997 年版。

36. 王红蕾《憨山德清与晚明士林》，中国社会科学出版社 2010 年版。

37. 王建光《中国律宗通史》，凤凰出版社 2008 年版。

38. 王耘《江南古代都会建筑与生态美学》，社会科学文献出版社 2012 年版。

39. 魏道儒《中国华严宗通史》，江苏古籍出版社 2001 年版。

40. 魏道儒《中华佛教史・宋元明清佛教史卷》，山西教育出版社 2014 年版。

41. 吴宣德《明代进士的地理分布》，香港中文大学出版社 2009 年版。

42. 夏清瑕《憨山大师佛学思想研究》，学林出版社 2007 年版。

43. 徐泓《明清社会史论集》，北京大学出版社 2020 年版。

44. 杨曾文《宋元禅宗史》，中国社会科学出版社 2006 年版。

45. 曾大兴《中国历代文学家之地理分布》，湖北教育出版社 1995 年版。

46. 张弓《汉唐佛寺文化史》，中国社会科学出版社 1997 年版。

47. 张培峰《宋代士大夫佛学与文学》，宗教文化出版社 2007 年版。

48. 张圣严《明末中国佛教の研究》，日本山喜房佛书林 1975 年版。

49. 郑永华《姚广孝史实研究》，人民出版社 2011 年版。

50. 中国佛教协会《中国佛教》，知识出版社 1980 年版。

51. 周峰《杭州历史丛编》(《南北朝前古杭州》《隋唐名郡杭州》《吴越首府杭州》《南宋京城杭州》《元明清名城杭州》)（修订版），浙江人民出版社 1997 年版。

52. 周齐《明代佛教与政治文化》，人民出版社 2005 年版。

53. 朱保炯、谢沛霖《明清进士题名碑录索引》，上海古籍出版社 1980 年。

54. 朱倓《明季社党研究》，商务印书馆 1945 年版。

55. [日] 牧田谛亮《策彦入明记の研究》，日本京都法藏馆 1959 年版。

56. [日] 荒木见悟《明代思想研究》，日本创文社 1972 年版。

57. [日] 荒木见悟《明末宗教思想研究》，日本创文社 1978 年版。

58.［日］间野潜龙《明代文化史》，日本吉川弘文馆 1979 年版。

59.［日］镰田茂雄《中国佛教史》，关世谦译，台湾新文丰出版社 1982 年版。

60.［日］中村元《中国佛教发展史》，余万居译，台湾天华出版事业股份有限公司 1984 年版。

61.［日］塚本善隆《中国の佛教》，东京隆文馆 1989 年版。

62.［日］野沢佳美《明代大藏经史の研究—南藏の历史学的基础研究》，日本汲古书院 1998 年版。

63.［荷］许理和《佛教征服中国》，李四龙译，江苏人民出版社 1998 年版。

64.［加］卜正民《为权力祈祷——佛教与晚明中国士绅社会的形成》，张华译，江苏人民出版社 2005 年版。

65.［法］谢和耐《蒙元入侵前夜的中国日常生活》，刘东译，北京大学出版社 2008 年版。

八、今人论文

（一）期刊论文

1. 曹磊《性水澄清心珠自现——论云栖袾宏的文学思想与创作》，《贵州社会科学》2015 年第 12 期。

2. 陈兵《莲池大师对“三教一家”说及儒、道的批判》，《西南民族大学学报》2005 年第 6 期。

3. 陈高华《朱元璋的佛教政策》，《明史研究》第 1 辑，黄山书社 1991 年版。

4. 陈洪、王红蕾《钱谦益与憨山德清的一段思想因缘》，《郑州大学学报》2007 年第 6 期。

5. 陈荣富《莲池袾宏大师的净土思想》，《南昌大学学报》2003 年第 1 期。

6. 陈永革《禅教归净与晚明佛教的普世性》，《宗教学研究》1999 年第 2 期。

7. 陈永革《从智慧到信仰：论晚明净土佛教的思想转向》，《浙江学刊》1998 年第 2 期。

8. 戴继诚《紫柏大师的“文字禅”理论及其实践》，《船山学刊》2005 年第 2 期。

9. 戴继诚、赫丽莎《晚明佛教：短暂的辉煌与深远的影响》，《宗教学研究》2006 年第 3 期。

10. 戴继诚《紫柏大师与冯梦祯》,《唐都学刊》2006 年第 4 期。

11. 邓碧波《宗教世俗化与伊斯兰原教旨主义的产生》,《阿拉伯世界》2004 年第 2 期。

12. 邓锐龄《元代杭州行宣政院》,《中国史研究》1995 年第 2 期。

13. 杜常顺《明太祖与江南佛教上层的关系》,《青海师范大学学报》2011 年第 2 期。

14. 段新龙《宁武〈万历藏〉略述》,《山西档案》2013 年第 1 期。

15. 葛兆光《中国佛教史的现代研究》,《复旦》第 853 期,2010 年。

16. 郭朋《明太祖与佛教》,《世界宗教研究》1982 年第 1 期。

17. 何孝荣《明代宦官与佛教》,《南开学报》2000 年第 1 期。

18. 何孝荣《论明世宗禁佛》,《明史研究》第七辑,黄山书社 2001 年版。

19. 何孝荣《明成祖与佛教》,《佛学研究》2002 年总 11 期。

20. 何孝荣《论明代的度僧》,《世界宗教研究》2004 年第 1 期。

21. 何孝荣《明代佛教政策述论》,《文史》2004 年第 3 辑。

22. 何孝荣《明代皇帝崇奉藏传佛教浅析》,《中国史研究》2005 年第 4 期。

23. 何孝荣《论明代中后期的鬻牒度僧》,《南开学报》2005 年第 5 期。

24. 何孝荣《论明宪宗崇奉藏传佛教》,中国台湾成功大学《成大历史学报》第三十号,台南,2006 年。

25. 何孝荣《试论明太祖的佛教政策》,《世界宗教研究》2007 年第 4 期。

26. 何孝荣《论明太祖的宗教思想及其影响》,《历史教学》2008 年第 6 期。

27. 何孝荣《明初善世院考》,《西南大学学报》2009 年第 2 期。

28. 何孝荣《论明武宗崇奉藏传佛教》,《世界宗教研究》2010 年第 2 期。

29. 何孝荣《论明宣宗崇奉密教》,《社会科学战线》2012 年第 7 期。

30. 何孝荣《元末明初名僧来复事迹考》,《历史教学》2012 年第 24 期;杭州文史研究会《15 世纪以来长三角地区社会变迁与转型》,杭州出版社 2022 年版。

31. 何孝荣《元末明初名僧宗泐事迹考》,《江西社会科学》2012 年第 12 期。

32. 何孝荣《论明朝宗教的特点》,《福建论坛》2014 年第 1 期。

33. 何孝荣《从高僧到大师:憨山德清的崂山生涯》,《江西社会科学》2014 年第 10 期。

34. 何孝荣《论姚广孝与"新明朝"的建立》,《史学集刊》2018 年第 3 期。

35. 何孝荣、李明阳《论明初的佛教寺院归并运动》,《南开学报》2018 年第 5 期。

36. 何孝荣《明代寺院经济研究——以南京八大寺公田租税纠纷与诉讼为中心的考察》,《暨南学报》2019 年第 9 期。

37. 何孝荣《论孝定李太后崇佛与晚明佛教复兴——以福建宁德支提寺为例的考察》,《安徽师范大学学报》2021 年第 3 期。

38. 金申《〈嘉兴藏〉在五台山的雕版印刷情况》,《五台山研究》1987 年第 2 期。

39. 劳伯敏《飞来峰杨琏真伽造像明代遭“斩”说探疑》,《东南文化》1995 年第 1 期。

40. 李昌舒《中古隐逸文化的佛学基础》,《南京大学学报》2014 年 6 期。

41. 李孝友《浅谈明代刊刻的〈径山藏〉》,《文献》1980 年第 2 期。

42. 李学勤《〈嘉兴藏〉与明清之际历史研究》,《故宫博物院院刊》2003 年第 1 期。

43. 林观潮《明末临济宗黄檗派的传播》,《厦门大学学报》2011 年第 3 期。

44. 林华东《钱唐故址考辨》,《浙江学刊》1987 年第 3 期。

45. 林正秋《明代时期杭州的火灾》,《浙江消防》1994 年第 5 期。

46. 刘红梅《莲池大师的三教融通思想》,《宗教学研究》2003 年第 4 期。

47. 刘红梅《云栖袾宏的儒佛观》,《安徽大学学报》2008 年第 6 期。

48. 吕澂《南藏初刻考》,《内院杂刊》入蜀之作二期，四川江津，1938 年。

49. 毛文鳌《汲古阁刻经考略》,《图书馆杂志》2010 年第 1 期。

50. 毛文鳌《毛晋与僧侣之交游及刻经考》,《宗教学研究》2011 年第 4 期。

51. 牟小东《中日佛教关系史上又一因缘——明代日僧无初禅师住持潭柘寺史料》,《法音》1988 年第 11 期。

52. 潘桂明《晚明“四大高僧”的佛学思想》,《五台山研究》1994 年第 4 期。

53. 钱明《王阳明与杭州》,《杭州研究》2009 年 2 期。

54. 覃汉吨《试论明初政治家姚广孝的历史地位》,《广西师范大学学报》1996 年第 2 期。

55. 饶宗颐《洪武南藏释迦方志跋》,《文献》1992 年第 1 期。

56. 任晓兰《论明代的僧人群体及其法律规制》,《西南大学学报》2008 年第 6 期。

57. 任宜敏《元、明临济宗“之善系”法脉传承述略》,《浙江学刊》2009 年第 2 期。

58. 任宜敏《元、明临济宗松源系法脉传承考》,《浙江学刊》2010 年第 2 期。

59. 商传《明初著名政治家姚广孝》,《中国史研究》1984 年第 3 期。

60. 孙良《明代杭州佛教文化概述》,《杭州文博》第八辑，2009 年。

61. 孙旭《吴越国杭州佛教发展的特点及原因》,《浙江社会科学》2010 年第 3 期。

62. 王公伟《丛林仪规与袾宏的丛林改革》,《宗教学研究》2002 年第 2 期。

63. 王红蕾《憨山德清注〈庄〉动机与年代考》,《北方论丛》2007 年第 2 期。

64. 王剑《从吴宝秀案看紫柏大师的经世原因》,《求是学刊》2001 年第 3 期。

65. 王健《明清以来杭州进香史初探——以上天竺为中心》,《史林》2012年第4期。

66. 王彦明《钱谦益与〈嘉兴藏〉考论》,《新世纪图书馆》2013年第1期。

67. 王焰安《憨山交游考之一：僧人法师》,《韶关学院学报》2013年第11期。

68. 王焰安《憨山居曹溪与羁雷州时间考》,《韶关学院学报》2013年第9期。

69. 王永会《禅宗清规与中国佛教寺院僧团管理制度》,《四川大学学报》2001年第1期。

70. 温金玉《德清及其佛学》,《五台山研究》1988年第4期。

71. 吴莉苇《晚明杭州佛教界与天主教的互动》,《中华文史论丛》2014年第1期。

72. 吴振华《明清时期杭州西湖香市贸易》《杭州商学院学报》1984年第2期。

73. 夏邦《明代佛教信仰的变迁述略》,《史林》2007年第2期。

74. 夏清瑕《晚明佛教复兴的特点及倾向》,《五台山研究》2002年第1期。

75. 夏志前《〈楞严〉之诤与晚明佛教》,《中国哲学史》2007年第3期。

76. 肖雨《明代五台山佛教史》,《五台山研究》1989年第4期。

77. 肖雨《明代五台山佛教史（续）》,《五台山研究》1990年第1期。

78. 谢金良《明末高僧蕅益智旭生平事实考辨》,《宗教学研究》2006年第1期。

79. 徐时仪《金藏、丽藏、碛砂藏与永乐南藏渊源考——以〈玄应音义〉为例》,《世界宗教研究》2006年第2期。

80. 杨耀坤《楚山绍琦禅师事迹考辨》,《宗教学研究》2008年第1期。

81. 业露华《密藏道开与〈嘉兴藏〉》,《五台山研究》1991年第2期。

82. 叶语《试论姚广孝在“靖难之役”中的作用》,《北京历史文化研究》2007年第1期。

83. 张慧敏《从“禅净合一”看楚山绍琦的念佛禅》,《宗教学研究》2006年第2期。

84. 张世琼《爱物与仁民之间——从放生会与武林仁会看晚明杭州的民间慈善组织》,《学理论》2013年第30期。

85. 张志强《唯识思想与晚明唯识学》,《中国佛教学术论典》第7册，台湾佛光山文教基金会2001年版。

86. 赵轶峰《明代僧道度牒制度的变迁》,《古代文明》2008年第2期。

87. 郑翰献、沈旭炜《杭州香积寺的历史变迁》,《浙江师范大学学报》2009年第5期。

88. 郑永华《〈姚广孝神道碑〉考实》,《世界宗教研究》2009年第3期。

89. 周齐《试论明太祖的佛教政策》,《世界宗教研究》1998 年第 3 期。

90. 竹音《楚山绍琦禅师“禅净合一”思想研究》,《五台山研究》2006 年第 4 期。

91.[日]清水泰次《明代にわける仏道の取缔》,《史学杂志》第 40 卷 02 号，东京：东大史学会，1929 年。

92.[日]铃木正《明代帝室财政と佛教》,《历史学研究》第 8 卷第 11、12 号，东京：历史学研究学会，1936 年 10 月。

93. [日] 龙池清:《明初の寺院》, 日本《支那佛教史学》1938 年第 2 卷第 4 号。

94. [日] 龙池清《明の太祖の仏教政策》, 日本《仏教思想讲座》1939 年第 8 辑。

95. [日] 龙池清《明代にわける卖牒》, 日本东京《东方学报》第 11 册第 2 期，1940 年。

96. [日] 龙池清《明代の瑜伽教僧》, 日本东京《东方学报》第 11 册第 1 期，1940 年。

97. [日] 牧田谛亮《明代の庶民佛教》, 日本《历史教育》第十七卷第 3 号，1969 年。

98. [日] 牧田谛亮《谢肇淛の佛教观》, 日本《东洋学术研究》第十四卷第 5 号，1975 年。

99. [日] 滋贺高义《明初の法会と佛教政策》,《大谷大学研究年报》第 21 卷，日本京都大谷学会，1969 年。

100. [日] 佐藤錬太郎《李卓吾と紫柏达观の死をめぐって》, 明代史研究会《山根幸夫教授退休记念明代史论丛》, 日本汲古书院 1990 年版。

（二）学位论文

1. 崔森《憨山思想研究》, 四川大学宗教学硕士论文，1997 年。

2. 杜常顺《明朝宫廷与佛教关系研究》, 暨南大学专门史博士论文，2005 年。

3. 高峰《紫柏大师与万历社会研究》, 吉林大学中国古代史博士论文，2006 年。

4. 葛静萍《憨山大师与晚明社会》, 贵州大学中国古代史硕士论文，2007 年。

5. 龚晓康《蕅益智旭净土思想研究》, 四川大学宗教学博士论文，2005 年。

6. 侯佳君《儒佛之辨：朱子辟佛与道衍护教》, 厦门大学中国哲学硕士论文，2013 年。

7. 胡漫漫《紫柏大师的佛学思想研究》, 四川大学宗教学硕士论文，2004 年。

8. 黄陆希《德清与岭南禅学》，广州大学专门史硕士论文，2013 年。

9. 李孔楠《明代僧人群体研究》，青海师范大学中国古代史硕士论文，2009 年。

10. 刘红梅《莲池大师思想研究》，四川大学宗教学博士论文，2004 年。

11. 刘莹《憨山德清三教会通思想研究》，陕西师范大学中国哲学博士论文，2013 年。

12. 罗谊文《明末禅僧密云圆悟研究》，厦门大学宗教学硕士论文，2009 年。

13. 彭漾《明清以降浙江经坊研究》，杭州师范大学文献学硕士论文，2013 年。

后　记

本书是在我主持的国家社科基金项目“明代杭州佛教研究”（2016）、杭州市政协文史委员会委托研究项目“明代杭州佛教史”（2014）的结项书稿基础上修改而成的。

我对明代佛教史的研究，始于1995年攻读博士学位。起初二十年间，我先后考察了明代南京、北京佛教，尤其着重于明代佛教政策、南京和北京佛教寺院兴废以及各阶层人士的佛教信仰，出版了《明代南京寺院研究》《明代北京佛教寺院修建研究》《明朝宗教》（主编）等。其后，我将研究视角转向明代另一佛教中心——杭州，陆续发表了几篇相关论文。同时，指导硕士生、博士生选择明清杭州寺院和佛教课题，撰写学位论文。至2014年下半年，杭州市政协文史委员会为了推进杭州佛教史、杭州史研究，积极发挥以史资政作用，决定开展明代杭州佛教、民国杭州佛教课题研究。12月，在组织六位专家评审后，杭州市政协文史委员会与我签订了委托“明代杭州佛教史”课题研究协议书。2016年2月，我在此前研究基础上，又以“明代杭州佛教研究”为题申报国家社科基金一般项目（宗教学类），6月获得批准立项。这样，明代杭州佛教研究课题又成为国家社科基金研究项目。

2011年7月，陈文博考入南开大学，随我攻读博士学位。我们商定，以明代杭州寺院研究为其学位论文研究课题。他刻苦学习，勤奋钻研，很快就弥补了中国佛教史的基础知识空白。其后，他又广泛搜集古代史料和今人研究成果，特别是利用赴爱知大学留学一年之机，充分搜集了日本学者的相关研究成果。在学期间，陈文博先后在《历史教学》《暨南学报》《法音》《爱知论丛》等发表相关论文五篇，颇为难得。2015年5月，通过四年学习和积累，在我的指导和二次修改下，他提交了18.3万余字的博士学位论文《明代杭州寺院研究》，从背景、兴废、建筑、制度宗派与佛事活动，以及寺院与社会互动等角度，对明代杭州寺院进行了较为全面系统的研究，填补了诸多研究空白，因此获得外审及答辩委员会专家的一致好评，终而获得博士学位。

两个项目中，陈文博博士（现任昆明学院人文学院副教授）均为课题组成员。

2021年初，我以其博士学位论文《明代杭州寺院研究》为基础，加上我的已有研究和资料，撰写"明代杭州佛教研究"项目结项书稿。《明代杭州寺院研究》以寺院为中心展开研究，而本项目则需以佛教为中心作考察。于是，我调整论述方向，并和陈文博博士合作增补"明代杭州佛教发展状况""明代杭州僧人"二章，我单独补写了结语部分，又对全文逐字逐句进行了反复核对、增删和修改。至2021年8月，我完成了27.5万字的《明代杭州佛教研究》结项书稿，由南开大学社科部查重后，提交给全国哲学社会科学工作办公室申请结项。2022年2月，全国哲学社会科学工作办公室公布，"明代杭州佛教研究"结项通过，为"良好"等级。其后，我又吸收五位匿名评审专家的修改建议，对书稿进行了两次修改，成为现在这个样子，也作为"明代杭州佛教史"的结项书稿，于2022年5月正式呈交杭州市政协文史委员会，出版梓行。

在本书出版之际，我要感谢杭州市政协文史委员会主任王利民先生、杭州市政协社会法制和民族宗教委员会副主任倪素浓女士、浙江省地方志办公室副主任董郁奎研究员、《人民政协报》驻浙江记者站站长李宏先生等人的多年帮助，以及黄夏年编审、段玉明研究员、李明友教授、楼毅生教授、陈永革研究员、宋传水主任等当年的评审和写作建议；感谢全国哲学社会科学工作办公室组织的五位匿名专家的评审和宝贵的修改意见；感谢宗教文化出版社张越宏主任高效地送审书稿，耐心地编辑和修改书稿，消除了其中诸多讹误。

当然，由于学识和时间所限，本书中还有较多不足和错误，我们期待各位专家学者的批评指正。明代杭州佛教研究也还有很多空白亟待填补，我们会砥砺前行，继续奔走在这条研究的大路上。

何孝荣

2022年5月11日

2024年1月29日修改